普通高等教育"十四五"规划教材

U0890470

物流与供应链管理

胡俊华　肖诗顺　吴春涛　主　编
薛红松　可　可　周　玲　副主编

上海财经大学出版社
SHANGHAI UNIVERSITY OF FINANCE & ECONOMICS PRESS
上海学术·经济学出版中心

图书在版编目(CIP)数据

物流与供应链管理/胡俊华,肖诗顺,吴春涛主编. —上海:上海财经大学出版社,2024.2

(普通高等教育“十四五”规划教材)

ISBN 978-7-5642-4273-2/F・4273

Ⅰ.①物… Ⅱ.①胡… ②肖… ③吴… Ⅲ.①物流管理-高等学校-教材②供应链管理-高等学校-教材 Ⅳ.①F252.1

中国国家版本馆 CIP 数据核字(2023)第 210259 号

□ 责任编辑 姚 玮
□ 封面设计 贺加贝

物流与供应链管理

胡俊华 肖诗顺 吴春涛 主 编
薛红松 可 可 周 玲 副主编

上海财经大学出版社出版发行
(上海市中山北一路 369 号 邮编 200083)
网 址:http://www.sufep.com
电子邮箱:webmaster @ sufep.com
全国新华书店经销
上海新文印刷厂有限公司印刷装订
2024 年 2 月第 1 版 2024 年 2 月第 1 次印刷

787mm×1092mm 1/16 21 印张 538 千字
印数:0 001—3 000 定价:59.80 元

前　言

物流与人类的物质生产和生活共生共长，源远流长。随着科学技术的迅猛发展以及经济全球化趋势的增强，物流与供应链成为连接各行各业、国内外市场的重要纽带。物流与供应链管理作为复合型服务产业，发挥着支撑国民经济运行和发展的重要作用，已成为衡量一个国家现代化发展水平和综合国力的重要标志。

我国《"十四五"现代物流发展规划》指出，现代物流是经济的"经脉"，一头连着生产、一头连着消费，是延伸产业链、提升价值链、打造供应链的重要支撑，在构建现代流通体系、促进形成强大国内外市场、推动高质量发展、建设现代化经济体系中发挥着先导性、基础性、战略性作用。当前，新冠疫情、俄乌冲突、巴以冲突等事件的发生，国际形势和世界经济正在发生深刻变化，单边主义抬头、贸易保护主义加强、极端政治倾向加重、民族主义盛行，全球供应链体系和物流系统面临重构。因此，加强物流与供应链管理理论、技术和方法的研究和实践，具有极其重要的现实意义。

本书由物流管理和供应链管理两大部分组成。第一部分，从物流系统的起源和发展开始，对物流管理基础理论、包装、装卸搬运、仓储、运输、流通加工、配送和物流信息管理等物流的重要功能要素进行了研究。第二部分，从供应链管理的角度入手，对供应链管理的概述、供应链战略与规划、供应链合作伙伴关系管理、供应链环境下的采购与库存管理、供应链绩效评价及激励机制、供应链风险管理等内容进行了研究。

本书的特点如下：一是先进性。本书包含国内外最新的理论研究及教学改革成果，并将物流与供应链管理的发展趋势和前沿信息以课外资料等形式进行了介绍。二是应用性。本书每个章节均采用"案例导入——基本理论和方法阐述——实践案例分析"的撰写方式，在理论中融入了经典的、最新的实例及操作性较强的案例，将理论教学与案例分析有机地结合在一起，具有很强的应用性。三是实用性。本书除了对基本知识点进行介绍外，还涵盖了丰富的课外资料和知识拓展，并对每个章节内容进行了归纳总结、绘制了思维导图，配备了多种类型的课后习题，为学生深入学习理解课程内容提供了很好的支持。

本书由武昌工学院胡俊华教授负责框架的拟订、统稿和定稿。参与编写工作的还有四川农业大学肖诗顺，湖北三峡职业技术学院吴春涛，武昌工学院可可、周玲、崔小宁，武汉晴川学院薛红松、黎亮七位专家教授和同仁。参与编撰工作的老师均长期工作在物流与供应链管理理论研究和教学一线，有着丰富的教学和实践经验。本书主要满足工商管理、物流管理、物流工程、供应链管理、电子商务、跨境电商等专业的物流与供应链管理相关课程的教学需要，对相关领域的管理人员和技术人员也有一定的帮助。

本书在编写过程中参考了许多国内外同行的著作和论文，作者已尽可能在参考文献中列出，在此对这些专家学者表示真诚的感谢！如果有疏漏的，作者表示万分歉意，并愿意在得知情况后予以纠正。限于作者的知识范围和学术水平，加之物流与供应链管理理论与实践仍然在不断发展之中，书中难免会有疏漏和错误之处，恳请广大读者不吝赐教，批评指正。

编　者

2024年1月于武汉

目　录

第一篇　物流管理

第二篇　供应链管理

第一篇

物流管理

第一章　物流管理基础理论

案例导入

顺丰物流赋能医药产业

随着经济的不断发展，国内各行各业为了降低运营成本、提升服务质量，进而提高行业和企业的竞争力，都越来越重视物流的优化改进，或与物流企业建立战略合作关系。顺丰物流作为第三方快递物流的典型代表，近年来一直在探索与其他行业的联合发展之路。经过多年的尝试和布局，顺丰利用其物流优势赋能医药行业，逐渐占据了中国医药物流的一席之地，其相关的举措给中国的其他医药物流企业提供了启发与思考。

1993年，顺丰物流在广东顺德正式成立，依托珠三角城市群，开始了艰难的创业历程。从“走出华南，走向全国”的高速成长期，到“全面提升，规范网络”的管理优化期，再到“自建航空，开拓国际”的竞争领先期，如今走到“一体化供应链，发力电商”的战略转型期，顺丰从未停下向行业领先迈进的步伐。

顺丰经济和时效的传统业务早已为全国熟知，而其后续布局的快运、冷运及医药、国际、同城、供应链等新业务也开始展现出巨大的发展潜力。特别是近年来，国内医药用品流通中的不良事件持续发酵，社会对医药流通的关注度持续上升，医药行业内急需更加专业化、更具创新力的医药物流企业，为其扭转行业流通态势，促进医药供应链革新升级。正是在这时，顺丰的医药事业部受到了更广泛的关注。

作为一家老牌的物流企业，顺丰已在医药行业布局多年。2014年3月，顺丰就成立了医药物流事业部。经过两年的发展，顺丰医药物流事业部就已成为行业内颇具影响力的参与者之一。2015年7月，注册成立的顺丰医药供应链有限公司开始独立运营（以下简称顺丰医药），注册资本为2亿元。截至2019年，顺丰医药在全国范围内已建成4个GSP认证医药仓，规划中4个，总仓储面积超过7.5万平方米；已正式运营36条医药专线，覆盖全国22个省，超过960个区县；拥有GSP医药冷藏车236台，并配备完善的物流信息系统以及自主研发的PLSS全程可视化监控平台。

顺丰医药的物流业务自正式运营以来，其发展一直追随着医药行业需求和医药政策而不断转变。面对医药行业的新要求，顺丰医药采取了“线下物流运营＋线上技术服务”的双轮驱动模式，这一模式成为顺丰助力医药行业、赋能医药供应链的一项重大举措。所谓“线下物流运营＋线上技术服务”模式，即线下利用专有化网络资源、细分化物流场景、高效化仓配一体、标准化流程管理，构造顺丰医药物流运营模式；线上利用大数据、算法、物联网、区块链、GPS、GIS等领先技术，为医药供应链解决方案搭建起强大的技术服务平台。通过线下与线上的相互融合，赋能医药产业，提高运行效率，保障医药物流质量，促进医药供应链转型升级。

1. 线下物流运营

顺丰医药物流业务在线下物流运营上，采用了专有化网络资源、细分化物流场景、高效化仓配一体和标准化流程管理相结合的模式，落实医药供应链各节点，覆盖医药流通各环节，提供更专业、更高效的线下物流服务。

(1)专有化的网络资源。顺丰医药的航空、陆运、仓库等物流网络资源由顺丰全面控制，且与顺丰的3C电子、生鲜、快消等产品分离，实行专有化、专业化的物流运作，提高了顺丰对医药物流的掌控能力和专业化能力。此外，不得不提的是顺丰拥有的用于偏远地区和紧急药品配送的物流黑科技——无人机。在此次新冠疫情中，顺丰的方舟无人机在救援物资配送的过程中发挥出了强大的作用，凸显顺丰在专有化物流资源上的优势。

(2)细分化的物流运营。面向不同药物的特性和不同目标对象的需求，顺丰设置相应的物流场景，对其线下物流运营服务进行了细致的划分。目前，顺丰的医药物流业务已形成精准温控、医药常温、药械仓储三大系列产品，打造闭环的线下物流运营服务，覆盖医药供应链，能够为医药行业提供较为全面的物流服务。

2. 线上技术服务

线上技术服务是顺丰对医药供应链的另一推动力。顺丰抓准医药制造、商业企业医院/药店、患者等供应链的重要节点，利用其强大的线上技术优势，在医药供应链和前后端同时发力，发挥出其信息化程度高、追溯方式全、对接能力强的优势，为医药行业提供全方位的供应链解决方案。

(1)后端：医药供应。在后端的医药供应环节，顺丰设置了丰富的SaaS(软件服务)和API(接口服务)对接方式，充分利用大数据、算法、物联网、区块链技术和整个运输网络中装载的GPS、GIS系统。一方面，顺丰推出了医药车库物联网平台、顺丰医药溯源平台、医药工业集成管理平台、“第三方交易＋阳光采购”平台等多个信息服务平台，助力医药制造企业、商业企业、医院、药店，实现从订单、发运、收货、使用、全程跟踪到结算的统一管理，并实现物流库存、运输和仓储环节完全可控制、可保障、可视化、可追溯。另一方面，依托于顺丰在医药行业的物流数据和客户订单数据的后台收集，顺丰医药物流利用其大数据分析能力和全球领先的供应链优化引擎，帮助客户量身打造供应链优化解决方案，提供包括需求预测、分仓布局、安全库存管理、补货周期、配送网络优化、运输智能调度等在内的线上技术服务支持。

(2)前端：医药配送。在前端的医药配送环节，顺丰实施“线上问诊，送药到家”的医药标准解决方案。在前端，医院和药店物流由作为专业第三方的顺丰代为运营，通过搭建线上平台，对信息实行加密流通和匹配，单个患者对应唯一处方、唯一二维码、唯一运单号，四重绑定核验，保障处方单、药品、物流单统一正确，以及在内外部交接流转环节第六代巴枪对身份的高度识别。按照质量管理的要求，做到全闭环管理，助力线上问诊发展，赋能医药供应链前端的处方药品、冷链药品配送到家服务，提高前端线下物流运营效率。

顺丰物流赋能医药行业的成功，说明在现代产业发展中物流的地位和作用越来越重要。物流与其他行业的融合发展，是企业发展的重要趋势。

资料来源：吴群．物流与供应链前沿案例[M]. 上海：复旦大学出版社，2022：103—105.

物流与人类的物质生活和生产共生共长，源远流长。随着科学技术的迅猛发展和经济全球化趋势的增强，“物流”一词对很多人已经不再陌生。作为服务业的重要分支领域，物流业跟其他行业密切相关，是连接各行业的重要纽带，也是使国内外市场相连的重要载体。随着整个商业环境和市场环境的变化，企业对物流的重视程度越来越高，物流不仅是支持商品流通的重要手段，而且上升到企业的战略层面。2009 年，国务院常务会议审议并通过了将物流业列入十大振兴产业之一。物流业的振兴和发展，也直接关系到我国整体经济竞争力的提升。

第一节　物流概述

一、物流的概念及演变过程

物流科学自产生以来已显示出它的强大生命力，成为当代最活跃、最有影响的新学科之一。物流作为被研究对象，最早要追溯到 1901 年，约翰·F. 格鲁威尔(J. F. Growell)在美国政府报告“关于农产品的配送”中，第一次论述了对农产品配送成本产生影响的各种因素，从而拉开了人们对物流活动认识的序幕。现代物流概念的形成经历了一个漫长而不断完善的过程，归纳起来大致有三个发展阶段。

(一)物流概念的萌芽阶段

从 20 世纪初到 50 年代，这个阶段是物流概念的萌芽阶段。这一阶段的特点有：一是局部范围，主要是在美国；二是少数几个人提出物流的概念；三是 Physical Distribution 和 Logistics 两种概念并存。物流概念的孕育过程见表 1—1。

表 1—1　　美国物流概念的萌芽过程

时　间	内　容
1901 年	约翰·F. 格鲁威尔首先研究了物流问题。他在为美国政府提供的《行业协会关于农产品配送的报告》的第一部分中研究了影响农产品配送成本的因素
1905 年	美国的昌西·B. 贝克(Chauncey B. Baker)少校提出，“那个与军备的移动和供应相关的战争的艺术分支就叫‘物流’”。战争开始前，军事后勤部门要为参战人员提供弹药和装备；战争开始后，军事物资和装备必须保持可以供应的状态
1915 年	阿奇·肖(Arch Shaw)在 1915 年哈佛大学出版社出版的《市场流通中的若干问题》(*Some Problems in Market Distribution*)一书中提出，“物流(the physical distribution of goods)是与创造需求不同的一个问题，是为计划、执行和控制原材料、在制品库存以及制成品从起源地到消费地的有效率的流动而进行的两种或多种活动的集成”
1935 年	由美国市场营销协会提出：物流(Physical Distribution)是销售活动中伴随的物质资料和服务从生产地到消费地的各种活动
第二次世界大战期间	美国海军因军事上的需要，提出了实物配送理论，即对战时物资的供应实行后勤管理，取得了显著成效。随后，美国社会开始出现后勤管理或后勤保障，并在企业中逐步演变为商业后勤和流通后勤

(二)物流概念的形成阶段

第二次世界大战后，美国的经济迅速发展，先进的生产理论和观念不断引入，新技术不断出现、管理水平不断提高，促进了生产力水平的大幅度提高。产品的极大丰富和激烈的市场竞争迫使产品必须降低成本、提高质量。物流逐渐为管理学界所重视；企业界也开始注意到物流在经济发展中的作用，将改进物流管理作为激发企业活力的重要手段。这一阶段是物流快速发展的重要时期。

从20世纪50年代中期到80年代中期，可以称为分销物流(Physical Distribution)概念阶段。这个阶段的基本特征是：分销物流概念得到发展而占据主流地位，从美国走向全世界，形成了一个比较统一的物流概念，形成和发展了物流管理学，也形成了物流学派、物流产业和物流领域。美国物流概念的形成过程见表1—2。

表1—2　　美国物流概念的形成过程

时　间	内　容
20世纪50年代	唐纳德·鲍尔索克斯(Donald Bowersox)提出了物流模型
1956年	霍华德·T.莱维斯(Howard T . Lewis)等撰写了《物流中航空货运的作用》一书，在物流管理中导入了整体成本的分析概念，深化了物流活动分析的内容
1961年	爱德华·W．斯马凯伊(Edward W. Smykay)等撰写了《物流管理》一书。这是世界上第一本介绍物流管理的教科书，该书详细论述了物流系统以及整体成本的概念，为物流管理成为一门学科奠定了基础
20世纪60年代初期	密歇根州立大学以及俄亥俄州立大学分别在大学部和研究生院开设了物流课程，成为世界上最早把物流管理教育纳入大学学科体系中的学校
1962年	德鲁克在《财富》杂志上发表了题为"经济的黑暗大陆"一文，提出了物流是降低成本的最后领域，强调应当高度重视物流管理，使实业界和理论界认识到物流是"第三利润源泉"
1963年	美国实物配送管理协会(National Council of Physical Distri-bution Management，NCP-DM)提出：物流是为了计划、执行和控制原材料、在制品库存以及制成品从起源地到消费地的有效率的流动而进行的两种或多种活动的集成
1969年	康纳德·J.鲍尔索克斯(Donald J. Bowersox)在《市场营销》杂志上刊登了"物流的发展——现状与可能"，综合物流概念的过去、现状以及未来发展做出了全面分析
1976年	道格拉斯·M.兰伯特(Douglas M. Lambert)撰写了"在库会计方法论的开发：在库维持费用研究"一文，指出在库费用是整个物流活动所发生的费用中最大的部分，并对费用测定进行了研究，对物流管理学的发展做出了重大贡献

在这一时期，很多有关物流的论文、著作、杂志开始大量涌现，有关物流管理的研讨会也开始频繁召开，这些都推动了物流管理学的形成以及物流管理实践的广泛推广。Physical Distribution概念从美国走向世界，成为世界公认的物流概念，在世界范围内形成了物流管理学的理论体系。

20世纪50年代中期，日本流通技术专业考察团在美国各地进行了实地考察，首次接触到并详析了物流这个新事物，并于1958年提及Physical Distribution。这个概念马上被产业界接受，并加以研究和不断创新，在日本掀起了流通领域的一场革命。配送中心、物流中心相继成立，企业开始设立物流部，一些零散的、规模较小的运输和仓储企业联合起来，组成了许多大型的物流企业。随着分销物流业逐渐扩大，物流产业和物流管理学逐渐形成，20世纪70年代达到高潮，大有后来居上之势，一批如阿保荣司、宇野正雄等物流学家也出现了。

分销物流概念逐渐流行到西欧、北美和其他许多国家。20世纪70年代末也传到了中国。这样，基本上世界各国都接受了这样的物流概念和物流管理学。分销物流主要把物流看成是运输、储存、包装、装卸、加工(包括生产加工和流通加工)、物流信息等各种物流活动的总和。

在分销领域各专业物流理论竞相发展的同时，企业内部物流理论也发展起来。1965年，美国 J. A. 奥列基(Joseph A. Orlicky)提出独立需求和相关需求的概念,并指出订货点法的物资资源配置技术只适用于独立需求物资,而企业内部的生产过程相互之间的需求则是一种相关需求。20 世纪 60 年代,人们逐渐把计算机应用到制订生产计划上来,美国生产管理和计算机应用专家奥列弗·W. 怀特(Oliver W. Wight)和乔治·W. 普洛什(George W. Plosh)首先提出了物料需求计划(Material Requirement Planning,MRP)的概念,而 IBM 公司则首先在计算机上实现了 MRP 处理,产生了 MRP 技术,到了 20 世纪 80 年代,发展到了 MRPⅡ。

20 世纪 80 年代,受 MRP 思想原理的启发又产生了应用于分销领域的物资资源配置技术(Distribution Requirement Planning,DRP),并且相应又发展出 DRPⅡ。在 MRP 和 DRP 发展的基础上,为了把二者结合起来运用,20 世纪 90 年代又出现 LRP(Logistics Resources Planning)技术和 ERP(Enterprise Resources Planning)。这一时期日本丰田汽车公司创造的准时化生产技术(Just In Time,JIT)以及相应的看板技术创新了生产领域的物流技术。它不仅在生产领域创造了一种革命性的哲学和技术,而且为整个物流管理学提供一种理想的物流思想理论和技术。

企业物流另一个重要的领域是设施规划与工厂设计,包括工厂选址、厂区布局、生产线布置、物流搬运系统设计等,也都成为物流学应用和发展的领域,形成了物流管理学一个非常重要的分支学科。

这些企业内部物流理论和技术的强劲发展,逐渐引起了人们的关注。20 世纪 80 年代中期,随着物流活动进一步集成化、一体化,分销物流的概念显然不能包含它们,使原来只关注分销物流的人们自然想到,仅使用分销物流的概念已经不太合适了。

(三)现代物流概念发展阶段

从 20 世纪 80 年代中期开始一直到现在,为现代物流(Logistics)概念阶段。这个阶段的特点是:随着物流业的发展,物流已经涉及包括企业物资供应、企业生产、产品分销以及企业废弃物再生等全范围和全领域。人们已经意识到,原来的分销物流概念已经不适应这种形势,开始采用 Logistics 作为物流的概念。需要指出的是,这个时候的 Logistics 概念和第一阶段的军事后勤上的 Logistics 概念,虽然字面相同,但是意义已经不完全相同了:第一阶段 Logistics 主要是指军队物资供应调度上的物流问题,而现阶段则是指在各个专业物流全面高度发展的基础上基于企业供、产、销等全范围、全方位物流问题。这个阶段的 Logistics 应当译为现代物流学,它是一种适应新时期组织(包括企业事业单位、军队、学校等)的集成化、信息化、一体化的物流学。

20 世纪 80 年代中期以后,人们越来越清楚地认识到物流与经营、生产紧密相连,它已成为支撑企业竞争力的三大支柱之一。1985 年,哈里斯·D. 威廉姆(Harris D. William)和詹姆士·R. 斯托克(James R. Stock)发表了题为《市场营销与物流的再结合——历史与未来的展望》的演讲,他们指出,从历史上看,物流近代化的标志之一是商物的分离。但是,随着以西蒙·伦纳德(Simon Leonard)为代表的顾客服务研究的兴起,人们逐渐从理论和实证上认识到现代物流活动对于创造需求具有相当大的作用,非常有必要强调营销与物流的再结合。这一理论对现代物流的本质给予了高度总结,推动了物流顾客服务战略以及供应链管理的研究。

从物流实践来看,20 世纪 80 年代后期计算机技术和物流软件的发展日益加快,进而更加推动了现代物流实践的发展,其中的代表是 EDI(电子数据交换)的运用与专家系统的利用。物流外包和第三方物流的产生,进一步导致物流专业化、技术化和集成化,实现了生产和物流的分工合作,提高了各自的核心竞争力。

1985 年美国物流管理协会正式将名称改为 National Council of Logistics Management (CLM)，从而标志着现代物流观念的确立，以及对物流战略管理的统一化。

20 世纪 90 年代供应链管理理论的诞生、供应链管理系统的形成进一步导致物流管理的联合化、共同化、集约化和协调化。20 世纪 90 年代以来，随着新经济和现代信息技术的迅速发展，物流不断向信息化、网络化、智能化发展。这不仅使物流企业和工商企业建立了更为密切的关系，同时物流企业也为客户提供了更高质量的物流服务。电子商务的发展，将像杠杆一样撬起传统产业和新兴产业，成为企业决胜未来的重要工具。在这一过程中，现代物流将成为支点。

目前，物流尚无统一的定义。因为在高速发展的现代经济社会中，人们对物流的认识是一个不断深化的过程。由于不同的国家或地区其经济结构和过程的差异性，对物流的定义也存在着不同程度的异同，但其根本立足点是一致的。目前普遍认同的是美国物流管理协会在 2003 年对物流的定义。美国现代物流概念的发展过程见表 1—3。

表 1—3　　美国现代物流概念的发展过程

时　间	内　容
1985 年	1985 年，美国实物配送管理协会更名为美国物流管理协会(CLM)，提出：物流是对货物、服务及相关信息从起源地到消费地的有效率、有效益的流动和储存进行计划、执行和控制，以满足顾客需求的过程。该过程包括内部和外部的移动以及以环境保护为目的的物料回收
1992 年	美国物流管理协会修改定义：物流是以满足客户需求为目的，对产品、服务以及相关信息从供应地到消费地的高效率、低成本的流动和储存而进行的计划、执行和控制
1998 年	物流是供应链过程的一部分，是对货物、服务及相关信息从起源地到消费地的有效率、有效益的流动和储存进行计划、执行和控制，以满足顾客要求
2002 年	物流是供应链过程的一部分，是对货物、服务及相关信息从起源地到消费地的有效率、有效益的正反向流动和储存进行计划、执行和控制，以满足顾客要求
2003 年	物流是供应链管理的一部分，是以满足客户需求为目的，对货物、服务和相关信息从起始地到消费地的有效率、有效益的正向和逆向的流动和储存进行的计划、执行和控制

欧洲有代表性的物流定义，是 1994 年由欧洲物流协会(European Logistics Association, ELA)发表在《物流术语》中的定义，即“物流是在一个系统内对人员或商品的运输、安排及与此相关的支持活动的计划、执行与控制，以达到特定的目的。”

日本学者对物流最有代表性的定义是：“物流是将货物由供应者向需求者的物理性位移，是创造时间价值和场所价值的经济活动，包括包装、搬运、保管、库存管理、流通加工、运输、配送等活动领域。”

1985 年，加拿大物流管理协会(Canadian Association of Logistics Management, CALM)给出的定义为：“物流是对原材料、在制品库存、产成品及相关信息从起运地到消费地的有效率的、成本有效益的流动和储存进行计划、执行与控制，以满足顾客需求的过程。”

我国较为权威的定义出自《中华人民共和国国家标准物流术语》(GB/T 18354—2021)，物流是指根据实际需要，将运输、储存、装卸、搬运、包装、流通加工、配送、信息处理等基本功能实施有机结合，使物品从供应地向接收地进行实体流动的过程。

二、世界主要国家物流的发展历程

经过了近 50 年的发展，各国物流发展的水平和阶段不尽相同。

（一）美国物流的发展

美国物流发展较早，据理论界人士研究，物流在美国的发展大致经历了以下四个阶段：

（1）以仓储业为主的物流阶段（1945—1960 年）。在当时的卖方市场中，企业生产产品有很好的销路，大量生产的产品放在仓库中，仓储管理水平不断提高和缩短仓储时间，成为当时物流的主要特征。

（2）以流通型为主的物流阶段（1961—1980 年）。这个时期市场由卖方市场转为买方市场。产品竞争异常激烈，高架仓库的兴建、各种物流大通道的形成降低了物流成本，提高了流通效率。

（3）综合物流阶段（1981—1990 年）。这个时期，美国的信息水平提高很快，物流开始利用高新技术。IT 技术的发展和工业互联网技术的成熟使美国的物流建立在现代化物流信息平台上，形成了现代物流。它把商流、物流、信息流结合起来，形成了三流合一，进一步提高流通效率，促进了物流的发展。

（4）物流一体化阶段（1991 年至今）。供应链管理理论的产生和应用使美国的物流企业与产品供应链上的各个企业联合起来，协调产品供应链上各企业之间的关系，使产品在供应链中达到成本最低、效益最优，在提高产品竞争力中使供应链上的各企业达到共赢。如今美国的物流企业正向集约化、协同化、全球化发展。

（二）日本物流的发展

日本的物流发展紧随美国之后，进展速度快而且有许多新的举措，如准时制生产方式（JIT）等。学者将其分为以下四个阶段：

（1）前物流时期（1953—1963 年）。第二次世界大战后日本经济迅速恢复，从美国引入物流理论并付诸实施，在物流需求者的推动下孕育了许多物流企业，此阶段的物流企业主要为日本的制造企业服务。

（2）物流系统时期（1964—1973 年）。这一时期日本经济的飞速发展推动了日本物流的大发展，对物流的基础设施和设备提出更高的要求。日本政府投资于国内的物流基础设施，如码头、桥梁、高速公路等的建设；物流公司又研制了各种物流设备，如铲车、堆垛机、高层货架、自动传送带等。它们建立物流系统，使物流公司和生产企业密切结合，共同发展。

（3）物流管理时期（1974—1983 年）。由于社会物流的需要，日本加强了商业流通领域的物流建设，如配送中心、物流中心等，并且优化管理，建立以信息技术为支撑的物流网络体系，使日本的物流迈向现代物流行列。

（4）物流社会系统时期（1984 年至今）。物流与信息流结合以后进入了物流一体化阶段，即物流和商流的结合。许多日本物流企业买断产品，把产品销售和物流结合起来，既担负起商流的职责，又充分发挥物流的作用，从而大幅度降低成本、提高服务水平，日本物流正向物流全球化迈进。

（三）欧洲物流的发展

欧洲是引进“物流”概念较早的地区之一，并且是较早地将现代技术用于物流管理的先锋。欧洲物流的发展有着鲜明的阶段特点。

（1）初级的单个工厂物流阶段（20 世纪初—50 年代）。早在 20 世纪中期，欧洲各国为了降低产品成本，便开始重视企业范围内物流过程的信息传递，对传统的物料搬运进行变革，对企业内的物流进行必要的规划，以寻求物流合理化的途径。当时制造业（工厂）处于加工车间模式，工厂内的物资由厂内设置的仓库提供。企业为了实现客户当月供货的要求，在内部实行严密的流程管理。这一时期的管理技术还相对落后:信息交换通过邮件、产品跟踪采用贴标签的方式,信息处理的软硬件平台是通过纸带穿孔式打印机实现输出。这一阶段储存与运输是分离的,各自独立经营,可以说是欧洲物流的初级阶段。

(2)多个工厂或集团的综合物流阶段(20 世纪 60—70 年代)。这是欧洲经济快速发展时期。随着商品生产和销售的进一步扩大,出现了多个工厂联合的企业集团和大公司,物流需求增多,成组技术被广泛采用。客户期望一周内供货或服务,工厂内部的物流已不能满足企业集团对物流的要求,因而形成了基于工厂集成的物流。仓库不再是静止封闭的储存式设施,而是动态的物流配送中心;需求信息不只是凭订单,而主要是从配送中心的装运情况获取。这个时期信息交换采用电话方式,通过产品本身的标记实现产品跟踪,信息处理的硬件平台是小型计算机,企业(工厂)一般使用自己开发的软件。

(3)供应链物流阶段(20 世纪 80—90 年代)。随着经济和流通的发展,许多不同类型的企业(厂商、批发业者、零售业者)也在进行物流革新,建立相应的物流系统,目的是通过供应链实现物流服务的差别化,发挥各自的优势与特色。由于流通渠道中各经济主体拥有不同的物流系统,因而必然会在各经济主体的接点处产生问题。为了解决这个问题,20 世纪 80 年代欧洲开始探索一种新的联盟型(或合作式)物流系统,即综合物流的供应商管理,目的是实现最终消费者和最初供应商之间的物流与信息流的综合。在商品流通过程中加强企业间的合作,改变原来各企业分散的物流管理方式,通过合作形式来实现原来不可能达到的物流效率,所获得的成果由参与的企业共同分享。这一时期,制造业已采用准时制生产模式(JIT),客户的物流服务需求发展到一天内供货或服务,综合物流的供应链管理进一步得到加强,如组织好港站库的交叉与衔接、管理控制零售商总库存量、产品流总量分配、实现供应的合理化等。这一时期,物流需求的信息直接从仓库出货获取,通过电话传真方式进行信息交换;产品跟踪采用条形码扫描,信息处理的软硬件平台是客户服务器模式和购买商品化的软件包。这一时期欧洲第三方物流开始兴起。

(4)全球物流和电子物流的阶段(20 世纪 90 年代以后至今)。这一时期,全球经济一体化的发展趋势十分强劲。欧洲企业纷纷在国外建零部件基地,甚至建立总装厂,这一趋势大大增加了国与国之间的商品流通量,加上国际贸易的快速增长,全球物流应运而生。此时欧洲的供应链着眼于整体提供产品和物流服务的能力,因此物流中心的建设迅速发展,在供应链管理上采用供应链集成的模式,供应方与运输方通过交易寻求合作伙伴。20 世纪 90 年代欧洲提出设立首席物流主管作为供应链管理的主导者,这一时期物流企业的需求信息直接从顾客消费地获取;采用在运输链上实现组装的方式,使库存量实现极小化;信息交换采用 EDI 系统,产品跟踪应用射频标识技术;信息处理广泛应用互联网和物流服务方提供的软件。目前,基于互联网和电子商务的电子物流正在欧洲兴起。

欧洲重视发展社会化、专业化的物流,始终强调综合的观念,提倡第三方物流服务的理念。欧洲的供应链理论和技术应用相当出色,许多企业通过供应链直接控制,降低物流成本,提高物流效益,供应链管理很盛行。欧洲物流发展的重点是提高采购、生产、销售各个环节的效率,物流一体化程度很高。

(四)中国物流的发展

1979 年,我国物资工作者代表团赴日考察,在考察报告中第一次引用"物流"这一术语。1989 年在北京召开第八届国际物流会议,"物流"一词在我国推广,理论界开始对物流进行较深入的讨论。随着中国经济体制改革,企业界开始认识到物流在企业发展中的作用,我国对物流的研究也从理论范畴走向生产领域。20 世纪 90 年代中期以后，政府与企业逐渐认识到作为“第三利润源”的物流的价值和战略地位，广泛开展物流理论研讨和实践。我国物流的发展可分为以下五个阶段：

(1)物流初期发展阶段(1949—1965 年)。这一时期是我国经济的恢复时期。新中国成立初期，工业生产和交通运输逐步在恢复和建设。为了配合物流业务的需要，开始修建和购置一些基本的物流设施。在企业内部建立储运部、汽车队。在省、市建立了少量仓储公司或储运公司，但这些物流公司大多从属于各专业公司。1952 年，工业生产和交通运输基本上已全面恢复，全国经济呈现一片欣欣向荣的景象。随着社会商品物资的增多，流通部门相继在一些大中城市建立了储运公司、仓储公司、外运公司等专业化大中型物流企业，以及附属于各专业公司、批发站的储运部、中转站、仓库等“商物合一型”的小型物流企业，形成了覆盖全国的物流网络，出现了最早的物流企业。

(2)物流停滞阶段(1966—1977 年)。1966 年，经济出现停滞和倒退，物流业和其他行业一样，陷于停滞状态。

(3)物流较快发展阶段(1978—1992 年)。1978 年，我国开始实行改革开放，经济建设加快了步伐。随着国内商品流通和国际贸易的不断扩大，物流业取得长足的发展。专业物流公司数量不断增加；企业内部也开始重视物流问题，设置了物流研究室、物流技术部等；发展了集体和个体物流企业；交通基础设施建设取得显著成果，新建了铁路、公路、港口、机场；物流技术得到了改进，开展了集装箱运输、散装运输和联合运输等业务。物流已逐步打破部门、地区的界限，向社会化、专业化、现代化发展。

(4)现代物流起步阶段(1993—2003 年)。1992 年，我国正式确立建设社会主义市场经济的目标。20 世纪 90 年代中期，在建设社会主义市场经济的大潮中，物流概念又一次被实业界和政府关注。1996 年，为满足宝洁公司物流配送的需要而成立的宝供物流公司，标志着我国物流企业——第三方物流的诞生。20 世纪 90 年代末海尔集团成立海尔物流，标志着我国第一方物流的诞生。此后，中远物流、中外运物流、中海物流、华润物流、招商局物流等中国的物流“巨人”纷纷亮相。海外的物流企业，如马士基物流、TNT 物流、UPS 物流、FEDEX 物流也竞相登陆。许多运输和仓储公司挂上物流公司的牌子。进入 21 世纪，我国各级政府也全力推进物流，使中国物流的发展出现一片欣欣向荣的景象。

(5)现代物流快速发展阶段(2004 年至今)。21 世纪以来，中国物流业总体规模快速增长，物流服务水平显著提高，发展环境和条件不断改善，突出表现为 2004 年我国社会物流总额达到 38.4 万亿元，同比增长 29.9%，比 2001 年增长了一倍。这标志着我国现代物流由起步阶段开始迈向理性、务实、快速发展的新阶段。现代物流业已成为我国第三产业中的骨干产业和国民经济新的增长点。到 2004 年，我国物流基础设施和物流技术装备取得长足发展，物流技术条件得到较大改善。信息技术的普及应用加快了物流信息化及物流发展的步伐，推动了我国物流的现代化进程。近年来，物流基础性工作也取得了较大的进展，如物流标准化工作全面启动、物流统计核算制度的建立、物流教育和培训工作的加强等。电子商务的发展，使企业的发展趋向全球化，物流网络的规模越来越大，运营越来越复杂，促进了现代物流的快速发展。

三、物流的基本构成及分类

(一)物流的基本构成

物流的基本构成包括运输、储存、装卸、搬运、包装、流通加工、配送和物流信息处理。从物流活动的实际工作环节来考察，物流就是由上述八项具体工作构成，即物流具有上述八项功能，其中运输和仓储是主要功能，其他功能是伴随运输和仓储过程发生的辅助性功能。

根据《中华人民共和国国家标准—物流术语》(GB/T 18354—2021)，物流各项功能定义如下：

(1)运输，是指利用载运工具、设施设备及人力等运力资源，使货物在较大空间上产生位置移动的活动。

(2)储存，是指贮藏、保护、管理物品。

(3)装卸，是指在运输工具间或运输工具与存放场地(仓库)间，以人力或机械方式对物品进行载上、载入或卸下卸出的作业过程。

(4)搬运，是指在同一场所内，以人力或机械方式对物品进行空间移动的作业过程。

(5)包装，是指为在流通过程中保护产品、方便储运、促进销售，按一定技术方法而采用的容器、材料及辅助物等的总体名称。也指为了达到上述目的而采用容器、材料和辅助物的过程中施加一定技术方法等的操作活动。

(6)流通加工，是指根据顾客的需要，在流通过程中对产品实施的简单加工作业活动的总称。简单加工作业活动包括包装、分割、计量、分拣、刷标志、拴标签、组装、组配等。

(7)配送，是指根据客户要求，对物品进行分类、拣选、集货、包装、组配等作业，并按时送达指定地点的物流活动。

(8)物流信息处理，是指对于反映物流各种活动内容的知识、资料、图像、数据、文件等进行收集、整理、储存、加工、传输和服务的活动。

(二)物流的分类

根据物流活动的领域、地域范围，物流在社会再生产过程中的地位与作用等不同，可以将物流划分为不同类型。

1. 根据物流涉及的领域分类

根据从总体还是从局部的角度来研究物流，可以分为宏观物流和微观物流。

(1)宏观物流是指社会再生产总体的物流活动，是从社会再生产总体角度认识和研究的物流活动。这种物流活动的参与者是构成社会总体的大产业、大集团。宏观物流也就是研究社会再生产总体物流，研究产业或集团的物流活动和物流行为。

宏观物流还可以从空间范畴来理解。在很大空间范畴的物流活动，往往带有宏观性，在很小空间范畴的物流活动则往往带有微观性。宏观物流主要的研究内容包括物流总体构成、物流与社会的关系及其在社会中的地位、物流与经济发展的关系、社会物流系统与国际物流系统的建立和运作等。

(2)微观物流包括消费者、生产者企业所从事的、实际的、具体的物流活动，也包括在整个物流活动中的一个局部、一个环节的具体物流活动。在一个小地域空间发生的具体的物流活动也属于微观物流。微观物流是更贴近具体企业的物流，其研究领域十分广泛。微观物流通常是指企业内部的物流，包括供应物流、生产物流、销售物流、回收物流和废弃物物流等。

2. 根据物流活动地域范围分类

按照活动地域范围的不同，物流可以分为国际物流(不同国家或地区之间的物流)和国内物流。

(1)国际物流是指跨越不同国家(地区)之间的物流活动。国际物流的实质是按国际分工协作原则，依照国际惯例，利用国际化的物流网络、物流设施和物流技术，以最佳的方式和途径，以最小的费用和风险，保质、保量、适时地将货物从一国的供方运输到另一国的需方，为国际贸易和跨国经营服务，以促进区域经济的发展和世界资源的优化配置。

国际物流是国际贸易和跨国经营的重要组成部分，其最大的特点是物流跨越国境，物流活动在不同国家之间进行，使各国物流系统相互“接轨”，成为一个完整的物流系统。因此，与国内物流系统相比，存在不少差异，具有国际性、复杂性、风险性、先进性等特点。

(2)国内物流是指在本国范围内商品的流动。这里所指的国家或相当于国家的实体，是指拥有自己的领土、领海和领空的政治、经济实体。它所制订的各项计划以及法令、政策都是为其自身的整体利益服务的。

3. 根据物流活动的执行主体分类

按照物流活动的执行主体不同，物流可分为第一方物流、第二方物流、第三方物流和第四方物流。

(1)第一方物流是指卖方物流，即生产者或者供应方组织的物流活动。这些组织的主要业务是组织生产和供应商品。

(2)第二方物流是指买方物流，即销售者或流通企业组织的物流活动。这些组织的核心业务是采购并销售商品，为了销售业务的需要而投资建设物流网络、物流设施和设备，并进行具体的物流业务运作组织和管理。

(3)第三方物流是由独立于物流供需双方之外，且以物流服务为主营业务的组织提供物流服务的模式。这里所指的第三方，是相对于买方和卖方来说的，通过与第一方或者第二方物流相比，具有明显资源优势的物流公司。

(4)第四方物流是指用一个调配和管理组织自身的及具有互补性的服务提供商的资源、能力与技术，来提供全面的供应链解决方案的供应链集成商。它不是物流的利益方，而是通过拥有的信息技术、整合能力及其他资源提供一套完整的供应链解决方案，以此获取一定的利润。

4. 根据物流活动的业务属性分类

根据物流活动的业务属性分类，物流可以分为供应物流、生产物流、销售物流、回收物流和废弃物物流。

(1)供应物流是指为生产企业提供原材料、零部件或其他物料时所发生的物流活动。

(2)生产物流是生产企业内部进行的涉及原材料、在制品、半成品、产成品等所进行的物流活动。

(3)销售物流是指企业在出售商品过程中所发生的物流活动，是物品在供方与需方之间的实体流动。

(4)回收物流是指不合格物品的返修、退货以及周转使用的包装容器从需方返回供方所形成的实体流动。

(5)废弃物物流是指将经济活动或人民生活中失去原有使用价值的物品，根据实际需要进行收集、分类、加工、包装、搬运、储存等，并分送到专门处理场所的物流活动。

四、物流的作用与价值

物流的作用不只在于使物品发生物理位置的转移，更重要的是产生时间和空间价值的增长。它可以通过运输、储存、保管、装卸、搬运、包装、流通加工活动创造时间效用、空间效用、形质效用。

(一)物流创造时间效用

时间效用就是创造时间价值。时间价值是指“物”从供给者到需要者之间本来就存在一段时间差，由于改变这一时间差创造的价值，称作“时间价值”。时间价值通过物流获得的形式有以下几种：

（1）缩短时间。缩短物流时间，可获得多方面的好处，如减少物流损失、降低物流消耗、加速物流的周转、节约资金等。从全社会物流的总体来看，加快物流速度、缩短物流时间，是物流必须遵循的一条经济规律。

（2）弥补时间差。供给与需求之间存在时间差，是一种普遍的客观存在。正是有了这个时间差，商品才能取得自身最高价值，才能获得十分理想的效益。物流便是以科学、系统的方法弥补，有时是改变这种时间差，以实现其“时间价值”。

（3）延长时间差。某些具体物流存在人为地、能动地延长物流时间来创造价值的情况。例如，秋季集中产出的玉米、棉花等农作物，通过物流的储存、储备活动，有意识延长物流的时间，以均衡人们的需求。

（二）物流创造空间效用

产品的供给者和需要者往往处于不同的场所。由于改变这一场所的差别而创造的效用，称作“场所效用”，也称为“空间效用”。物流创造场所价值是由现代社会产业结构、社会分工所决定的，主要原因是供给和需求之间的空间差，商品在不同地理位置有不同的价值，通过物流将商品由低价值区转到高价值区，便可获得价值差，即“场所价值”。物流创造空间效用的形式有以下几种：

（1）从集中生产场所流入分散需求场所创造价值。现代化大生产通过集中的、大规模的生产以提高生产效率，降低成本。在一个小范围集中生产的产品可以覆盖大面积的需求地区，有时甚至可覆盖一个国家乃至若干国家。通过物流将产品从集中生产的低价位区转移到分散于各处的高价值区有时可以获得很高的利益。

（2）从分散生产场所流入集中需求场所创造价值。同上述相反的情况在现代社会中并不少见，例如，粮食是在一亩地一亩地上分散生产出来的，而一个大城市的需求却相对集中，这就形成了分散生产和集中需求。

（3）在低价值地生产，流入高价值地需求场所创造价值。现代社会中供应与需求的空间差十分普遍，现代人每日消费的物品几乎都是在相距一定距离的地方生产的。这样复杂交错的供给与需求的空间差都是靠物流来弥合的，物流也从中取得了利益。

（三）物流创造形质效用

加工是生产领域常用的手段，并不是物流的本来职能。但是，现代物流的一个重要特点就是根据自己的优势从事一定的补充性的加工活动。这种加工活动不是创造商品主要实体，形成商品主要功能和使用价值，而是带有完善、补充、增加性质的加工活动，这种活动必然会形成劳动对象的形质效用（加工附加价值）。

五、现代物流的特征

现代物流与传统物流有着本质上的区别，现代物流以满足消费者和市场的需求为目标，以第三方物流为基础联合供应商和销售商，把战略、市场、研发、采购、生产、销售、运输、配送和服务各环节活动整合在一起，作为现代经济领域的新兴产业支撑国家和世界的发展。物流是社会经济发展的产物，随着社会经济发展，现代物流在运作上表现出以下特点：

（一）物流过程一体化

现代物流具有系统、综合和总成本控制的思想，它将经济活动中所有供应、生产、销售、运输、库存及相关的信息流动等活动视为一个动态的系统，关心的是整个系统的运行效能与费用。

物流一体化的一个重要表现是供应链概念的出现。供应链把从采购开始经过生产过程和货物配送到达用户的整个过程，看作是一条环环相扣的“链”，物流管理以整个供应链为基本单位，物流不再是单个的功能部门。在采用供应链管理时，世界级的公司力图通过增加整个供应链提供给消费者的价值、减少整个供应链成本的方法来增强整个供应链的竞争力，其竞争不再仅仅是公司之间的竞争，而是上升为供应链与供应链的竞争。

（二）物流技术专业化

物流技术专业化表现为现代技术在物流活动中得到的广泛应用，如条形码技术、EDI 技术、自动化技术、网络技术、智能化和柔性化技术等。运输、装卸、仓储等也普遍采用专业化、标准化、智能化的物流设施设备。这些现代技术和设施设备的应用大大提高了物流的效率，扩大了物流的领域。

（三）物流管理信息化

物流信息化是整个社会信息化的组成部分。现代物流高度依赖于对大量数据、信息的采集、分析、处理和即时更新。在信息技术、网络技术高度发达的现代社会，从客户资料取得和订单处理的数据库化、代码化，物流信息处理的电子化和计算机化，到信息传递的实时化和标准化，信息化渗透至物流的每一个领域。为数众多的无固定物流设施设备的第三方物流公司正是依赖其信息优势展开全球经营的。从某种意义上来说，现代物流竞争已成为物流信息的竞争。

（四）物流活动社会化

物流活动社会化突出表现为第三方物流与物流中心的迅猛发展。随着社会分工的深化和市场需求的日益复杂，生产经营对物流技术和物流管理的要求也越来越高。众多工商企业逐渐认识到依靠企业自身的力量不可能在每一个领域都获得竞争优势。它们更倾向于采用外包的方式，将本企业不擅长的物流环节交由专业物流公司，或者在企业内部设立相对独立的物流专业部门，而将有限的资源集中于自己真正的优势领域。专业的物流部门由于具有人才优势、技术优势和信息优势，可以采用更为先进的物流技术和管理方式，取得规模效益，从而达到物流合理化——产品从供方到需方全过程中，达到环节最少、时间最短、路程最短、费用最省。

（五）物流活动国际化

在产业全球化的浪潮中，跨国公司普遍采取全球战略，在全世界范围内选择原材料、零部件，销售产品和提供服务。因此，其物流的选择和配置也超出国界，着眼于全球大市场。大型跨国公司普遍的做法是选择一个适应全球分配的物流中心以及关键零部件的集散仓库；在获得原材料以及分配新产品时使用当地成熟的物流网络。与此同时，把这种先进的物流技术推广到新的地区市场。例如，耐克公司通过全球招标采购原材料，然后在中国台湾或东南亚生产，再将产品分别运送到欧洲、亚洲的几个中心仓库，就近销售。

第二节　物流管理概述

物流管理学是近几十年以来在国外兴起的一门新学科，是管理科学的新的重要分支。物流管理学的诞生使得原来在经济活动中并不被重视的物流系统显现出来，它揭示了物流活动中各个环节的内在联系，它的发展和日臻完善是现代企业在市场竞争中制胜的法宝。

一、物流管理的概念及发展

物流管理是指为达到既定的目标，从物流全过程出发，对相关物流活动进行的计划、组织、协调与控制（GB/T18354—2021）。

现代物流管理的目标就是要在尽可能低的总成本条件下实现既定的为客户服务的目标，即寻求服务优势和成本优势的平衡，并由此创造企业在竞争中的战略优势。根据这个目标，物流管理要解决的基本问题，简单地说，就是把合适的产品以合适的数量、合适的价格在合适的时间、合适的地点提供给客户。

从发达国家物流管理发展的历史来观察，物流管理经历了以下五个阶段：

（一）物流功能个别管理阶段

在这个阶段，真正意义上的物流管理意识还没有出现，降低成本不是以降低物流总成本为目标，而是分别停留在降低运输成本和保管成本等个别环节上。降低运输成本也仅局限于要求降低运价或者寻找价格低的运输业者。物流存在企业中，企业内对于物流的意识程度还很低。

（二）物流功能系统化管理阶段

物流功能系统化管理阶段的主要特征表现为：设立物流管理部门，其管理对象已不仅是现场的作业活动，而是站在企业整体的立场上整合各种物流合理化对策并付诸实施。

（三）物流管理领域扩大阶段

进入物流管理领域扩大阶段，物流管理部门可以向生产和销售部门提出自己的合理化建议。但是，物流管理部门对于生产和销售部门提出的建议在具体实现上有一定限度，特别是在销售竞争非常激烈的情况下，物流服务一旦被当作竞争手段，仅仅以物流合理化的建议来要求销售部门提供协助往往不被对方接受，因为这时考虑问题的先后次序首先是销售，其次才是物流。

（四）企业内物流一体化管理阶段

企业内物流一体化管理是根据商品的市场销售动向决定商品的生产和采购，从而保证生产、采购和销售的一致性。企业内物流一体化管理受到关注的背景来自市场的不透明化。

（五）供应链管理阶段

供应链管理是一个将交易关联的企业整合进来的管理系统，即将供应商、制造商、批发商、零售商和顾客等所有供应链上的关联企业和消费者作为一个整体看待的系统结构。基于供应链顺利运行的物流管理使物流业为产品的实物空间位移提供时间和服务质量保证，从而使物流管理进入更为高级的阶段。

二、物流管理的内容

物流管理的对象包括：对物流活动诸要素的管理，如对运输、储运等环节的管理；对物流系统诸要素的管理，如对其中的人、财、物、设备、方法和信息六大要素的管理；对物流活动中具体职能的管理，如对物流的计划、质量、技术、经济等职能的管理。

（一）物流活动诸要素的管理内容

从物流活动诸要素的角度出发，物流管理包括运输管理、储存管理、装卸搬运管理、包装管理、流通加工管理、配送管理、物流信息管理和客户关系管理。

（1）运输管理：运输方式及服务方式的选择；运输路线的选择；车辆调度与组织。

(2)储存管理:原料、半成品和成品的储存策略;储存统计、库存控制、养护等。

(3)装卸搬运管理:装卸搬运系统的设计、设备规划与配置和作业组织等。

(4)包装管理:包装容器和包装材料的选择与设计;包装技术和方法的改进;包装系列化、标准化、自动化等。

(5)流通加工管理:加工场所的选定;加工机械的配置;加工技术与方法的研究和改进;制定加工作业流程、加工管理制度等。

(6)配送管理:配送中心选址及优化布局;配送机械的合理配置与调度;配送作业流程的制定与优化等。

(7)物流信息管理:对反映物流活动内容的信息,物流要求的信息,物流作用的信息和物流特点的信息进行的搜集、加工、处理、存储和传输等。

(8)客户关系管理:对于物流活动相关服务的组织和监督,如调查和分析客户对物流活动的反应,决定客户服务管理所需要的服务水平、服务项目等。

(二)物流系统诸要素的管理内容

根据物流系统诸要素的组成,物流管理包括:人的管理、物的管理、财的管理、设备管理、方法管理和信息管理。

(1)人的管理:物流从业人员的选拔和录用;物流专业人才的培训与提高;物流教育和物流人才培养规划与措施的制定等。

(2)物的管理:涉及物流活动诸要素,即物的运输、储存、包装、流通加工等。

(3)财的管理:物流成本的计算与控制;物流经济效益指标体系的建立,主要指物流管理中有关降低物流成本、提高经济效益等方面的内容;物流资金的筹措与运用;提高经济效益的方法;采购物流设备中对物流设备的选型与优化配置等。

(4)设备管理:对物流设备进行管理,各种设备的合理使用和更新改造;各种设备的研制、开发与引进等各种物流技术的研究、推广普及等。

(5)方法管理:新技术的推广普及;物流科学研究工作的组织与开展;现代管理方法的应用;物流信息采集和录入;物流业务信息分析;物流信息管理的存储及处理;物流信息的传输与输出。

(三)物流活动中具体职能的管理内容

从物流活动职能上划分,物流管理包括物流计划管理、物流质量管理、物流技术管理和物流经济管理。此处介绍前两个方面。

(1)物流计划管理,是指对物质生产、分配、交换、流通整个过程的计划管理。它是物流管理工作的首要职能。

(2)物流质量管理,包括物流服务质量、工作质量、工程质量等的管理。它是物流管理工作。

三、物流管理的原则

物流管理的具体原则很多,但最根本的指导原则是保证物流合理化的实现。所谓物流合理化,就是对物流设备配置和物流活动组织进行调整改进,实现物流系统整体优化的过程。它具体表现在兼顾成本与服务上,即以可以接受的物流成本达到尽可能高的服务水平。

物流活动各种成本之间经常存在着此消彼长的关系,物流合理化的一个基本的思想就是“均衡”的思想,从物流总成本的角度权衡得失。不求极限,但求均衡,均衡造就合理。

四、物流管理的目标

物流管理最基本的目标就是以最低的成本向用户提供满意的物流服务。物流管理的具体目标包括快速反应、最小变异、最低库存、整合运输、产品质量以及生命周期支持等。良好的物流管理可以提高企业竞争力，可以挖掘企业潜力，降低总的经营成本；同时可以提高客户满意程度，扩大销售，提高市场占有率，最终都将给企业带来利润的增加，成为企业重要的竞争优势。

（一）快速反应

快速反应关系到企业能否及时满足客户的服务需求。信息技术的提高为企业创造了在最短的时间内完成物流作业并尽快交付的条件。快速反应是以装运和装运方式对客户的需求迅速作出反应。

（二）最小变异

最小变异就是尽可能控制会破坏物流系统表现的、意想不到的事件。这些事件包括客户收到订货的时间被延迟、制造中发生意想不到的损坏、货物交付到不正确的地点等。

传统解决变异的方法是建立安全储备库或使用高成本的溢价运输。在充分发挥信息作用的前提下，采取积极的物流控制手段可以把这些风险减少到最低限度，作为经济上的结果可以提高物流的效率。

（三）最低库存

最低库存的目标是把库存减少到与顾客服务目标相一致的最低水平，以实现最低的物流总成本。“零库存”是企业物流的理想目标，物流设计必须把资金占用和库存周转速度作为重点来控制和管理。

（四）整合运输

最重要的物流成本之一是运输。一般来说，运输规模越大及需要运输的距离越长，每单位的运输成本就越低。这就需要有合理规划，把小批量的装运聚集成集中的、具有较大批量的整合运输。

（五）产品质量

由于物流作业必须在全天候、跨越广阔的地域来进行，因而产品的生产必须考虑到运输，对产品质量的要求被强化。

（六）生命周期支持

某些对产品生命周期有严格要求的行业，回收已流向客户的有时间限制的产品（如食品、药品等）将构成物流作业成本。如果不仔细审视逆向的物流需求，就无法制定良好的物流策略。因此，产品生命周期支持也是设计的重要目标之一。

五、物流管理的过程

物流管理按管理过程可以划分为三个阶段，即计划阶段、实施阶段和评价阶段。

（一）物流计划阶段的管理

物流计划是为了实现物流预期目标所做的准备性工作。首先，物流计划要确定物流所要达到的目标，以及为实现这个目标所进行的各项工作的先后次序；其次，要分析研究在物流目标实现过程中可能发生的外界影响，尤其是不利因素，并制定消除这些不利因素的对策；最后，做出贯彻和指导实现物流目标的人力、物力、财力的计划。

（二）物流实施阶段的管理

物流实施阶段的管理就是对正在进行的各项物流活动进行管理。它在物流各阶段的管理中具有最突出的地位。这是因为在这个阶段中各项计划将通过具体的物流活动来执行，把物流管理与物流各项具体活动进行紧密的结合。同时，对物流活动进行组织和指挥、监督和检查、调节等。

1. 对物流活动的组织和指挥

物流的组织是指把物流活动中各个相互关联的环节合理地结合起来，形成一个有机的整体，以便充分发挥物流活动中的每个部门、每个物流工作者的作用。物流的指挥是指在物流过程中对各个物流环节、部门、机构进行的统一调度。

2. 对物流活动的监督和检查

通过监督和检查可以了解物流的实施情况，揭示物流活动中的矛盾，找出存在的问题，分析问题产生的原因，提出克服的方法。

3. 对物流活动的调节

在执行物流计划的过程中，物流的各部门、各环节可能会出现不平衡，需要根据物流的影响因素做出新的综合平衡，重新布置实现物流目标的力量。

（三）物流评价阶段的管理

在一定时期内，人们对物流管理实施后的结果与原计划的物流目标进行对照、分析，这便是物流的评价。通过对物流活动的全面剖析，人们可以确定物流计划的科学性、合理性程度，确认物流实施阶段的成果与不足，从而为今后制订新的计划、组织新的物流提供宝贵的经验。

第三节 重要的物流理论及学说

物流理论是随着社会经济的发展不断地进步、不断地深化的。随着物流对经济社会发展的影响和作用日趋明显，人们对物流的认识和关切程度也逐渐深化，有关物流理论的研究逐渐深入，产生了许多理论和学说。比较有代表性的有以下几种：

一、成本中心学说

物流在整个企业战略中，只对企业营销活动的成本产生影响。物流是企业成本的重要产生点。因此，解决物流问题，重点并不在于物流的合理化和现代化，而应该主要通过物流管理的方式来控制和降低成本。所以，成本中心学说意味着物流既是主要的成本产生点，又是降低成本的关注点。“物流是降低成本的宝库”等说法正是这种认识的形象表达。

日本早稻田大学的西泽修教授于 1970 年首先提出了“物流成本的冰山说”，其含义是说人们对物流费用的了解是一片空白，甚至有很大的虚假性，物流费用就像冰山一样，人们所提到的物流费用仅仅是露出海水面的冰山一角，而潜藏在海水里的整个冰山却看不见，海水中的冰山才是物流费用的主体部分。

物流的成本中心学说指出“物流是降低成本的宝库”或“冰山的水下部分”，是尚待开发的领域，是物流的潜力所在。这无疑激起了人们对物流成本的关注，推动了企业物流的发展。但是，成本中心学说过分地强调物流的成本因素，认为改进物流的目标就是降低物流成本，致使物流在企业发展战略中的主体地位没法得到认可，从而限制了物流本身的进一步发展。

二、“黑暗大陆”学说

1962年4月，美国管理学家彼得·德鲁克在《财富》杂志上发表了题为《经济领域的黑暗大陆》的文章。文章认为，“我们对物流的认识就像拿破仑当年对非洲大陆的认识。我们知道它确实存在，而且很大，但除此之外，我们便一无所知。”这篇文章被公认为首次明确“黑暗大陆”原意是指未被认识和尚未了解的事物，属于未来学研究的范围。德鲁克用“黑暗大陆”来说明或形容物流，主要是指人们尚未认识和了解物流，其中包含两层意思：其一，这个领域未知的东西很多，其理论和实践还不太成熟；其二，该领域有很多可供开发的东西。由于当时物流的“模糊性尤其突出”，实践中可探索的东西更多，如果理论研究和实践探索照亮了这片“黑暗大陆”，那么摆在人们面前的可能是一片不毛之地，也可能是一片宝藏。因此，我国有的学者认为，德鲁克提出的“黑暗大陆”说法实际上是对物流运动做出的理论评价。“黑暗大陆”学说对物流的评价至今仍不失其正确性，因为在物流领域中未知的东西确实存在而且很多，理论研究和实践都不够深入。

三、“第三利润源”理论

在商品经济开始走上成熟阶段以后，一些生产者为了获得更多的利润，曾先后采取过两种措施：一是依靠技术进步降低原材料消耗；二是依靠技术革新提高劳动生产率，进而降低人力消耗。前一种利润潜力被称为“第一利润源”，后一种利润潜力则被称为“第二利润源”。进入20世纪中期以后，上述依靠使用廉价原材料、燃料和动力等获取高额利润的传统方式开始面临挑战。在这种情况下，人们的注意力逐步转向了流通领域，提出了实现物流合理化和节约流通费用的主张，认为在物流领域内采取各措施降低物流成本是增加利润的新源泉。按时间顺序排列，物流的这一作用被述为“第三利润源”。

“第三利润源”学说最初是由日本早稻田大学教授西泽修提出来的。1970年，西泽修教授把其著作《流通费用》的副标题写作“不为人知的第三利润源泉”，认为物流可以为企业提供大量直接或间接的利润，是形成企业经营利润的主要活动。非但如此，对国民经济而言，物流也是国民经济中创利的主要领域。后来“第三利润源”逐步在其他国家流传开。与“黑暗大陆”说法略有不同，“第三利润源”学说是对物流价值（或物流职能）的理论评价，它从一个侧面反映出当时人们已经开始重视物流管理和深化理论研究。

在经历了1973年的石油危机之后，物流“第三利润源”的作用已经得到证实，物流在企业管理中的地位得到巩固。

四、“服务中心”学说

服务中心学说代表了美国和欧洲一些学者对物流的认识。他们认为，物流活动的最大作用并不在于为企业节约了成本或增加了利润，而是在于提高了企业对用户的服务水平，进而提高了企业的竞争力。因此，他们在使用描述物流的词汇时选择了“后勤”（Logistics）一词，特别强调了物流的服务保障功能。借助于物流的服务保障作用，企业可以通过整体能力的加强来压缩成本、增加利润。

目前，在国内外有关物流的服务性功能的研究也是一个比较热的领域。有的从顾客满意度的角度探讨物流服务的功能和作用以及衡量指标体系；也有的从客户关系角度研究客户关系管理在物流企业中的应用价值和方法；等等。

五、"效益悖反"理论

"效益悖反"理论表明在物流系统中的功能要素之间存在着损益的矛盾，即物流系统中的某一个功能要素的优化和利益发生的同时，必然会存在系统中的另一个或另几个功能要素的利益损失，这是一种此消彼长的现象。这往往导致整个物流系统效率的低下，最终会损害物流系统功能要素的利益。例如运输成本与库存成本，增大运输批量可以降低运输成本，但会使库存水平增加，从而导致库存成本增加。包装成本与运输成本、库存成本之间，如果提高包装材料的强度，会导致包装成本增加，但能够降低运输和装卸过程中商品的破损率，从而降低运输和库存成本。

在认识到物流系统存在着"效益悖反"的规律之后，物流科学也就迈出了认识物流功能要素、寻求解决和克服物流各功能要素效益悖反现象这一步。系统、科学的广泛应用为此提供了新的视野，人们不仅可以将物流系统细分成运输、储存、包装、装卸搬运、流通加工、物流信息处理等功能要素来研究，而且还可以将这些功能要素的有机联系寻找出来，作为一个整体来研究，进而有效地解决"效益悖反"，追求总体最优。这种思想在不同的国家、不同的学者中有着不同的表述，如美国学者用"物流森林"的概念来表述物流的整体观点，指出对物流的认识不能"只见树木，不见森林"，物流的总体效果是森林的效果，即使是和森林一样多的树木，如果各个孤立存在，那也不是物流的总体效果，这可以用一句话表述："物流是一片森林而非一棵棵孤立的树木。"

六、物流战略学说

物流战略学说是当前非常盛行的说法，学术界和产业界已越来越多地认识到，物流更具战略性。对企业而言，物流不仅是一项具体的操作性任务，还应该是发展战略的一部分。这一学说把物流提升到相当高的位置，认为物流会影响企业总体的生存与发展，而不是在哪一个或哪几个环节搞得合理一些，节省了多少费用的问题，应该站在战略的高度看待物流对企业长期发展所带来的深远影响。将物流与企业的生存和发展直接联系起来的观点，对促进物流的发展具有重要意义。根据这一理论，企业不再刻意追求物流一时一事的效益，而是着眼于总体、着眼于长远。于是物流本身的战略性发展也被提上了议事日程。物流的战略整合是当前物流研究中的一个热点问题。鲍尔索克斯在《物流管理——供应链过程的一体化》中指出"物流的战略整合是一个企业成功的基础""为了实现领先优势，管理重点应从以预估为基础转移到以反应为基础的运作理念上来。领先优势的地位成就通常意味着一个公司能够同时使用各种物流战略去满足特定的主要客户要求"。马士华教授则从供应链管理的角度，提出物流管理战略全局化的观念，指出：在供应链管理环境下物流管理战略全局化一般包括全局性战略（用户服务）、结构性战略（渠道设计、网络分析）、功能性战略（物料管理、运输、仓库管理）和基础性战略（组织、信息系统、政策与策略、设施），其中尤其以全局性战略为重。也有人从供应链的角度提出了"即时物流战略""一体化物流战略""网络化物流战略"和"物流战略联盟"等。美国物流管理协会在1998年、2002年、2003年的物流管理定义中把"物流"定义为"供应链过程的一部分（1998年）""供应链运作的一部分（2002年）"或"供应链管理的一部分（2003年）"。

案例分析

菜鸟如何重塑物流

2013年,阿里巴巴、银泰复星、富春、申通、圆通、中通、韵达等共同组建菜鸟,旨在通过整合上下游资源,建设一个数据驱动、社会化协同的开放、共享的物流基础平台。菜鸟自身不直接从事物流业务,而是通过数据系统连接不同的物流服务商,改善物流服务效率。即便是菜鸟建立的仓储业务,也是交给其他物流合作伙伴来运营,配送交给落地配公司运营,菜鸟起系统串联作用。

菜鸟成立第一年,自主研发出帮助商家和快递公司监测实时物流干线拥堵情况,以做出最优决策的"物流雷达预警"系统,保障了"双11"1.56亿个包裹顺利运送。2014年菜鸟开启电商仓的自运营体系并自主研发WMS系统;初步铺设起全国自建仓库网络;联合国内13家主流快递企业打造物流大数据平台;推出电子面单;同时发布4级地址库项目,开始建立行业数据标准。电商企业想提速物流、提高消费者体验,需要改变原来电商快递单点发全国的模式,实现多地分仓。基于此,2015年菜鸟开始着手仓储配送。冒在改变前缺少标准化、智能化、现代化电商仓的窘境,截至当年年底,菜鸟累计拿地面积8 100亩,运营仓库总面积超过160万平方米。同时,菜鸟开始打造末端配送网络,推出菜鸟驿站及大数据路由分单和中国首个物流云平台。同年,菜鸟与美国邮政达成战略合作,开始布局跨境电商。2016年,菜鸟联合快递企业、仓配企业、末端服务企业等成立菜鸟联盟,同时加速布局农村物流。菜鸟还将在金华建设首个电商产业园,集电商、仓储、金融、大数据、云计算等功能于一体,打造出全国领先的电商生态圈。

菜鸟已经形成了仓配网络、快递服务平台、末端配送、跨境网络、农村物流五大支柱业务,搭建起全链路物流服务网络,正在呈现"大一统"的趋势。目前,菜鸟平台拥有128个仓,接入超过20家落地配公司。菜鸟物流覆盖全球224个国家和地区,在国内覆盖2 800个区县、专业线路609万条;合作伙伴数量超过3 000家,合作伙伴运输车辆超23万辆,接入快递员数量超过170万人。借助庞大的网络和功能强大的系统,菜鸟体系流配送效率得到大幅度提高。目前,菜鸟大数据平台可以实现日处理数据量超过7万亿条;日接收物流详情超过6亿条;覆盖全国70%以上的快递包裹;每天累计快递运输里程超500亿千米。包裹与网点精准匹配率超过98%。成立仅三个月左右的菜鸟联盟在7个城市实现了当日达,90个城市实现次日达,当日达和次日达的达成率已经稳定在99%。在跨境流方面,菜鸟日处理能力容量超过400万单,在全球范围内有74个跨境仓库及16条跨境专线。

资料来源:任芳. 菜鸟将如何重塑物流行业[J]. 物流技术与应用,2016(7).

思考题:

1. 菜鸟属于第几方物流?在物流系统中起到什么样的作用?
2. 菜鸟与顺丰等第三方物流有什么不同?

【思维导图】

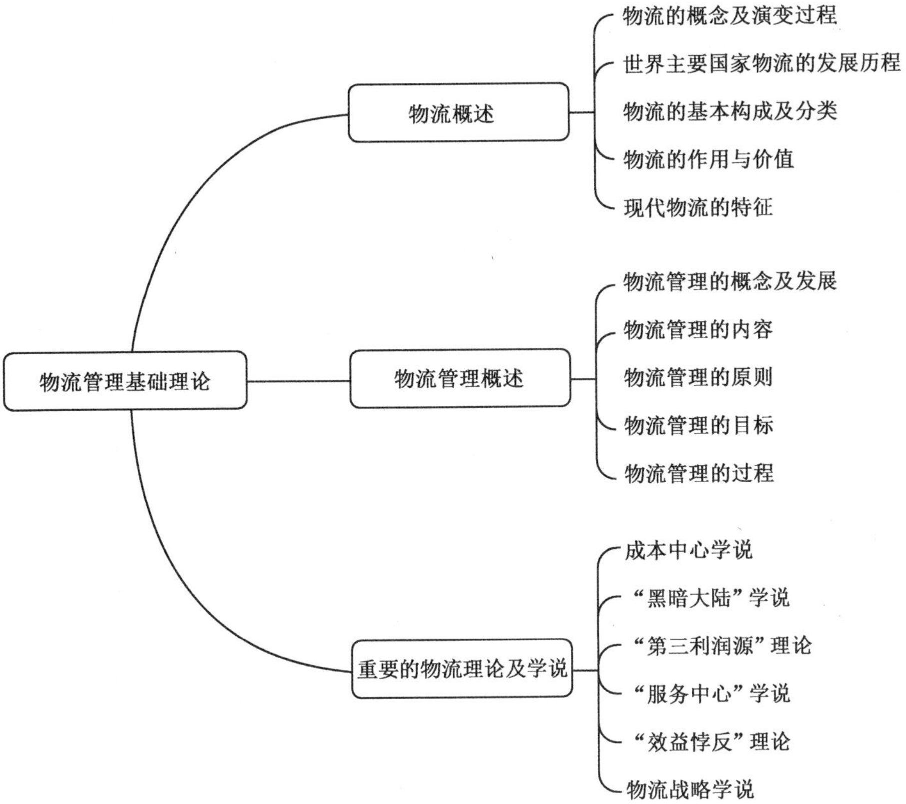

习　题

一、单项选择题

1. 第三利润源泉是指(　　)。

A. 资源领域　　B. 人力领域　　C. 物流领域　　D. 流通领域

2.“效益悖反”指的是物流(　　)之间存在损益的矛盾。

A. 与流通　　B. 若干功能要素　　C. 与生产　　D. 各供需方

3. 克服产品生产与消费在时间上的差异,创造时间效益的物流活动是(　　)。

A. 运输　　B. 仓储　　C. 包装　　D. 流通加工

4. 按照物流涉及的领域分类,现代物流分为(　　)。

A. 微观物流和宏观物流　　B. 供应物流和生产物流

C. 国际物流和国内物流　　D. 一般物流和特殊物流

5. 物流在国民经济中是(　　)。

A. 国民经济的基础　　B. 改善社会经济效益的手段

C. 国民经济的支柱　　D. 国民经济发展的前提

6. 第四方物流是(　　)。

A. 供应链集成商　　B. 物流的利益方

C. 物流企业　　D. 生产企业自建物流

7. 成本中心说的主要观点是(　　)。

A. 物流环节是企业成本的主要发生源　　B. 物流是企业第三利润源

C. 物流环节可提高企业收益　　D. 物流环节是企业节约成本的关键

二、多项选择题

1. 物流的经济效用有(　　)。

A. 时间效用　　B. 空间效用　　C. 形式效用　　D. 附加效用

2. 企业物流按照所从事业务的属性划分,可以分为(　　)。

A. 销售物流　　B. 供应物流　　C. 生产物流　　D. 废弃物物流

3. 物流对微观经济的作用有(　　)。

A. 增加企业知名度　　B. 提高企业的服务水平

C. 降低企业的经营成本　　D. 增加企业的利润

4. 按照所从事的业务属性分类,物流包含(　　)。

A. 供应物流　　B. 生产物流　　C. 销售物流　　D. 逆向物流

5. 物流管理包含对(　　)的管理。

A. 运输　　B. 包装　　C. 配送　　D. 接单

6. 物流创造的空间效用包含(　　)。

A. 从集中生产地流入分散需求地　　B. 从分散地流入集中需求地

C. 从甲地到乙地　　D. 从农村到城市

7. 现代物流的特征主要有(　　)。

A. 以整体最优为目的　　B. 物流过程一体化

C. 以信息管理为中心　　D. 物流管理全过程

8. 企业逆向物流包含(　　)。

A. 不合格的物品返修　　B. 退货

C. 周转使用的包装容器从需方返回供方　　D. 售后服务

9. 企业逆向物流包含(　　)。

A. 不合格的物品返修　　B. 退货

C. 周转使用的包装容器从需方返回供方　　D. 售后服务

10. (　　)活动,体现了物流创造加工附加效用。

A. 钢卷剪成钢板　　B. 原木加工成板材

C. 牛肉加工成半成品　　D. 水泥搅拌

三、问答题

1. 物流创造空间效用的方法有哪些?

2. 物流创造时间效用的方法有哪些?

3. 现代物流的特征有哪些?

四、论述题

1. 阐述京东物流的发展过程,并分析自建物流的利弊。

2. 从“双 11”物流保障情况,谈物流的发展对策。

第二章 包 装

案例导入

山姆森玻璃瓶——一个价值600万美元的玻璃瓶

说起可口可乐的玻璃瓶包装，至今仍为人们所称道。1898年，鲁特玻璃公司工人亚历山大·山姆森在同女友约会中，发现女友穿着一套筒型连衣裙，显得臀部突出，腰部和腿部纤细，非常好看。

约会结束后，他突发灵感，根据女友穿着这套裙子的形象设计出一个玻璃瓶。经过反复的修改，亚历山大·山姆森不仅将瓶子设计得非常漂亮，很像一位亭亭玉立的少女，还把瓶子的容量设计成刚好能装一杯水。瓶子试制出来之后，获得大众交口称赞。有经营意识的亚历山大·山姆森立即到专利局申请专利。当时，可口可乐的决策者坎德勒在市场上看到了亚历山大·山姆森设计的玻璃瓶后，认为非常适合作为可口可乐的包装。于是他主动向亚历山大·山姆森提出购买这个瓶子的设计专利。经过一番讨价还价，最后可口可乐公司以600万美元的天价买下此专利。

要知道在100多年前，600万美元可是一项巨大的投资。然而事实证明可口可乐公司这一决策是非常成功的。亚历山大·山姆森设计的瓶子不仅美观，而且使用非常安全，易握且不易滑落。更令人叫绝的是，其瓶型的中下部是扭纹型的，如同少女所穿的条纹裙子；而瓶子的中段则圆满丰硕，如同少女的臀部。此外，由于瓶子的结构是中大下小，当它盛装可口可乐时，给人的感觉是分量很足。采用亚历山大·山姆森设计的玻璃瓶作为可口可乐的包装以后，可口可乐的销量飞速增长，在两年的时间内，翻了一倍。从此，采用山姆森玻璃瓶作为包装的可口可乐开始畅销美国，并迅速风靡世界。600万美元的投入，为可口可乐公司带来了数以亿计的回报。

山姆森玻璃瓶的成功表明，包装在促进销售中起着巨大作用。而包装正是物流管理要研究的重要内容。

资料来源：https://baijiahao.baidu.com/s?id=1660943057495829182&wfr=spider&for=pc。

第一节　包装的定义和分类

一、包装的定义

对包装(Packaging)的定义,各个国家或组织有不同的表述和理解,但基本含义是一致的,都以包装的功能和作用为其核心内容。

美国包装协会对包装的定义:包装是为产品的运出和销售的准备行为。

英国标准协会对包装的定义:包装是为货物的运输和销售所做的艺术、科学和技术上的准备工作。

我国国家标准(GB/T18354—2021)对包装的定义:包装是指为在流通过程中保护产品、方便储运、促进销售,按一定技术方法而采用的容器、材料及辅助物等的总体名称;也指为了达到上述目的而采用容器、材料和辅助物的过程中施加一定技术方法等的操作活动。从这些定义的表述中,我们不难理解包装的目的和意义:一是保护产品;二是便于储运;三是促进销售。

二、包装在物流管理中的功能与作用

包装是物流的始点。只有经过包装的产品,在搬运、装卸、运输、储存、销售等物流各环节中才能保证物品原有价值的完整,并顺利实现产品的价值。如果一个产品包装的设计没有考虑到物流,那么所有的物流环节都将受到影响。包装是物流必不可少的一个环节,在物流中占据着重要的地位,起着重要的作用。包装具有以下几个主要功能和作用:

(一)保护商品

保护功能是指在搬运、储存和运输期间保护内容物,使其不受外来冲击,免受损伤或变质;防止商品发生化学变化,防止有害生物对商品的影响;防止被包装物在物流过程中受到质量和数量上的损失,并能防止危害性内装物对其接触的人、生物和环境造成危害。因此,有效的产品包装可以起到防潮、防热、防冷、防挥发、防污染、保鲜、防碎、防变形等一系列保护产品的作用。

(二)方便物流

定量即单位化或单元化,形成基本单件或与目的相适应的单件。包装有将商品几个单件集中的功能,以达到方便物流与商品交易等。从物流方面来考虑,包装单位的大小要与装卸、保管、运输条件的能力相适应,应当尽量能便于集中输送,以获得最佳的经济效果,同时又要求能分割及重新组合以适应多种装运条件及分货要求。从商品交易来考虑,包装单位的大小应适于进行交易的批量,零售商品应适于消费者的一次购买。

包装还兼具标识物流信息的功能。现代物流通常将商品信息、收货、发货人和地址、时间、运输中的注意事项、承运单位等相关信息标识在运输包装上,以方便识别、运输和配送。

(三)方便消费

在物流过程中,商品要经过多个环节。合理的包装会提供巨大的便利,从而提高物流作业的效率和效果。另外,包装还应方便顾客消费和使用。如饼干采用罐装与单个包装相结合的包装,在运输方便的同时,也为消费者食用和保管提供了便利,有效解决了消费者不能一次吃完饼干后的保存问题,同时,也解决了部分消费者小批量携带饼干的需求。当然,包装方便消费的功能还体现在:便于装卸搬运、便于保管、便于运输配送、便于消费者使用、便于废弃物的处理等很多方面。

（四）促进销售

新颖的包装能吸引消费者，从而激发其购买欲望，成为商品推销的得力助手。美国杜邦公司的一项调查表明：63%的消费者是根据商品的包装来选购商品的；包装的商品还便于消费者携带，方便运输，从而扩大销售；包装物在被消费者使用完毕后若能再被使用，则可增加包装的用途，刺激消费者购买；包装物在再使用过程中起到延伸宣传的作用。

现代包装的几大基本功能是彼此联系、相辅相成的，是通过包装融为一体而共同发挥作用的。对不同商品的包装要具体分析，包装要体现不同商品的特点，在功能设计上要有所侧重。

三、包装的分类

我国常用包装分类方法主要有以下几种：

（一）按包装所起的作用划分

按照包装所起的作用通常可以分为销售包装和运输包装。

1. 销售包装

销售包装（Sales Package）又称内包装，是直接接触商品并随商品进入零售网点和消费者或用户直接见面的包装。它也称商业包装（Commercial Package）、零售包装（Retail Package）或消费者包装（Consumer Package）。销售包装主要有三种形式：（1）装饰包装，即有一定的艺术外形、色调、装潢图案、文字说明等；（2）预制包装，即生产中制作的较小单位的包装；（3）直接包装，既是销售包装又是运输包装。商业包装以促进销售为主要目的，或便于商品在柜台上零售或为了提高作业效率。这种包装的特点是外形美观，有必要的装潢，包装单位适合于客户的购买量以及商店陈设的要求。

2. 运输包装

运输包装（Transport Package），又称工业包装，是以满足运输储存要求为主要目的的包装。它具有保障产品的运输安全，方便装卸、加速交接、点验等作用。运输包装的重要特征是在满足物流要求基础上，使包装的费用越低越好。

运输包装往往需要兼顾内包装，而且其外部结构尺寸要配合储存、装卸、运输等作业所用的设备，具有较强的抵御外界因素常见的侵蚀、侵害、碰撞、损坏等的能力。

运输包装一般包括将货物装入箱、袋、桶、筐等容器内，必要时采用缓冲、防水、防潮、加固等措施，最后加以施封、捆扎、标记等。运输包装必须有按规定标准印刷的标志，指导包装物件的装卸搬运，还要注明商品名称、货号、规格、重量、数量、颜色、生产厂家、生产日期以及发货单位与收货单位等标志。

在有些情况下，运输包装同时又是商业包装。如超市成批进货的纸箱子应属工业包装，连同箱子出售时，也可以认为是商业包装。为使运输包装更加合理，在有些情况下，也可以采用商业包装的办法来工业包装，如家电用品就是兼有商业包装性质的工业包装。

（二）按照包装层次划分

按包装层次通常可以划分为单件包装、内包装和外包装三种。

1. 单件包装

单件包装又称小包装、个体包装，是指直接用来包装物品的包装，通常与商品形成一体，在销售中直接到达客户手中。单件包装属于销售包装。

2. 内包装

内包装，是指包装物品的内部包装，即考虑到水分、潮湿、光射、热源、碰撞、震动等因素对物品的影响，选择相应的材料或包装容器。

3. 外包装

外包装，通常是指包装货物的外层包装。外包装一般属于运输包装。

（三）按照包装容器的外观划分

包装容器是指为储存运输或销售而使用的盛装物品或包装件的总称（GB/T4122.1—2008）。常用的包装容器主要有包装箱、包装盒、包装袋、包装桶和包装瓶（或罐）等。

1. 包装箱

包装箱是一种具有一定容量、一般呈长方体形状的刚性或半刚性容器，其容积一般大于10升。包装箱通常用瓦楞纸板、木材、金属、复合材料等制成。常用的包装箱多为瓦楞纸箱、木箱等。

（1）瓦楞纸箱。瓦楞纸箱是用瓦楞纸板制成的箱型容器，是物流领域中最常见、使用量很大的一种包装容器。

（2）木箱。木箱主要有木板箱、胶合板箱、框架箱三种。①木板箱是能装载多种性质不同货物的包装容器，其优点是具有较大的耐压强度，能承受较大负荷，制作较为方便，但其本身没有防水性能，体积比较大。②胶合板箱通常是用条木与胶合板组合成箱框板，再经钉装形成的包装容器。③框架箱是由一定截面的条木构成箱的骨架，也可根据需要在骨架外面加木板覆盖。框架箱有坚固的木质骨架结构，一般具有较强的抗震、抗扭、耐压能力，装载重量也很大。

2. 包装盒

包装盒是指一种容量较小，呈规则几何形状（多为长方体）的刚性或半刚性容器，通常有关闭装置，比包装箱容积小，一般不超过10升。包装盒的材料一般不易变形，有较高的抗压强度。包装盒通常由纸板、硬塑料、金属、玻璃、陶瓷以及复合材料制成。包装盒依其是否可折叠变形分为固定式包装盒和折叠式包装盒。

3. 包装袋

包装袋是一种重要的软包装容器，包装材料通常是挠性材料，有较高的韧性、抗拉性和耐磨性。包装袋一般是筒管状结构，一端预先封死，包装结束后再封装另一端。包装袋的种类很多，常用的主要有以下几种：

（1）集装袋。它是一种大容积的运输包装袋，一般在顶部装有金属吊架或吊环，便于吊装搬运，底部有卸货孔，便于卸货作业。集装袋一般多用聚丙烯、聚乙烯等聚酯纤维编织而成，具有装卸、搬运货物方便，作业效率高的特点，是近年来发展较快的一种包装袋。

（2）一般运输包装袋。它一般是指盛装重量在50～100千克货物的运输包装袋。这类包装袋大部分是由植物纤维编织而成的多层材料包装袋。

（3）小型包装袋。它是一种盛装重量较少的包装袋，通常用单层或多层材料制成，也有用多层材料复合制成。对于用量很大的一次性小型包装袋，还要考虑废弃包装物对环境污染的问题，尽量采用可降解、易分解的材料制造包装物。

4. 包装桶、瓶、罐

包装桶是用木质、金属、塑料等材料制成的桶状包装容器。制药厂中常见的装药制品的木桶、装液体货物的油桶、酒桶等都属于这一类。

包装瓶通常是用玻璃、塑料等材料制成的包装容器。包装操作通常是填灌后采用瓶盖将瓶口封闭，使包装物与外界隔绝。包装瓶通常用于装填包装物品，具有便于装卸与运输、装进或取出瓶中物品等特点。

包装罐是通常由抗变形能力强的材料制成，包装材料强度高，通常带有可密封的罐盖，采用装填操作，装好后将罐口封闭，根据容量大小可分为小型包装罐、中型包装罐和集装罐。常见的有包装食品类、化学品或石油类、涂料类及油脂类等的包装罐。

（四）按照包装材料划分

包装材料是指用于制造包装容器和构成产品包装的材料（如木材、金属、塑料、玻璃和纸等）的总称（GB/T4122.1—2008）。包装材料的选择非常重要，直接关系到包装质量和费用，有时也会影响物流作用。按照包装材料主要分为以下几种：

1. 纸及纸制品包装

采用纸进行包装的产品非常多。常见的纸包装材料有牛皮纸、玻璃纸、植物羊皮纸、沥青纸、油纸、蜡纸、纸板、瓦楞纸板和蜂窝纸板等。纸包装材料具有重量轻、耐摩擦、耐冲击、无毒、无味、易黏合、易印刷、价格低、易进行机械加工和回收等优点。但是纸包装材料具有受潮后强度下降，气密性、防潮性、透明性差等缺点。

2. 塑料及塑料制品包装

主要采用聚乙烯、聚丙烯、聚苯乙烯、聚氯乙烯及钙塑材料等材料包装，塑料包装具有优良的物理机械性能和稳定的化学性能，具有自重轻、易加工和装潢等优点。塑料包装材料的缺点是：强度不及钢铁，耐热性不及金属和玻璃。塑料包装材料的最大缺陷是易产生公害，造成白色污染。

3. 木材及木制品包装

木材是应用广泛的传统包装材料，主要使用板材制作各种包装箱。常用的包装木材有杉木、松木等。木材加工方便，并具有良好的抗冲击、振动、重压的能力。木材可以加工成胶合板，具有自重轻和外观好的优点。但是木材资源有限，价格较高，同时易受潮、变形开裂、腐蚀和受白蚁蛀蚀等。

4. 金属材料包装

主要采用镀锡薄板、涂料铁和铝合金等进行包装。金属材料具有牢固、易加工、易装潢及可再生使用等优点。同时，金属包装材料具有成本高、能耗大、易变形及生锈等缺点。

5. 玻璃和陶瓷包装

玻璃、陶瓷是历史悠久的包装材料，主要特点是有很强的隔绝性能和耐腐蚀性能，强度较高，因此具有很强的保护产品的作用，其装潢、装饰性能好。但是玻璃和陶瓷包装材料存在耐冲击强度低、易碎、自重大、运输成本高和能耗大等缺点。

6. 复合材料包装

为了克服单一材料的缺点，发挥多种材料的优点，包装领域开始广泛使用复合包装材料。复合材料是将两种或两种以上的材料通过各种方法复合在一起制成的包装材料。现在使用较多的复合包装材料有薄膜复合材料、纸基复合材料、塑料基复合材料和金属基复合材料等。

（五）其他包装分类方法

按商品销售地点可分为内销包装和外销包装。外销包装的特点是要适应进口国的国情、气候、风俗、习惯等要求。此外，由于搬运装卸次数多，因此在构造、包装技法、图案等方面应与上述要求相一致。

按包装的保护技术可分为防潮包装、防锈包装、防虫包装、防腐包装、防震包装、危险品包装、特种包装等。

按包装使用次数，包装又可分为一次性使用包装和重复使用包装。重复使用包装又分为两种情况:一种情况是回收后经过加工处理后再用(如纸、金属等),还有一种情况是回收后可直接复用(如酒瓶回收)。

第二节 包装标记与标志

一、包装标记

物资包装标记是根据产品本身的特征用文字和阿拉伯数字等在包装上标记号。包装标记即由生产方或销售方提供的,在产品或商品外包装上附加的起到标示、提醒信息的内容。

(一)一般包装标记

一般包装标记也称为包装的基本标记,是指在包装上写明产品的名称、规格、计量单位、数量(毛重、净重、皮重)、长、宽、高、出厂时间等。对有使用期限的产品还要注明储存期或保质期。

(二)表示收发货地点和收发货人的标记

通过这种标记,可以清楚地知道产品的起运地、目的地及收、发货单位或个人的信息。对于进口物资,商务部还统一编制了向国外订货的代号,称为收货人唛头。这种标记主要有三个方面的作用:一是加强保密性,有利于保证产品全物流过程的安全;二是减少了签订合同和运输过程中的翻译工作;三是作为运输中的导向作用,可减少错发、错运事故。

(三)标牌标记

标牌标记是在产品包装上钉打说明商品性质特征、规格、质量、产品批号、生产厂家等内容的标识牌。标牌一般用金属制成。

二、包装标志

包装标志是为了运输、装卸、搬运、储存、堆码等的安全要求或理货分运的需要,在外包装上用图像或文字标明包装内容物的性质的规定记号。常见的包装标志有运输标志、指示标志和警告性标志。包装标志是为了便于货物交接、防止错发错运,便于识别,便于运输、仓储和海关等有关部门进行查验,也便于收货人提取货物。在进出口货物的外包装上标明的记号一般有粘贴性标签或打印的标记等。

(一)运输标志

运输标志是按运输规定,由托运人在货件上制作的表示货物与运单主要内容相一致的标记。其作用主要是便于识别货物,便于收货人收货,有利于运输、仓储、检验等。运输标志的主要内容有商品分类图示标志,供货号、品名规格、数量、毛重、净重、生产日期、生产工厂、体积、有效期限、收货地点和单位,发货单位运输号码、发运件数等。

(二)指示标志

指示标志用来指示运输、装卸搬运、保管人员在作业时的注意事项,以保证货物的安全。根据国家标准《包装储运指示标志》(GB/T191—2008)规定:在水、陆、空储运中怕湿、怕晒、怕热、怕冻等有特殊要求的货物的外包装上应粘贴、涂打、钉附及喷涂等方法打印易碎物品、向上、防潮、小心轻放、由此吊起、由此开启、重心点、防热、防冻等标志。

在国际物流中,要求在包装上正确绘制货物的运输标志和必要的指示标志。标志至少应包括下列内容:

(1)目的地:收货人的最终地址、中转地点、订货单号。

(2)装卸货指示标志:对于易碎商品,应在包装上标记出装卸操作的方向,以防商品损坏。

(三)警告性标志

警告性标志,又称危险品标志,是对易爆、易燃、有毒、腐蚀性物品、放射性等危险品在其运输包装上清楚而明确刷制的标志,以示警告,便于装卸、运输和保管人员按货物特性采取相应的防护措施,以保护货物和人身的安全。

根据国家标准 GB190—73 规定:在水、陆、空运危险品的外包装上应拴挂、印刷或标打以下不同的标志,如爆炸品、遇水燃烧品、有毒品、剧毒品、腐蚀性物品、放射性物品等。

知识拓展

危险品标志的分类及标识方法

危险品标志是用来表示危险品的物理、化学性质,以及危险程度的标志,起提醒作业人员注意的作用。危险货物运输事故一旦发生,往往会造成极其严重的影响,而危险货物标志能够有效警示其他道路交通参与者,以及装卸、运输的工作人员,一定程度上降低事故再发生的概率,保证人员与货物的安全。在事故发生时,消防人员也可以从标志上识别货物的类别,从而选择不同的应急措施。

1. 危险品分为九大类(具体见表 2—1)。

表 2—1　　危险品的定义及分类

类别	名称	项别	定 义	例 子
第 1 类	爆炸品	1.1 项	具有整体爆炸危险的物质和物品	硝酸甘油、液态二氧化碳、高氯酸、起爆药、爆破雷管、黑火药、导弹等
		1.2 项	具有抛射危险,但无整体爆炸危险的物质和物品	硝化棉、无引信炮弹、照明弹、枪弹、火箭发动机
		1.3 项	具有燃烧危险和较小爆炸或较小抛射危险或两者兼有,但无整体爆炸危险的物质和物品	二亚硝基苯、导火索、燃烧弹药、烟幕弹药、C 型烟火等
		1.4 项	无重大危险的物质或物品	四唑并-1-乙酸、演习手榴弹、安全导火索、礼花弹、烟火、爆竹、手操信号装置
		1.5 项	非常不敏感的爆炸物质	硝酸铵、E 型或 B 型引爆器、铵油、铵沥蜡炸药
		1.6 项	不具有整体爆炸危险的极不敏感的物质或物品	
第 2 类	气体	2.1 项	易燃的气体	甲烷(CH4)、氢气
		2.2 项	非易燃无毒气体	氧气、氮气、氩气、二氧化碳
		2.3 项	毒性气体	氯气、氟气、水煤气、液氨

续表

类别	名称	项别	定 义	例 子
第 3 类	易燃液体		低闪点液体(本项货物系指闭杯试验闪点低于−18°℃的液体) 中闪点液体(本项货物系指闭杯试验闪点在−18℃至 23°℃的液体) 高闪点液体(本项货物系指闭杯试验闪点在 23℃至 61℃的液体)	汽油、稀释剂、乙醚、丙酮、乙醇、甲醇、柴油、1,3-二硝基丙烷-1,3-二硝基丙烷、乙炔苯、己醇
第 4 类	易燃固体	4.1 项	易燃固体、自反应物质和固态退敏爆炸品	酒精棉、电池、红磷、硫磺、镁粉
		4.2 项	自燃物品	白磷、保险粉等
		4.3 项	遇湿易燃物品	钾、钠、铯、锂、碳化钙、磷化镁、磷化钙、硅化镁、电石
第 5 类	氧化剂	5.1 项	氧化性物质	氯酸钾、高锰酸钾、高氯酸、过硫酸钠、双氧水、漂白粉
		5.2 项	有机过氧化物	过氧乙醚
第 6 类	毒性物质	6.1 项	毒性物质	苯酚
		6.2 项	感染性物质	细菌、病毒、立克次氏体、寄生生物、真菌
第 7 类	放射性物质		放射性物质	钴 60、铀 238
第 8 类	腐蚀性物质		能灼伤人体组织并对金属等物品造成损坏的固体或液体	盐酸、硫酸、硝酸、磷酸、氢氟酸、氨水、次氯酸钠溶液、甲醛溶液、氢氧化钠、氢氧化钾等
第 9 类	杂项		杂项危险物质和物品,包括危害环境的物质	医疗废物、医药废物、废药物、药品、农药废物、木材防腐剂废物、有机溶剂废物、热处理含氰废物、废矿物油、染料、涂料废物、废电池组等

注:根据 GB13690—2009《化学品分类和危险性公示通则》整理。

2. 危险品标志(见图 2—1)。

3. 危险品标记标志的要求。

(1)须清晰可见且易识别。

(2)须做到在海水中浸泡 3 个月以上仍清晰可辨。

(3)须和包件外表面的背景颜色形成鲜明对比。

(4)不得与可能大大降低其效果的其他包件标志放在一起。

4. 标记标志的贴法

(1)容量超过 450 升的中型散装容器须在相对两侧做标记。

(2)危险货物的主危、副危标志都需要贴在包件上,且须彼此紧挨着贴。

(3)如果包件的尺寸足够大,则贴在包件表面靠近正确运输名称标记的地方。

(4)贴在包件表面不会被包件任何部分和配件或其他任何标记和标志覆盖或挡住的地方。

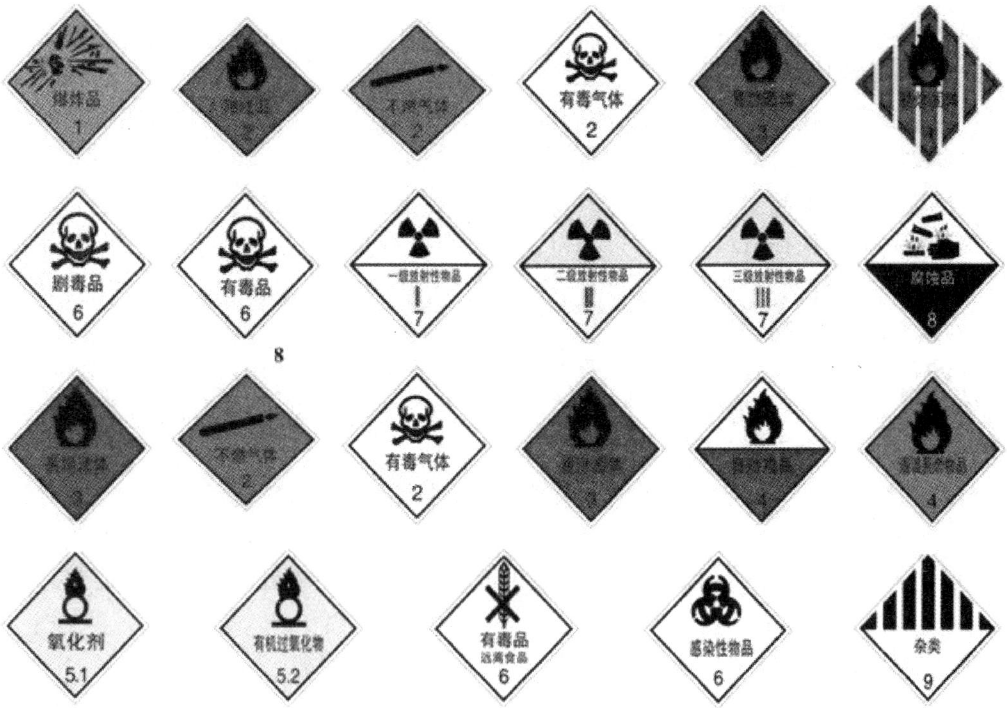

图 2—1 危险品标志

第三节 现代包装技术和包装机械

一、现代包装技术

包装技术是指包装活动中所采用的硬技术与软技术的总称，主要有防震保护技术、防破损保护技术、防锈包装技术、防潮防霉包装技术、防虫包装技术、危险品包装技术和特种包装技术等。

（一）防震保护技术

防震包装又称缓冲包装，在各种包装方法中占有重要的地位。防震包装就是为减缓内装物受到冲击和震动，保护其免受损坏所采取的一定防护措施的包装。防震包装主要有以下三种方法：

（1）全面防震包装方法。即内装物和外包装之间全部用防震材料填满进行防震的包装方法。

（2）部分防震包装方法。即对于整体性好的产品和有内装容器的产品，仅在产品或内包装的拐角或局部地方使用防震材料进行衬垫的包装方法。

（3）悬浮式防震包装方法。即对于某些贵重易损的物品，为了有效地保证在流通过程中不被损坏，外包装容器比较坚固，然后用绳、带、弹簧等将被装物悬吊在包装容器内，而不与包装容器发生碰撞，从而减少损坏。

（二）防破损保护技术

缓冲包装有较强的防破损能力，因而是防破损包装技术中有效的一类，此外还可以采取以下几种防破损保护技术：

（1）捆扎及裹紧技术。即使杂货、散货形成一个牢固整体，以增加整体性，便于处理及防止散堆，减少破损。

（2）集装技术。即利用集装箱，减少与货物的接触，从而防止破损。

（3）选择高强度保护材料。即通过外包装材料的高强度来防止内装物品受外力作用破损。

（三）防锈包装技术

防锈包装技术主要有以下两类：

（1）防锈油防锈蚀包装技术。即将金属涂封防止锈蚀的技术。用防锈油封装金属制品，要求油层要有一定厚度。油层的连续性好，涂层完整，而且不同类型的防锈油要采用不同的方法进行涂覆。

（2）气相防锈包装技术。即在密封包装容器中，使用气相缓蚀剂（挥发性缓蚀剂）对金属制品进行防锈处理的技术。在密封包装容器中，气相缓蚀剂在很短的时间内挥发或升华出的缓蚀气体就能充满整个容器的每个角落和缝隙，同时吸附在金属制品的表面上，从而起到抑制大气对金属的锈蚀。

（四）防潮防霉包装技术

在装运食品和其他有机碳水化合物物品时，物品表面可能生长霉菌，在流通过程中如遇潮湿，霉菌生长繁殖极快，甚至延伸至物品内部，使其发霉、腐烂、变质。因此，要采取特别防护措施。防霉烂变质的措施，通常是采用冷冻包装、真空包装或高温灭菌等方法。冷冻包装的原理是减慢细菌活动和化学变化的速度，以延长储存期，但不能完全防止食品的变质。高温杀菌法可消灭引起食品腐烂的微生物，因而在包装过程中可使用高温处理防霉。真空包装法可阻挡外界的水汽进入包装容器内，也可防止在密闭的防潮包装内部存有潮湿空气，在气温下降时结露。应该注意的是，采用真空包装法，要避免过高的真空度，以防损伤包装材料。为防止运输包装内货物发霉，还可使用防霉剂。防霉剂的种类很多，用于食品时必须选用无毒防霉剂。装有机电产品的大型封闭箱，可酌情开设通风孔或通风窗等。

（五）防虫包装技术

防虫包装技术是指包装时，在包装中放入有一定毒性和气味的驱虫药物，利用药物在包装中挥发的气体杀灭或驱除各种害虫。常用驱虫剂有苯、二氯化苯、樟脑精等。也可采用真空包装、充气包装、脱氧包装等技术，使害虫无生存环境，从而防止虫害。

（六）危险品包装技术

危险品有多种，按其危险性质，交通运输及公安消防部门规定分为十大类，即爆炸性物品、氧化剂、压缩气体和液化气体、自燃物品、遇水燃烧物品、易燃液体、易燃固体、毒害品、腐蚀性物品、放射性物品，有些物品同时具有两种以上危险性。对于有毒物品的包装要明显地标明有毒标志。对有腐蚀性的物品，要注意物品和包装容器的材质不会发生化学变化。金属类的包装容器，要在容器壁涂上涂料，防止腐蚀性物品对容器的腐蚀。对易自燃物品的包装，宜采取特殊的包装方式。

（七）防静电包装技术

防静电包装是防止被包装的物品之间产生静电感应的一种包装方法。包装件在运输过程中，由于振动、冲击等影响，内装物品与包装的表面之间不断相互摩擦可能产生静电；在雷击过程中，云内或地面物体内会产生大量的电荷移动，产生的强大磁场就会穿透包装容器外壳，形成大电流，导致元器件损坏。

防静电包装通常采用具有导电性的静电屏蔽材料包裹住物品，或用抗静电材料制成容器将物品封闭起来，使内装物品与外界干扰电场或静电感应隔离开，在起防护作用的同时也能对物品起到屏蔽保护作用。另外，还可以在包装材料中加入少量金属纳米微粒消除静电。

（八）防辐射包装技术

防辐射包装是防止外界射线透过包装损害物品的一种包装方法。例如，利用能够防止光线照射的容器盛装感光胶卷。

防辐射包装主要有：采用能防止光线透过的黑色纸、炭黑型导电塑料膜、铁皮等容器，可有效防光辐射；配合密封与无漏光措施，导电性纸盒和导电性瓦楞纸、硬质密闭塑料盒、金属容器也可作为光敏感产品的包装。对于各种电子元器件、电子精密仪器、医疗器械、计算机、自动化办公设备等对电磁辐射敏感的产品通常都采用防电磁辐射包装。

（九）防磁包装

防磁包装是防止磁场干扰内装物的一种包装方法。由于产品的材质、结构及其性能不同，当外界场强的变化超过一定限度时就会对某些特殊产品造成损坏或影响其使用性能。对于危险品、精密电子产品、军用产品及高技术产品等场强有特殊要求的产品，包装设计人员必须检测出它们对外界场强的感度，采取有效屏蔽或抗场强变化技术，以保证元器件或整机的可靠性和使用寿命。

（十）防伪包装技术

包装防伪技术主要有包装纸张防伪技术、印刷防伪技术、油墨防伪技术、条码、电码防伪标识、电话识别系统等。

1. 纸张防伪技术

（1）磁性防伪纸是在纸基材料上涂布具有磁性的磁粉，或在制造纸张时将磁粉以特殊的方式加入纸浆中，使制造出来的纸张具有磁性。可用于制作防伪商标、防伪磁性账卡和高档包装上的电脑识别磁性防伪标签等。（2）数字水印纸是在造纸过程中将所需要的标识、图案等做入纸中。这些图案平常不易看到，只有对着强光才能看清。（3）防复印就是防止将原件经过复印机复印出和原件完全一样的制品，可防止伪造。（4）热敏防伪纸主要是将热敏物质涂布于纸基上，利用热敏物质的冷热可逆性来鉴别真伪。具有加热显色、冷却褪色和多次重复显示的特点。（5）光致变色就是某些物质经光照后颜色会发生变化，离开光照后恢复原色，光致变色防伪纸就是含有这些物质的防伪纸。

2. 印刷防伪技术

采用凹凸印刷和镂空印刷等。印刷难度越大，防伪效果就越好；多色串印，可以一次印上多种色彩，并且中间过度柔和，由于从印品上很难看出墨槽隔板的位置距离，故也能起到一定的防伪作用。

3. 油墨防伪技术

防伪油墨是在油墨连结料中加入特殊性能的防伪材料，经一定工艺加工而成的特种印刷油墨。其具体实施主要是以油墨印刷方式印在票证、产品商标和包装上。这类防伪技术的特点是实施简单、成本低、隐蔽性好、色彩鲜艳、检验方便、重视性强，是各国纸币、票证和商标的首选防伪技术。

4. 在包装上增加条码、电码防伪标识或电话识别系统商品条码是商品的一种代码，是人们为了计算机等商品进行有效管理而设计的。目前普遍认为具有防伪功能的条码只有两种：一种是隐形条码，另一种是金属条码。但条码防伪技术不适合消费者直接识别。电码防伪标识及电话识别系统，是通过在每个产品上设置一个随机密码，将所有入网产品全部记录在防伪数据中心库，让消费者利用电话、电脑等工具核对密码的正确与否，来识别产品真伪。

二、包装机械

包装机械(Packaging Machinery)是指完成全部或部分包装过程的机器。

包装过程包括成型、充填、封口、裹包等主要包装工序，也包括清洗、干燥、杀菌、贴标、捆扎、集装、拆卸等前后包装工序，还有转送、其他辅助包装工序。采用包装机械代替人工包装，能够降低劳动强度，降低人力成本，提高劳动生产率，保证产品的包装质量。根据国家标准包装术语(GB/T4122.1—2008)，常见的包装机械如下：

(1)充填机(Filling Machine)是将产品按预订量充填到包装容器内的机器，包括直接充填包装机和制袋充填包装机两类。

(2)灌装机(Filling Machine)是将液体按预订量灌注到包装容器内的机器。按照灌装工艺不同可分为常压灌装机、真空灌装机、加压灌装机等。

(3)封口机(Sealing Machine)是在包装容器内盛装产品后，对容器进行封口的机器，如玻璃罐加盖机械(压盖、旋盖等)、布袋口缝纫机械、封箱机械、塑料和纸袋的各种封口机械等。

(4)干燥机(Drying Machine)是将包装容器、包装材料、包装辅助物及包装件上的水分去除，以达到预期干燥程度的机器。

(5)杀菌机(Sterilization Machine)是对产品、包装容器、包装材料、包装辅助物及包装件上的微生物进行杀灭，使其降低到允许范围内的机器。

(6)清洗机(Cleaning Machine)是对包装容器、包装材料、包装辅助物及包装件进行清洗达到预期清洁度的机器。

(7)裹包机(Wrapping Machine)是用挠性包装材料全部或者局部包裹产品的机器。常见的裹包机有扭结式包装机、端折式包装机、枕式包装机、信封式包装机、拉伸包装机等。

(8)捆扎机(Strapping Machine)是使用捆扎带缠绕产品或包装件，然后收紧并将两端通过热效应熔合或使用包扣等材料连接的机器。按照接头方式分类，捆扎机可分为熔接式捆扎机和扣接式捆扎机。

(9)集装机(Machine for the Assembly of Unit Load)是将若干个包装件或产品包装在一起，形成一个合适的搬运单元的机器。按集装方式集装机分为托盘集装机和无托盘集装机。

(10)标签机(Labeling Machine)是采用黏合剂将标签贴到包装件或产品上的机器。

第四节　包装合理化及发展趋势

一、不合理的包装现象

包装合理化是物流合理化的组成部分。从现代物流观点看，包装合理化不仅是包装成本合理与否的问题，而且是整个物流合理化的前提。

包装合理化除了要实现整体物流效益和微观包装效益的统一外，还要对包装材料、包装技术和包装方式加以合理组合及应用,更要避免不合理包装。不合理包装主要体现在包装不足、包装过度和包装污染等。

(一)包装不足

包装不足可以造成物流过程中货物的损失,同时降低物流效率。

包装不足主要包括四个方面:(1)包装强度不足,容易导致包装防护性不强,造成损失;(2)包装材料不足,由于包装材料选择不当,包装材料不能很好地起到保护作用;(3)包装容器的层次及容积不足,从而造成货物的损失;(4)包装成本过低,不能达到必要的包装要求。

(二)包装过度

包装过度是指超出基本功能的包装,即包装空隙率、包装层数、包装成本超过必要程度的包装。包装过度主要表现在以下四个方面:

(1)包装强度设计过高,如包装材料截面过大,包装方式大大超过强度要求等,使包装防护性过强。

(2)包装材料材质选择过高,在选择包装材料时应考虑所选的材料能否有效保护产品,包装材料是否与产品的价值相匹配。

(3)包装技术过高,包装层次过多,包装体积过大。

(4)包装成本过高,一方面可能使包装成本支出大大超过由减少损失而带来的效益;另一方面,包装成本在商品成本中比重过高,损害了消费者利益。

(三)包装污染

包装污染主要体现在以下两个方面:

(1)包装材料中大量使用的纸箱、木箱等,消耗大量的自然资源,破坏生态环境。

(2)商品包装大量采用一次性和塑料容器豪华包装材料,甚至采用不可降解包装材料,严重污染环境。

二、包装合理化及发展趋势

包装的好坏不仅影响到物流成本,还会影响产品在物流过程中的质量,是物流中非常重要的一个环节。包装的合理化就是要实现既降低包装成本,又能较好地保护商品的目的。

(一)包装合理化的设计要求

合理包装是一个系统工程,因此设计合理包装不仅要考虑包装设计本身,更要着眼于商品流通的全局,兼顾物流系统的相互关系,按照合理包装的以下几个方面进行设计。

(1)掌握流通实况,发挥最经济的保护功能。包装的保护功能应使商品能承受流通过程中各种环境的考验。因此,包装设计前应调查或查问流通环境条件,对不同的环境条件,采取不同的包装设计。如为避免外力作用下内装物破损,可设计缓冲包装;为避免温湿度的影响,可设计防潮、防水包装;等等。

(2)实行包装标准化。标准化是提高企业工作效率和经济效益而采取的科学管理方法。采用标准化设计,能减少设计时间,稳定包装质量,降低包装和流通成本,取得明显的经济效益。

(3)协调与生产的关系。包装是物流过程的第一步,也是产品生产的最后一道工序。因此,它同产品的生产过程紧密相关,二者应协调一致,做到包装与生产同步。为此包装设计应和产品的生产工艺一起考虑,其中包括包装材料的选择和加工方法的选定。

(4)注意装卸及开启的方便性。货物流通过程中都必须装卸,因此包装必须便于装卸。

(二)包装合理化的发展趋势

1. 包装轻薄化

由于包装对商品的使用价值不起主要作用,因此,在强度、成本相同的条件下,更轻、更薄、更短、更小的包装,可以节约包装材料,提高装卸和运输的效率,减少废弃包装材料对环境的影响,降低包装成本。

2. 包装单元化和标准化

标准化是指为在一定的范围内获得最佳秩序,对实际的或潜在的问题制定共同的和重复使用的规则的活动。包装标准包括在生产技术活动中,对所有制作的运输包装和销售包装的品种、规格、尺寸、参数、工艺、成分、性能等做统一规定,由一定的权威机构发布。包装标准化可以大大减少包装的规格型号,提高包装的生产效率,便于对被包装物品的识别和计量。它包括包装规格尺寸标准化、包装工业产品标准化和包装强度标准化三个方面的内容。随着全球经济一体化的发展,货物将更加频繁地在全球范围内流通,对物流的要求也将越来越高,对货物实行通用化、标准化的包装是降低物流成本、使货物更便捷流通的一个重要环节。标准化是包装必须考虑的因素,包装规格尺寸应当一致,并与托盘、集装箱、运输工具和装卸搬运机械相匹配。

3. 包装作业机械化

为了提高物流效率和包装现代化水平、降低包装的劳动强度,各种包装机械的开发和应用十分重要。包装作业机械化要实现个装、装箱、封口、挂提手及外装所有作业流程的机械化。

4. 包装智能化

包装智能化是物流信息化发展的基础,包装上的信息量不足或错误会直接影响物流各个活动的进行。随着物流信息化程度的提高,包装上除了表明内装物的数量、重量、品名、生产厂家、保质期及搬运储存所需条件等信息外,还应粘贴商品条形码、流通条码及防伪码等,以实现包装智能化。

5. 包装绿色化

包装会产生大量的废弃物,处理不好可能造成环境污染。包装材料好,可以反复多次使用并能回收再利用,尽可能选取“绿色包装”,对人体健康不会产生影响,对环境不造成污染;要树立可循环利用理念,制定针对性政策法规,成立专门的监管部门,强制性要求回收包装废弃物,开发和应用可回收材料,通过全产业链联合行动,提高包装的回收率和利用率。

案例分析

平板包装的故事

说到平板包装(Flat-packing)家具,人们会立马想到宜家。事实上,平板包装既非宜家独享,也非宜家首创。

早在1859年,奥地利人迈克尔·索耐特(Michael Thonet,1796—1871)就设计了第一把可以组装并且得到量产的椅子:Thonet 214。这把椅子利用蒸气曲木技术制作,所有零部件都可以拆装,方便运输及工业化生产,因此一亮相即博得广泛赞誉,迅速流传开来,甚至出口到清末的中国。Thonet 214至今已经生产超过5 000万把,被称为“the chair of all chairs”。它的成功不仅代表技术、生产方式的进步,更是现代设计理念的进步。

宜家学习了上述设计理念并注重拓展。它的名言是“我们不想花钱运空气”。平板包装意味着增大了装货量，减少了运输次数，降低了 CO 排放量。因此自从宜家 1956 年首次推出自行组装家具以来，这个概念就成为宜家家居的核心。

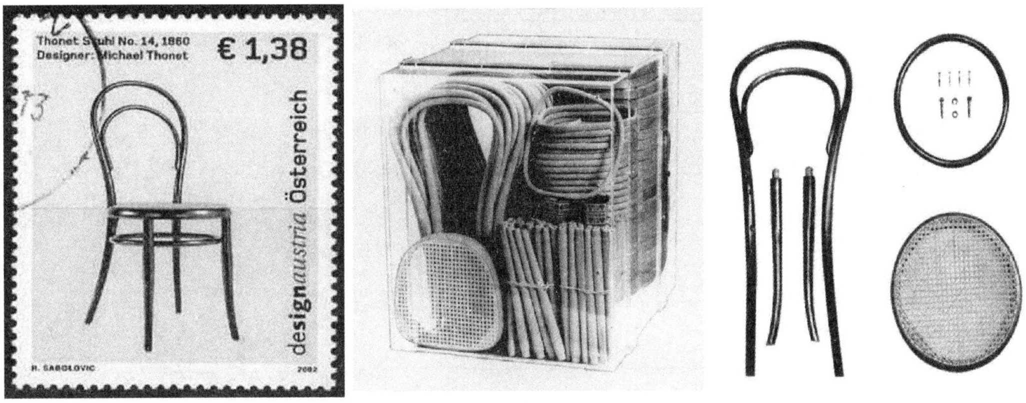

图 1　Thonet 214

宜家的家具均为组合式、模块化、标准化设计，全部采用平板包装。对于这种组合式家具，顾客可选择自行装运回家、自行安装，增加客户动手安装家具的快乐体验，也可由宜家送货、派人上门安装。此举大大节省了物流成本，也为宜家扩大了客源，获得了很大成功。

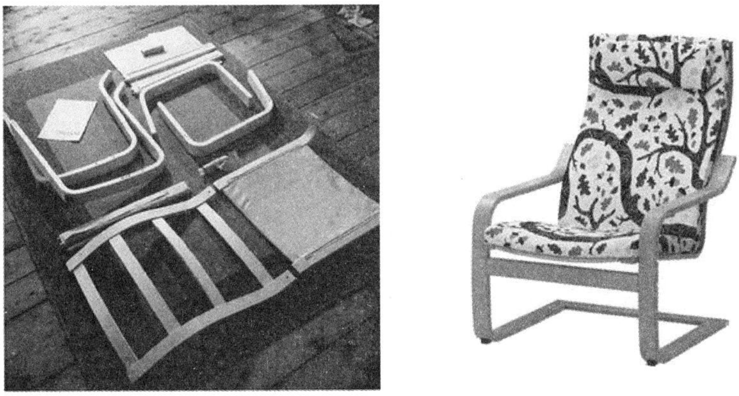

图 2　宜家的明星产品波昂扶手椅组装前后的对比

资料来源：https://www.163.com/dy/article/D41050A00520R1KD.html。

思考题：

1. 平板包装最大的优势是什么，反映了包装的什么发展趋势？
2. 包装合理化的趋势有哪些？请举例说明。

【思维导图】

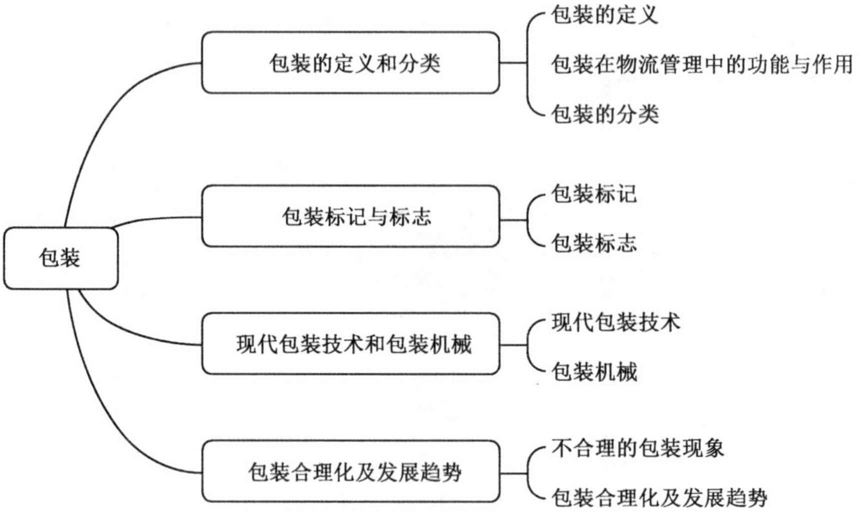

习 题

一、单项选择题

1. 以下不属于包装功能的是(　　)。

A. 方便消费　　B. 提高价值　　C. 方便物流　　D. 促进销售

2. 为了缓冲内装物体受到冲击和振动,保护其免受损坏所采取的一定的防护措施的包装为(　　)。

A. 防锈包装技术　　B. 防潮、防水包装技术

C. 防震包装技术　　D. 防霉包装技术

3. 同一层相邻的两个包装体都互为 90 度角,两层间码放又相差 180 度角的是(　　)堆码方式。

A. 纵横交错式　　B. 正反交错式　　C. 旋转交错式　　D. 重叠式

4. 只能使用一次,不再回收复用的包装是(　　)。

A. 一次包装　　B. 多次包装　　C. 周转包装　　D. 工业包装

5. 包装箱是指容积大于(　　)的容器。

A. 5L　　B. 10L　　C. 15L　　D. 20L

6. 包装是为在流通过程中保护产品、方便储运、促进销售,按照一定技术方法而采用的容器、材料和(　　)的总体名称。

A. 辅助物　　B. 胶水　　C. 标签　　D. 标识

7. 只能使用一次,不再回收复用的包装是(　　)。

A. 一次包装　　B. 多次包装　　C. 周转包装　　D. 工业包装

二、多项选择题

1. 按照缓冲程度的不同，防震包装可以分为(　　)。

A. 全面缓冲包装　B. 部分缓冲包装　C. 就地发泡包装　D. 悬浮式缓冲包装

2.(　　)属于托盘加固方法。

A. 捆扎　B. 周边垫高　C. 拉伸薄膜　D. 网罩

3. 常见的包装容器有(　　)。

A. 包装盒　B. 包装瓶和包装罐　C. 包装袋　D. 包装箱

4.(　　)属于托盘的特点。

A. 装盘容易　B. 返空容易　C. 自重小　D. 便于露天存放

5. 下列属于缓冲包装的是(　　)。

A. 浮动包装　B. 裹包包装　C. 发泡包装　D. 油封包装

6. 关于包装合理化的发展方向是(　　)。

A. 包装尺寸标准化　B. 包装作业机械化

C. 包装轻薄化　D. 包装单位微型化

7. 包装的功能有(　　)。

A. 保护功能　B. 便利效率功能　C. 定量功能　D. 销售功能

8. 包装不合理主要体现在(　　)。

A. 包装不足　B. 包装过度　C. 包装轻薄化　D. 包装污染

9. 常用的包装材料主要有(　　)。

A. 木材　B. 塑料　C. 金属　D. 玻璃和陶瓷

三、简答题

1. 不合理包装主要有哪些表现?

2. 包装合理化的发展趋势有哪些?

3. 包装材料主要有哪些种类？各有什么特点?

4. 包装技术有哪些?

四、论述题

试述发展绿色包装的必要性及实施办法。

五、案例分析题

日本许多造纸企业研究和生产绿色包装印刷用纸，活跃了绿色包装产品市场。日本 Nippon 纸业有限公司研制开发出完全以天然纤维为原料，品名为“Npimold Paper”的深度冲压纸，其伸缩性是普通纸的 5～10 倍。它可压制文字、图案和三维曲面，类似塑料制品的加工。该产品的制作可采用当前的塑料制品设备，根据设计方案模压成形。由于加工前不需要加热软化，可提高生产效率和节约能源。Challenge Five 有限公司推出了由 Mit Subishi 公司生产的可生物降解薄膜和信封。这种薄膜和信封是从玉米淀粉中提取的以聚乳酸为原料生产的，可使用大豆油墨进行胶版印刷。

新型纸包装的最新应用市场是酒类包装。例如，日本现正流行以纸盒包装取代玻璃瓶作为酒类包装。西方国家把葡萄酒灌装入利乐无菌砖型纸盒中，因为这种利乐纸盒具有安全、保

质、不易碎及不易爆炸的优点，而且携带方便又容易开启。此外，它是由6层复合材料组成的，加强了密封性，也增强了包装的防酒精渗漏、挥发的作用；同时，又可阻挡阳光直接照射，避免变质。日本近期还研发了一种用来装食油的复合纸盒，以纸为基材，经铝塑6层复合而成，其结构是：PE|纸|PE|AL|PET|PE。该包装不仅重量轻、安全，而且适合印刷。

请根据上述案例，谈谈你的感想。

第三章　装卸搬运

案例导入

中国一汽集团装卸搬运的改造

近年来，随着电商行业的飞速发展，要求物流装卸搬运更加高效、快捷和安全的企业越来越多。中国一汽集团有限公司近期对旗下一家车库平台进行了改造，完善了车库物流装卸及运输管理，以进一步提高装卸工作的效率，减少运输中的安全隐患。

改造中，该企业首先引进了物流装卸设备，如升降机、叉车和传送带等，自动化物流装卸设备能够提高集装箱的装卸效率，减少人力负担，并且减少了因人为操作所造成的安全隐患。另外，该企业大力推进技术智能化，利用计算机辅助生产(CAM)系统，协调管理每个工序，以保证全过程的精细化管理。

此外，该企业还建设了一个 ERP 仓库管理系统，将核心的业务管理单元和物流装卸信息管理单元进行整合，实现了企业物流装卸环节的精细化管理。通过这一系统，企业能够实时监测物流装卸过程中的各个环节，保障了流程的顺畅。

在这次改造后，该企业不仅实现了车库物流装卸环节数字化、精准化管理，还使得物流装卸效率提升了 20%，整个运输流程变得更加安全和可靠。企业相关负责人表示，未来企业将继续加强物流装卸的科技创新，持续优化物流装卸环节，为客户提供更为高效、快捷、贴心、周到的服务。

资料来源：任芳，江宏. 中国一汽：用系统思维优化零部件物流[J]. 物流技术与应用，2018(05)120—123.

第一节　装卸搬运的定义、特点和分类

一、装卸搬运的定义

装卸(Loading and Unloading)是指“在运输工具间或运输工具与存放场地(仓库)间，以人力或机械方式对物品进行载上、载下或卸下、卸出的作业过程”(GB/T18354—2021)。

搬运(Handling)是指“在同一场所内，以人力或机械方式对物品进行空间移动的作业过

程”(GB/T 18354—2021)。

在实际操作中,装卸与搬运是密不可分的,两者是伴随在一起发生的,因此,在物流管理学中并不过分强调两者差别而是作为一种物流活动来研究分析。

二、装卸搬运的特点

在现代物流过程中,装卸搬运活动是不断出现和反复进行的,它出现的频率高于其他物流基本活动。装卸搬运有以下特点:

(一)装卸搬运是附属性、支持性和衔接性的活动

装卸搬运在物流每一环节开始及结束时必然发生,被视为其他物流功能(运输、仓储、配送等)不可缺少的组成部分。例如,仓库中泛指的保管活动含有装卸搬运活动,一般的运输活动,也包含了相随的装卸搬运。

装卸搬运对物流活动起支持和保障的作用。这种作用在某种程度上对其他物流活动还具有一定的决定性。例如,装卸搬运会影响其他物流活动的质量和速度,装车不当,会引起运输过程中的损失;装卸能力不足,会使物流活动不畅。因此,物流活动只有在有效地装卸搬运支持下,才能实现高效率运作。

其他物流活动相互过渡时,都是以装卸搬运来衔接的。高效的物流系统,衔接是顺畅的。例如,集装箱多式联运,正是运用适宜的运输载体(集装箱),良好的装卸搬运设备(集装箱门吊、叉车等),使一贯性运输得以实现。

(二)装卸搬运作业量大

据典型调查,我国机械工厂生产 1 吨产品,需要进行 252 吨次的装卸搬运。在同一地区生产和消费的产品,物资的运输量会减少,而物资的装卸搬运量却不一定减少。在远距离的供应与需求过程中,装卸搬运作业量会随运输方法的变更、仓库的中转、货物的集疏运、物流的调整等而使装卸搬运作业量大幅度提高。

(三)装卸搬运对象复杂

在物流过程中,货物是多种多样的,它们在性质上(物理、化学性质)、形态上、重量上、体积上以及包装方法上都有很大区别。即使是同一种货物在装卸搬运前的不同处理方法,可能会产生完全不同的装卸搬运作业。单件装卸搬运和集装化装卸搬运,水泥的袋装装卸搬运和散装装卸搬运都存在着很大差别。从装卸搬运的结果来考察,有些货物经装卸搬运要进入储存,有些物资装卸搬运后将进行运输。不同的储存方法,不同的运输方式在装卸搬运设备运用、装卸搬运方式的选择上都有不同的要求。

(四)装卸搬运作业不均衡

在生产领域,由于生产活动要有连续性和比例性,力求均衡,故企业内装卸搬运相对也比较均衡。但物资一旦进入流通领域,由于受到物资产需衔接、市场机制的制约,物流量便会出现较大的波动性。商流是物流的前提,某种货物的畅销或滞销、远销或近销,销售批量的大或小,围绕货物实物流量便会发生巨大变化。从物流领域内部观察,运输路线上的“限制口”,“跑在中间,窝在两头”的现象广泛存在,装卸搬运量也会出现忽高忽低的现象。另外,各种运输方式运量上的差别,运速的不同,使得港口、码头、车站等不同物流结点会出现集中到货或停滞等待,造成装卸搬运不均衡。

(五)装卸搬运对安全性要求高

装卸搬运作业需要人与机械、货物、其他劳动工具相结合,工作量大、情况变化多、作业环

境复杂，这些都导致了装卸搬运作业中存在着不安全的因素和隐患。创造装卸搬运作业适宜的作业环境，改善和加强劳动保护，对任何可能导致不安全的现象都应设法根除，防患于未然。装卸搬运的安全性，一方面直接涉及人身，另一方面涉及物资。在装卸搬运中，发生机毁人亡的事故屡见不鲜，造成货物损失也难以计数。装卸搬运同其他物流环节相比，安全系数较低，因此，也就要更加重视装卸搬运的安全生产问题。

三、装卸搬运的分类

（一）按照装卸搬运的设施、设备分类

1. 仓库、配送中心装卸搬运

配合出库、入库、维护保养等活动进行，并且以堆垛、上架、拆垛、取货等作业为主。

2. 汽车车站装卸搬运

一般一次装卸批量不大，由于汽车的灵活性，可以减少或消除搬运作业，直接利用装卸作业达到车辆与物流设施之间货物转移的目的。

3. 铁路站场装卸搬运

是指在铁路站场将货物装进及卸出火车车皮的作业活动，特点是一次作业就实现一整车皮的装进或卸出，较少出现仓库装卸时的整装零卸或零装整卸的情况。

4. 港口装卸搬运

包括码头前沿的装船和后方的支持性装卸搬运。受泊位条件的限制，有些港口大船无法停靠，只能在锚地停泊进行装卸，采用小船在码头与大船之间过驳，其装卸搬运的流程较为复杂，往往经过多次的装卸搬运作业才能最后实现船与陆地之间货物过渡的目的。

5. 机场装卸搬运

是指在机场进行的货物装进及卸出飞机的作业活动，这种装卸搬运的时效性要求较高。

（二）按照运动形式分类

1. 垂直装卸

指采取提升和降落的方式进行装卸，这种装卸需要消耗较大的能量。垂直装卸是采用比较多的一种装卸形式，所用的机具通用性较强，应用领域较广，如吊车、叉车等。

2. 水平装卸

指对装卸物采取平移的方式进行装卸。这种装卸方式不改变被装物的势能，因此比较节能，但是需要有专门的设施，如与汽车水平接靠的高站台、汽车与火车车皮之间的平移工具等。

（三）按照作业方式分类

1. 吊上吊下式

采用各种起重机械从货物上部起吊，依靠起吊装置的垂直移动实现装卸，并在吊车运行的范围内或回转的范围内实现搬运或依靠搬运车辆实现小搬运。由于吊起及放下属于垂直运动，因此这种装卸方式属垂直装卸。

2. 叉上叉下式

采用搬运车或叉车从货物底部托起货物，并依靠搬运车、叉车的移动进行货物位移，搬运完全靠叉车本身，中途无须落地，便可将货物直接放置到目的地。这种方式主要是水平方向的移动，垂直方向的位移不大。

3. 滚上滚下式

公路与水运、铁路联合运输时的一种装卸搬运方式。这是一种利用叉车、半挂车或载货汽

车承载货物，将货物连同车辆一起开上滚装船或铁路平板车，到达目的地之后再从滚装船或铁路平板车上直接开下的运输形式。

4. 移上移下式

在两车之间（如火车及汽车）进行靠接，然后利用各种方式，不使货物垂直运动，而靠水平移动从一个车辆上推移到另一车辆上。移上移下式需要使两种车辆水平靠接，因此，需对站台或车辆货台进行改造，并配合移动工具实现这种装卸搬运。

（四）按照作业对象分类

1. 散装作业法

指对大批量粉状、粒状物品进行无包装的散装、散卸的装卸搬运方法。装卸搬运可连续进行，也可采取间断地装卸搬运方式，一般需采用机械化设施、设备进行装卸搬运。在特定情况下，当批量不大时，也可采用人力装卸搬运，但是劳动强度很大。散装作业方法主要有重力法、倾翻法、气力输送法和机械作业法等。

2. 单件作业法

是指对非集装的、按件计的物品逐个进行装卸搬运操作的作业方法。单件作业可采取人力装卸搬运、半机械化装卸及机械装卸搬运。由于逐件处理，装卸速度慢，且装卸要逐件接触货体，因而容易出现货损，反复作业次数较多，也容易出现货差。单件作业的装卸搬运对象主要是包装杂货，多种类、小批量物品及单件大型、笨重物品。

3. 集装作业法

对集装货载进行装卸搬运的作业方法。集装作业和单件作业都是按件处理的，但区别在于集装作业“件”的单位大于单件作业每件的大小。集装作业一次作业装卸量大，装卸速度快，且在装卸时并不逐个接触货体，而仅对集装体进行作业，因而货损较小，货差也小。

集装作业法主要有集装箱作业法、托盘作业法、货捆作业法、滑板作业法、框架作业法、集装网（袋）作业法和挂车作业法。

（五）按照作业特点分类

1. 连续作业

指在装卸搬运过程中，设备不停作业，物资可连续不断、持续流水般地实现装卸搬运作业的方法，如带式输送机、链斗装车机作业。

2. 间歇作业

指装卸搬运过程中有重程和空程两个部分的作业方式，即在两次作业中存在一个空程准备过程的作业方法，如门式和桥式起重机作业。

（六）按照作业流程分类

1. 堆垛作业

把货物从预先放置的场所，移动到卡车等运输工具或仓库等保管设施的指定场所，再按要求的位置和形状，将货物整齐、规则地摆放成货垛的作业活动。拆垛作业则是堆垛作业的逆作业。

2. 分拣作业

在堆垛、拆垛作业前后或配送作业之前把物品按品种、出入库的先后顺序进行分类整理，再分别存放到指定位置的作业活动。配货作业是指在向运输工具装货前和从仓库等保管设施出库前发生的作业，这种作业按照不同客户的要求，把货物从所定位置，按品种、规格、作业先后顺序、发货对象等进行分类、配货、集中，并分别送到指定的位置。

3. 搬送作业

是为了进行装卸、分拣、配送活动而发生的货物移动的作业，包括水平、垂直、斜行搬送以及几种组合的搬送。

4. 移送作业。指用传送带对货物进行运送的作业。

第二节 装卸搬运机械

装卸搬运机械是指用来搬移、升降、装卸和短距离输送物料或货物的机械，不仅用于完成各种运输工具的装卸搬运，而且用于完成仓库、站场、港口和机场货物的堆垛、拆垛、运送及库内、舱内、车内货物的起重、输送和搬运。

按照装卸搬运设备的主要用途或结构特征分类，装卸搬运机械可以分为起重机、叉车、搬运车和输送机等。

一、起重机械

较为简单的起重机械大多数为轻小型起重设备，如千斤顶、葫芦、卷扬机等。常用的较为复杂的装卸用起重机有门式起重机、桥式起重机、臂架式起重机、缆索型起重机、堆垛起重机等。

（一）轻小型起重设备

轻小型起重设备(Series Lifting Equipments)是指构造紧凑，动作简单，作业范围以点、线为主的轻便起重机械。轻小型起重设备主要包括千斤顶、手扳葫芦、手拉葫芦、电动葫芦和卷扬机等。它们具有轻小简练、使用方便的特点，适用于流动性和临时性的作业。手动的轻小型起重设备尤其适于在无电源的场合使用。

1. 千斤顶

千斤顶(Jack)是一种用刚性顶举件作为工作装置，通过顶部托盘或底部托爪在小行程内顶升重物的轻小型起重设备，分为螺旋千斤顶、齿条千斤顶和液压齿条千斤顶等。其结构轻巧坚固、灵活可靠，一人即可携带和操作，主要用于厂矿、交通运输等部门承担车辆修理及其他起重、支撑等工作[见图 3－1(a)]。

2. 手扳葫芦

手扳葫芦(Level Block)是由人力通过扳柄驱动钢丝绳或链条，以带动取物装置运动的起重葫芦，具有使用简单、携带方便等特点。它可以进行提升、牵引、下降、校准等作业，起重量一般不超过 50 吨。广泛地应用于造船、电力、运输、建筑、矿山、邮电等部门的设备安装，物品起吊、机件牵拉等[见图 3－1(b)]。

3. 手拉葫芦

手拉葫芦(Chain Block)，又称神仙葫芦、斤不落，是一种使用简单、携带方便的手动起重机械，也称“环链葫芦”或“倒链”。它适用于小型设备和货物的短距离吊运，起重量一般不超过 100 吨。手拉葫芦的外壳材质是优质合金钢，坚固耐磨，安全性能高[见图 3－1(c)]。

4. 电动葫芦

电动葫芦(Electronic Hoist)由电动机、传动机构和卷筒或链轮组成，一般安装于天车、龙门吊之上，具有体积小、自重轻、操作简单、使用方便等特点，是工厂、矿山、港口、仓库、货场、商店等常用的起重设备之一[见图 3－1(d)]。

电动葫芦分为钢丝绳电动葫芦和环链电动葫芦两种。钢丝绳电动葫芦的起重量一般为0.5～20吨，起升高度为3～30米；环链电动葫芦的起重量一般为0.1～100吨，起升高度为3～120米。大部分电动葫芦由人使用按钮在地面跟随操纵，也可在司机室内操纵或采用有线（无线）远距离控制。

5. 卷扬机

卷扬机（Winch），又称绞车，是由动力驱动的卷筒通过挠性件（钢丝绳、链条）起升运移重物的起重装置，可以垂直提升、水平或倾斜拽引重物[见图3－1(e)]。

(a)千斤顶　(b)手扳葫芦　(c)手拉葫芦　(d)电动葫芦　(e)卷扬机

图3－1　轻小型起重机

（二）起重机

起重机（Crane），也称吊车，是一种利用动力或人力将包装物吊起，并可上下、左右、前后进行搬运的装运机械。

1. 桥式起重机

桥式起重机（Overhead Travelling Crane）是指桥架两端通过运行装置直接支撑在高架轨道上的一种桥架型起重机。桥式起重机的特点是：可以使挂在吊钩或其他取物装置上的重物实现垂直升降或水平运移。桥式起重机包括起升机构和大、小车运行机构，依靠这些机构的配合动作，对货物进行起升和搬运。

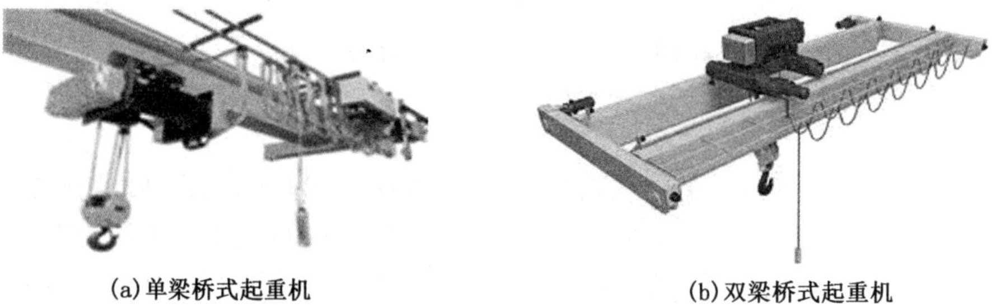

(a)单梁桥式起重机　(b)双梁桥式起重机

图3－2　梁式起重机

2. 门式起重机

门式起重机（Portal Bridge Crane），又称龙门起重机，其桥架通过两侧支腿支撑在地面轨道或地基上，是桥式起重机的一种变形。它的金属结构像门形框架，承载主梁下安装两条支脚，可以直接在地面的轨道上行走，主梁两端可以有外伸悬臂梁。门式起重机具有场地利用率高、作业范围大、适应面广、通用性强等特点。

按用途分类，门式起重机可分为通用门式起重机、造船门式起重机、集装箱门式起重机、集装箱装卸桥、装卸桥等（见图3－3）。

(a)通用门式起重机　(b)造船门式起重机　(c)集装箱门式起重机　(d)集装箱装卸桥　(e)装卸桥

图 3—3　门式起重机

3. 臂架式起重机

臂架式起重机(Jib Type Crane)是一种取物装置悬挂在臂架顶端或挂在可沿臂架运行的起重小车上的起重机，其特点与桥式起重机基本相同。臂架式起重机配有起升机构、旋转机构、变幅机构和运行机构，液压起重机还配有伸缩臂机构。依靠这些机构的配合动作，可在圆柱形场地及上空作业。臂架式起重机可装在车辆上或其他运输工具上，构成运行臂架式起重机。这种起重机具有良好的机动性，可适用于码头、货场、工厂等场所。

常见的臂架式起重机有铁路起重机(Railway Crane)、流动式起重机(Mobile Crane)、浮式起重机(Floating Crane)等(见图 3—4)。

(d)铁路起重机　(e)流动式起重机　(f)浮式起重机

图 3—4　臂架式起重机

4. 缆索型起重机

缆索型起重机(Cabel Type Crane)是指挂有取物装置的起重小车沿架空承载索运行的起重机。同其他起重机械相比，它具有跨度大、速度快、效率高、总体结构简单、造价低廉、施工周期短等突出优点，并且不受气候和地形条件的限制，在特定的条件下能发挥其他起重机械和起重技术所不能发挥的作用，因而被广泛应用于采矿工业、森林工业、工业原料场、码头、渡口以及桥梁、水电建筑工程等的起重和施工作业中。

缆索型起重机主要有缆索起重机(Cabel Cranc)和门式缆索起重机(Portal Cabel Crane)(见图 3—5)。

5. 堆垛起重机

堆垛起重机(Stacker Crane)是用货叉或串杆攫取、搬运、堆垛或从高层货架上存取单元货物的专用起重机。堆垛起重机分为桥式堆垛起重机和巷道式堆垛起重机。

(1)桥式堆垛起重机

桥式堆垛起重机具有起重机和叉车的双重结构特点，像起重机一样，具有桥架和回转小车。桥架在仓库上方运行，回转小车可以在桥架上来回运行以服务多条巷道。同时，它又具有叉车的结构特点，即具有固定式或可伸缩式的立柱，立柱上装有货叉或者其他取物装置，取物装置在立柱上运行完成堆垛和取货作业。立柱可以回转，保证工作的灵活性。因为立柱高度

(a)缆索起重机

(b)门式缆索起重机

图 3—5　缆索型起重机

的限制，桥式堆垛起重机的作业高度不能太高。另外，为了保证桥架的正常运行，货架和仓库顶棚之间需要有一定的空间。

桥式堆垛起重机主要适用于 12 米以下中等跨度的仓库。巷道的宽度较大，适于笨重和长、大件物料的搬运和堆垛(见图 3—6)。

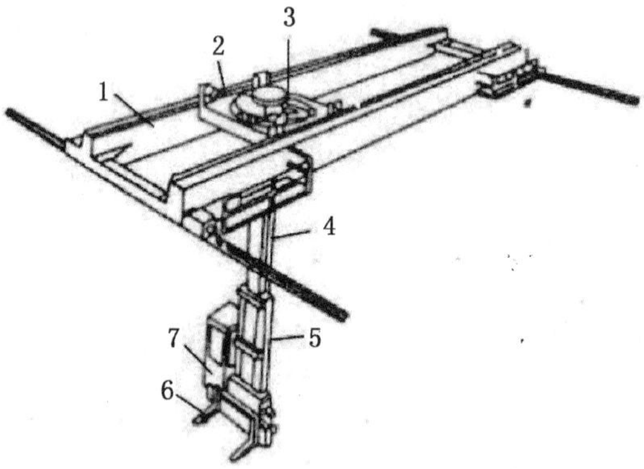

1—桥架；2—小车；3—回转平台；4—立柱固定段；5—立柱伸缩段；6—货叉；7—司机室

图 3—6　桥式堆垛起重机

(2)巷道式堆垛起重机

巷道式堆垛起重机是由叉车、桥式堆垛起重机演变而来的。由于桥式堆垛起重机的桥架十分笨重，使得运行速度受到很大的限制，仅适用于出入库频率不高或存放长形原材料和笨重货物的仓库。巷道式堆垛起重机能够在高层货架的巷道内来回穿梭运行，将位于巷道口的货物存入货格；或者取出货格内的货物运送到巷道口(见图 3—7)。

二、叉车

叉车(Fork Lift Truck)是指具有各种叉具，能够对物品进行升降、移动及装卸作业的搬运车辆。叉车是物流领域最常用的具有装卸、搬运双重功能的机械，能够减轻装卸工人繁重的体力劳动，提高效率，缩短货运车辆停留时间，降低装卸成本。常见的叉车如图 3—8 所示。

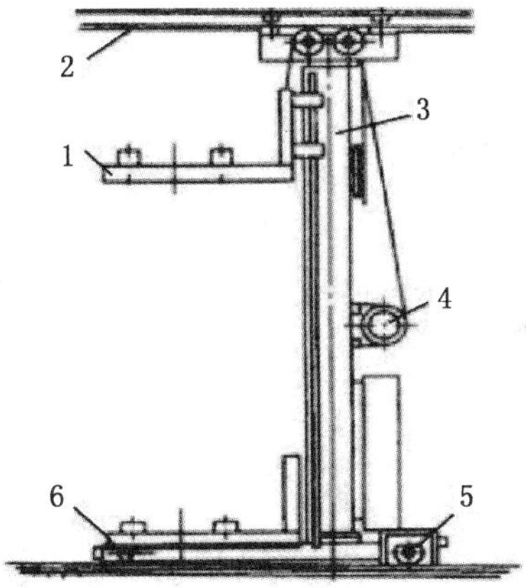

1—载货台；2—上横梁；3—立柱；4—起升机构；5—运行机构；6—下横梁

图 3—7 巷道式堆垛起重机

(a) 平衡重式叉车 (b) 侧叉式叉车 (c) 前移式叉车 (d) 多方向堆垛叉车 (e) 拣货式叉车

图 3—8 常见的叉车

叉车的种类很多,结构特点和功能也各不相同,因此在选择叉车时,应根据物料的重量、状态、外形尺寸及叉车的操作空间、动力、驱动方式进行合理选择。

三、搬运车

搬运车是指依靠本身的运行和装卸机构的能力,实现货物的水平搬运和短距离运输、装卸的各种车辆。常见的搬运车有托盘搬运车、手推车、固定平台搬运车和无人搬运车。

(一)托盘搬运车

托盘搬运车(Pallet Jack)是一种轻小型搬运设备,有两个货叉似的插腿,可插入托盘的叉孔内,插腿前端有两个小直径的行走轮,用来支撑托盘货物的重量。货叉通过机械或液压传动可以抬起,使托盘或货箱离开地面,然后进行移动。

按照动力方式分类,托盘搬运车可以分为手动托盘搬运车(Hand Jack)和电动托盘搬运车(Walkie Rider),如图 3—9 所示。

(a)手动托盘搬运车 (b)步行式电动托盘搬运车 (c)站驾式电动托盘搬运车 (d)座驾式电动托盘搬运车

图 3—9 托盘搬运车

托盘搬运车广泛应用于收发站台的货物装卸或车间内各工序间无须堆垛的货物搬运作业。

(二)手推车

手推车(Hand Cart)是一种以人力驱动为主,在路面上水平运输货物的小型搬运车辆的总称。搬运作业距离一般不大于 25 米,承载能力一般在 500 千克以下。手推车的特点是轻巧灵活、易操作、转弯半径小,被广泛应用于工厂、车间、仓库、商场、台、货场等场所,是短距离运输较小、较轻物品的一种方便而经济的运输工具(见图 3—10)。

图 3—10　常见的手推车

(三)固定平台搬运车

固定平台搬运车(Fixed Platform Truck)是具有较大承载物料平台的搬运车。相对承载卡车而言,承载平台离地低,装卸方便,结构简单,价格低,轴距、轮距较小,作业灵活,一般用于库房内、库房与库房之间、车间与车间之间、车间与仓库之间的运输(见图 3—11)。

图 3—11　固定平台搬运车

(四)无人搬运车

无人搬运车(Automated Guided Vehicle, AGV),又称自动导引车,是指装备电磁或光学等自动导引装置,能够沿导引路径行驶,具有安全保护及各种移载功能的运输车。其显著特点是无人驾驶。AGV 装备有自动导向系统,可以保障系统在无须人工引航的情况下沿预定的路线自动行驶,将货物或物料自动从起始点运送到目的地,如图 3—12 所示。

图 3—12　无人搬运车

四、输送机

输送机(Conveyor)是指按照规定线路连续地或间歇地运送散状物品或成件物品的搬运机械(GB/T18354—2021)。

输送机是以搬运为主要功能的载运设备,有些输送机兼具装卸功能。输送设备能够进行叉车和吊车无法实现的连续搬运,作业效率更高。输送机的输送线路是确定的,只有在重新安装时才会改变线路,因而安装时应统筹规划。输送机已经被广泛应用于工厂流水线、物料输送线及流通中心、配送中心的物料快速分拣等。常见的输送机有以下几种类型:

1. 带式输送机

带式输送机(Belt Conveyor)是以输送带作为承载和牵引件或只作承载件的输送机。采用橡胶带作为牵引构件,将输送带紧固在辊柱上,外力驱动辊柱转动,带动输送带循环转动,依靠输送带与物料之间的摩擦力移动置于其上的物料。带式输送机可以用于输送散、粒、块状物料,也可以用于输送中、小包装货物,一般不用于集装物的输送(见图3—13)。

(a)直线带式输送机

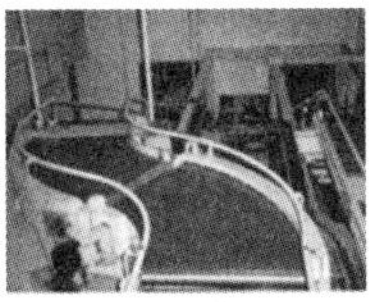
(b)平面弯曲带式输送机

(c)空间弯曲带式输送机

图3—13　带式输送机

2. 板式输送机

板式输送机(Slat Conveyor)是在牵引链上安装承载物料(品)的平板或一定形状底板的输送机。在输送过程中,物料(品)放在平板或底板上,当链条带着板子移动时,会带动物料(品)的移动。与带式输送机相比,板式输送机的可靠性更高,可运输散装、堆装、成件包装的物品(见图3—14)。

(a)平面板式输送机

(b)弯曲板式输送机

图3—14　板式输送机

3. 斗式输送机

斗式输送机(Bucket Conveyor)是在牵引链上安装物料斗的输送机。在输送过程中,斗式输送机通过料斗把物料从下面的储槽中舀起,随着输送带(链)将物料提升到顶部,料斗绕过顶轮后向下翻转,从而将物料倾入接受槽内。斗式输送机主要用于垂直方向上连续输送粉、粒状物料等(见图3—15)。

图 3—15　斗式输送机

4. 辊子输送机

辊子输送机(Roller Conveyor)是用多个并排安装在机架上的辊子输送物品的输送机。辊子可以在动力驱动下在原处不停地转动,带动货物移动,也可以在无动力驱动的情况下,以人力或货物重力推动货物在辊子上移动。辊子输送机具有很强的承载能力,由于辊子滚转货物在移动过程中所受的摩擦很小,因而搬运大、重件物品较为容易,常用于搬运包装货物或托盘集装货物(见图 3—16)。

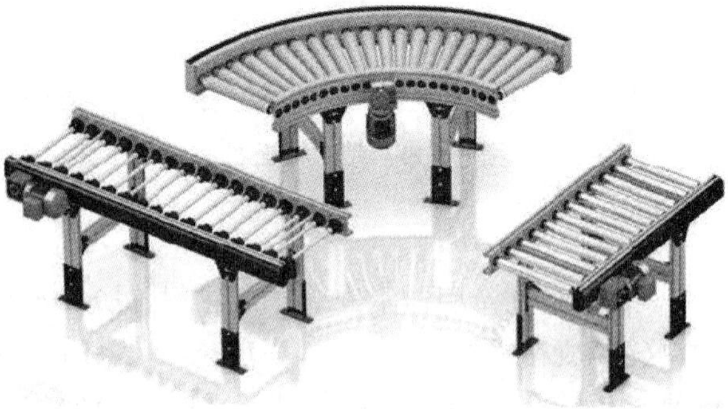

图 3—16　辊子输送机

5. 滚轮输送机

滚轮输送机(Wheel Conveyor)是用安装在机架上的轮子输送物品的输送机,它和辊子输送机类似,不同之处在于安装的是小轮子而不是辊子。滚轮输送机无动力驱动,适合于人力和重力搬运,主要用于仓库、配送中心等设施内(见图 3—17)。

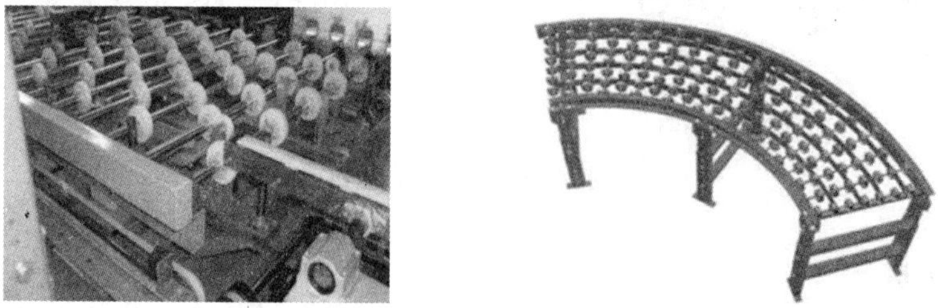

图 3—17　滚轮输送机

6. 螺旋输送机

螺旋输送机(Screw Conveyor)是借助旋转的螺旋叶片,或者靠带内螺旋而自身又能旋转的料槽输送物料的输送机。螺旋输送机具有结构简单、制造成本较低、易于维修、机槽密闭性较好等优点。螺旋输送机适宜输送粉状、颗粒状和小的块状物料，不适宜输送长纤维状、坚硬大块状、易黏结成块及易破碎的物料(见图 3—18)。

图 3—18　螺旋输送机

7. 悬挂输送机

悬挂输送机(Overhead Conveyor)通过固接在牵引链上的吊具，对物品进行空间输送，并能自动地装载和卸载。悬挂输送机可以自由选择输送线路，能有效地利用空间，节省人力，提高工作效率，广泛适用于成件物品的远距离输送、楼层提升、空中储存、送料等工艺及自动化涂装生产线等(见图 3—19)。

图 3—19　常见的悬挂输送机

五、装卸搬运机械的选择

选择装卸搬运机械时，应尽量考虑节约成本，且满足现场作业需求，主要考虑下列因素。

1. 作业性质和作业场合

装卸搬运作业的性质和作业场合不同，配备的装卸搬运机械也往往不同。根据作业是单纯的装卸或单纯的搬运，还是装卸、搬运兼顾，从而选择合适的装卸搬运机械。

2. 作业运动方式

装卸搬运作业的运动方式不同，需配备不同的装卸搬运机械。水平运动，可配备选用卡车、牵引车、小推车等装卸搬运设备；垂直运动，可配备选用提升机、起重机等装卸搬运机械；倾斜运动，可配备选用连续运输机、提升机等装卸搬运机械；垂直及水平运动，可配备选用叉车、起重机、升降机等装卸搬运机械；多平面式运动，可配备选用旋转起重机等装卸搬运机械。

3. 作业量

装卸搬运作业量的大小关系到设备应具有的作业能力，从而影响到所需配备的设备类型和数量。作业量大时，应配备作业能力较高的大型专用机械；作业量小时，最好采用构造简单、造价低廉而又能保持相当生产能力的中小型通用机械。

4. 货物的性质、种类

货物的物理性质、化学性质及外部形状和包装千差万别，有大小、轻重之分，有固体、液体之分，有散装、成件之分，这些都是选择装卸搬运机械及工作方式的依据。

5. 搬运距离

长距离搬运一般选用牵引车和挂车等装卸搬运机械，较短距离搬运可选用叉车等装卸搬运机械，短距离搬运可选用手推车等装卸搬运机械。为了提高设备的利用率，应当结合装卸搬运机械的种类和特点，使行车、货运、装卸、搬运等工作密切配合。

6. 作业速率

按物流及物流速度、进出量要求确定是变速作业、高速作业还是平速作业，是连续作业还是间歇作业。

7. 配套设施设备

成套的配备装卸搬运机械，使前后作业相互衔接、相互协调，是保证装卸搬运工作继续进行的重要条件。因此，需要对装卸搬运机械在生产作业区、数量吨位、作业时间、场地条件、周边辅助设备上适当协调。

第三节　装卸搬运活性理论与合理化

一、装卸搬运活性理论

装卸搬运活性的含义是，从物料的静止状态转变为装卸搬运运动状态的难易程度。如果很容易转变为下一步的装卸搬运而无须做过多装卸搬运前的准备工作，活性就高；如果难以转变为下一步的装卸搬运，活性就低。

为了对活性有所区别，并能有计划地提出活性要求，使每一步装卸搬运都能按一定活性要求进行操作，对不同放置状态的货物做了不同的活性规定，这就是“活性指数”，分为 0～4 共五个等级。表 3－1 是装卸搬运活性指数。

表 3－1　　装卸搬运活性指数

放置状态	需要进行的作业				活性指数
	集中	搬起	升起	运走	
散放地上	要	要	要	要	0
包装、捆扎好	否	要	要	要	1
集装化	否	否	要	要	2
无动力车	否	否	否	要	3
动力车辆或传送带	否	否	否	否	4

散乱堆放在地面上的货物，进行下一步装卸必须进行包装或打捆，或者只能一件件操作处置，因而不能立即实现装卸或装卸速度很慢，这种全无预先处置的散堆状态，定为“0”级活性。

将货物包装好或捆扎好，然后放置于地面，在下一步装卸时可直接对货载整体进行操作，因而活性有所提高，但操作时需支起、穿绳、挂索，或支垫入叉，因而装卸搬运前预操作要占用时间，不能取得很快的装卸搬运速度，活性仍然不高，定为“1”级活性。

将货物形成集装箱或托盘的集装状态，或对已组合成捆、堆或捆扎好的货物，进行预垫或预挂，装卸机具能立刻起吊或入叉，活性有所提高，定为“2”级活性。

将货物预置在搬运车、台车或其他可移动挂车上，动力车辆能随时将车、货拖走，这种活性更高，定为“3”级活性。

如果货物就预置在动力车辆或传送带上，即刻进入运动状态，而无须做任何预先准备，活性最高，定为“4”级活性。

装卸搬运活性指数越高，意味着所需的人工作业越少，但是相应的设备投入便会越多。因此，在进行物流系统规划设计时，不要机械地认为活性指数越高越好，而要根据实际情况综合考虑。

二、装卸搬运合理化

装卸搬运合理化是指以尽可能少的人力和物力消耗，高质量、高效率地完成货物的装卸搬运任务，保证供应任务的完成。装卸搬运合理化，是针对装卸不合理而言的，装卸搬运合理化的主要标志有：次数少、距离短、衔接好及活性指数高。

装卸搬运合理化的主要措施有以下几项：

（一）防止无效装卸搬运

无效装卸搬运主要是指消耗于货物必要装卸搬运劳动之外的多余劳动。如果能防止无效装卸搬运，则能够大大节约装卸搬运劳动，提高装卸搬运效率，使装卸搬运合理化。无效装卸搬运的主要表现形式有：

1. 过多的装卸搬运次数

从发生频率来讲，装卸搬运高于其他物流作业活动，过多的装卸搬运次数必然减缓物流速度，增加物流成本，并增加货物损坏的概率，因此，要降低装卸搬运的次数。

2. 过大的包装装卸搬运

包装是物流中不可缺少的辅助作业手段，过大包装会增加装卸搬运的难度。包装的轻型化、简单化、实用化会不同程度地减少作用于包装的无效劳动。

3. 无效物质的装卸搬运

进入物流过程的货物，有时混杂着没有使用价值或对消费者来讲与使用价值不符的各种掺杂物，如煤炭中的矸石、矿石中的表面水分、蔬菜中腐烂的菜叶等。在反复装卸时，这些无效物质反复消耗劳动，从而形成无效装卸搬运。因而，要注意保持货物的纯度，避免产生无效掺杂物，浪费劳动力。

（二）选择适宜的搬运路线

若物流量大且距离短，则适于用直达型的搬运路线；若距离长而物流量小，则适于用渠道型和中心型搬运路线；若物流量大而距离又长，则说明这样的规划布局是不合理的。搬运路线通常分为直达型、渠道型和中心型（见图 3—20）。

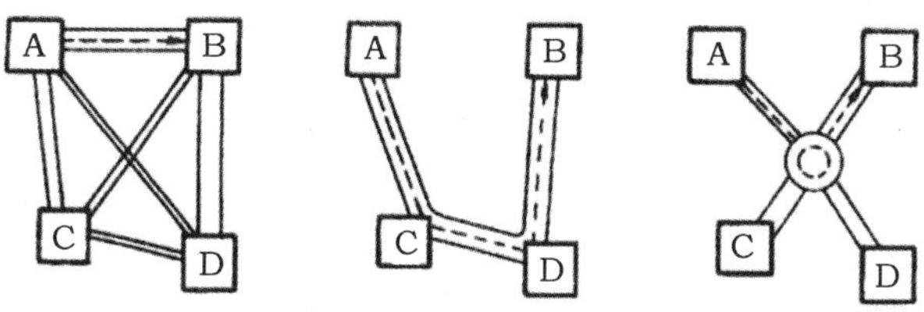

图 3—20 搬运路线图

1. 直达型

直达型是指物料经由最近路线到达目的地。在直达型路线上，各种物料从起点到终点经过的路线最短。当物流量大、距离短或距离中等时，采用这种形式是最经济的，尤其当物料有一定的特殊性而时间又较紧迫时则更为有利。

2. 渠道型

渠道型是指一些物料在预定路线上移动，同来自不同地点的其他物料一起运到同一个目的地。当物流量为中等或少量而距离为中等或较长时，采用这种形式是经济的，尤其当布局不规则时则更为有利。

3. 中心型

中心型是指各种物料从起点移动到一个中心分拣点或分发地区，然后再运往终点。当物流量小而距离中等或较远时，这种形式是非常经济的，尤其当厂区外形基本上是正方形的且管理水平较高时更为有利。

（三）提高装卸搬运的活性和速度

由于装卸搬运在整个物流过程中是反复进行的活动，因此其速度可能决定整个物流过程的速度。若缩短每次装卸搬运的时间，则多次装卸搬运的累计效果十分可观。因此，提高装卸搬运活性和速度对装卸搬运合理化具有非常重要的意义。

当然，从理论上讲，装卸搬运活性指数越高越好，但也必须考虑到实施的可行性。例如，物料在储存阶段，活性指数为 4 的输送带和活性指数为 3 的车辆，在一般的仓库中很少被采用，这是因为大批量的物料不可能存放在输送带和车辆上。

（四）实现装卸搬运作业的省力化

在装卸搬运时考虑重力因素，可以利用货物本身的重量，进行有一定落差的装卸搬运，以减轻劳动强度和消耗能量。例如，将设有动力的小型运输带（板）斜放在货车、卡车或站台上进行装卸，使物料在倾斜的输送带（板）上移动，这种装卸就是靠重力的水平分力完成的。在搬运作业中，不用手搬，而是把货物放在台车上，由器具承担物体的重量，只需克服滚动阻力，便可使物料水平移动，这无疑是十分省力的。

（五）充分利用机械，实现“规模装卸”

在装卸搬运时也存在规模效益问题，主要表现在一次装卸搬运量或连续装卸搬运量是否达到充分发挥机械最优效率的水准。为了尽量降低单位装卸搬运工作的成本，应使装卸搬运机械的能力达到一定规模，以得到最优效果。追求规模效益的方法，主要是通过控制最合理装卸量，从而使单位装卸搬运成本降低，也可通过散装实现连续装卸的规模效益。

（六）选择最好的搬运方式，节省体力消耗

在物流领域，即使现代化水平已经很高，也仍然避免不了要有人力搬运的配合，因此，人力搬运合理化问题也是很重要的。

案例分析

云南双鹤医药的装卸搬运成本案例

云南双鹤医药有限公司是华润双鹤药业股份有限公司在西南地区的分公司；是一个以市场为核心、现代医药科技为先导、金融支持为框架的新型公司；是西南地区经营药品品种较多、较全的医药专业公司。

虽然云南双鹤医药有限公司已形成规模化的产品生产和网络化的市场销售，但其流通过程中的物流管理严重滞后，造成物流成本居高不下，不能形成价格优势，这严重阻碍了该公司物流服务的开拓与发展，成为公司业务发展的“瓶颈”。

装卸搬运活动是衔接物流各环节活动正常进行的关键，而云南双鹤医药有限公司恰好忽视了这一点，由于其搬运设备的现代化程度低，只有几个小型货架和手推车，大多数作业仍处于人工作业为主的原始状态，工作效率低，且易损坏物品。另外，仓库设计得不合理，造成长距离的搬运并且仓库内作业流程混乱，形成重复搬运，大约有70%的无效搬运。这种过多的搬运次数，损坏了商品，也浪费了时间。

云南双鹤医药有限公司的装卸搬运成本案例，表明装卸搬运活动是衔接物流各环节活动正常进行的关键。从云南双鹤医药有限公司的装卸搬运成本案例不难看出，装卸搬运应减少操作次数，提高装卸搬运活性指数，实现装卸作业的省力化等。

资料来源：https://www.doc88.com/p-789443637167.html。

思考题：

1. 分析装卸搬运环节对企业发展的作用。
2. 针对医药企业的特点，请对云南双鹤的搬运系统的改造提出建议和方法。

【思维导图】

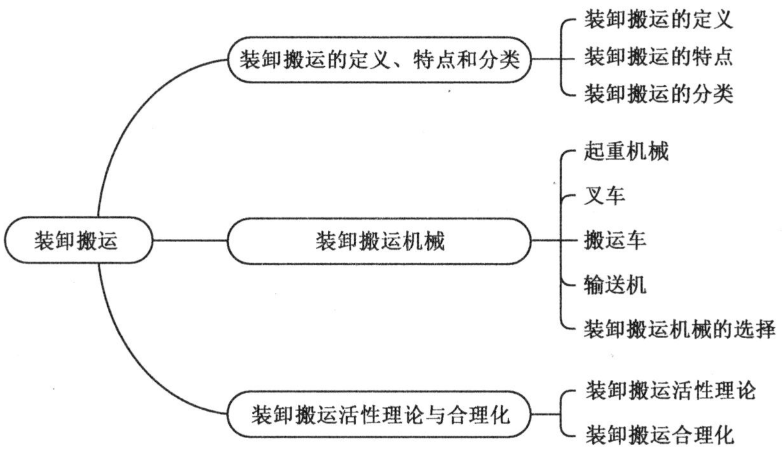

习　题

一、单项选择题

1.（　　）是指物品在指定地点以人力或机械装入运输设备或从运输设备上卸下的活动。

A. 运输　　B. 装卸　　C. 搬运　　D. 入库

2. 日本物流专家对于不同放置状态的物品做了不同的活性规定，将活载程度分为0、1、2、3、4五个等级，该数值称为（　　）。

A. 活性指数　　B. 活性指标　　C. 活动指数　　D. 活动系数

3.（　　）是指在同一场所内将物品进行水平移动为主的物流作业。

A. 运输　　B. 装卸　　C. 搬运　　D. 入库

4.（　　）是指用最低的费用和成本、最好的效率实现物体的空间位置移动。

A. 装卸搬运原则　　B. 装卸搬运优化　　C. 装卸搬运目标　　D. 装卸搬运合理化

5. 由于（　　）反复进行的次数多，累计成本的数量是不可忽视的。

A. 运输　　B. 装卸搬运　　C. 配送　　D. 入库

二、多项选择题

1. 为了有效地防止和消除无效作业，可从以下（　　）几个方面入手。

A. 尽量减少装卸次数　　B. 提高被装卸物料的纯度

C. 包装要适宜　　D. 缩短搬运作业的距离

2. 装卸搬运就是指在同一地域范围内进行的、以改变物的（　　）为主要内容和目的的活动。

A. 存放状态　　B. 活性指数　　C. 空间状态　　D. 空间位置

3. 在物品从生产到消费的流动过程中，装卸搬运主要起（　　）的作用。

A. 空间效用　　B. 时间效用　　C. 联接作用　　D. 保障作用

4. 装卸搬运作业方法主要有（　　）。

A. 单件装卸　　B. 集装作业　　C. 散装作业　　D. 平衡作业

5. 装卸搬运合理化的目标是（　　）。

A. 费用省　　B. 时间少　　C. 距离短　　D. 质量高

三、问答题

1. 装卸搬运的特点是什么？如何分类？

2. 简述装卸搬运活性指数的五个等级。

3. 根据不合理装卸搬运的表现，给出实现装卸搬运合理化的建议。

第四章　仓　储

案例导入

京东日趋完善的物流体系建设

一、强大的自营物流体系

电商经营的品类规模庞大，海量订单呈现多频次、小批量、多样性的特点，造成订单处理压力大；由于直接面对终端消费者，对物流质量和时效要求更高；物流作业量受促销影响会产生巨大波动。面对异常复杂的电商物流，为更好地服务消费者，京东选择了以自建仓储体系、自建物流体系及与第三方物流相结合的方式来布局物流。

京东拥有电商领域规模最大的仓储设施网络，截至2015年年底在全国范围内拥有7大物流基地。7大物流基地中已有6个“亚洲一号”智能物流中心投入使用。此外，在50座城市运营着213个大型仓库，仓储设施总面积约400万平方米，覆盖2 356个区县。与仓储网络相配套的是京东强大的配送资源。目前，京东在全国范围内有5 367个配送站和自提点，59 000余名自有配送员工，近1 000条自营线路，4 700多辆自营车辆，6 000多名司机。京东超过85%的自营订单实现了当日或次日达配送，物流效率和服务质量居行业领先水平。

京东完善的物流基础设施及配送资源，使得全国日均订单处理能力超过300万单，能够为消费者提供“211限时达”、次日达、夜间配、1小时达和2小时极速达、GIS包裹实时追踪、快速退换货以及家电上门安装等诸多专业服务，提供给消费者满意的购物体验。即便在“6・18”“双11”等促销高峰期，京东仍然保持高效、稳定的物流服务水平。

二、直击“亚洲一号”物流中心

为了构建覆盖全国主要城市的自动化电子商务物流运营网络，支撑和推动公司业务的持续发展，京东于2010年启动了“亚洲一号”项目。“亚洲一号”项目是经过定制化设计，有针对性建设的可以满足不同品类商品、不同业务流程的智能化物流中心。“亚洲一号”可处理京东在线销售的3C类、日用百货类、食品母婴类以及图书类等近300万个商品品类，从一枚戒指到一台冰箱，不同类型、体积、材质的商品，都可以快速妥善完成订单处理。已经运营的“亚洲一号”业务范围辐射当地及周边多个省市，形成了强大的网络体系，很好地提升了京东的订单履约时效和客户体验。此外，“亚洲一号”不但能满足京东自营业务的需求，同时也向社会开放，为入驻京东的商家提供优质高效的仓配一体化物流服务。

1. 高效的作业流程

"亚洲一号"物流中心由立体仓库区、阁楼货架区、复核包装区、分拣区四大区域构成,主要作业流程包括入库、存储、补货、拣货、生产(复核打包)、分拣六个环节。

(1)入库。供应商通过京东预约系统进行预约,到达园区后根据预约号进行月台分配。京东收货员对商品逐一验收,合格商品通过输送线进行上架存储。

(2)存储。根据到货量,信息系统自动进行入库流向判断,指引工作人员将商品送往 AS/RS 立体库存储区或阁楼货架存储区。

(3)补货。智能补货系统能实时监控库存水平,自动触发补货任务。

(4)拣货。拣货员通过智能终端设备获取拣货任务,将拣选出的商品放入周转箱,再将完成拣货作业的周转箱就近投放至输送线。为进一步提高拣选效率,"亚洲一号"部分项目已采用无人拣选系统。

(5)生产(复核打包)。拣货完成的商品输送至生产区,进行复核、打包作业。为进一步提高作业效率,京东将逐步试点、推广采用包装自动化系统。

(6)分拣。采用了自动输送系统和全球领先的分拣系统,实现了包裹的自动分拣。

2. 智能化物流系统

高效的作业流程离不开大量自动化装备的应用。自动化立体仓库(AS/RS)、自动分拣机等先进设备的应用大大提升了"亚洲一号"整体运行效率。

以上海"亚洲一号"为例,AS/RS 立体库的货架高 24 米,实现了高密度自动化储存和拣选,与普通托盘货架存储方式相比,存储效率提升了 3 倍。多层阁楼系统配备了自动提升设备及输送系统等,实现了半自动补货、快速拣货、自动输送、自动分配复核,同时实现了巨量 SKU 的高密度存储和快速准确的订单履约。自动化的输送系统和全球领先的分拣系统,使得上海"亚洲一号"的分拣处理能力超过 20 000 件/小时,分拣准确率高达 99.99%,彻底解决了人工分拣劳动强度大、作业效率低、分拣准确率低的问题。

此外,先进的设备需要信息系统的支持。"亚洲一号"的仓库管理系统、仓库控制系统、分拣和配送系统等信息系统均由京东自主开发。在入库环节,京东的仓库管理系统会自动完成月台分配、入库流向指引并推荐最优储位;在生产环节,"亚洲一号"依靠系统实现自动排产、智能定位、拣选路径优化,并通过实时运算合理分配任务和实时调度,保证作业人员的作业均衡,提升物流运营效率。

3. 平稳运营,效果显著

"亚洲一号"的一系列项目陆续投入运行,使得京东的仓储系统建设能力和物流运营能力有了极大的提高。2015 年的"双 11""亚洲一号"的自动化运营模式在海量订单的冲击下仍然运营平稳,广州"亚洲一号"物流中心单仓日出库订单量突破 50 万单,创造了新的行业纪录。

资料来源:王玉 . 京东日趋完善的物流体系建设[J]. 物流技术与应用,2016(5).

第一节 仓储概述

仓储是物流系统不可或缺的组成部分,它与运输并列成为物流两大主要功能要素。运输创造了产品的空间效用,仓储则创造了产品的时间效用。随着准时制生产方式、战略联盟和物流供应链管理理论的出现,仓储在缩短物流周转周期、降低存货、减少成本和改善客户服务等方面具有重要的战略地位。

一、仓储的定义与功能

（一）仓储的定义

“仓”是存放、保管、储存物品的建筑物或场所的总称，像房屋建筑、大型容器、洞穴或者特定的场所等，具有存放和保护物品的功能；“储”表示将产品储存起来以备使用，具有存放、保管、养护的意思。

仓储（Warehousing）就是指利用仓库及相关设施设备进行物品的入库、储存、出库等活动（GB/T18354—2021）。

（二）仓储的功能

作为物流服务的据点，仓库不仅具有传统的储存和保管功能，还具有拣选、检验、分类、包装和信息传递等功能。

1. 储存和保管的功能

储存和保管是仓库最基本的传统功能。仓库利用仓库空间储存物品，并根据物品的特性，配备相应的设备（如防潮、防尘、恒温等设备、设施），以保持储存物品的完好性。

2. 流通中心的功能

现代仓库已经逐渐由保管型仓库向流通型仓库转变，即仓库由原来的储存、保管货物的中心向流通中心转变。仓库不仅具有储存、保管货物的设备，而且增加了分装、配套、流通加工等设施。

3. 调节供需的功能

市场需求是多变的，而生产是连续性、周期性的。利用仓库储存货物起到了一定的缓冲作用，使供给与需求能良好地衔接。

4. 信息传递的功能

信息传递功能是伴随仓库的其他功能发生的。仓储管理过程需要掌握及时、准确的仓库信息，如仓库利用情况、存货周转速度、客户需求情况，这对有效的仓储管理是至关重要的。

二、仓储的分类

（一）按照仓储经营主体分类

1. 自营仓储

自营仓储是指由生产企业或流通企业自建或者租赁仓库满足自身的仓储需求。生产企业自营仓储主要是为了保障生产，储存对象以原材料、零部件、中间产品和最终产品为主。流通企业自营仓储主要是为了支持销售，储存对象以经营的货物为主。

2. 营业仓储

营业仓储是指仓储经营者以其拥有的仓储设施设备，向社会提供商业性仓储服务。仓储经营者与存货人签订仓储合同，并依照合同约定的内容提供仓储服务，收取相关费用。营业仓储的目的是通过提供仓储服务获得经济回报，实现利润最大化。与自营仓储相比，营业仓储的利用效率较高。

3. 公用仓储

公用仓储是作为公用服务的配套设施，为车站、码头、机场等运输节点提供仓储配套服务。目的主要是保证车站、码头、机场等物流作业的通畅，具有内部服务的性质。

4. 战略储备仓储

战略储备仓储是为了国防安全和社会稳定，国家对战略性物资实行储备而建的仓储。战略储备由国家政府进行控制，通过立法、行政命令的方式进行，由执行战略物资储备的政府机构进行运作。战略储备仓储的特点是重视储备品的安全性，储备时间较长。战略储备物资主要有粮食、能源、有色金属、淡水、棉花等。

（二）按照仓储保管条件分类

按照仓储保管条件的不同，仓储分为以下四类：

1. 普通货物仓储

普通货物仓储是指无须要特殊仓储保管条件的货物的仓储。如日常生活用品、建筑材料等，对仓储保管条件没有特殊要求，可以在普通仓库或货场存放。

2. 冷藏仓储

具有冷却设备并能隔热的仓储（10℃以下）。

3. 恒温仓储

能够调节温度（在10℃～20℃之间）、湿度的仓储。

4. 危险品仓储

保管易燃易爆危险品、高压气体的仓储，如油罐仓储。

（三）按照仓储功能分类

按照仓储功能不同，仓储分为以下五类：

1. 储存仓储

储存仓储是指需要较长时间存放货物的仓储形式。这种存储形式的货物存放时间长，存储费用低廉，库存量大，应当特别注重对货物质量的保管和维护。

2. 物流中心仓储

物流中心仓储是以物流管理为目的的仓储形式。物流中心一般在交通较为便利、储存成本较低的经济地区中心，储存的货物品种较少、较大批量进库、一定批量出库，整体吞吐能力强。

3. 配送仓储

配送仓储也称为配送中心仓储，是货物在配送交付给客户之前所进行的短期仓储。配送仓储货物品种繁多、批量少，需要一定量进库、分批少量出库操作，经常需要进行拆包、分拣、组配等作业，主要目的是支持销售，注重对货物存量的控制。

4. 运输转换仓储

运输转换仓储是衔接不同运输方式的仓储形式，通常在不同运输方式的衔接处进行，如港口、车站、机场等场所，主要目的是保障不同运输方式的高效衔接，减少运输工具的装卸和停留时间。运输转换仓储具有批量进货、批量出货的特征，货物在库时间短，货物的作业效率和周转率高。

5. 保税仓储

保税仓储一般在进出境口岸附近进行，是使用海关核准的保税仓库存放保税货物的仓储活动。保税货物主要是暂时进境后还需要复运出境的货物，或者海关批准暂缓纳税的进口货物。保税仓储受到海关的直接监控，虽然货物由存货人委托保管，但保管人要对海关负责，出入库的单据均需要由海关签署。

三、仓储设施与设备

（一）仓储设施

仓储设施主要是指用于仓储的库场建筑物，由主体建筑、辅助建筑和附属设施构成。

1. 仓储的主体建筑

仓储的主体建筑包括露天堆场、货棚和库房等。

（1）露天堆场，也称货场，是用于存放货物的露天场地，适宜存放经得起风吹、雨淋、日晒，经过苫垫堆垛的货物或散装货物。货场装卸作业方便，建造成本低廉，但储存的品种有一定的局限性。

（2）货棚，是一种简易的仓库，为半封闭式建筑，适宜储存对温、湿度要求不高，出入库频繁的物品及怕雨淋但不怕风吹日晒的产品。货棚的保管条件不如封闭式仓库，但出入库作业比较方便，且建造成本较低。

（3）库房，是存储货物的主要建筑，多采用封闭方式，可以提供良好的储存和养护条件。库房主要由库房基础、地坪、墙壁、库门、库窗、柱、站台、雨棚等组成，一般用于储存怕风吹、雨淋、日晒，对保管条件要求较高的物品。

2. 仓库辅助建筑

主要指办公室、车库、修理间、装卸工人休息间、装卸工具储存间等建筑物。这些建筑一般设在生活区，并与存货区保持一定的安全间隔。

3. 仓库辅助设施

主要有通风设施、照明设施、消防安全设施、取暖设施及避雷设施等。

（二）仓储设备

仓储设备是指仓储业务所需的技术装置与机具，即仓库进行生产作业或辅助生产作业，保证仓库及作业安全所必需的各种机械设备的总称。仓储设备主要包括保管设备和各种辅助设备。

1. 保管设备

保管设备主要包括货架和托盘。货架是指专门用于存放成件货物的保管设备，同托盘一样，在现代物流活动中起着相当重要的作用，是实现仓库管理现代化的重要工具和手段。

（1）层架。由主柱、横梁及层板构成，架子本身分为数层，层间用于存放物品[见图 4－1(a)]。层架具有结构简单、省料、适用性强等特点，便于收货和发货作业，但存放货物数量有限，主要用于人工作业仓库。层架的应用领域非常广泛，轻型层架多用于小批量、零星收发的小件物资的储存，中型和重型层架要配合叉车等工具储存大件、重型物资。

（2）托盘式货架。是指存放托盘货物的货架[见图 4－1(b)]。托盘式货架所用材质多为钢材结构，也可用钢筋混凝土结构。采用托盘式货架，一个托盘占据货架上的一个货位，能提高仓库的空间利用率，便于实现计算机的管理与控制。托盘式货架可实现机械化作业，货架之间留有供堆垛起重机和叉车作业的巷道，能够提高存取作业的效率。

（3）抽屉式货架。与层架相似，区别在于层格中有抽屉[见图 4－1(c)]。抽屉式货架属于封闭式货架，具有防尘、防潮、避光的作用，适于较贵重的小件物品及怕尘土、怕湿的贵重物品的存放，如刀具、量具、精密仪器、药品等。

（4）悬臂式货架。又称树枝形货架，由中间立柱向单侧或双侧伸出悬臂构成[见图 4－1(d)]。悬臂式货架具有结构轻巧、载重能力好等特点，适于存放长条形材料、圆形和不规则货物，如轮胎、型钢等。

(5)驶入式货架。又称进车式货架，是可供叉车驶入并存取放在托盘上货物的货架[见图4—1(e)]，通常采用钢质结构，钢柱上有向外伸出的水平突出构件。当托盘载入时，突出的构件将托盘底部的两个边托住，使托盘本身起到横梁的作用。当货架没有放托盘货物时，就形成了若干通道，可供叉车进出作业。驶入式货架是高密度存放货物的货架，库容利用率可达90%以上。缺点是不能实现货物的先进先出，每一巷道只适合存储同一种不受保管时间限制的货物。

(6)移动式货架。又叫动力式货架，是可在轨道上移动的货架[见图4—1(f)]。移动式货架只需要一个作业通道，可大大提高仓库面积的利用率。移动式货架单位面积储存量是托盘式货架的2倍左右，适用于库存品种多、出入库频率较低的仓库，或出入库频率较高，但可按巷道顺序出入库的仓库。如办公室存放文档、图书馆存放档案文献、金融部门存放票据等，均可采用该种货架。

(7)重力式货架。是一种密集存储单元物品的货架系统[见图4—1(g)]。货架每层通道都安装有一定坡度的、带有轨道的导轨，入库的单元物品在重力的作用下，由入库端流向出库端。重力式货架采用密集式流道储存货物，空间利用率可达85%，与托盘式货架相比，大大节省了通道面积；同时减少了货位的空缺现象，可实现货物的先进先出；储物形态为托盘或储存箱，货物存取时叉车的行程最短。

(8)阁楼式货架。是一种充分利用空间的简易货架，一般采用全组合式结构模式，采用专用轻钢楼板，将原有的储存区做楼层分隔[见图4—1(h)]。底层货架不但是存取货物的场所，而且也是上层建筑的支柱。阁楼式货架一般采用输送机、提升机、电动葫芦等来提升货物，也可采用升降台来进行货物的提升。阁楼上面可用轻型小车或托盘牵引车对货物进行堆码。

(9)旋转式货架。又称回转式货架，通过货架的水平、垂直或立体方向回转，使货物随货架移动到取货者面前。这种货架存储密度大，节省占地面积，货架拣选路线简捷，因而拣货效率高，拣货时不容易出现差错[见图4—1(i)和图4—1(j)]。

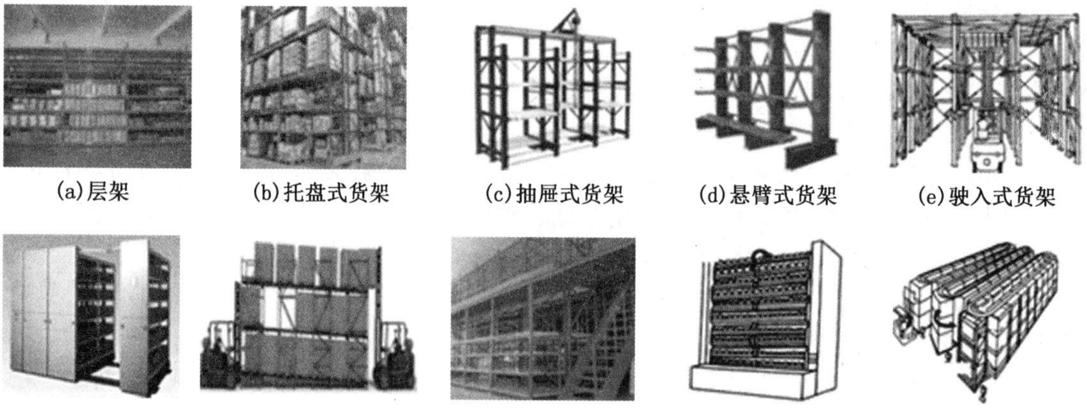

(a)层架　(b)托盘式货架　(c)抽屉式货架　(d)悬臂式货架　(e)驶入式货架

(f)移动式货架　(g)重力式货架　(h)阁楼式货架　(i)垂直旋转式货架　(j)水平旋转式货架

图4—1　常见的货架类型

2. 辅助设备

仓库中的辅助设施设备主要包括计量设备、养护设备、装卸月台、装卸搬运设备、分拣设备及包装设备等。

（1）计量设备是货物进出库的计量、点数，以及在库盘点、检查中经常使用的度量衡设备。计重计量设备要求准确、灵敏、稳定，主要有地磅、轨道衡、电子秤、电子计数器、流量仪、皮带秤、天平仪及较原始的磅秤、转尺等。

（2）养护设备主要对货物进行养护，防止货物变质、失效，包括温度仪、测潮仪、吸潮器、烘干箱、空气调节器、货物质量化验仪器等。

（3）装卸月台可用于车辆停靠、货物的暂存和装卸搬运。利用装卸月台能方便将货物装车或卸车，实现物流网络中线与节点的衔接转换。装卸月台分为高月台和低月台两种。月台高度与车辆货台高度基本保持一致的为高月台，可以进行货物的水平装卸；月台和仓库地面处于同一高度的为低月台，低月台的装、卸车作业不如高月台方便，但可以通过在车辆和仓库之间安装输送机，使输送机的载货平面与车辆货台保持同等高度，从而达到方便装、卸货作业和提高作业效率的目的。

四、仓储管理的特点

（一）不创造和增加产品价值

货物保管、装卸作业的劳动支出不能增加产品价值，只能增加产品的成本和价格。如果因此增加的成本高于货物能实现的价值，就会给企业的经济效益带来不利的影响。因此，如何加快货物周转、提高仓库利用率、减少作业环节、降低货物保管损耗是降低仓储成本的主要途径，也是仓储管理的主要任务。

（二）具有不均衡和不连续性

产品生产是成批、连续进行的，而仓储活动是以满足客户需求为宗旨，仓储活动服从于生产和销售的需要。仓储活动具有不均衡和不连续性，主要反映在进出库的时间、货物批量、品种规格等方面的不确定性。仓储活动的不均衡和不连续性会使仓储设施利用率和劳动生产率下降，从而增加仓储成本，尤其是随着生产业务的发展，仓储规模的扩大总是很有限的。因此，如何搞好仓储规划、建立仓储信息管理系统、提高仓储管理对企业生产经营变化规律的适应性，是新形势对仓储管理提出的新挑战。

（三）具有服务性质

仓储活动是生产和消费的桥梁，对于其他行业来说，它又具有后勤服务的性质。无论是生产企业还是流通企业，仓库在某种程度上都体现了企业的形象。仓储的服务质量反映在仓储人员热情、主动，货物收发准确、及时，搞好质量维护，主动沟通信息和库房内整洁等方面。

第二节 自动化立体仓库

一、自动化立体仓库的概念

自动化立体仓库又称自动化高架仓库或自动存储系统。它是一种基于高层货架、用计算机进行管理、采用自动化存取输送设备，自动进行存取作业的仓储系统。自动化立体库是实现高效率物流和大容量储藏的关键系统，在现代化生产和商品流通中具有举足轻重的作用。自动化立体仓库是一个完整的仓储系统，一般由以下设备组成：高层货架、托盘（货箱）、巷道堆垛机、输送机系统、AGV 系统、自动控制系统、库存信息管理系统等。对于立体仓库构成而言，还应包括土建、消防、通风、照明等多方面要求。

第二次世界大战之后，随着生产和技术的发展立体仓库应运而生，并逐渐发展起来。20世纪50年代初，美国出现了采用桥式堆垛起重机的立体仓库；50年代末60年代初出现了司机操作的巷道式堆垛起重机立体仓库；1963年美国率先在高架仓库中采用计算机控制技术，建立了第一座计算机控制的立体仓库。此后，自动化立体仓库在美国和欧洲得到迅速发展，并形成了专门的学科。20世纪60年代中期，日本开始兴建立体仓库，并且发展速度越来越快，成为当今世界上拥有自动化立体仓库最多的国家之一。我国对立体仓库及其物料搬运设备的研制开始并不晚，1963年研制成第一台桥式堆垛起重机，1973年开始研制我国第一座由计算机控制的自动化立体仓库，并于1980年投入运行。到目前为止我国自动化立体仓库已超过200座。

二、自动化立体仓库的分类

自动化立体仓库是一个复杂的综合自动化系统，一般有以下几种类型。

（一）按建筑形式可以分为整体式和分离式

整体式仓库是指货架除了储存货物以外，还可以作为建筑物的支撑结构，就像是建筑物的一个部分，即库房与货架形成一体化结构。分离式仓库是指储存货物的货架独立存在，建在建筑物内部，在现有的建筑物内可改造成自动化仓库，也可以将货架拆除，使建筑物用于其他目的。

（二）按货物存取形式可以分为单元货架式、移动货架式和拣选货架式

单元货架式仓库是一种最常见的结构，货物先放在托盘或集装箱内，再装入仓库货架的货位中。

移动货架式仓库是由电动货架组成。货架可以在轨道上行走，由控制装置控制货架的合拢和分离。作业时货架分开，在巷道中可进行作业；不作业时可将货架合拢，只留一条作业巷道，从而节省仓库面积，提高空间的利用率。

拣选货架式仓库的分拣机构是这种仓库的核心组成部分。它有巷道内分拣和巷道外分拣两种方式。每种分拣方式又分为人工分拣和自动分拣。

（三）按货架构造形式可分为单元货位式、贯通式、水平循环式和垂直旋转式

单元货位式仓库是使用最广、适用性较强的一种仓库形式。其特点是货架沿仓库的宽度方向分成若干排，每两排货架为一组，其间有一条巷道供堆垛起重机或其他起重机作业。每排货架沿仓库纵长方向分为数列，沿垂直方向又分若干层，从而形成大量货位，用以储存货物。在大多数情况下，每个货位存放一个货物单元(一个托盘或一个货箱)。

贯通式仓库是为了提高仓库利用率，在某些情况下可以取消位于各排货架之间的巷道，将个体货架合并在一起，使同一层、同一列的货物互相贯通，形成能依次存放多货物单元的通道。在通道一端，由一台入库起重机将货物单元装入通道，而在另一端由出库起重机取货。

水平循环式仓库与垂直旋转式仓库在医院药房、快递中转站用得比较多。

（四）按自动化仓库与生产连接的紧密程度可分为独立型、半紧密型仓库、紧密型仓库

独立型仓库是指从操作流程及经营等方面都是相对独立的自动化仓库。这种仓库一般规模都比较大，存储量较大，仓库系统具有自己的计算机管理、监控、调度和控制系统。独立型仓库又可分为存储型和中转型仓库，配送中心也属于这一类仓库。

半紧密型仓库是指它的操作流程、仓库的管理、货物的出入和经营与其他厂(或部门或上级单位)有一定关系，但又未与其他生产系统直接相联。

紧密型仓库也称为在线仓库,它是那些与工厂内其他部门或生产系统直接相连的立体仓库,两者间的关系比较紧密。

三、自动化立体仓库的优越性

对于企业来说,自动化立体仓库的优越性是多方面的。

(一)提高空间利用率

早期立体仓库的构想,基本出发点就是提高空间利用率,充分节约有限且宝贵的土地。在有些西方发达国家,提高空间利用率已与节约土地、节约能源、环境保护等联系起来。有些甚至把空间的利用率作为系统合理性和先进性考核的重要指标来对待。

(二)便于形成先进的物流系统,提高企业生产管理水平

传统仓库只是货物储存的场所,保存货物是其唯一的功能,是一种静态储存。自动化立体仓库采用先进的自动化物料搬运设备,不仅能使货物在仓库内按需要自动存取,而且可以与仓库以外的生产环节进行有机的连接,并通过计算机管理系统和自动化物料搬运设备使仓库成为企业生产中的一个重要环节。企业外购件和自制生产件进入自动化仓库储存是整个生产的一个环节,短时储存是为了在指定的时间自动输出到下一道工序进行生产,从而形成一个自动化的物流系统,这是一种动态储存,也是当今自动化仓库发展的一个明显的技术趋势。

以上所述的物流系统又是整个企业生产管理大系统(从订货、设计和规划、计划编制和生产安排、制造、装配、试验、发运等)的一个子系统,建立物流系统与企业大系统间的实时连接,是目前自动化高架仓库发展的另一个明显的技术趋势。

(三)加快货物的存取节奏,减轻劳动强度,提高生产效率

自动化高架库具有快速入出库的能力,能快速妥善地将货物存入高架库中(入库),也能快速、及时并自动地将生产所需零部件和原材料送达生产线。

同时,自动化立体仓库的实现还能减轻工人劳动强度。它包括:(1)存取货作业机械化;(2)管理信息化;(3)出入库操作简化;(4)人员及工作精简化。

(四)减少库存资金积压

一些大型企业,由于历史原因造成管理手段落后,物资管理零散,使生产管理和生产环节的紧密联系难以到位。为了达到预期的生产能力和满足生产要求,就必须准备充足的原材料和零部件,这样库存积压就成为一个较大的问题。自动化立体仓库系统是解决这一问题的最有效的手段之一。

四、自动化立体仓库的系统构成

自动化立体仓库是机械和电气、强电控制和弱电控制相结合的产品。它主要由货物储存系统、货物存取和传送系统、控制和管理系统组成,以及与其配套的有供电系统、空调系统、消防报警系统、称重计量系统、信息通信系统等。

(一)货物储存系统

本系统由立体货架(包括托盘或货箱等)组成。立体货架机械结构可分为分离式、整体式和柜式三种,其高度分为高层货架(12 米以上),中层货架(5~12 米)、低层货架(5 米以下)。按货架形式分为单元货架、重力货架、活动货架和拣选货架等。货架按照排、列、层组合而成立体仓库储存系统。

(二)货物存取和传送系统

本系统承担货物存取、出入仓库的功能,它由有轨或无轨堆垛机、出入库输送机、装卸机械等组成。堆垛机又称搬运机,其结构形式多种多样,通常可分为单柱、双柱结构;有轨、无轨结构;有人操作、无人操作;人控、机控、遥控等方式;行走动力有电力、电瓶、内燃动力等;其运行方式有直线运动和回转运动,合起来可以有四个自由度,包有多达六个自由度。出入库输送机可根据货物的特点采用带输送机、机动辊道、链传动输送机等,主要将货物输送到堆垛机上下料位置和货物出入库位置。装卸机械承担货物出入库、装车或卸车的工作,一般由行车、起重机、叉车等装卸机械组成。

(三)控制和管理系统

该系统采用计算机控制和管理。中央控制计算机是自动化立体仓库的控制中心,它沟通并协调管理计算机、堆垛机、出入库输送机等的联系:控制和监视整个自动化立体仓库的运行,并根据管理计算机或自动键盘的命令组织流程,以及监视现场设备运行情况和现场设备状态、监视货物流向及收发货显示,与管理计算机、堆垛机和现场设备通信联系,还具有对设备进行故障检测及查询显示等功能。管理计算机是自动化立体仓库的管理中心,承担入库管理、出库管理、盘库管理、查询、打印及显示、仓库经济技术指标计算分析管理功能,它包括在线管理和离线管理。

第三节　仓储作业管理

一、仓储作业内容与流程

(一)仓储作业内容

仓储作业内容可以分为物资流动过程和信息流通过程。

(1)物资流动过程是从库外流向库内,经过合理停留再流向库外的过程。就其作业内容和作业顺序看,主要包括接运、验收、入库、保管、保养、出库、发运(配送)等环节。

(2)信息流通过程是指保管物资的信息流通,它是借助于一系列信息文件来实现的。这些文件包括各种物资单据、凭证、台账、报表、资料等。它们在仓储作业各阶段的传递过程中逐渐形成了信息流。信息流一方面是伴随着物流而产生,另一方面它又保证和调节着物流的数量、方向、速度和目标,使它们按一定的目标和规则运动。因此,仓储作业过程是以物流为主,物流与信息流并行的过程。随着现代信息通信技术的进步,信息功能在仓储系统中的作用越来越重要,正在改变着传统仓储作业和作业管理模式。

(二)仓储作业流程

仓储基本作业流程可以分为三个阶段,即货物入库、货物保管和货物出库。

1. 货物入库

货物入库主要包括:入库前准备、接收、验收、办理入库手续、分类搬运、凭证签发、货位选择等。货物入库的形式主要有工厂、购销业务单位送货或供货单位自提入库、外地到货、过户、移仓等。

2. 货物保管

货物保管的主要作业包括商品盘点和检查。

(1)商品盘点是指对在库储存的全部物品分别进行数量清点的业务活动。商品盘点的目的是确定现存数量,确认企业损溢,核实商品管理成效。

(2)由于库存商品品种繁多,收发频繁,同时又有各种因素的影响,极易造成商品数量和质量的变化。因此,定期和不定期检查是商品保管过程中不可缺少的一项工作。通过定期和不定期的检查,一来可以起到监督作用,二来可以提前发现问题,预防隐患发生。

3. 货物出库

货物出库是仓库根据业务部门或存货单位开的出库凭证(提货单、调拨单、出库通知单)按其所列货物编号、名称、规格型号、数量等项目,组织货物出库的一系列工作。货物出库的方式主要有客户自提、代办托运、送货上门、过户、转仓和取样等。

二、仓储业务的合理组织

仓储业务的合理组织是指按照商品仓储的客观要求和管理上的需要,把与商品仓储有直接关系的部门、环节、人和物尽可能合理地组织搭配起来,从而达到仓储作业系统最优化的目标:快进快出、多储存、保管好、省费用。仓储业务合理组织主要包括仓储业务过程的时间组织和空间组织两个方面。

(一)仓储业务过程的时间组织

仓储业务过程的时间组织是指整个仓储业务过程中各阶段在时间上的合理安排,从而保证生产连续性,消除或减少停工时间,提高工效。

商品仓储中的时间,应符合供货合同的规定。但仓储业务各环节组织是否合理,各项作业的结合方式直接影响作业时间。有的仓库实现一次性作业,即卸车、验收,库内搬运和堆码一次完成,以减少作业时间。当然,作业在时间上的结合方式与机械化程度、设备能力、工人技术水平有关。为此,仓储业务过程的时间组织应综合考虑。

1. 实现仓储作业的连续性

从商品到库后的卸车、验收、库内搬运和堆码,到出库时的备料、复核、装车等,都是一环扣一环,互相紧密衔接的、连续的。保持其过程的连续性,可以缩短商品在各个环节的停留时间,避免商品在停放时可能引起的损失,有利于提高仓储质量,有利于提高劳动生产率和加快商品的周转率,有利于提高仓储管理水平。

2. 实现仓储作业的协调性

仓储业务过程的各阶段、各项作业之间的生产能力,应保持适当的比例关系,并根据商品仓储业务要求,配备各作业环节的工人人数、机器设备的数量,相互协调、相互适应,防止上下工序或生产环节间发生脱节中断或比例失调现象。保持生产过程的协调性,可以充分利用人力和设备,避免和减少商品在各作业阶段和工序上的停顿和待料,从而保证生产过程的连续。

生产过程的协调性,在很大程度上取决于仓库总平面布置的正确性,特别是各生产作业环节之间各种设备生产能力的比例。欲提高商品仓储业务过程的连续性和协调性,应根据仓储业务规模的大小、专业化程度以及机械化程度等,采取不同的组织形式。

(二)仓储业务过程的空间组织

所谓仓储业务过程的空间组织,就是如何划分作业过程以及确定其在一定平面上的布局。基本要求是保证储存商品在空间上的搬运距离最短、作业环节最少。划分各项作业过程应根据商品仓储的特点,使储存商品在生产过程中径直前进,避免往返运转。为此,一方面,要合理地划分作业班组,作业班组的设置主要应根据仓库的吞吐规模、储存商品类别和作业流程的特点等因素而建立,一般按照专业化形式设置班组;另一方面,要保证仓储设施的合理布局,保证仓储各项作业在空间上不发生相互干扰或碰撞现象。

三、仓储作业的管理模式

仓储作业的管理模式基本上分为以下三种：

(一)以时间区分

这种方式以工作时间来区分进、出货作业。例如，早上8:00—12:30为进货期，12:30—18:00为出货期。这种方式主要用于小规模仓库作业，同一班人马早上处理进货，下午处理出货订单(如有进货时安排一两个人员来处理)。

(二)以作业方式区分

库内分进、出货两班人马分别专职处理进、出货作业。这种作业的仓库动线规划要十分谨慎，拣货区和储存区绝对要完全分开。

(三)以作业功能区分

专业化的仓储或物流中心大多采用“专人专管”方式。它的特点是各种工作都有专职人员，如进货、进验、上架、补货、拣货、出验、装车等工作都有专职管理与执行人员。

第四节　仓库的质量与安全管理

一、仓库质量管理

(一)仓库质量管理的概念

质量管理形成并发展为一门科学，是随着现代化大工业的发展，随着科学技术的进步以及管理理论和实践的发展而逐渐形成和发展的。它大致经历了三个阶段，即质量检验阶段、统计质量管理阶段和全面质量管理阶段。

仓库的全面质量管理就是通过质量保证体系，充分发挥专业技术和管理职能的作用，运用科学的手段，以优良的工作质量、最经济的方法向客户提供满意产品的系统管理活动。

现代仓库质量管理就是全面质量管理理论和方法在仓库质量管理活动中的具体运用。

(二)仓库质量管理的内容

仓库是非生产部门，它的“产品”是向客户及时地提供数量完整、质量完好的物质供应，因此，其“产品”的内涵和外延具有与一般工业产品不同的特点，具体包括以下五个方面内容：

1. 验收质量

验收是确保物资数量准确、质量完好的第一关。一方面可以通过对物资产品质量、包装质量和运输情况等的综合检查，对有关部门的质量管理起一定的监督和推动作用；另一方面可为物资保管和最终出库投入使用提供依据。

提高验收质量应该做到物资验收的准确和及时。准确，就是对入库物资的数量、规格型号、配套情况以及外观质量等的验收应准确无误，如实反映物资当时的情况，不能掺入主观偏见。及时，就是必须在规定期限内完成验收工作，以便及时入库，及时保证供应、使用。

2. 物资保管质量

物资保管工作应贯彻“预防为主，防治结合”方针，做到妥善保管、合理存放、精心保养、账物相符。物资保管的责任是要保持好物资的原有使用价值，使物资的质和量两方面都不受损失。因此，必须加强科学管理，研究和掌握影响物资变化的各种因素，采取科学的保管方法。

仓库应切实做好“三化”工作，即布局规划化、存放系列化、保养经常化，做到账目清楚，资料齐全，账物相符，盈亏有原因，损坏有报告，记账有原始凭证，调整有依据。

3. 装卸、搬运质量

物资的装卸、搬运对储存物资的数量和质量将产生直接影响。装卸、搬运质量主要表现在确保作业对象完好无损，规格、品种不混淆，堆码整齐、牢固，文明装卸、轻拿轻放，保持物资原包装和物资的完整无损。

4. 设备管理质量

大、中型仓库离不开各类机械设备，因此，选好、管好、用好、修好各种设备对提高仓储质量水平起着重要作用。设备的选择应考虑技术上先进和经济上合理这两个方面。合理使用，应建立健全规章制度，严格遵守操作规程。设备的养护，应达到齐备、清洁、润滑、安全的要求，另外，还应做好设备的维修和更新工作。

5. 物资出库质量

物资出库质量要做好核对出库凭证和复核。出库凭证和手续必须符合要求，仔细核对、检查无误后方可备料。为防止差错，备货后应认真进行复核，检查所发物资的名称、规格、数量、质量是否与出库凭证相符，把工作中可能出现的差错消灭在出库之前。

（三）仓库质量管理的意义

全面质量管理作为一种质量控制的手段，为我们从整体上认识、把握和提高仓库管理水平提供了新的视野和途径。

1. 全面质量管理是全方位的管理，是提高仓库质量管理水平的有效工具

全面质量管理打破了“质量”仅指产品质量的传统定义，提出了“质量”除产品质量以外，还包括成本质量、服务质量等的广义“质量”概念。这就表明，在仓库各项作业活动与各环节中，不仅要高度重视各作业环节的制度与规范，还要考虑质量因素对仓库工作的影响，不断改善和提高工作质量。

2. 全面质量管理是全员性的管理，是提高仓库管理水平的有力保证

全面质量管理以强化质量意识为出发点和基础，以提高每一个部门、每一个人的工作质量为目标。若仓库所有部门、所有人员的工作质量都得到提高，仓库管理水平也就自然提高了。仓库所有部门、所有人员，都直接或间接同仓库质量发生关系，以某几个部门或一部分人的努力来提高仓库质量，是不能成功的。

3. 全面质量管理是全过程的管理，是提高效益的必要途径

全面质量管理倡导将管理的触角深入各个作业环节，并不厚此薄彼，并能通过其所提供的方法，发现影响仓库质量的薄弱环节，以便采取改进措施，这对降低供应成本、提高效益具有重要意义。

（四）仓库质量管理的基础工作

为使质量保证体系真正发挥作用，还必须具备一定的基础条件、基本手段和基本制度。这就是仓库质量管理基础工作所要解决的，其内容主要有以下五个方面：

1. 标准化工作

标准化是衡量产品质量和各项工作质量的尺度。管理标准是规定各职能部门、各岗位、各位员工的工作目标以及达到这些目标的方法与措施。通过这个标准可以使各部门及其成员的工作条理化、规格化、责任化，使每个人都明确自己的职责和权限，知道干什么，怎么干，达到什么目标。

就物流仓库而言，标准是全面质量管理的依据，各项标准通过全面质量管理来贯彻。所以，要开展全面质量管理，必须首先抓好标准化工作。

2. 计量工作

全面质量管理要用数据说话，要加强计量工作。仓库计量工作包括两个方面的内容：

(1)要保存好各类原始凭证和作业记录。如卸车记录、验收记录、设备状况记录、出库复核记录和事故记录等。

(2)必须保证记录的准确、可靠。不准确的数据不仅无益，反而有害。此外，还可根据特定的目标，对某些质量问题较大的环节进行个别监测记录，为改进质量提供第一手数据。

3. 质量情报工作

质量情报指的是反映仓库各环节工作质量和仓库经济成本的信息、基本数据、原始记录和使用单位意见等的各种情报资料。质量情报是仓库进行质量管理的重要指标。

4. 质量责任制

质量责任制是组织共同劳动、保证生产正常进行的基本条件。仓库质量责任制就是要对每个部门、每位职工明确规定其在质量管理中的具体任务、责任与权限。为了发挥责任制的作用，仓库还应当制定相应的奖惩制度。

5. 质量教育工作

质量教育工作主要抓好“质量第一”的思想教育、本职工作的技术培训和基本功训练、全面质量管理知识和方法的普及教育三个方面。

职工队伍的文化、技术水平普遍不高，已成为制约仓库现代化发展的因素之一，推行全面质量管理，其难度会更大一些。这就要求进行教育投资，在做好“质量第一”思想教育的同时，加强职工技术业务的培训和全面质量管理基本知识的普及教育。

(五)仓库质量管理的基本方法——PDCA 循环法

质量保证体系运转的基本方法是“计划、实施、检查、处理”四个环节的不断循环，简称 PDCA 循环法，也称为戴明循环法。

1. PDCA 循环法的四个阶段

第一阶段，计划阶段(P)，就是通过对仓库质量问题现状的了解和掌握，制订经济技术指标和质量管理目标，以及达到这些目标的具体措施和方法。

第二阶段，实施阶段(D)，就是将制订的计划和措施具体组织实施。

第三阶段，检查阶段(C)，就是检查计划的执行情况，并将执行结果与事先制定的目标进行对比，发现问题。

第四阶段，处理阶段(A)，就是对检查得到的计划执行结果及问题进行处理、总结。

2. PDCA 循环法的步骤

上述四个阶段的内容可进一步具体化为以下七个步骤：

(1)分析现状，查找质量问题；

(2)分析产生质量问题的原因或影响因素；

(3)针对影响质量的主要因素及目标制订计划，并根据具体条件落实到执行者；

(4)执行计划，这是“实施”阶段的内容；

(5)检查计划执行情况，分析实施效果，这是“检查”阶段的内容；

(6)以标准化的方法进行总结，肯定成功的经验，并加以标准化或制度化，作为今后工作的指南，失败的教训应加以处理、总结，并记录在案作为借鉴，以防止再度发生；

(7)把没有解决的遗留问题转入下一轮循环。

二、仓库安全管理

仓储安全最基本的要求,就是保证人和物(包括劳动资料和劳动对象)在生产中的安全,这是仓储工作必须遵循的基本原则。

仓储工作存在着一些不安全因素。例如,在装卸、搬运笨重物资时有被碰撞的危险;在操作电器设备时有触电的危险;在搬运和保管危险物资时有中毒、爆炸的危险等。对储存着大量物资的仓库来说,安全更有其特殊的意义,必须认真研究和分析产生各种不安全因素的原因,采取有效措施,保证仓储工作安全正常。

安全工作贯穿于物资保管作业的各个环节。从物资验收、堆码、保管、保养、运输、装卸到物资的出库,都离不开安全工作。归纳起来,安全工作可分为保卫工作、警卫工作、消防工作、安全操作技术、安全运输、有毒有害和危险品的安全技术等。以下主要介绍仓库的保卫、警卫工作和消防工作。

(一)仓库的保卫、警卫工作

1. 仓库的保卫工作

保卫工作是仓库安全工作的一个重要组成部分。安全保卫工作的总任务是提高警惕,采取一切措施防止各种事故的发生,保卫物资储存的安全。

保卫工作的主要任务是教育、发动群众搞好防火、防盗、防破坏、防灾害性事故"四防"工作,维持秩序,同破坏现象做斗争,确保仓库安全。

2. 仓库的警卫工作

警卫工作重点是负责仓库日常的警戒、防卫。其主要职责有以下六个方面:

(1)提高责任心,熟记警卫任务,熟悉警卫区域、重点职责和通信联络方法;

(2)熟悉本仓库附近的社会环境、地域情况和本仓库人员的证件、出入库手续,核对出库物资和出门证等;

(3)严禁携带火种、易燃、易爆物品和危险品入库,发现火警时立即通知消防部门,严守岗位,加强戒备,维持秩序;

(4)严禁无关人员进入库区,发现可疑迹象时应严加监视,及时报告,坚持日夜轮流守卫;

(5)遇有坏人行窃破坏时,应立即报警并设法控制嫌疑人,守卫人员不得擅自离开岗位;

(6)在仓库发生人为或自然灾害事故时,要负责仓库的防护和警戒。

此外,还应做好以下工作:根据仓库地形和库房、货场的分布情况,划定岗位和巡逻范围,实行分段负责,保卫整个仓库区域的安全;加强警卫人员的政治和业务学习,可请当地公安部门有关人员讲授专业知识。警卫人员应与当地公安部门建立经常的联系,取得公司其他部门的协助,及时交流经验和互通情况,依靠群众组成联防。

(二)物流仓库的消防工作

认真贯彻执行"以防为主、以消为辅、消防结合"的方针,采取积极有效措施,加强防范,消除火灾隐患,杜绝火灾的发生,保证储存物资的安全。

防火的基本原则是提高警惕,防止破坏,严格遵守各项安全操作规程和安全保卫制度,消除火灾隐患。具体措施有:

(1)加强对全体职工的防火安全教育。

(2)在禁止明火场地和库区内,严禁明火和吸烟。库区要有"禁止吸烟"的明显字样,严禁携带火种进入库内。

(3)若要在库内或库外进行明火作业，则必须经保卫部门批准并保证在安全条件下作业。作业完毕，应彻底消灭明火残迹，防止死灰复燃。

(4)做好库内电线、电气设备的维修、检查，防止短路或超负荷运转。

(5)仓库应安装避雷装置，库内必须有防火通道。

(6)库房周围不准堆放柴草及易燃、易爆物品。仓库应定期检查，并铲除库房四周杂草。

(7)物资一定要根据性质不同分开存放，并要按灭火方法不同分开存放。对危险品仓库还要注意库房的通风，保持设备容器的完整性、可靠性、密封性，防止渗漏，及时消除遗留在地面的危险品。

(8)每个职工都应熟记火警电话，以便发生火情时立即通知消防部门。

第五节　仓储的基本决策管理

在企业的仓储管理中，产权、数量、选址和存货量等是最基本也是最重要的决策，本节重点研究仓储的产权、数量及选址决策。

一、仓储的产权决策

企业仓储的第一项决策就是产权，即采用自营仓储、公共仓储还是合同仓储。选择哪一个，或者是将其结合起来使用是一项重要的仓储决策。公司在决定其仓库产权时必须从全局出发，也可以根据某些具体业务进行选择。

(一)自营仓储

1. 可变成本

图 4—2 给出了公共仓储和自营仓储在成本方面的比较。可以看到，在公共仓储中的成本全部是可变成本。当公司的储存量增加时，它必须租用更多的仓储空间。租用的仓储空间按面积或体积计费。这样，公司的仓储成本就与公司的货物储存量成正比，成本函数是线性的。

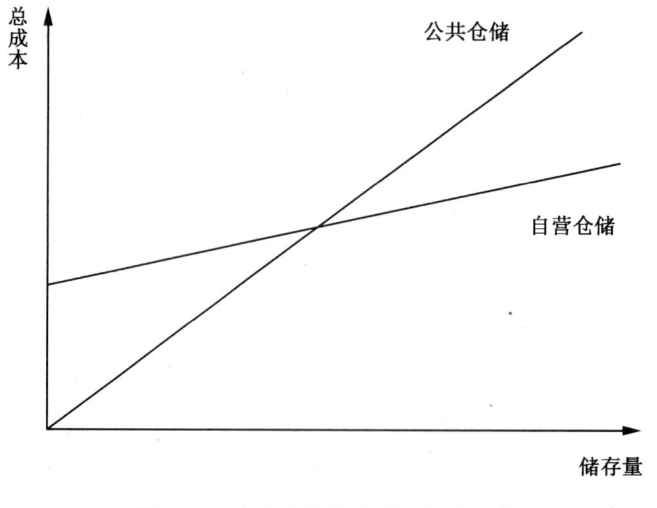

图 4—2　自营仓储和公共仓储的比较

2. 固定成本

自营仓储有固定资产因素，按成本结构可将其分为资产税及折旧。因为使用公共仓储设备的开销减少，所以自营仓储运营成本的可变部分相对于公共仓储的可变成本而言增长速度要慢一些。两个成本函数曲线会相交于某点。在这一点上，采用两种仓储方式的总成本相等。一般来说，当储存量较小时最好选择公共仓储。随着储存量的增加，公司采用自营仓储则更有效，因为此时可以将固定成本分摊到较大的储存量中去。

以上是对许多公司，尤其是那些有多种生产线、使用5～100个仓库的大公司目前情况的一个简单描述。然而，这样的一个简单描述在更复杂的情况下仍存在现实问题，原因有两个：第一，通常情况下，公司每次只增添一个仓库，而由于市场及成本环境各异，每次决策会在自营仓储及公共仓储二者之中比较选择；第二，即使公司一次增添多个仓库，而各仓库所处环境都不一样，这就需要公司从所有权问题出发，仔细分析各个仓库的优劣。

表4—1　　影响所有权决策的公司特性

公司特性	自营仓储	公共仓储
存储量	高	低
需求变动性	稳定	波动
市场密度	高	低
特殊的控制	需要	不需要
客户对服务的要求	高	低
安全要求	高	低
所需要的多种用途	需要	不需要

3. 储存量

因为固定成本的缘故，采用自营仓储时要使仓库运营更为经济，就要有相对较高的储存量。因为在一定范围内，自营仓储的固定成本与仓库的使用量不相关，所以公司就必须有足够的储存量用来分摊固定成本，平均成本低于采用公共仓储的平均成本。以上的分析包含两个假设：一个假设是自营仓储的单位可变成本低于公共仓储的单位可变成本，否则采用自营仓储不可能更便宜；另一个假设是一年里大多数时间仓库的使用率是相对稳定的，否则公司将很难决策仓储空间的大小，也很难有效地利用仓储空间。

4. 稳定的需求

采用自营仓储时，稳定的需求是一个关键因素。许多产品是季节性销售的，许多大公司和一些小公司采用多种产品生产线，这就能使自营仓储有较为经济的运营储存量。例如，当夏季咖啡销量下降时，公司就生产更多的冰茶给销售冰茶的客户。

5. 控制

公司采用自营仓储获利更多的另一个原因在于控制，如安全、冷藏等方面的控制以及客户和工厂方面的服务控制。一些原材料和成品很容易遭盗窃或因为损伤而降低其价值。虽然一些公共仓储公司是有信誉的大公司，它们对存储的货物也尽心看管，但是货物丢失的可能性还是比自营仓储要大一些。即使公共仓储公司对丢失的货物做出赔偿，但客户在效率上受到的损失还是很大的。在一些地区，公共仓储公司会由于货物具有一定危险性或其他原因而不接收某些货物。如果生产这些产品的公司认为很有必要将产品储存在这一地区，那么采用自营仓储将是它们唯一的选择。

6. 多用途

采用自营仓储可将仓库的使用与公司其他方面的需求结合起来。例如，销售代理和客户服务代理们将办公室设在同一建筑内的总花费，要比办公室设在两个不同的建筑内的总花费少。公司必须将这一点与采用自营仓储的其他花费方面的考虑结合起来。一般而言，对于有多种产品生产线的公司，拥有巨大、稳定与稠密的市场需要并对其需要加以控制的公司，更适合采用自营仓储系统。

（二）公共仓储

在国外，公共仓储发展很快，并成为一个非常有活力的、不断创新的行业。公共仓储的最大客户是连锁零售店，因为这些连锁店的货物流量非常大，并且它们还将仓储同其他一些如采购和配送等功能联系起来。

没有大宗货物要存储或对仓储空间需求的季节性非常强的公司，不需要使用自营仓储。对于将小量货物运输很长距离送到分散于各处的客户或工厂去的公司，以及刚进入一个新市场，其销售水平和稳定性还不确定的公司而言，采用公共仓储更加经济。采用公共仓储的原因有以下两个：

1. 有限的资金投入

采用公共仓储首要的和重要的理由源于资金，公司在采用公共仓储时不需或只需少量的资金投入。公司只有在进行仔细考虑后才会对仓库进行资金投入。即使利率下降，它们依旧保持较大的波动性，这将对投资回报带来不容忽略的影响。公司在成立时在经济上都有一个长期的打算，因此若此时公司自营仓储，可能招来资金回报的风险。

2. 灵活性

公共仓储的第二个优势在于其灵活性。公司可以对仓储空间租用30天，这样使公司可以对运输服务的质量、需求及变化做出快速反应。就新的市场而言，公共仓储使公司可以发展壮大，也可以迅速退出而不留一点资产。

（三）合同仓储

1. 合同仓储的定义

公共仓储发展的一个趋势是使用合同仓储或第三方仓储。合同仓储是一种定制的公共仓储形式。在这种形式中，公共仓储公司为客户公司提供通常由客户自己运作的物流服务。合同仓储公司专门提供高效、经济、准确的配送服务。

物流经理必须将合同仓储与一般的公共仓储区分开。期望得到超出平均服务质量的公司应当采用合同仓储。提供合同仓储服务的仓库是以较高标准设计的，专门用于处理诸如药品、电子产品以及高价值产品等货物。另外，期望得到一般服务水平的公司应该采用公共仓储。从本质上说，合同仓储体现了制造商与仓储公司的关系。

合同仓储公司将空间、劳务、设备组合到一起以满足客户特殊货物的需要。只有一部分客户可以得到仓储公司在市场上提供的定制服务。这些服务包括储存、将整装货物分装、将分装货物整装、按订单对货物分类搭配、在途配货、存货控制、安排运输、物流信息系统以及客户所要求的任何附加的物流服务。合同仓储公司通过提供客户要求的整套的物流服务来支持客户公司的物流渠道，而不仅限于提供存储服务。

2. 合同仓储的优势

(1)对产品的季节性的补偿。合同配送比自营配送更能有效地应付受季节性影响的产业的淡、旺季。例如，某配送商与一家销售旺季在冬季而夏季几乎无销售量的公司签订了合同。为了抵消这种不均衡，该配送商还会与销售高潮在夏季而冬季几乎无销售量的公司签约。这样做使合同配送商在全年中都能有效地利用其设备及库容能力，这比自营仓储只处理单一季节产品要好多了。

(2)扩大地理覆盖面。合同配送可以通过设在各地的仓库设施来扩大公司的市场覆盖面。公司可以不必到处投入大量资金建造自营仓储设施就能使用各地的仓库。在理想的情况下，合同仓储公司战略性地安排各地的仓库及服务，使客户在不同地点的仓库都能得到同一标准的仓储管理及物流服务。

(3)在测试新市场时增加灵活性。合同仓储的灵活性有助于提高其客户服务水平。公司增加已有产品或引入新产品都可以采用短期合同仓储来测试市场对这些产品的需求。当公司进入一个新市场时，建造一个新的自营仓储可能需要数年时间。但是，如果采用合同仓储立刻就能利用已有仓库来为该市场的客户服务。

(4)取得管理专家意见及专一的资源。分包是将公司的物流职能交给一些配送管理专家的极好机会，这些专家可以提供革新的配送方案和降低成本的产品搬运流程。在一些合同中，合同配送商会仔细调节仓储空间、工人、物料搬运设备以满足客户产品的专门需求。这样，合同仓储就像是同一家公司的几个自营仓储一样。

(5)提高投资回报。利用合同配送商进行配送作业可以提高公司的投资回报率(ROI)，使公司可以只在支持公司主要业务的资产上投资。自营仓储中物资配送资产的投资回报率是公司各项资产的投资回报率中最少的，它占用了一些公司资金，有时还得不到充分利用。当然，这些资产是代表了公司在其他地方投资的机会成本。将配送服务分包出去，就在资产平衡表中去掉了这部分资产，增加了公司的投资回报。

(6)降低运输成本。因为合同仓储公司要处理大量来自不同客户的产品，这样就可以通过将货物整合成整车运输，大量节省运费。

3. 合同仓储的缺点

合同仓储也有一些缺点。最主要的一条就是公司丧失了其物流控制权、丧失了对操作的直接控制，是公司在采用合同仓储时的最大顾虑。在采用合同仓储后，公司对人员、策略及操作过程的控制将有所降低。在相同状况下，那些生产价值较高的产品的公司，必须注意尽量减少合同仓储公司雇员的偷窃行为。所以，租用外部仓储公司来处理产品，比采用自营仓储要承担更大的风险。

采用合同仓储的其他一些缺点包括：合同仓储成本可能超过自营仓储成本且不十分合理；管理层及员工的接受问题；缺少足够的量；与公司需求不符；对合同仓储及其价值的理解不够充分；等等。

4. 合同仓储与自营仓储的比较

合同仓储是否可以花同样多的钱或更少的钱而比自营仓储提供更高水平的服务？如果回答是肯定的，公司则应该选择合同仓储。否则，公司必须对较好的服务与较高的成本进行权衡比较后再作出决定。公司衡量一家公共仓储公司的服务水平可用一些量化指标，如每小时货车发出数量、达到标准率以及准时送货的百分率等。

因为合同配送商把精力集中到提高仓储的效率上，他们能使合同仓储的运作比自营仓储的运作更为经济，所以对上面问题的回答往往是肯定的。此外，合同仓储与自营仓储相比，员工的工资和福利水平相对要低一些。考虑到这些因素，公司采用合同仓储的费用比采用自营仓储的费用要低。

自营仓储的运作是以成本为中心，而合同仓储公司的仓储运作则以盈利为中心，这是因为自营仓储的花费结构中并没有带入增值部分，而合同配送商想要继续运作下去，必须使其运作可以赢利。利益的驱动使合同配送商尽可能地高效运作。

企业仓储的另一项重要决策就是在进行仓储时采用集中储存还是分散储存，这一决策实质上是决定公司该有多少家仓库进行运作。在某些情况下，由于公司规模的原因，这一决策相对简单一些，如市场为单一地域的中小型公司通常只需一家仓库。只有那些以全国或全球为市场的大公司才需要对这一问题仔细考虑。

分析各地采用仓库的必要性必须从全局出发，公司特定的供需状况使某一选择较其余选择更加有利。例如，一个在全国制造或销售某种竞争激烈的、可替代的产品的公司，可能需要采用分散仓储的方式在市场上提供快捷的服务。公司必须将仓库数量的决策与选择运输方式的决策紧密结合起来，综合权衡各类影响因素，才能正确选择合理的仓储数量。

二、仓储的数量决策

（一）计算综合成本

决定公司物流系统应该使用多少个仓库时，结合各方面因素计算综合成本进行决策的方法是比较好的。

图 4—3 描述了物流系统中仓库数量与物流成本的关系。随着仓库数量的增加，运输成本及丧失销售的成本减少，但是存货成本及仓储成本增加。

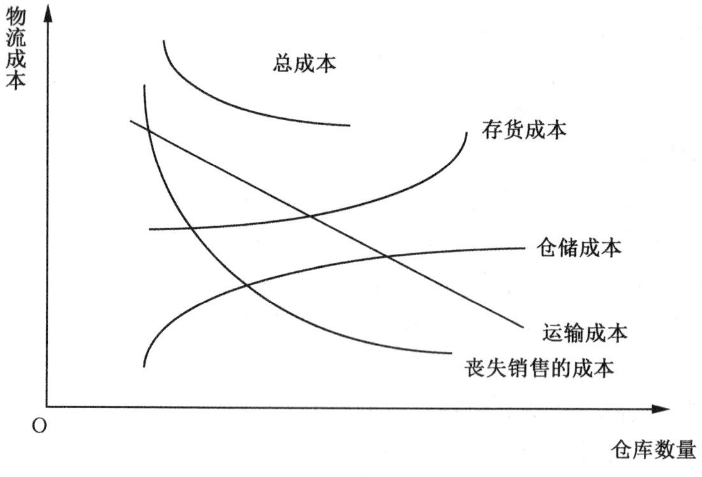

图 4—3　仓库数量与物流成本的关系

以重量为单位将货物整合后，运输费率较低，从而使运输成本下降。从外部看，仓库数量的增加使仓库距离客户和市场更近了，由此减少了运输距离及运输费用。仓储成本的增加是因为总存储空间伴随着仓库数量的增加而增加。

此外，因为增加了仓库数量，公司的存货也会增加，其存货成本也随着增加，大量的存货需要更大的存储空间。因为有着两家以上仓库的公司难以预测需求量，所以必须保有更多的存货，以保持各仓库较高存货水平。随着公司仓库的增多，即使是在同样的销售量下，生产线的增多也需要更多的仓储空间。

如图4—3所示，随着仓库数量的增加，总成本通常会下降。然而，当存货成本和仓储成本的增长抵消了运输成本和丧失销售成本的降低时，总成本开始增长。当然，总成本曲线与仓库数量的变化范围因公司不同而不同。

公司通常通过增加仓库数量来加强对客户的服务，降低运输成本，存储更多的产品。建造和运作仓库的费用是巨大的，当公司减少仓库数量时，就能降低这些非生产性设施带来的成本。

因此，公司在决定其仓库数量时必须考虑到其总成本的大小。

（二）影响仓库数量的其他因素

1. 对客户的服务

为客户提供服务的需要是影响仓库数量的因素之一。在当地市场上为客户提供快捷服务的需要通常与产品的可替代程度密切相关。如果竞争对手在市场上提供了更快捷的服务，那么客户服务水平较低的公司原先的销售量就会降低；如果客户不能在需要时买到公司的产品，那么公司就会浪费它在销售上做出的努力。

2. 小批量客户

公司采用分散仓储的另一个原因是有小批量客户的存在。将集中存储在中心仓库的零担货物送到客户手中比起将整车货物运到分散于各地的仓库，再以零担货物的形式送到当地客户手中的费用要高得多。

最后一个采用分散仓储的原因是客户要求在缺货前能立刻得到补充。另外，如果需求量总是变化不定，分散仓储则将有利于公司阻止缺货的发生。

3. 运输能力

运输能力是影响仓储设施数量的另一因素。如果企业需要为顾客提供快捷的服务，那么快捷服务是可以选择的。如果企业得不到合适的运输服务，就要增加仓储设施的数量。在运输水平下降的情况下，企业通常增加仓储设施的投资以作为加强运输服务的代替手段。

4. 计算机的应用

企业将计算机应用于仓储管理和决策中，如销售和成本分析、订单处理、存货控制、运输管理和仓储设施布局等。特别是应用软件及配套软件广泛应用于现代化仓储设施中，大大提高了仓储设施资源的利用率和运作率，使企业对仓储设施的控制不再受仓储设施数量的限制。

5. 单体仓储设施的规模

单体仓储设施的规模越大，其单位投资就越低，而且可以采用处理大规模货物的设备，因此单位仓储成本也会降低。仓储设施规模大，则数量可少；规模小，则数量应增加。

三、仓储的选址决策

仓储选址，是指运用科学的方法决定库存场的地理位置。仓储选址包括两个层次的内容：一是选位，即选择什么地区（区域）设置设施；二是定址，即在已选定的地区内选定一片土地作为设施的具体位置。

仓储的选址对商品流转速度和流通费用产生直接的影响，并关系到企业对顾客的服务水平和服务质量，最终影响企业的销售量及利润。在仓储的实际选址中，一般综合考虑下列因素。

1. 客户条件

首先要考虑客户的地理分布，如果客户集中于某个地方或分布于其周围地区，在那里设立仓库就能够达到理想的效果；其次要考虑客户需要及未来是否发生变化的情况。

2. 自然地理条件

该地区是否可能设置物流中心，天文、地质、气候等条件如何。

3. 运输条件

现有的交通设施如何，交通工具是否便利，对各种运输方式是否许可。

4. 用地条件

地价或地租是否昂贵，理想地区内是否有可以利用的旧厂房。

5. 法规制度条件

如是否符合当地法律规定，以及当地的税收制度如何。

显然，只有客户密集分布、交通与装运条件方便、地价低廉等主要条件得到满足的地方，才是合适的仓储选址。仓储的选址可分为以下三种：以市场定位的仓储、以制造定位的仓储、中间定位仓储。

案例分享

解析戴尔的“零库存”

1984年，迈克尔·戴尔以1 000美元起家创办了戴尔计算机公司。现在，戴尔公司是全球领先的电脑系统公司、电脑产品及服务的首要提供商、全球最大的直销个人电脑公司、全球500强企业之一。戴尔的“零库存”管理是其主要的竞争优势。

一、库存过量的教训

1989年，戴尔公司成立才4年多，就顺利地从资本市场筹集了资金，首期募集资金3 000万美元。对于靠1 000美元起家的公司来说，这笔钱的筹集，使戴尔的管理者开始认为自己无所不能。戴尔急于做大市场，于是动用巨资大量投资存储器，买进所有可能买到的存储器，实施存储器囤积计划，以便谋求暴利。然而一夜之间形势逆转，此后存储器价格就大幅度滑落。而屋漏偏逢连夜雨，存储器的容量几乎在一夜之间从256K提升到1MB，戴尔在技术层面也陷入了进退两难的窘况。结果，戴尔不得不以低价摆脱存货，这大大减低了收益，股价暴跌，甚至到了一整季每股盈余只有一分钱的地步。

这是戴尔第一次面临前所未有的市场压力。巨大的库存风险促使戴尔公司深刻地反省，同时也促使戴尔关注存货管理的价值。在IT这样剧烈波动的产业中，制约决策也是很有价值的。存货过量的风险是直接引导戴尔确立“摒弃存货”原则的基础：一是充分利用供应商库存，降低自身的库存风险；二是通过强化与供应商的合作关系，并利用充分的信息沟通降低存货风险。在经历风险之后，戴尔才深刻认识到库存周转的价值。在互联网技术出现之后，戴尔公司又进一步完善了库存管理模式，并丰富了“信息代替存货”的价值内涵。

二、解读零库存

“零库存”并不意味着没有库存。像戴尔这样的组装企业，没有库存意味着无法生存。戴尔所谓要“摒弃库存”其实是一种导向，绝对的零库存是不存在的。库存问题的实质是：既要千方百计地满足客户的产品需求，同时又要尽可能地保持较低的库存水平。只有在供应链居于领导地位的厂商才能做得到，戴尔就是这样的企业。戴尔的库存很低，周转很快，并且善于利用供应商库存,所以其低库存被归纳为“零库存”,这只是管理学上导向性的概念,不是企业实际操作中的概念。

“零库存”的精髓是低库存。戴尔不懈追求的目标是降低库存量。21 世纪初期,戴尔公司的库存量相当于 5 天的出货量,康柏的库存天数为 26 天,一般 PC 机厂商的库存时间为 2 个月,而中国 IT 巨头联想集团是 30 天。当客户把订单传至戴尔信息中心,由控制中心将订单分解为子任务,并通过互联网和企业间信息网分派给上游配件制造商。各制造商按电子订单进行配件生产组装,并按控制中心的时间表供货。戴尔只需在成品车间完成组装和系统测试,剩下的就是客户服务中心的事情。一旦获得由世界各地发来源源不断的订单,生产就会循环不停、往复周转,形成规模化。在得州圆石镇,戴尔公司的托普弗制造中心巨大的厂房可以容纳五个足球场,而其零部件仓库却不超过一个普通卧室。工人们根据订单每隔三五分钟就组装出一台新的台式计算机。

三、如何形成零库存

戴尔的零库存优势是如何形成的呢?主要的方式如下:一是整合供应商工作做得好。戴尔通过各种方式,赢得了供应商的信任,以至于不少供应商在戴尔工厂附近建造自己的仓库,形成了“戴尔频繁要求订货,供应商谨慎送货”的运作模式。二是形成了良好的沟通机制,戴尔与供应商形成了多层次的沟通机制,使戴尔的采购部门、生产部门、评估部门与供应商建立密切的业务协同。三是打造强势供应链运作机制,使供应商必须按照戴尔的意图来安排自己的经营计划。

(一)与供应商分享利益

戴尔零库存目标的实现主要依赖于戴尔的强势品牌、供应商的配合以及合理的利润分配机制的整合等。按照法国物流专家沙卫教授的观点,戴尔要想与供应商建立良好的战略合作关系,应在多方面照顾供应商的利益,支持供应商的发展。一方面,在利润上,戴尔除了要补偿供应商的全部物流成本(包括运输、仓储、包装等费用)外,还要让其享受供货总额 3%～5%的利润,这样供应商才能有发展机会。另一方面,在业务运作上,要避免因零库存导致采购成本上升,戴尔向供应商承诺长期合作,即一年内保证预定的采购额。一旦采购预测失误,戴尔就把消化不了的采购额转移到全球别的工厂,以尽可能减轻供应商压力,保证其利益。

(二)强化信息优势

通过强强合作,戴尔与供应商建立起伙伴关系,实现充分的信息共享。“由于戴尔的直接经营模式,我们可以从市场得到第一手的客户反馈和需求,然后生产等其他业务部门便可以及时将这些客户信息传达到戴尔原材料供应商和合作伙伴那里”,戴尔副总裁萨克斯说。戴尔打造信息沟通的基本工具是免费“800”开头的电话、全球性强大的网络交易、订货、接单体系。戴尔与客户、供应商及其他合作伙伴之间通过网络进行沟通的时间界限已经模糊。戴尔与客户之间在 24 小时进行即时沟通,突破了上班时间的限制;同时,戴尔与合作伙伴之间的空间界限已经被模糊,戴尔在美国的供应商可以超越地域的局限,通过网络与设在厦门的工厂进行即时沟通,了解客户订单的情况。通过强化信息优势,戴尔整合了供应商库存协作关系,并在实践中成功地磨合出供应商的送货能力。戴尔与供应商建立起紧密的协作关系,保证为客户提供精确的库存。

(三)强势供应链

戴尔的“零库存”是基于供应商“零距离”之上。戴尔要求供应商在其生产基地必须建立仓库,自建或租赁,来保持一定的元器件库存量。供应商承担了戴尔公司的库存风险,但要求戴尔与供应商之间要有及时、频繁的信息沟通与业务协调。

戴尔的基本优势是低库存。这个优势是具有行业水准的。在IT界,没有哪家竞争对手的库存水平能够超越戴尔。戴尔每天根据订单量来整合供应商资源。比如,戴尔可以跟供应商说需要600万个显示器、200万个网络界面,这对供应商来说是很大的机会。所以,供应商愿意按照戴尔的要求把自己的库存能力贡献出来,为戴尔做配套,也尽量满足戴尔提出的"随时需要,随时送货"的要求。戴尔是如何实现低库存的呢?主要是精确预测客户需求;评选出具有最佳专业、经验及品质的供应商;保持畅通、高效的信息系统;最关键的还是保持戴尔对供应商产生强势影响力。这样,戴尔就能超越供给和需求不匹配的市场经济常态的限制,打造出自己的低库存优势。在戴尔,很少会出现某种配件的库存量相当于几个月出货量的情形。

因此,戴尔的零库存是建立在对供应商库存的使用或者精确配送能力的基础上,戴尔通过对供应商库存的充分利用来降低自己的库存。在供应链管理中,戴尔作为链主,其主要的分工是收集并归类订单。供应商在戴尔的生产基地附近租赁仓库,并把零配件放到仓库中储备,戴尔需要这些零配件时,则通知供应商送货。零配件的产权由供应商转移到戴尔。由于戴尔采取了以VMI、CRM等信息技术为基础的订单制度,在库存管理方面基本上实现了完全的零库存。

四、伯灵顿的例子

伯灵顿环球公司是一家价值18亿美元的环球运输及供应链管理的企业。当戴尔公司将亚太区制造中心由马来西亚转移到厦门时,伯灵顿就以合作伙伴的身份一起到了厦门。以与戴尔的紧密合作关系做铺垫,伯灵顿在厦门的业务获得了快速的增长。伯灵顿的内部系统和戴尔相连,采用托管代售/原材料托管模式。这种现代物流的实质,就是直到伯灵顿将货物发到客户(戴尔)之前,货权仍属供应商,戴尔并不用承担库存成本,而是根据生产线的情况及时订货,供应商提供及时供货(JTT)服务,结果双方的效率都得到了提高,成本都在降低。这就是VMI具体操作的模式。在国际上合作广泛的伯灵顿随戴尔一同进驻中国,主力承担起戴尔中国工厂的原材料物流供应,现在已经把即时供货的服务标准缩短到90分钟以内。供货时间之所以能做到这么短,一是能系统化地接收戴尔生产计划,二是通过自动库存管理保证货物的先进先出。伯灵顿在厦门为戴尔管理和运作VMI,帮助戴尔(中国)实现了真正的"零库存"。这是伯灵顿成立30年以来,在全球123个国家和地区遇到的第一个真正的"零库存"企业。

资料来源:http://www.glzzj.com/2269.html.

【思维导图】

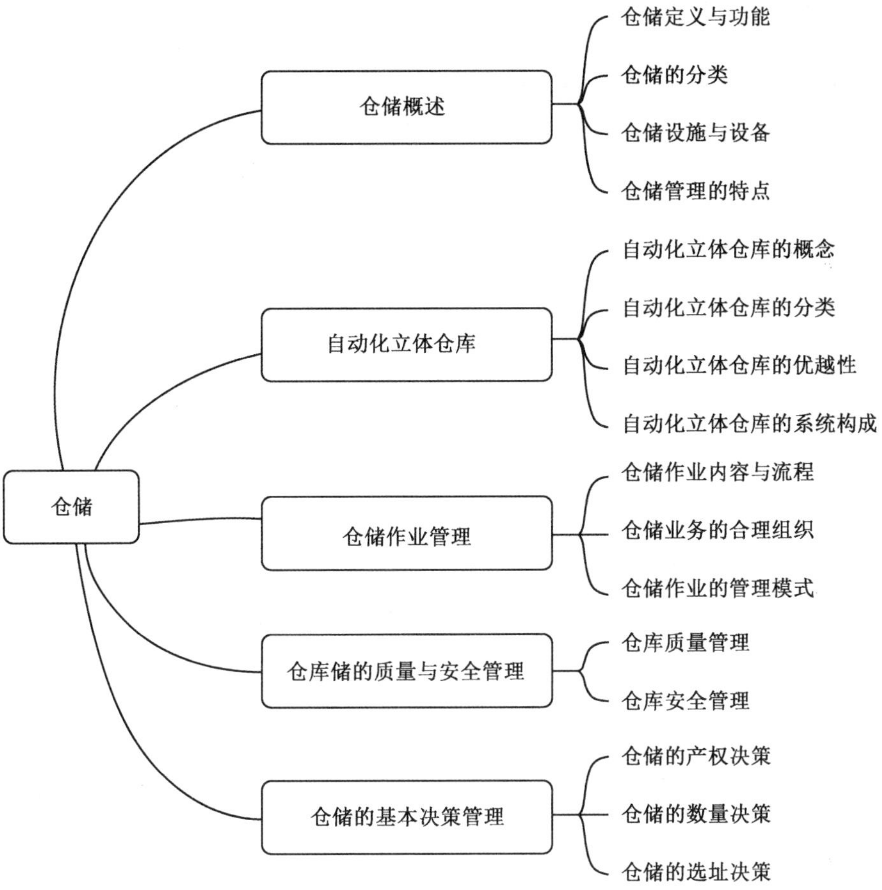

习　题

一、单项选择题

1.(　　)是生产或流通企业为了本企业经营的需要而修建的附属仓库，是一种内部服务仓库。

A. 自营仓库　　B. 合同仓库　　C. 公用仓库　　D. 集货仓库

2.(　　)指具有专门设施，用于储存某种或某类要求特殊储存条件商品的仓库。

A. 普通仓库　　B. 特种仓库　　C. 物流中心　　D. 专用仓库

3.(　　)通常指用于存放易燃、易爆、有毒、有腐蚀性或有辐射性的物品。

A. 普通仓库　　B. 特种仓库　　C. 配送中心　　D. 专用仓库

4.(　　)是从事配送业务的物流场所或组织。

A. 普通仓库　　B. 特种仓库　　C. 配送中心　　D. 专用仓库

5.(　　)指用于储存无特殊保管要求的物品的仓库。

A. 普通仓库　　B. 特种仓库　　C. 物流中心　　D. 专用仓库

二、多项选择题

1. 仓库货区布置分为(　　)两种。

A. 平面布置　　B. 纵向布置　　C. 立体布置　　D. 空间布置

2. 影响仓库规模的因素很多,其中最主要的因素是(　　)。

A. 所储存商品数量的多少　　B. 客户服务水平

C. 市场大小　　D. 储存时间的长短

3. 仓储的作用有(　　)。

A. 仓储是物流的主要功能要素之一

B. 仓储是整个物流业务活动的必要环节之一

C. 仓储是保持物资原有使用价值和物资使用合理化的重要手段

D. 仓储是加快资金周转、节约流通费用、降低物流成本、提高经济效益的有效途径

4. 出库作业的基本形式有(　　)。

A. 客户自提　　B. 委托发货　　C. 派车送货　　D. 提样出库

E. 商品移库　　F. 商品过户

5. 按仓库功能仓库可分为(　　)、调度中心、加工中心等。

A. 集货中心　　B. 分货中心　　C. 转运中心　　D. 配送中心

三、问答题

1. 仓储决策包括哪些内容?仓储的产权决策和仓库数量决策的主要内容分别是什么?

2. 仓储作业内容包括哪些环节?

3. 仓储的基本作业流程可以分为哪几个阶段?各个阶段的具体作业包括哪些内容?

第五章 运 输

案例导入

郑明物流的脆薯项目运输

一、案例背景

上海郑明现代物流有限公司(以下简称郑明物流)于 2011 年 5 月正式成立。其前身是 1994 年成立的上海郑明汽车运输有限公司。深耕于冷链物流领域的郑明物流初创到现在已走过近 30 年的历程,由单一的冷链运输商转型为将商流、物流、信息流和资金流整合为一体的供应链集成商,正朝着领先的专业供应链解决方案提供商迈进。

8 月的上海酷热难当,而比外面天气更热火朝天的是郑明物流的黄总和他带领的脆薯项目组。一年一度的马铃薯收割季马上又要开始了,他们正在为打好今年这一仗而准备。还不到上班时间,黄总已提前到办公室,开始编排脆薯项目的工作计划了。种植户们在为这些新鲜马铃薯需要运到一个叫脆薯的食品公司而发愁。脆薯食品坐落于哈尔滨,为全国的麦当劳、肯德基等快餐连锁供应薯条。黄总脚下这片广袤的土地就是脆薯公司选定的马铃薯供应基地之一,每年 8 月底 9 月初,这里都会有大量马铃薯需要运往哈尔滨。距离远、车辆少、运输水平也不专业,而马铃薯保质期又短,若不能及时运到脆薯公司,搁置时间一长,就会出现破皮、薯肉变质等情况,一旦被脆薯拒收,种植户一年的辛苦劳动就白费了,所以,每年的马铃薯丰收季反倒成了种植户们的焦虑期。作为专业从事冷链物流近 30 年的郑明老总,黄总深切体会到种植户们此刻的心情,不禁开始思索,如何解决种植户们的马铃薯运输问题。

二、问题提出

运输马铃薯集中问题类似于春运问题,在短时间内直接运输大量马铃薯很难高质量完成。单纯的增加车辆也不能完全解决而且会增加成本,还会增加后期的货物交接难度;每个收购季脆薯公司要集中支付 2 亿多元的货款,造成脆薯公司短期资金筹集与账目处理的压力;在半成品销售方面,脆薯的客户基本上都按照自己的采购计划,按期按量采购,半成品积压严重;另外,脆薯对马铃薯的质量要求很高,马铃薯淀粉、糖分含量等都需要控制在一定的标准之内。

三、具体措施

1. 运输计划

公司计划增加运输路线,采用网状交通线,构建交通网络,在路线集中局域设立中转站(保证长途运输马铃薯质量)，以网络规格来整理车辆情况(一辆汽车负责一段路线，在必要情况下可以改变)。根据路线的使用情况来判定车辆的多少，空余的车辆可以出租，避免车辆资源的浪费，并且可以在后半段设立多个仓库进行货物的清点。冷运公司可将安装GPS车机的车辆接入T-GPS系统，实时掌握车辆的地理位置、速度、车厢温度等信息，并可对车辆某个时段的运行轨迹进行回放，以及对历史信息进行统计和生成报表。通过T-GPS系统，冷运公司能够加强对车辆的管理。另外，中国冷藏网还为冷运公司提供价格优惠、技术可靠的带有温度回传功能的GPS车机装机方案。

2. 运输管理系统

冷运公司用户可将承接的运输任务、自有和挂靠车辆基本信息录入系统，并对车辆运行状态信息进行动态调整，然后根据承接的运输任务的状况，安排派车计划，使调度工作更为轻松和更有条理。用户还可以对运输作业过程进行实时记录，从而使整个运输作业过程有序可控。运输管理系统用户分为企业级用户和集团级用户。集团级用户可以通过多个账户登录系统，并可对不同账户设置不同的操作权限。

3. 物流交易系统

物流交易系统能够帮助冷运公司之间实现跨区域的联运协作；物流交易系统能够对车辆和运输任务信息进行准确匹配，从而极大地方便用户对信息的使用，发挥信息的价值。冷运公司用户可以把回程空车信息及其他闲置车辆信息发布到物流交易系统，用以承运其他运输公司的运输任务，也可以把承接的运输任务发布到物流交易系统，委托其他运输公司的闲置车辆完成。

(1)运用GPS定位指挥运输，可以应对大规模的马铃薯运输任务，在马铃薯运输峰值可以避免交通的滞塞。(2)每段路线都有自己的车辆运行，方便了车辆调配。(3)在路线集中区域的中转站可以控制运输的质量，避免马铃薯在路途中损失严重。(4)利用网络串连多个仓库，加大了清点货物的效率，也方便马铃薯在进入加工厂之前的质量监督。

4. 后期计划

在脆薯公司将马铃薯加工成薯条半成品之后，郑明物流通过贸易执行业务，解决脆薯公司的库存积压问题。郑明物流通过一次性买下脆薯公司的所有薯条半成品库存，再根据麦当劳、肯德基等下游客户的采购计划，进行全权销售，通过物流金融工具实现货物配制权，在自身物流网络优势下实现了基础物流业务的整合，再加上半成品的购销差价，有效保证了自己的盈利，同时解决了脆薯的巨大的库存占用资金和仓库管理费开支。

四、结束语

郑明物流从“最先一公里”到产成品的末端配送“最后一公里”整个业务链条，同时还渗透了物流与贸易的融合等增值服务业务，成功地做到了行业里的专业领先地位，体现在以下两点：一是针对车源、运输、销售、配送等不同的环节，都有针对性的设计方案，实现了供应链链条式方案设计，做到了双赢；二是成功将质量管理、供应链金融物流、贸易与物流的融合等融入脆薯项目中。

资料来源：根据吴群编著《物流与供应链前沿案例》中“郑明物流的脆薯项目运输”(p6)案例整理。

思考题：

1. 郑明物流是如何制订脆署项目的运输计划的?

2. 以郑明物流为例，简要说明物流企业的未来发展方向。

第一节 运输的重要性及功能

运输(Transportation)是指利用载运工具,设施设备及人力等运力资源,使货物在较大空间产生位置移动的活动(GB/T 18354—2021)。运输具有扩大市场、稳定价格、促进社会分工、扩大流通范围等社会经济功能,对发展经济、提高国民生活水平有着十分巨大的影响。

一、运输的重要性

(一)运输是社会物质生产活动的必要条件之一

运输是社会物质生产的必要条件,主要表现在两个方面:在生产过程中,运输是生产力的直接组成部分,没有运输,生产内部的各环节就无法连接;在社会上,运输是生产过程的继续,这一活动连接生产与再生产、生产与消费的环节,连接国民经济各部门、各企业城乡和不同的国家与地区。

(二)运输是物流的主要功能要素之一

运输是国民经济的基础。自从出现了人类活动,就出现了运输活动。物流实现了物的物理性运动,这种运动不但改变了物的时间状态,而且改变了物的空间状态。运输是改变空间状态的主要手段,再配以装卸、搬运、配送等活动,就能圆满完成改变空间状态的全部任务。在现代物流概念未诞生之前,很多人将运输等同于物流。主要原因是运输是物流的主要环节,是物流的主要功能。

(三)运输可以创造物的"场所效用"

场所效用的含义是:同种"物"由于空间场所不同,其使用价值的实现程度则不同,其体现的效益也不同。由于改变场所而能使物的使用价值发挥出最大效用,最大限度地提高了投入产出比,这就是物的"场所效用"。

通过运输这个环节,将"物"运到场所效用最高的地方,发挥出"物"的最大潜力,实现资源的优化配置,从这个意义上来讲,也相当于通过运输提高了物的使用价值。如深山中的矿产资源、森林中的木材,如果不运出供人类利用,则体现不出它的价值。

(四)运输是"第三利润源"的主要源泉

运输和静止状态的保管不同,需要依靠大量的动力消耗才能实现这一活动,同时运输又承担着大跨度空间转移的任务,所以运输活动持续的时间长、距离远、实现该活动消耗的资源也大,运输费用所占物流总费用的比例也最高。

二、运输的功能

在物流管理过程中,运输主要有两大功能:产品转移和产品暂时储存。

(一)产品转移

运输实现了产品在空间上的位移。不论物品的形式如何,要实现其使用价值,都离不开运输。运输的主要职能就是将产品从原来所处的地点转移到需要它的地点,其主要目的就是要以最少的费用和合理的时间,保质保量地完成产品转移的任务。

(二)产品暂时储存

运输还可以实现临时储存产品的职能。如果运输中的产品需要储运,而在短时间内又将再次运输,并且卸货和装货的费用可能会超过储存在运输工具(如汽车)中的费用时,就可考虑将运输工具作为产品暂时的储存地点。另外，当仓库空间有限时，也可考虑选择利用运输工具作为产品暂时的储存地点。总之，尽管用运输工具储存产品的成本较高，但如果考虑了装卸成本或储存能力的限制，那么从总成本或完成任务的角度来看，可以合理地利用运输工具来完成产品短期储存的任务。

三、运输的原理

运输有两条基本原理，即规模经济原理和距离经济原理。

（一）规模经济原理

运输规模经济的特点是随着运输规模的增长，单位货物的运输成本下降，如整车运输的每单位成本低于零担运输。

所谓整车运输，是指按整车办理承托手续、组织运送和计费的货物运输。零担运输，是指按零散货物办理承托手续、组织运送和计费的货物运输。铁路或水路之类运输能力较大的运输工具，其每单位重量的费用要低于诸如汽车、飞机之类运输能力较小的工具。运输规模经济之所以存在，是因为有关的固定费用（包括运输订单的行政管理费用、运输工具投资以及装卸费用、管理以及设备费用等）可以按整批货物量分摊，使单位货物分摊的固定成本相对非规模运输较小。另外，对于托运人来说，通过规模运输还可以获得运价折扣，也使单位货物的变动成本下降。总之，规模经济使得货物的批量运输显得合理。

（二）距离经济原理

运输的距离经济原理也称递远递减原理，其特点是每单位距离的运输成本随运输距离的增加而减少。距离经济的合理性类似于规模经济，尤其体现在运输装卸费用的分摊上。距离越长，可使费用分摊后的值越小，能使每单位距离支付的总费用越低。

在评估各种运输战略方案或营运业务时，这些原理是重点考虑因素。其目的是使装运的规模和距离最大化（即单位运输成本最低化），同时满足客户的服务期望。

第二节　运输方式及选择

一、五种基本运输方式及特点

（一）公路运输

公路运输是主要使用汽车，也使用其他车辆（如人、畜力车）在公路上进行货物运输的一种方式。公路运输主要承担近距离、小批量的货运以及水路、铁路运输难以到达地区的长途、大批量货运及铁路、水运优势难以发挥的短途运输。由于公路运输有很强的灵活性，近年来，随着公路运输工具的发展，在有铁路、水路的地区，部分长途大批量运输也开始使用公路运输。

公路运输的主要优点是灵活性强，公路建设期短，投资较低，易于因地制宜，对收到站设施要求不高，可以采取“门到门”运输形式，即从发货者门口直到收货者门口，而不需转运或反复装卸搬运。公路运输也可作为其他运输方式的衔接手段。公路运输的经济半径一般在200千米以内。但是公路运输的缺点也很明显，主要体现在：载货量小，不适于长距离运输，且长途运输费用较高；能源消耗大，环境污染严重；安全性较差；等等。

（二）铁路运输

铁路运输是指使用铁路列车运送货物的一种运输方式。铁路运输主要承担长距离、大数量的货运，在没有水运条件的地区，几乎所有大批量货物都是依靠铁路，是在干线运输中起主力运输作用的运输形式。

铁路运输的优点是速度快，受自然条件限制小，载运量大，运输成本较低，安全性好。主要缺点是灵活性差，只能在固定线路上实现运输，需要其他运输手段配合和衔接；铁路运输设施设备投资大，建设周期长。铁路运输经济里程一般在200千米以上。

（三）水路运输

水路运输是指使用船舶运送货物的一种运输方式。水运主要承担大数量、长距离的运输，是在干线运输中起主力作用的运输形式。在内河及沿海，水运也常作为小型运输工具使用，承担补充及衔接大批量干线运输的任务。

水运的主要优点是成本低，能进行低成本、大批量、远距离的运输。但是水运也有明显的缺点，主要是运输速度慢，受港口、水位、季节、气候影响较大，因而一年中中断运输的时间较长。水运有以下四种形式：

(1)沿海运输。这是使用船舶通过大陆附近沿海航道运送货物的一种方式，一般使用中、小型船舶。

(2)近海运输。这是使用船舶通过大陆邻近国家海上航道运送货物的一种运输形式，视航程可使用中型船舶，也可使用小型船舶。

(3)远洋运输。这是使用船舶跨大洋的长途运输形式，主要依靠运量大的大型船舶。

(4)内河运输。这是使用船舶在陆地内的江、河、湖、川等水道进行运输的一种方式，主要使用中、小型船舶。

（四）航空运输

航空运输是指使用飞机或其他航空器进行运输的一种形式。航空运输的单位成本高，因此，主要适合运载的货物有三类：一是价值高、运费承担能力很强的货物，如贵重设备的零部件、高档产品等；二是紧急需要的物资，如救灾抢险物资等；三是鲜活易腐、季节性的商品。航空运输的主要优点是速度快，不受地形的限制。在火车、汽车不能到达的地区也可依靠航空运输，因而有其重要意义。近年来，采用航空运输日趋普遍。但航空运输也有其弱点，即运输费用高，易受天气影响，飞机载重量较小。

在实际物流业务运作中，航空运输主要采取的方式有以下三种：

(1)班机运输。班机是指在固定时间、固定路线、固定始发站和目的站运输的飞机。通常班机使用客货混装飞机，一些大的航空公司也有开辟定期全货机航班的。班机运输因有定时、定航线、定站等特点，故适用于运输急需物品、鲜活货物以及时令性货物。

(2)包机运输。是指包租整架飞机或由几个发货人联合包租一架飞机来运送货物。因此，包机又分为整机包机和部分包机两种形式，前者适用于运送数目较大的货物，后者适用于有多个发货人、货物到达站是同一地点的货物运输。

(3)集中托运。是指航空货运代理公司将若干批单独发到同一方向的货物组成一整批，向航空公司办理托运，发到同一目的港，采用一份航空总运单，由集中托运人在目的地指定的代理人收货、报关，再根据集中托运人签发的航空分运单分拨给各实际收货人的一种运输组织方式。集中托运是航空货物运输中开展的最为普遍的一种运输方式，是航空货运代理的主要业务之一。

（五）管道运输

管道运输是利用管道输送气体、液体和固体料浆的一种运输方式。其运输形式是靠物体在管道内顺着压力方向循序移动实现的，和其他运输方式的主要区别在于，管道设备是静止不动的。

管道运输的主要优点是由于采用密封设备，在运输过程中可避免散失、丢失等，也不存在其他运输设备本身在运输过程中消耗动力所形成的无效运输问题。另外，运输量大，成本低，适合于大且连续不断运送的物资。其缺点是管道线路固定，灵活性差，不能实施门到门的运输；运输货品单一，只适合石油、天然气、煤浆等货物且速度较慢。

以上五种运输方式都有其自身的特点，分别适合于运输不同距离、不同形式、不同运费负担能力和不同时间需求的物品。实际运输时，可根据实际情况灵活选择或综合运用。只有熟知各种运输方式的效能和特点，结合商品的特性、运输条件和市场需求，才能合理地选择和使用各种运输方式，并获取较好的运输绩效。

二、新型的运输组织方式

随着运输技术的发展，在五种基本运输方式的基础下，又出现了一些先进的运输方式或运输组织形式，极大地提高了运输效率，降低了运输成本。

（一）托盘运输

托盘是用于集装、堆放、搬运和运输，放置作为单元负荷物品的水平平台装置。在该平台上集装一定数量的单件货物，并按要求捆扎加固，组成一个运输单位，达到便于运输过程中使用机械进行装卸、搬运和堆存的目的。

托盘运输是将货物以一定数量组合码放在托盘上，连盘带货一起装入运输工具运送物品的运输方式。

1. 托盘运输的类型

托盘通常以木、塑料制成，但也有的用玻璃纤维或金属制成。托盘上也可以另加上层装置，按结构不同，常见的有下列三种：

(1)平板托盘。由双层板或单层面板另加底脚支撑构成。

(2)箱式托盘。以平板托盘为底，上面有箱形装置，四壁围有网眼板或普通板，顶部可以有盖或无盖。

(3)柱式托盘。以平板托盘为底，四脚有支柱，横边有可以移动的边轨。

2. 托盘运输的特点

(1)搬运和出入库场都可以用机械操作，有利于提高运输效益，缩短货运时间，降低劳动强度。

(2)以托盘为运输单位，货物件数变少，体积重量变大，而且每个托盘所装数量相等，既便于点数、理货交接，又可以减少货损货差事故。

(3)投资比较少，收效比较快。

3. 托盘运输的局限性

(1)托盘承运的货物范围有限。最适合托盘运输的货物是箱装罐装食品、硬纸盒装的消费品等比较小的包装商品。大的、形状不一的商品以及散装冷冻物品等，不适于采用托盘进行运输。

(2)托盘运输虽然设备费用减少，但要增加托盘费用。同时，由于增加了托盘的重量和体积，因此相应也减少了运输工具的装载量。

(3)托盘运输向成组运输前进了一步，但它的效果还不足以根本改变传统的运输方式，特别是不能满足国际多式联运的要求。例如,它不能像集装箱那样,可以密封越过国境和迅速转换各种运输方式。

(二)集装箱运输

集装箱是一种运输设备,是进行散、杂货及特殊单元组合运输的大型集装器具。

1. 集装箱运输的条件

(1)具有足够的强度,可长期反复使用。

(2)适于一种或多种运输方式运送,途中转运时,箱内货物不需换装。

(3)具有快速装卸和搬运的装置,特别便于从一种运输方式转移到另一种运输方式。

(4)便于货物装满和卸空。

(5)具有 1 立方米及以上的容积。

集装箱运输是以集装箱作为运输单位进行货物运输的一种现代化的运输方式。在集装箱运输过程中,采用集装箱装载货物,通过一种或几种交通运输工具的联合,将货物直接运达收货地。集装箱运输适用于水路运输、铁路运输及多式联运等。在我国,集装箱运输,尤其是集装箱海运已经成为普遍采用的一种运输方式。

2. 集装箱运输的优点

(1)有利于提高运输质量,减少货损货差。集装箱结构坚实,不怕挤压,不怕风吹日晒,可以防止人为和自然因素造成的破损事故,有效地保护箱内货物。

(2)节省各项费用,降低货运成本。

(3)提高了装卸效率,加速了运输工具的周转。集装箱使用机械化作业,提高了装卸作业效率。在铁路运输中,用人力装一节车皮,平均需 2 个小时左右;采取集装箱运输,只需约 20 分钟就可以完成装车任务,使工效提高 6 倍。同时,集装箱运输使货物在不同运输工具之间的周转时间缩短。

(4)简化了货运手续,便利了货物的运输。采用集装箱运输实行按箱点货,交接责任时凭铅封移交。这种方式方便明确,简化了手续,缩短了货物在途时间,加速了资金周转,对于企业改善自己的物流工作十分有利。

3. 集装箱运输的缺点

(1)集装箱自重大,因而无效运输、无效装卸的比重大。在物流过程中,许多劳动消耗于箱体本身,增加了货物对运费的负担。

(2)集装箱造价高,在每次物流中分摊成本较高。

(3)集装箱返空,会增大单位物品的运输成本,降低集装箱的利用率。

(三)多式联运

多式联运是指联运经营者受托运人、收货人或旅客的委托,为委托人实现两种或两种以上运输方式的全程运输,以及提供相关运输物流辅助服务的活动。多式联运通常由两个或两个以上的运输企业,根据同一运输计划,遵守共同的联运规章或签订的协议,使用共同的运输票据或通过代办业务,组织两种或两种以上运输方式以及产供运销的运输协作,联合实现货物从起运点到目的地的全程运输。

1. 多式联运的作用

多式联运通过各联运企业合理组织各种运输方式的衔接和配合,将本应由货主自理的交接、装卸、中转等运输手续,改为由联运企业集中、全面代办或实行代理业务,大大地方便了货主,节约了人力财力。同时,它既能为货主服务,实行一票到底、接取送达、全程负责;又能为运输企业服务，实行代办托运、分别起票、分段计费、互为代办、相互结算等业务服务，可谓“一手托两家”，在货物连续运送、多次中转的全过程中和“结合部”上发挥着纽带、贯通和衔接作用。因此，组织好产供销企业同运输企业之间、各种运输方式之间，以及运输过程中各个运输环节之间的衔接、协调工作，实现“一次托运、一次收费、一票到底”的联合运输，对形成综合运输网络、发挥综合运输的优势、促进工农业生产、加快商品流通、提高社会经济效益起着重要的作用。

2. 多式联运的种类

(1)按参与联运全程中的各种运输方式相互组合状况，可分为铁水联运、公水联运、公铁联运、铁公水联运、铁公航联运等。

(2)按区域概念，可分为国内联运和国际联运。

(3)按联运线路在整个运输线路网内地位的不同，可分为干线联运、干支联运、支线联运等。

3. 多式联运的特点

(1)代理性。多式联运主要是以提供服务的方式为承、托双方提供代办中转和代理承托运业务的，具有“一手托两家”的代办代理的双重身份，即对运输企业而言，它代表货主；对货主而言，又代理运输业务，所以从事多式联运的企业一般都具有代理性。

(2)协同性。多式联运不仅要求运输过程涉及的各部门和各环节在运输组织上协作配合，建立统一计划、统一技术作业标准、统一考核标准等规章制度；在技术装备上，也必须使港、站、库、场等系统同步建设，相互配套，实现运输设施的协同性。

(3)通用性。多式联运涉及两种或两种以上运输方式的衔接配合，以及产、供、运、销各企业间的运输协作，所使用的商务单证及货运规章、协议、合同规定必须具有两种运输方式共同遵循的通用性。

(4)全程性。在联运过程中，货物从受理、承运到交付，直到运后服务、财务结算等环节，无论经过几程运输、几个中转环节，均可一票贯通全程，具有组织完成运输任务的全程性。

(5)简便性。多式联运实行“一次托运、一次起票、一次结算、一票到底、全程负责”的运输代理，与一般运输相比，手续非常简便，大大节省了货主企业的人力和时间，从而提高了运输效率和社会综合经济效益。

多式联运出现后，由于其具有上述诸多优点，因而得到了广泛发展，也出现了多种形式的联运，目前在我国，联运形式主要有干线联运、海江河联运、地方干支线联运、产供运销一条龙运输、公路铁路联运、公路水路联运、集装箱联运、铁路专用线联运以及国际联运等。

案例分享

港铁联运助力物流运输结构优化

发展铁水联运有利于优化运输结构、降低物流成本。国务院、国家发改委、交通运输部等部门出台了近10个多式联运相关政策文件，具体包括《关于共同推进铁水联运发展合作协议》《关于加快铁水联运发展的指导意见》《关于开展多式联运示范工作的通知》《关于进一步鼓励开展多式联运工作的通知》等，实施了一期16个、二期20个多式联运示范工程。其中，铁水联运示范项目一期工程为10个，占比62.5%；二期工程为13个，占比66.7%。

2020年，在合肥港区内，一批奇瑞"瑞虎7"汽车装进铁路集装箱，通过合肥—莫斯科中欧班列专线，顺利出口到"一带一路"沿线国家俄罗斯。合肥港作为铁水联运中转枢纽，充分发挥港口资源和区位优势，为"一带一路"互联互通提供优质、高效的港航服务支撑。

此次奇瑞汽车出口约6 000辆，共需近2 000个集装箱高箱。与采用铁路运输相比，奇瑞汽车以水运物流方式从上海调运空箱到合肥港，既能实现批量调运，又降低了空箱调运成本，实现了备箱储存、随时装箱和高效中转。此次物流合作项目，既避免了同质竞争，又形成了协同合力，成为水运港和内陆港合作的典范。

合肥港凭借成熟的装箱团队、完善的配套基础设施和丰富的服务经验，依托腹地企业货源优势，成功引入奇瑞中欧班列项目，实行铁水融合、智慧运行协同，实现了"皖货皖运""皖货水运"，助推全省港口一体化发展，助力"一带一路"。开港以来，合肥港已累计助力江淮汽车等企业发运集装箱近10万大箱，出口至中东、南美等新兴市场区域。

资料来源：省港航集团所属合肥港铁水多式联运助力"一带一路"，https://jtt.ah.gov.cn/xwdt/zwdt/119121991.html。

第三节 运输合理化

准时采购、零库存管理等先进物流管理模式的出现，使运输在物流中的地位日益突出；经济的全球化拉长了企业的运输线，使高效、低成本的运输成为企业努力的目标。运输的合理化是实现此目标的关键环节之一。

一、不合理运输现象

不合理运输，是指在组织货物运输过程中，违反货物流通规律，不按经济区域和货物自然流向组织货物调运，忽视运输工具的充分利用和合理分工，装载量低，流转环节多，从而浪费运力，使运输费用增加的现象。不合理运输造成了运力浪费、运输时间增加、运费超支等问题，致使运输效率效益下降。目前我国主要不合理运输形式有以下几种：

（一）单程空驶

空车无货载行驶，可以说是不合理运输的最严重形式。在实际运输组织中，有时候必须调运空车，从管理上不能将其看成不合理运输。但是，因调运不当、货源计划不周、没有采用运输社会化而形成的空驶，是不合理运输的表现。造成空驶的原因主要有以下几种：

（1）能利用社会化的运输体系而不利用，却依靠自备车送货提货，这往往出现单程重车、单程空驶的不合理运输。

（2）由于工作失误或计划不周，造成货源不实，车辆空去空回，形成双程空驶。

（3）由于车辆过分专用，无法搭运回程货，只能单程重车、单程回空周转。

（二）对流运输

对流运输亦称"相向运输""交错运输"，是指同一种货物，或彼此间可以互相代用而又不影响管理、技术及效益的货物，在同一线路上或平行线路上相对方向运送，而与对方运程的全部或一部分发生重叠交错的运输。已经制定了合理流向图的产品，一般必须按合理流向运输，如果与合理流向图指定的方向相反，也属对流运输。

在判断对流运输时需注意的是，有的对流运输是不很明显的隐蔽对流，如不同时间的相向运输，从发生运输的那个时间看，并无出现对流，可能做出错误的判断，所以要注意隐蔽的对流运输。

(三)迂回运输

迂回运输是舍近求远的一种运输,可以选取短距离进行运输而不选,却选择路程较长的路线进行运输的一种不合理形式。迂回运输有一定复杂性,不能简单处置,只有当计划不周、地理不熟、组织不当而发生的迂回,才属于不合理运输。如果最短距离有交通阻塞、道路情况不好或对噪声、排气等有特殊限制而不能使用时发生的迂回则不能称为不合理运输。

(四)重复运输

重复运输的一种情形是:本来可以直接将货物运到目的地,但是在未达目的地时,或在目的地之外的其他场所将货物卸下,再重复装运送达目的地。另一种情形是:同品种货物在同一地点一面运进,同时又向外运出。重复运输的最大弊端是增加了不必要的中间环节,这就延缓了流通速度,增加了费用,增大了货损。

(五)倒流运输

倒流运输是指货物从销地或中转地向产地或起运地回流的一种运输现象。其不合理程度要甚于对流运输,其原因在于往返两程的运输都是不必要的,形成了双程的浪费。倒流运输也可以看成是隐蔽对流运输的一种特殊形式。

(六)过远运输

过远运输是指调运物资舍近求远,近处有资源不调而从远处调,这就造成可采取近程运输而未采取,拉长了货物运距的浪费现象。过远运输占用运力时间长、运输工具周转慢、物资占压资金时间长,又易出现货损,增加了费用支出。

(七)运力选择不当

未选择各种运输工具优势而不正确地利用运输工具造成的不合理现象,常见的有以下形式:

(1)弃水走陆。在同时可以利用水运及陆运时,不利用成本较低的水运或水陆联运,而选择成本较高的铁路运输或汽车运输,使水运优势不能发挥。

(2)铁路、大型船舶的过近运输。不是铁路及大型船舶的经济运行里程却利用这些运力进行运输的不合理做法。主要不合理之处在于火车及大型船舶起运及到达目的地的准备、装卸时间长,且机动灵活性不足,在过近距离中利用,发挥不了运速快的优势。相反,由于装卸时间长,反而会延长运输时间,另外,和小型运输设备比较,火车及大型船舶装卸难度大、费用也较高。

(3)运输工具承载能力选择不当。不根据承运货物数量及重量选择,而盲目决定运输工具,造成过分超载、损坏车辆及货物不满载、浪费运力的现象,尤其是“大马拉小车”现象发生较多。由于装货量小,单位货物运输成本必然增加。

(八)托运方式选择不当

对于货主而言,本可以选择最好托运方式而未选择,造成运力浪费及费用支出加大的一种不合理运输。例如:应选择整车托运而未选择,反而采取零担托运;应当直达而选择了中转运输;应当中转运输而选择了直达运输等。

上述各种不合理运输形式都是在特定条件下表现出来的,在进行判断时必须注意其不合理的前提条件,否则就容易出现判断的失误。例如,如果同一种产品,商标不同,价格不同,所发生的对流,不能绝对看成不合理,因为其中存在着市场机制引导的竞争。如果强调因为表面的对流而不允许运输,就会起到保护落后、阻碍竞争甚至助长地区封锁的作用。

以上对不合理运输的描述,就形式本身而言,主要是从微观方面得出的结论。在实践中,必须将其放在物流系统中做综合判断,在不做系统分析和综合判断时,很可能出现“效益悖反”

现象。单从一种情况来看，避免了不合理，做到了合理，但它的合理却使其他部分出现不合理。只有从系统角度进行综合判断才能有效避免“效益悖反”现象，从而优化全系统。

二、运输合理化的一般途径

运输合理化是指按照货物流通的规律，用最少的劳动消耗达到最大的经济效益，来组织货物调运。通过合理化，使运输既有利于生产和市场供应，又有利于节约流通费用和运力、劳动力。

（一）运输合理化的决定因素

由于运输是物流中最重要的功能要素之一，物流合理化在很大程度上依赖于运输合理化，其中起决定性作用的有五方面的因素，称作合理运输“五要素”。

（1）运输距离。在运输时，运输时间、运输货损、运费、车辆或船舶周转等运输的若干技术经济指标都与运距有一定比例关系，运距长短是运输是否合理的一个最基本因素。

（2）运输环节。每增加一次运输，不但会增加起运的运费和总运费，而且要增加运输的附属活动，如装卸、包装等，各项技术经济指标也会因此下降。所以，减少运输环节，尤其是同类运输工具的环节，对合理运输有促进作用。

（3）运输工具。各种运输工具都有其使用的优势领域。对运输工具进行优化选择、按运输工具特点进行装卸运输作业、最大限度地发挥所用运输工具的作用，是运输合理化的重要一环。

（4）运输时间。运输是物流过程中需要花费较多时间的环节，尤其是远程运输，在全部物流时间中，运输时间占绝大部分，所以，运输时间的缩短对整个货物流通时间的缩短有决定性的作用。此外，运输时间短，有利于运输工具的加速周转，充分发挥运力；有利于货主资金的周转；有利于运输线路通过能力的提高，对运输合理化有很大贡献。

（5）运输费用。运输费用在全部物流费用中占很大比例，运费高低很大程度上决定整个物流系统的竞争能力。实际上，运输费用的降低，无论是对货主企业来讲还是对物流企业来讲，都是运输合理化的一个重要目标。运费的判断，也是各种合理化实施是否行之有效的最终判断依据之一。

（二）实现运输合理化的一般途径

由于运输成本在物流成本中所占的比重较大，因此，运输的合理化有非常重要的意义。运输合理化的途径可以从以下几方面来考虑：

（1）运输网络的合理配置。企业在规划运输网络时，要根据经营战略、销售政策等因素决定。为了确保销售和市场占有率，需要利用多少个仓库、配送中心；是全部外包，还是自己承担一部分；配送中心、仓库如何布置，密度多大，相距多远等都应该整体规划，统一考虑。这样才可能既满足销售的需要，又能减少交叉、迂回、空载等不合理运输，降低物流成本，提高运输效率。

（2）选择最佳的运输方式。铁路、公路、水路、航空、管道五种运输方式，各有特点。要根据货物的特点及客户的要求等因素选择合适的运输方式。同时，充分利用各种运输方式的优点，克服其缺点，采用多式联运的方式进行运输。在确定运输方式之后，还要考虑运输工具的问题，如公路运输要选择汽车的车型（大型、轻小型、专用），是用自有车辆还是委托外包等。

（3）提高运行效率。努力提高车辆的运行率、装载率，减少车辆空载等不合理运输，缩短等待时间或装载时间，提高有效工作时间，降低燃料消耗。

防止车辆空载的方法有：充分利用专业运输队伍；周密制订运输计划；有效运用相关信息，

如货源信息、道路交通信息、天气预报、同行业运输信息等。

(4)推进共同运输。提倡集团之间、行业之间和企业之间进行合作,协调运输计划、共同利用运力;批发业、零售业和产业集群,企业之间在组织运输方面加强配合,提高运输工作效率,降低运输成本。

(5)采用各种现代运输方法。为了提高物流系统效率,企业应推广一些新的运输模式,如托盘运输、集装箱运输、智能化运输、门到门运输等。

当然,运输的合理化必须考虑包装、装卸等有关环节的配合及其制约因素;还必须依赖物流信息系统,才能够实现其改善的目标。

运输批量越大,费率越低。将小批量货物合并成大批量货物进行运输,是降低单位成本、实现运输合理化的主要方法之一。这种集合运输通常有以下途径:

(1)配载运输。配载运输是充分利用运输工具载重量和容积,合理安排装载的物品及载运方法的一种运输方式,也是提高运输工具实载率的一种有效形式。配载运输往往是轻重品的混合配载,在以重质物品运输为主的情况下,同时搭载一些轻泡物品,例如,海运石、黄沙等重质物品,在舱面捎运木材、毛竹等;铁路运矿石、钢材等重物上面搭运农产品等。在基本不增加运力投入也不减少重质物品运量的情况下,解决了轻泡物品的搭运问题,运输效果显著。

(2)运输车辆合并。这是指在拣取和送出的货物都达不到整车载重量的情况下,为提高效率,安排同一车到多个地点取货/送货。为实现规模经济,需要对行车路线和时间表进行规划。

(3)仓库合并。物流配送中心的形成和发展为集运创造了有利的条件。首先以大批量方式远距离运货物到配送中心,然后在配送中心作出配送安排,实现近距离运送小批量货物。

(4)时间合并。企业在一定时间内积累客户订单,就可以一次性发运较大批量的货物,而不是多次小批量送货。由于没能在收到订单和履行订单之后及时发送货物,可能造成服务水平的下降,因此要在运输成本与对服务水平的影响之间寻求平衡。运输成本的节约是显而易见的,但对服务水平下降的影响是很难估计的。

通过对大批量货物的运输路径进行规划,以及实现单位运输费率的降低,企业可以获得运输的规模效益。

案例分享

中粮屯河糖业运输合理化具体措施

崇左以中国“糖都”的美誉闻名,在全国蔗糖生产中占据重要地位。崇左市70%左右土地面积用于甘蔗种植,蔗糖生产成为崇左的战略支柱产业,制糖业产值占全市GDP 30%以上。然而制糖业的发展受到运输效率低的制约,具体表现在:车辆调度无序,缺调控性;路线规划模糊,运输耗时过长;运输程序烦琐,敏捷能力较低;缺少技术指导,组织计划能力弱;机械设备较少,信息化水平低。对蔗糖原料运输环节进行研究有利于运输效率,降低物流成本,提高企业经济效益。下面以中粮屯河在崇左的运输为例加以分析。

1. 掌握运输资源,整体灵活调度

中粮的主要做法是运输外包,为此要对运输车辆及人员进行管理,制定一套有效的方法。糖厂可成立专门管理运输车辆、人员的部门,实行优胜劣汰的考核机制,签约规定,司机有义务遵守公司规章制度。培养司机的归属感和责任感,以便对签约车辆统一调度;任务按小组分配，同一小组成员相互合作，不同小组间良性竞争，以实现运输合理化，提高运输效率。

2. 合理规划路线，避免不当运输

原料产地、产量与运输距离的不同要求企业根据节约里程法调配车辆，设计最优线路，以取得最佳空间效益。首先，把靠近的几个原料产地集合起来形成站点群，分派具有载货能力的卡车。其次，选用载重量尽可能大的车辆，提高车辆利用率，减少行车线路的交叉，避免增加拥堵。最后，对于特殊情况可采用灵活的运送方式，比如大卡车难以进入，可考虑使用拖拉机等。

3. 精简运输程序，缩短运输时间

中粮现有运输模式下，80%的时间消耗在排队上。研究显示，采用可卸式车厢运输模式，每辆车的效率可以提高5～6倍，每天运蔗次数显著增加，每台车运蔗量提高到100吨以上。中粮还引进车厢运输模式，减少车辆排队耗时；改变由人工领取单的现状，建立专门系统，由小组长统一在网上领取，节省时间。

4. 采用先进设备，提高装卸水平

新型器械的使用能大幅提高装卸效率，中粮应重视先进设备的投入。(1)在糖厂较远的天等县试点，采用新型厢式运输模式，节省大量人力；(2)在外包的运输上安装新型检测仪，甘蔗入厢期间能感应车厢重量，避免由于装载过多导致意外事故；(3)给车辆配置GPS设备，司机及时掌握糖厂与蔗地间的路况动态，糖厂也能加强对运输车辆的监控，掌握车辆的运行情况。

资料来源：翁世洲，刘明英. 蔗糖原料运输合理化及高效化研究——以中粮屯河崇左糖业为例. 广西民族师范学院学报，2016(6).

第四节 运输管理与决策

一、运输方式的选择

(一)定性分析方法

定性分析法主要是依据完成运输任务可用的各种运输方式的运营特点及主要功能、货物特性及货主的要求等因素对运输方式进行直观选择的方法。

1. 单一运输方式的选择

单一运输方式的选择，就是选择一种运输方式提供运输服务。公路、铁路、水路、航空和管道五种运输方式各有自身的优点和缺点，可以根据各自的适用范围，结合运输的需求进行恰当的选择。以下是对主要运输方式相关特性的比较，如表5—1所示。

表5—1 各种运输方式的对比

比较项目	顺 序
速度	由快到慢：航空—铁路—公路—海运—河运
运量	由大到小：海运—铁路—河运—公路—航空
运距	由远到近：海运—航空—铁路—河运—公路
运费	由高到低：航空—公路—铁路—河运—海运
灵活性	由大到小：公路—航空—铁路—河运—海运
安全性	由大到小：航空—铁路—河运—海运—公路

续表

比较项目	顺　序
连续性	由好到差:铁路—公路—航空—海运—河运
稳定性	由好到差:铁路—公路—航空—海运—河运

选择运输方式时,应根据运输环境的需要和不同运输方式的营运特性,综合考虑运输的目标进行抉择。运输环境主要包括运输物品的特性、运输批量、运输距离、运输时间要求、运输费用承受能力等。

(1)运输物品的特性是指物品的形状、单件重量和体积、物品的危险性和易腐性等。不同特性的物品对运输方式和运输工具的要求是不一样的。特殊物品、危险品、易腐性物品应该选择专用的运输工具。

(2)运输批量是指需要一次运输完成的货物数量。运输批量大的货物,应选择大批量运输的运输方式和运输工具,如重载列车、大型船舶等,而且还应采用整车托运方式或租船运输。

(3)运输距离是指所运货物需要移动的距离,即运输的实际距离。铁路运输、水路运输、航空运输适于远距离运输,公路运输适于短距离运输。

(4)运输时间要求是托运人或货主对一项运输任务的时限要求。一般时限要求短、运输紧迫的运输任务,应采用快速运输方式,运输费用较高。

(5)运输费用承受能力是托运人或货主根据自身条件并考虑物品特性,对一项运输业务所能承受的最高运输费用。一般重量或体积大、价值低廉的货物,其托运人或货主的运费负担能力弱,不宜采用运费高的运输方式。

2. 多式联运的选择

现在,人们越来越意识到多式联运将成为一种重要的手段,可提供高效的运输服务。早期的多式联运是铁路与公路相结合的运输形式,称为"驼背"运输。驼背运输综合了公路运输的灵活性与铁路运输长距离、经济等优势,运费通常比单纯的汽车运输要低,又延长了汽车运输的服务范围,使得铁路运输也能实现"门到门"的运输服务。另一种常见的多式联运形式是公路或铁路与水路联运,也称为"鱼背"运输,是指汽车拖车、火车车厢或集装箱装载在船舶上进行长距离运输。鱼背运输最大的优势是运量大、运费低。航空与公路联运也是被广泛采用的运输形式,是指将航空运输的快捷性和公路运输的灵活性等优势融合在一起提供的运输服务,能以最快的方式实现长距离"门到门"的货物运输。当然,在实际运输中,是否采用多式联运方式,如何联运,需要进行全面分析,综合考虑。

(二)定量分析方法

运输方式选择的定量分析法有综合评价法、成本比较法、考虑竞争因素法等多种方法。

1. 综合评价法

运输方式的选择应满足运输的基本要求,即经济性、迅速性、安全性和便利性。由于运输对象、运输距离和货主对运输时限要求不一样,对经济性、迅速性、安全性和便利性的要求程度也不同,因此可采用综合评价的方法来进行运输方式的选择。综合评价法的步骤如下:

第一步,确定影响运输方式选择的因素。实践证明,影响运输方式选择的因素主要有4种。

(1)经济性(F_1):主要表现为费用的节省。在运输过程中,总费用支出越少,则经济性越好。

(2)迅速性(F_2):指货物从发运地到收货地所需要的时间,即货物在途时间,其时间越少,迅速性越好。

(3)安全性(F_3):安全程度通常是指货物的完整程度,以货物的破损率判断,破损率越小,安全性越高。

(4)便利性(F_4):各种运输方式的便利性的定量计算比较困难,实际因素很多,如换装次数、办理手续的方便与时间等。为了简便计算,在一般情况下,可以近似利用货物所在地至汽车或轮船、飞机所在地之间的距离来表示,距离越近,便利性越好。

第二步,明确影响运输方式选择的因素的重要程度(确定权重系数)。

确定权重系数是为了显示每个影响因素在运输方式选择中所具有的重要程度,分别赋予不同的比例系数(也称加权)。加权的指派系数就是权数,又称权重。权重系数可通过经验方法和多因素统计法两条途径获得。

(1)经济性(F_1),明确其重要程度,即权重系数为 b_1。

(2)迅速性(F_2),权重系数为 b_2。

(3)安全性(F_3),权重系数为 b_3。

(4)便利性(F_4),权重系数为 b_4。

第三步,计算各种候选运输方式的综合重要程度。

通常,候选的运输方式有公路、铁路、水路和航空四种,可以分别用 G、T、S、H 表示各种运输方式的综合重要度。各种影响运输方式选择的因素,对任何运输方式都有影响但是影响程度有别。计算公式如下:

$$G=b_1\times F_1(G)+b_2\times F_2(G)+b_3\times F_3(G)+b_4\times F_4(G)$$
$$T=b_1\times F_1(T)+b_2\times F_2(T)+b_3\times F_3(T)+b_4\times F_4(T)$$
$$S=b_1\times F_1(S)+b_2\times F_2(S)+b_3\times F_3(S)+b_4\times F_4(S)$$
$$H=b_1\times F_1(H)+b_2\times F_2(H)+b_3\times F_3(H)+b_4\times F_4(H)$$

第四步,比较和选择。比较四种运输方式的综合重要度 G、T、S、H 的值,综合重要度大的为最终选择。

2. 成本比较法

如果不将运输服务作为竞争手段,那么能使运输服务的成本与运输服务水平导致的相关间接库存成本之间达到平衡的运输服务方案就是最佳的服务方案,即运输的速度和可靠性会影响托运人和买方的库存水平以及二者之间的在途库存水平。如果选择速度慢、可靠性差的运输服务,物流渠道中就需要更多的库存。这样,就需要考虑库存持有成本可能升高,而抵消运输服务成本降低的情况。因此,最为合理的服务方案应该是既能满足客户要求,又使总成本最低的服务方案。选择不同运输方式将影响货物的在途时间。

案例分析

卡利奥箱包公司运输方式的选择

卡利奥箱包公司(Carry-All Luggage Company)是生产系列箱包产品的公司。公司的分拨计划是将生产的产品存放在工厂,然后由公共承运人运往公司自有的基层仓库。公司希望选择总成本最小的运输方式,可供选择的运输服务见表 5—2。

表 5—2　　卡利奥箱包公司运输服务

运输方式	运输费率（美元/单位）	“门到门”运送时间（天）	每年运输批次
铁路运输	0.10	21	10
“驮背”运输	0.15	14	20
卡车运输	0.20	5	20
航空运输	1.40	2	40

目前，该公司的分拨系统采用铁路运输方案，此时工厂或基层仓库的平均库存 $Q=100\ 000$ 件箱包。箱包的平均价值 $C=30$ 美元，库存成本 $I=$ 存储价值的 30%/年。据分析，运输时间从当前的 21 天每减少一天，平均库存水平可以减少 1%。每年基层仓库卖出 $D=700\ 000$ 件箱包，其中，采购成本和运输时间的变化可以忽略不计。设 R 为运输费率，T 为运送时间，C' 为产品在基层仓库的价值（出厂价加运输费率，即 $C+R$），$t=$ 某种运输的运送批次/铁路运输的运送批次，则运输方式选择计算如表 5—3 所示。

表 5—3　　不同运输方式下的成本比较

成本类型	计算方法	铁路运输	驮背运输	卡车运输	航空运输
运输成本	RD	70 000	105 000	140 000	980 000
在途库存	ICDT/365	362 465	241 644	86 301	34 521
工厂库存	ICQ/t	900 000	418 500	378 000	182 250
基层库存	$IC'Q/t$	903 000	420 593	380 520	184 680
总计		2 235 465	1 185 737	984 821	1 381 451

结果显示，铁路运输的运输费率最低，航空运输的库存成本最低，卡车运输的总成本最低。如果采用卡车运输，则运输时间可缩短到 5 天。

资料来源：[美]Ronald H. Ballou：企业物流管理：供应链的规划、组织和控制[M]. 北京：机械工业出版社，2006.

3. 考虑竞争因素法

运输方法的选择若直接涉及竞争优势，则应采用考虑竞争因素的方法。当买方通过供应渠道从若干个供应商处购买商品时，物流服务和价格就会影响买方对供应商的选择；反之，供应商也可以通过供应渠道运输方式的选择控制物流服务要素。

对买方而言，更好的运输服务（如运送时间更短、波动更小等）意味着可以保有较少的库存或完成运作计划的把握更大。为鼓励供应商选择最理想的运输服务，进而降低成本，买方通常的做法是将采购订单转给能提供更优质运输服务的供应商。业务的扩大将带来利润的增加，弥补由于选择快速运输服务带来的成本，因而鼓励供应商寻求吸引买方的运输服务形式，而不是单纯降低运输服务的价格。

如果分拨渠道中有多个供应点可供选择，运输服务的选择就会成为供应商和买方的联合决策。供应商通过选择运输方式来争取买方的订单，理智的买方则会通过更多地购买来回应供应商的选择。买方增加购买的数量取决于互相竞争的供应商提供运输服务的差异。在动态的竞争环境下，只提供单一运输服务的供应商是很难生存的，因为其他供应商会通过提供更多的服务来增强竞争力，且运输服务的选择与买方潜在的购买兴趣之间的关系是很难估量的。

二、运输路线规划与选择

运输路线，就是运输工具行走的线路，包括起点、途经站点以及终点。其中，最常见的决策问题就是如何在公路网、铁路线、水运航道和航空线运行中选择最佳路线，以尽可能地缩短运输时间或运输距离，从而使运输成本降低的同时客户服务也得到改善。

运输路线的选择要受到商品产销关系的影响。选择正确的运输路线，其实质是消除商品迂滞、重复装运等现象，使各种运输工具安全、迅速运行，最大限度地减少商品运输里程，缩短商品在途时间，降低运输费用，尽快实现商品的使用价值和价值，满足市场需要。运输路线的选择会直接影响到运输效果的好坏，关系着货物能否及时运到指定地点。而且，当运输费用是以 t/km 来计算时，运输路线的长短直接决定着运输费用的多少。

（一）运输路线的确定原则

运输路线是指各送货车辆向各个用户送货时所要经过的路线。运输路线合理与否对运输速度、车辆的合理利用和运输费用都有直接影响，因此运输路线的优化问题是运输管理的主要问题之一。

1. 确定目标

目标的选择是根据物流运输的具体要求、承运人的实力及客观条件来确定的。运输路线规划的目标可以有多种选择：

(1)以效益最高为目标，即以利润最大化为目标。

(2)以成本最低为目标(实际上也是以效益为目标)。

(3)以路程最短为目标。如果成本与路程相关性较强，而和其他因素的相关性较小时，则可以选它作为目标。

(4)以吨公里数最小为目标。在“节约里程法”的计算中，宜采用这一目标。

(5)以确定性最高为目标。它是运输管理中重要的服务指标。

(6)以运力利用最合理、劳动消耗最低作为目标。

2. 确定物流运输路线的约束条件

(1)满足所有收货人对货物品种、规格、数量的要求。

(2)满足收货人对货物送达时间范围的要求。

(3)在允许通行的时间段内进行运输。

(4)各运输路线的货物量不得超过车辆容积和载重量的限制。

(5)在承运单位现有运力允许的范围内。

（二）运输路线的确定方法

货物运输在途时间的长短，可以通过运输工具在一定时间内运送货物的次数和所有货物的总运输成本来反映。路径规划与选择问题可以归纳为三类：(1) 起讫点不同的单一路径规划问题。(2)多个起讫点的路径规划问题。(3)起点和终点相同的路径规划问题。

1. 起讫点不同的单一路径规划问题

这类问题可以采用网络图的最短路径算法进行求解。已知一个由链和节点组成的网络，其中节点代表由链连接的点，链代表节点之间的距离（时间或距离和时间的加权平均）。最短路径算法的基本思想是：从始点 V_s 出发，逐步向外探寻最短路径，与每个节点对应，记录下一个数V_i。它表示从V_s到该点V_i的最短路径。执行过程分为已解节点集P和未解节点集T，搜寻T中所有与P中节点直接相连的点，分别计算这些点到起始点的最短距离，进一步从中确定具有最短距离的节点，让该点从T集转入P集，并记录该点到起始点的距离，以及经过P的节点(路径)。经过若干次循环后，一旦终点V_p进入P集合，计算结束，反向追踪获得最短距离的路径，这就是所要搜索的最短路径。

案例分析

起讫点不同的单一路径规划问题求解

某公路网络如图5—1所示，寻找从V_s到V_p之间行车时间最短的路线。节点代表公路的连接处，每条链上都标有相应的行车距离。

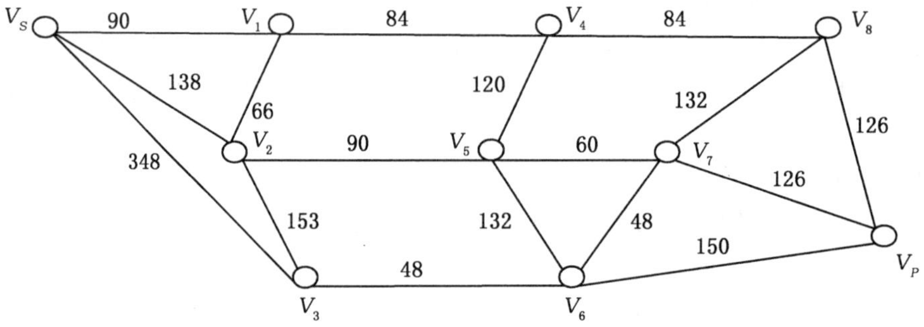

图5—1 起讫点不同的单一路径规划问题

求解过程如下：

第一步，第一个已解的节点是始点V_s，与始点直接相连的点是V_1、V_2和V_3，分别计算它们与始点的距离(如表5—4所示)。可以看出，V_1距始点最近，因此V_1选择进入已解节点集合P，其与始点的距离为90。

第二步，找出与V_s和V_1直接相连的点，它们是V_2、V_3和V_4，分别计算它们与起始点的最短距离，V_2最近，因此V_2进入已解节点集合，与起始点的距离是138，经过的路径是V_s—V_2。

第三步，重复上述步骤，找出与已解节点直接连接的最近的未解节点，直到到达终点V_p。

通过求解，得到最佳路径为V_s—V_1—V_4—V_8—V_p。这类问题非常适合利用计算机进行求解(如表5—4所示)。

表5—4 起讫点不同的单一路径规划运输网络求解运算

步骤	已解节点	与已解节点直接相连的未解节点	相关总成本	第n个最近解点	最小成本	最新连接
1	V_s	V_1	90	V_1	90	V_s-V_1
2	V_s V_1	V_2 V_2	138 90+66=156	V_2	138	V_s-V_2

续表

步骤	已解节点	与已解节点直接相连的未解节点	相关总成本	第 n 个最近解点	最小成本	最新连接
3	V_s V_1 V_2	V_3 V_4 V_5	348 90+84=174 138+90=228	V_4	174	V_1-V_4
4	V_s,V_2 V_2,V_4 V_4	V_3 V_5 V_8	Min{348,138+153}=291 Min{138+90,174+120}=228 174+84=258	V_5	228	V_2-V_5
5	V_s V_2 V_4 V_5	V_3 V_3 V_8 V_7 V_6	348 138+153=291 174+84=258 228+60=288 228+132=360	V_8	258	V_4-V_8
6	V_s,V_2 V_2,V_4 V_8	V_3 V_5 V_7 V_p	Min{348,138+153}=291 Min{138+90,174+120}=228 258+132=390 258+126=384	V_5	228	V_2-V_5
7	V_s,V_2 V_5 V_8	V_3 V_6 V_7 V_7 V_p	Min{348,138+153}=291 228+132=360 228+60=288 258+132=390 258+126=384	V_7	288	V_5-V_7
8	V_s V_2 V_5,V_7 V_7,V_8	V_3 V_3 V_6 V_p	348 138+153=291 Min{228+132,288+48}=336 Min{288+126,258+126}=384	V_3	291	V_2-V_3
9	V_3 V_5 V_7 V_8	V_6 V_6 V_6 V_p V_p	291+48=339 228+132=360 288+48=336 228+126=354 258+126=384	V_6	336	V_7-V_6
10	V_6 V_7 V_8	V_p V_p V_p	336+150=480 288+126=414 258+126=384	V_p	384	V_8-V_p

2. 多个起讫点的路径规划问题

如果有多个货源地可以服务多个目的地，面临的问题就是确定各目的地的供货地，同时要找到供货地、目的地之间的最佳路径，有的甚至需要寻找最佳供货量分配方案。该问题经常发生在多个供应商、工厂或仓库服务于多个客户的情况。这类问题可以用线性规划方法求解。

3. 起点和终点相同的路径规划问题

物流管理人员经常会遇到起讫点相同的路径规划问题。在企业自己拥有运输工具时，该问题是相当普遍的。例如，从某配送中心送货到商店，然后再返回配送中心。这类路径问题是起讫点不同的问题的扩展形式，但是由于要求车辆必须返回起点行程才算结束，因此问题的难度提高了。目标是找出途径点的顺序，使其满足必须经过所有点且总出行时间或总距离最短的要求。

起讫点重合的路径问题可以参考运筹学的旅行售货商(货郎担)问题求解。感知式和启发式求解法是求解这类问题的好办法。

（三）行车路线和时刻表的制定

行车路线和时刻表的制定问题是运输路径问题的扩展形式，对于车辆调度非常重要。从更接近实际的情况考虑，还会有一些限制条件，例如：(1)在每个站点既要取一定量的货，又要送一定量的货；(2)使用多部车辆，每部车辆的载货重量和容积不同；(3)司机的总驾驶时间达到一定上限时，必须休息至少 8 个小时(运输部门的安全限制)；(4)每个站点只允许在特定的时间内取货或送货(称为时间窗口)；(5)途中只有在送货后才能取货(以便腾出空间)；(6)允许驾驶员每天在特定的时间休息和用餐。这些限制条件增加了问题的复杂性，但是，只要运用制定合理路线和时刻表的原则或启发式求解法，仍然可以得到这类问题的满意解。

下面针对多辆卡车从仓库出发，送货到若干站点，然后在当天返回仓库的情况进行讨论。总体上讲，合理路线和时刻表的制定原则主要有以下几点：

(1)安排的车辆负责相互距离最近的站点的货物运输。卡车的行车路线围绕相互靠近的站点群进行计划，以使站点之间的行车时间最短(如图 5—2 所示)。

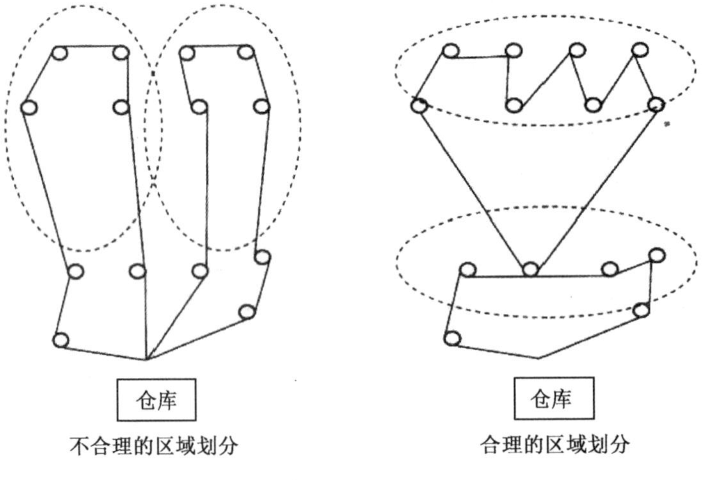

图 5—2　划分站点群以分派车辆

(2)在安排车辆每天途经的站点时，应注意使站点群更加紧凑，同时站点群的划分应避免重叠。如果一周内各自服务的站点不同，应该对每天的路线和时刻表问题进行站点群划分。

(3)从距离仓库最远的站点开始设计路线。要设计有效的路线，首先要划分出距离仓库最远的站点周围的站点群，然后逐步找出仓库附近的站点群。

(4)在安排行车路线时，各条路线之间应该没有交叉。时间窗口和送货之后才能取货的限制可能造成线路交叉。

(5)尽可能使用最大的车辆进行运送，这样设计出的运输路线的有效性更高。在理想状态下，用一辆足够大的卡车运送所有站点的货物，将使总的行车距离最短。在车辆可以实现较高的利用率时，首先安排车队中载重量最大的卡车。

(6)取货、送货应该混合安排，不应该在完成全部送货任务后再取货，尽可能在送货过程中安排取货，以减少路线交叉的次数。

(7)对于偏远而无法归入群落的站点,可以采用其他配送方式,如采用小型卡车或外租运输服务等。

(8)避免时间窗口过短。各站点的时间窗口过短,会使行车路线偏离理想模式。

在实践中,行车路线和时刻表问题的种类繁多,其约束条件的数量和种类也不计其数。此外,在日常运作中,总会有一些例外情况需要处理。在具体的实践中,应该具体问题具体分析。在这里,对于此类问题的求解可以通过建立线性规划(或非线性规划)方程,进行精确求解。

【思维导图】

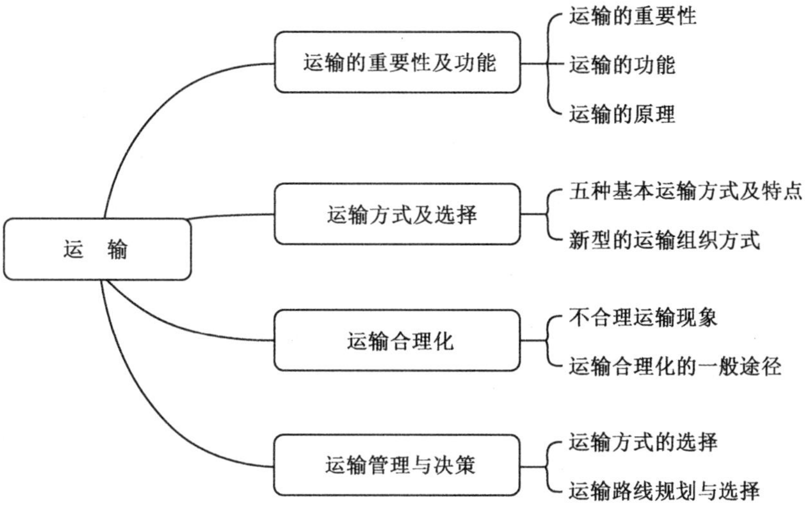

习 题

一、单项选择题

1.( )运输形式,即从发货者门口直到收货者门口,而不需转运或反复装卸搬运。

A. 站到站运输 B. 门到门运输 C. 倒流运输 D. 迂回运输

2.500千米以上、运输量大的用( )运输。

A. 汽车 B. 火车 C. 轮船 D. 飞机

3. 指导运输管理与运营的两条基本原理是( )和距离经济。

A. 规模经济 B. 重复运输 C. 倒流运输 D. 过远运输

4. 距离经济原理也称( )原理,是指每单位运输距离的成本随着运输距离的增加而减少。

A. 规模经济 B. 重复运输 C. 倒流运输 D. 递远递减

5.( )的最大毛病是增加了非必要的中间环节,这就延缓了流通速度,增加了费用,增大了货损。

A. 对流运输 B. 重复运输 C. 倒流运输 D. 过远运输

6. 从技术经济角度比较,运输成本相对最低的运输方式是( )。

A. 航空运输 B. 铁路运输 C. 水路运输 D. 公路运输

7.(　　)指调运物资舍近求远，近处有资源不调而从远处调，这就造成可采取近程运输而未采取，拉长了货物运距的浪费现象。

A. 迂回运输　　B. 重复运输　　C. 倒流运输　　D. 过远运输

8. 在(　　)范围内，公路运输可以替代铁路运输。

A. 200 千米　　B. 经济里程　　C. 不需中转　　D. 同一地况与线路

9. 发展(　　)是充分发展我国运输方式的优势，使之相互协调、配合，建立起运输体系的重要途径。

A. 站到站运输　　B. 门到门运输　　C. 联合运输　　D. 场到场运输

二、多项选择题

1. 航线分为(　　)。

A. 城际航线　　B. 国际航线　　C. 地区航线　　D. 国内航线

2. 物流运输成本是指企业在对(　　)以及运输活动中所发生的各种费用。

A. 原材料　　B. 物流服务　　C. 在制品　　D. 产成品

3. 运输合理化的影响因素有(　　)、运输费用。

A. 运输距离　　B. 运输环节　　C. 运输工具　　D. 运输时间

4. 运输是用设备和工具将物品从一地点向另一地点运送的物流活动，其中包括(　　)、装入、卸下、分散等一系列操作。

A. 集货　　B. 分配　　C. 搬运　　D. 中转

5. 运输工具的经济性是由(　　)有关费用合计来表示的。

A. 运费　　B. 包装费　　C. 装卸费　　D. 设施费

6. 目前，常被采用的联运方式有(　　)。

A. 驮背运输　　B. 龟背运输　　C. 鱼背运输　　D. 鸟背运输

三、判断题

1. 管道运输是利用管道输送气体、液体和粉状固体的一种运输方式。　　(　　)

2. 物流运输在物流活动中起着神经系统的作用。　　(　　)

3. 运输包括集货、分配、搬运、中转、装入、卸下、分散等一系列操作。　　(　　)

四、简答题

1. 简述运输的作用。

2. 运输合理化的措施有哪些?

3. 物流运输路线的决策方法有哪几种?

4. 简述集装箱运输的特点。

5. 简述多联式运输的优越性。

五、分析题

从 A 地运往 B 地 300 吨商品，有公路和水路两种运输方式可供选择。

公路运输按每辆车标重 30 吨计。从公路走，AB 相距 220 千米。汽车运价不分整件、零件，吨公里运价为 0.6 元，其他杂费(包装、装卸费)每吨 2 元/次(按汽车标重计算)。

选择水路运输，AB 相距 320 千米，吨公里运价为 0.10 元。A 地距离码头 8 千米，B 地码头离目的地 10 千米，仍需用汽车运输，其他杂费与公路运输相同。由于该商品中途要转运，需在码头停留一天，每天每吨堆存费 1.00 元，港务费 0.30 元。

公路运输震动较大，商品每吨损耗 2 元，当天就能到达目的地；水路运输应中转一次，比公路运输的损耗多，每吨损耗 10 元。

请分析究竟采用水路运输还是公路运输好。如何选择？请做出选择，并说明理由。

第六章　流通加工

案例导入

来自厄瓜多尔的玫瑰花

南美洲厄瓜多尔中部火山地区常年气候温暖，雨水充足，虽然山高林密，地势险要，却是玫瑰花和其他珍贵花卉的盛产之地。美国迈阿密州的布里恩花卉物流公司向北美各大城市配送的玫瑰花就是在这个地区的三家大型农场定点采购的。

人们在花店中看到玫瑰花娇艳欲滴、感到花香袭人时，必会为之心动。但是不可否认的是，玫瑰花娇嫩易损，一旦残败凋零，其价值则丧失殆尽。根据鲜花种植专家测定，玫瑰花从农场收割后，通常可以在正常情况下保鲜 14 天。这是在整个运输过程中万无一失的情况下才能够做到的，而且玫瑰花不能受到挤压，一旦花枝变形，也会大大降低玫瑰花的品质。那么，如何让人们看到最高贵的玫瑰花呢？

一、玫瑰花的旅途

Ctopaxi 地区新的一天又开始了。昨夜一场大雨过后，空气格外清新，Rose 走向农场，准备开始一天的劳作。这些玫瑰花含苞待放，露珠在枝叶上微微颤抖，不禁惹人怜爱，然而它们实在太娇嫩了，经不起日晒雨淋。所以 Rose 将园中的玫瑰花枝剪下来之后立即包装起来。为了防止花枝受到挤压，这些盒子都非常结实，盒子装满鲜花后即使站一个人上去都不会变形，而且这种良好的包装使得运输过程中避免了重复包装。每次，Rose 都将 50 枝玫瑰花包装成一盒，然后将盒子装入 2℃的冷藏集装箱内。在农场中，所有的人都在这么做。等集装箱装满之后就被送到厄瓜多尔的首都基多国际机场，再从这里被连夜送往美国迈阿密机场。

美国迈阿密国际机场：由于布里恩花卉物流公司发明了一种环保集装箱，它的保温时间可以持续 96 小时，而且还能储藏在宽体飞机底部的货舱内。所以，这些玫瑰花整晚都安安静静地躺在飞机底部货舱。第二天凌晨，满载着新鲜玫瑰花的货机徐徐降落在迈阿密国际机场。在此等候的工作人员将鲜花迅速从飞机舱口运到温控仓库里。早晨，海关和动植物检验所的工作人员来对鲜花进行例行检查。之后，花卉就被转运到集装箱卡车或国内航空班机上，直接运达美国各地配送站、超市和大卖场，再通过它们将鲜花送往北美大陆各大城市街道上的花店、小贩和快递公司等处，并最终到达消费者手中。整个过程是快速衔接的，在时间上不能有任何差错。这样，北美地区的人们就能够欣赏到来自南美洲厄瓜多尔美丽的玫瑰花了。

二、旅途多舛

当然，并不是所有的玫瑰花都能够如此顺利地到达人们手中。在玫瑰花从千里之外的厄瓜多尔农场来到北美各大城市的过程中，任何一个环节发生意外或处理不当都有可能导致玫瑰花香消玉损。比如说，飞机晚点、脱班或飞机货舱容量不够大，抑或冷藏集装箱的温控设备失灵等都会影响玫瑰花的品质。此外，还有一些人为的因素，例如，有些货主为了降低运费，采用没有温控设备的运输工具来运送玫瑰花等。

总而言之，鲜花物流的标准是非常苛刻的。因为鲜花十分容易枯萎甚至腐烂，其结果将导致鲜花一文不值。因此，布里恩花卉物流公司必须将新鲜花卉运输途中可能遇到的各种障碍和意外风险都降到最低。为此，布里恩花卉物流公司牵头，由美国赫尔曼国际货运代理公司主持，成立了迈阿密赫尔曼保鲜物流集团，从事花卉的进出口运输工作；还与联邦快递（FedEx）和 UPS 签订了一体化快递服务合同，把鲜花直接运送到美国各地。

对于生鲜商品来说，流通加工在市场经营过程中发挥着重要作用。合理的流通加工能够降低损耗和成本，提高运输效率和企业效益。

资料来源：https://max.book118.com/html/2020/0513/7145120155002133.shtm。

第一节　流通加工概述

一、流通加工的定义

流通加工是为了提高物流速度和物资的利用率，在物资进入流通领域后，按客户要求进行的加工。这是在物品从生产者向消费者流动的过程中，为了促进销售、维护产品质量、提高物流效率而采取的使物品发生物理和化学变化的一种物流功能。

如果从物流运作的角度来看，流通加工就是为了弥补生产加工的不足，更有效地满足用户或本企业的需要，使产需双方更好地衔接，而在物流过程中进行的加工活动。《中华人民共和国国家标准物流术语》（GB/T18354—2021）对流通加工的定义是：根据顾客的需要，在流通过程中对产品实施的简单加工活动（如包装、分割、计量、分拣、刷标志、栓标签、组装等）的总称。

二、流通加工与生产加工的区别

流通加工是在流通领域中进行的简单生产活动，具有生产制造活动的一般性质。但是，从根本上说二者之间有着明显的区别。生产加工改变的是加工对象的基本形态和功能，是一种创造新的使用价值的活动；而流通加工并不改变商品的基本形态和功能，是一种完善商品的使用功能、提高商品附加价值的活动。二者之间的区别，如表 6—1 所示。

表 6—1　　流通加工与生产加工的区别

项　目	流通加工	生产加工
加工对象	进入流通过程的商品	原材料、半成品、零配件
所处环节	流通过程	生产过程
加工难度	简单	复杂
价值	完善或提高价值	创造价值及使用价值

续表

项　目	流通加工	生产加工
加工单位	流通或商业企业	生产企业
目的	促进销售、维护产品质量、实现物流高效率	消费

三、流通加工的作用

流通加工的作用，主要体现为它对物流服务功能的延伸和增强，具体表现在以下几方面：

（一）弥补生产加工的不足

流通加工实际上是生产加工的延续和深化，它对于弥补生产加工的不足具有十分重要的意义。由于现实的生产系统中存在很多限制性因素，抑制了生产功能的进一步深化，使许多产品在生产领域的加工只能达到某个特定的程度。例如，钢铁厂的大规模生产只能以标准规格为依据组织生产，以使产品具有较强的通用性，同时也可保证生产系统本身的效益和效率。如果要在木材的生产地将其变成成材或制成木制品的话，则往往会导致运输组织的极大困难，所以木材产地的加工一般只能将其加工成圆木或板方材，进一步的下料或切裁加工则须由流通加工来完成。

（二）满足需求的多样化要求

生产企业为了保证高效率的生产，必须采用大批量的生产方式。但通过大批量生产方式生产出来的标准化产品往往难以满足消费者的个性化需求。在没有流通加工业务之前，经常是消费者设置加工环节来解决这一矛盾，这是生产企业和消费者都不愿看到的事情。为了既满足消费者对产品的多样化需要，又保证高效率的大批量生产，将生产出来的标准产品进行多样化改制就显得十分必要。例如，根据消费者需要的特定型号和尺寸，对其所需钢材进行裁剪和预处理。这种流通加工形式的最大好处就是加工目的更接近于消费，可以使消费者感到更加省力、省时和方便。

（三）保护产品的使用价值

物流的整个过程中都存在对产品的保护问题，流通加工能防止产品在运输、储存、装卸、搬运、包装等作业过程中遭受损失，使其使用价值得到顺利实现。一般来说，以保护产品为主要目的的流通加工，并不改变产品的外观或性质特征，加工的深度和水平与加工对象的性质密切相关。这种类型的流通加工主要通过稳固、改装、冷冻、保鲜等手段来完成。

（四）提高物流的作业效率

有些物资由于本身具有某种特殊的形态，而致使物流作业的效率低下，甚至难以进行物流操作。如鲜鱼、鲜肉的装卸和储存，超大设备的装卸、搬运，气体货物的装卸与运输等。在对这类物资进行物流作业之前，首先应对其进行适当的流通加工以弥补其形态缺陷，如鲜鱼、鲜肉的冷冻，超大设备的解体，气体货物的液化等。这类流通加工的目的只是暂时改变货物的物理状态以方便物流作业，物流作业过程结束后仍能恢复其物理原状，而且一般不会改变化学性质。

（五）促进产品的市场销售

在企业竞争日趋激烈的环境下，市场营销成了企业经营战略最核心的内容之一。事实上，在促进产品的市场销售方面，流通加工业可以起到不可替代的作用。例如，将散装或超大包装的货物分装成适宜于销售的小包装，将以保护产品为目的的运输包装改换成以促进销售为目的的装潢件包装，将零配件组装成产成品，将蔬菜或鱼肉洗净切块等形式的流通加工，都可以起到吸引消费者、刺激消费的作用。这种类型的流通加工一般也不改变货物本身的性质，大多只是进行简单的改装，也有部分属于组装、分块等深加工内容。

（六）提高原材料的利用率

利用流通领域的集中加工代替各使用部门的分散加工，可以大幅度提高物资的利用率，具有明显的经济效益。例如，原材料准备过程中的集中套裁可以有效减少原材料的消耗数量，提高加工质量。同时，对于加工后的余料还可使其得到更合理的利用。又如，钢材的集中下料，就可通过合理下料、搭配套裁、减少边角余料等办法，来达到提高加工效率、降低加工费用的目的。

四、流通加工的分类

按照不同的加工目的，流通加工可以分为如下几类：

（一）为适应多样化需求的流通加工

生产企业常采取规模化和标准化生产方式，其产品往往不能完全满足用户的要求。这样，为了满足用户对产品多样化的需要，同时又要保证高效率的大生产，可将生产出来的单一化、标准化的产品进行多样化的改制加工。例如，平板玻璃按所需规格开片加工；木材改制成枕木、板材、方材等。

（二）为方便消费的流通加工

根据下游生产的需要将商品加工成生产直接可用的状态，例如，将木材制成可直接投入使用的各种型材，将水泥制成混凝土拌和料，施工时只需稍加搅拌即可使用等。

（三）为保护产品所进行的流通加工

在物流过程中，为了保护货物的使用价值，延长货物在生产和使用期间的寿命，防止货物在运输、储存、装卸、搬运、包装等过程中遭受损失，可以采取稳固、改装、保鲜、冷冻、涂油等方式。例如，水产品、肉类、蛋类的保鲜冷冻加工、防腐加工等；丝、麻、棉织品的防虫、防霉加工等。

（四）为弥补生产领域加工不足的流通加工

由于受到各种因素的限制，许多产品在生产领域只能加工到一定程度，而不能完全实现终极的加工。例如，木材如果在产地完成成材加工或制成木制品的话，就会给运输带来极大的困难，所以，在生产领域只能加工到圆木、板、方材这个程度，进一步的下料、切裁、处理等加工则由流通加工完成。

（五）为促进销售的流通加工

流通加工也可以起到促进销售的作用。比如，将过大包装或散装物分装成适合销售的小包装的分装加工；将以保护货物为主的运输包装改换成以促进销售为主的销售包装，以起到吸引消费者、促进销售的作用；将蔬菜、肉类洗净切块以方便消费者等。

（六）为提高加工效率的流通加工

由于数量有限，许多生产企业的初级加工效率不高，也难以投入先进的科学技术。流通加工以集中加工的形式，解决了单个企业加工效率不高的弊病。以规模化的集中加工代替若干家生产企业分散的初级加工，可以提高生产加工水平。

（七）为提高物流效率、降低物流损失的流通加工

有些货物本身的形态使之难以进行物流操作，而且货物在运输、装卸搬运过程中极易受损，因此需要进行适当的流通加工加以弥补，从而使物流各环节易于操作，提高物流效率，降低物流损失。例如，造纸用的木材磨成木屑的流通加工，可以极大提高运输工具的装载效率；自行车在消费地区的装配加工可以提高运输效率，降低损失。

（八）为衔接不同运输方式、使物流更加合理地流通加工

在干线运输和支线运输的节点设置流通加工环节，可以有效解决大批量、低成本、长距离的干线运输与多品种、少批量、多批次的末端运输之间的衔接问题。在流通加工点与大生产企业间形成大批量、定点运输的渠道，以流通加工中心为核心，组织对多用户、小批量的配送。

（九）生产-流通一体化的流通加工

依靠生产企业和流通企业的联合，或者生产企业涉足流通，或者流通企业涉足生产，形成的对生产与流通加工进行合理分工、合理规划、合理组织，统筹进行生产与流通加工的安排，这就是生产-流通一体化的流通加工形式。这种形式可以促成产品结构及产业结构的调整，充分发挥企业集团的经济技术优势，是目前流通加工领域的新形式。

（十）为实施配送进行的流通加工

这种流通加工形式是配送中心为了实现配送活动，满足客户的需要而对物资进行的加工。例如，混凝土搅拌车可以根据客户的要求，把沙子、水泥、石子、水等各种不同材料按比例要求装入可旋转的罐中。在配送过程中，汽车边行驶边搅拌，到达施工现场后，混凝土已经均匀搅拌好，可以直接投入使用。

第二节　流通加工的技术

一、生产资料的流通加工

（一）商品混凝土的加工

在许多建筑工程中，常常把水泥、砂石等经搅拌系统加工成混凝土进行配送。混凝土搅拌机械是搅拌混合机械中常用的设备之一，它是将水泥、骨料、砂和水均匀搅拌，制备混凝土的专用机械设备，主要包括混凝土搅拌机械、混凝土搅拌钻、混凝土输送车、混凝土输送泵和车泵等。

混凝土搅拌输送车的特点是在运送混合料数量大、运距较远的情况下，能保证混凝土的质量均匀，不发生离析、泌水的现象，适合于在市政、公路、机场、水利工程、大型建筑物基础及特殊混凝土工程机械化施工中使用，是商品混凝土生产中不可缺少的一种配套设备。混凝土搅拌输送车由载重汽车底盘与搅拌装置两部分组成，因此搅拌输送车能按汽车行驶条件运行，并用搅拌装置来满足混凝土在运输配送过程中的要求。

（二）水泥熟料的加工

成品水泥呈粉状。粉状水泥的运输、装卸需要采用多种措施，才能减少损耗及污染，在需要长途运输水泥的地区，可以从水泥厂购入水泥半成品，即水泥熟料，运输比较方便，然后在本地区的磨细工厂把熟料磨细，并根据当地资源和需求情况加入混合材料及附加剂，加工为成品水泥。

在需要经过长距离输送的情况下，以熟料形态代替传统的粉状水泥有很多优点：一是可以大大降低运费，节省运力；二是可以按照当地的实际需要大量掺加混合材料；三是容易以较低的成本实现大批量、高效率的输送；四是可以大大降低水泥的输送损失；五是能更好地衔接产需，方便用户。采用长途输送熟料的方式，水泥厂就可以和有限的熟料粉碎厂之间形成固定的直达渠道，能实现经济效果较优的物流。

（三）金属板材的剪切

由于钢铁生产企业是规模生产，只能按规格进行生产，以使产品有较强的通用性，使生产有较高的效率，一般不可能实现用户需求的终极加工。而流通企业为了方便用户和提高自身经济效益，可以按用户要求进行加工，如物资流通企业对钢板和其他金属板材的剪切加工等，就颇受中、小用户的欢迎。

钢板剪板及下料的流通加工有如下几项优点：一是由于可以选择加工方式，加工后钢材的晶相组织较少发生变化，可保证原来的交货状态，有利于高质量的保证；二是加工精度高，可减少废料、边角料，也可以减少进行再加工的切削量，既可提高再加工效率，又有利于减少消耗；三是由于集中加工可保证批量及生产的连续性，可以专门研究此项技术并采用先进设备，从而大幅度提高效率和降低成本；四是使用户能简化生产环节，提高生产水平。

（四）木材加工和集中下料

在流通领域可以将原木锯截成各种规格的锯材（如板材、方木），同时将碎木、碎屑集中加工成各种规格板。这种加工可以提高效益，方便用户。过去用户直接使用原木，不但加工复杂、占用场地、加工设备多，而且资源浪费大，木材利用率不到50%，出材率不到40%。实行集中下料，按用户要求供应规格料，可以把原木利用率提高到95%，出材率提高到72%左右。

（五）平板玻璃的切割下料

按用户提供的图纸对平板玻璃套材开片，向用户提供成品玻璃。用户可以将其直接安装在采光面上。这不但方便用户，而且可以提高玻璃材料的利用率。玻璃的切割机械有多种，自动切割机是一种常用的设备。玻璃自动切割机由切桌、切割桥、控制箱、供电柜等主要部件组成。

（六）工业用煤的流通加工

工业用煤的流通加工主要有三种形式：

(1)除矸加工。除矸加工是以提高煤炭纯度为目的的加工形式。企业为了不运矸石，多运“纯物质”，提高运力，降低成本，采用除矸的流通加工排除矸石。

(2)为管道输送煤浆进行煤浆加工。一般的煤炭运输方法损失浪费较大。管道运输是近代兴起的一种先进技术。在流通的起始环节将煤炭磨成细粉，便有了一定的流动性，再用水调和成浆就可以像液体一样进行管道输送。

(3)配煤加工。不同的工业生产需用不用的煤质。如果发热量太大，则造成热能的浪费；如果发热量太小，则不能满足使用要求。从煤矿运出的一般都是品种单一的煤炭，不能满足用户多样性的需求。流通企业根据用户的具体要求，将各种煤及一些其他发热物质按一定的配方进行掺配混合加工，生产出各种不同发热量的燃料。

（七）气体的液化加工

由于气体输送、保存都比较困难，天然气及石油气往往只好就地使用，如果当地资源充足而使用不完，往往就地燃烧掉造成浪费和污染。天然气、石油气的输送可以采用管道，但因投资大，输送距离有限，也受到制约。在产出地将天然气或石油气压缩到临界压力之上，使之由气体变成液体，就可以用容器装运，使用时机动性比较强。

二、消费资料的流通加工

（一）机电产品的分割和组装加工

自行车及中小型机电产品的运输配送、储存保管具有一定困难，主要原因是不易进行包装，如进行防护包装则成本过大，并且运输装卸困难，效率也较低，容易丢失。这些货物有一个共同特点，即装配比较简单，技术要求不高，不需要进行复杂的检验和调试，因此可采用半成品（部件）高容量包装，在消费地拆箱组装，组装后随即进行市场销售。

有些大型整体设备的体积很大，运输装卸困难，也可按技术要求进行分割，分为体积较小的几部分进行运输，到达目的地再连接起来，恢复原型。

（二）货物的捆扎

捆扎机械是利用带状或绳状捆扎材料将一个或多个包装紧扎在一起的设备。利用机械捆扎代替传统的手工捆扎，不仅可以加固包件，减少体积，便于装卸搬运和储存保管，确定运输配送安全，还可以大大降低捆扎的劳动强度，提高工效，因此它是实现包装机械化、自动化必不可少的机械设备。

（三）粘贴货物标签

为了识别和验收的需要，往往要在货物上面粘贴标签和其他标识单据，可用粘贴机作业。粘贴机的主要作用是采用粘结剂将标签贴在包件或产品上。粘贴机基本由供签装置、取签装置、打印装置、涂胶装置和连锁装置等几部分组成。

第三节　流通加工合理化

一、不合理流通加工的主要形式

（一）流通加工地点选择的不合理

流通加工地点的选择是影响整个流通加工过程的重要因素。通常情况下，为了满足大批量生产与多样化需求而设置的流通加工地点多选择在需求地附近，因为只有这样才能同时发挥大批量干线运输与多品种末端配送的物流优势。在此情况下，如果将流通加工点设置在生产地附近，则显然是不合理的，其不合理性主要表现在以下几方面：

（1）多品种、小批量商品大量地出现在生产地附近，无疑会增加产品长距离运输的复杂性和组织难度，导致流通活动过程的不合理。

（2）在生产地附近增加一个流通加工环节，会无端地增加近距离装卸搬运、运输和储存等一系列物流活动。所以，在此情况下，不如由原来的生产加工单位直接完成这种加工任务，而无须设置另外的流通加工环节。

（3）为了提高物流的作业效率而设置的流通加工点应设置在生产地附近，使产品在进入社会物流之前进行流通加工，因为如果将其设置在消费地附近及主要的物流作业完成之后，则不但不能为物流作业提供方便，反而会在流通过程中增加中转环节，所以也是不合理的。

（4）即使流通加工的地点选择在生产地或需求地的决策正确，也并不代表流通加工地点的选择就一定合理，因为还存在流通加工地点在更小地域范围内的选址问题。如果决策失误，仍然会导致很多的不合理现象。这些不合理现象主要表现为交通不便，流通加工与生产企业或用户之间距离较远，受地价等因素的影响，导致流通加工点的投资过高、加工点周边的社会及自然环境条件不良等。

（二）流通加工方式选择不当

流通加工方式涉及流通加工的对象、流通加工的工艺、流通加工的技术、流通加工的加工程度等内容。确定流通加工方式时需要考虑的最主要问题是如何将流通加工与生产加工进行合理分工。如果分工不合理，则导致本来应由生产加工完成的任务却错误地由流通加工来完成，或本应由流通加工完成的任务却错误地由生产过程来完成，都是不科学的。

流通加工不是对生产加工的简单代替，而是对生产加工的一种补充和完善。所以，一般而言,如果加工的工艺过于复杂或技术要求过高,或者加工任务可以由生产环节延伸后轻易完成的,都不宜再设置流通加工点。需要特别强调的是,流通加工尤其不应与生产环节争夺技术要求高、经济效益好的加工内容,更不宜利用特定时期内的市场压力使生产者只从事初级加工或前期加工,而由流通企业完成深加工或最终装配任务。事实上,如果流通加工的方式选择不当,很容易出现流通加工与生产环节争夺利益的不合理局面。

(三)流通加工的作用不大,形成多余环节

有的流通加工工序过于简单,或者对生产及消费者作用都不明显。这种类型的流通加工对产品的品种、规格、质量和包装状况的改变效果都不大,相反却会增加流通环节的复杂性,这均属于不合理的流通加工。

(四)流通加工成本过高,效益不好

流通加工之所以有生命力,重要的原因之一就是因为它有较好的产出投入效果,并能有效地补充和完善生产加工的不足。如果流通加工的成本过高,就难以实现流通加工环节本身的经济目标。因此,除了极个别政策要求必不可少的流通加工类型即便亏损也须坚持外,其他投入产出效果差的流通加工环节都属于不合理的流通加工,都应该及时转行或取消。

二、流通加工合理化的主要措施

流通加工合理化是指通过流通加工资源的最优配置,使流通加工活动本身至少具有存在的价值,进而实现整个物流系统效率和效益的最大化过程。为了避免不合理流通加工的出现,决策者应该对诸如是否应设置流通加工环节、在什么地点设置流通加工点、选择什么类型的加工工艺、采用什么样的技术装备等问题,进行正确的决策。目前,我国的物流工作者在这些方面已经积累了一些经验,取得了不少成果,综合起来就是,在流通加工合理化的过程中应该实现如下几方面的结合。

(一)加工与配送相结合

加工与配送相结合就是将流通加工点设置在配送节点内,一方面,可以按配送的需要进行加工;另一方面,加工又可以成为配送业务中的分货、拣货或配货作业的一环,加工后的产品直接投入配货作业。加工与配送结合后,就无须额外设置单独的加工环节,使流通加工有别于生产加工,将加工与中转流通巧妙地结合在一起。同时,由于配送之前有加工,可使配送服务的水平大幅度提高。这种结合是当前流通加工中采用最多的方式之一,在煤炭、水泥等产品的流通中被广泛采用。

(二)加工与配套相结合

在对配套要求较高的产品流通中,可以采用加工与配套相结合的方式来实现流通加工的合理化。一般情况下,设备配套的主体来自各个小生产单位,但是,现有的生产单位有时无法提供完整的配套,必须通过流通加工点生产部分零配件才能最终完成配套。所以,加工与配套相结合可以有效地促进配套工作,强化流通的桥梁与纽带作用。

(三)加工与运输相结合

流通加工能有效衔接干线与支线运输,促进两种运输形式的有机结合。在支线转干线运输或干线转支线运输的物流节点内,物资是有停顿的。如果在此环节设置流通加工点,则可以分别按照干线或支线运输的合理化要求进行适当加工,加工完成之后再进行中转作业,这种加工会同时提高中转及运输的作业效率。

（四）加工与商流相结合

通过流通加工来促进销售，提高商流的合理化程度，也是流通加工合理化考虑的方向之一。流通加工与配送的结合，可以提高配送水平、强化销售，是加工与商流相结合的成功例证之一。

此外，通过简单地改变包装，形成方便的购买形态；通过组装加工，解除用户使用前进行组装或调试的麻烦等，都是有效促进商业流通的例子。

（五）加工与节约相结合

节约能源、节约设备、节约人力、节约耗费等都是流通加工合理化需要考虑的重要问题。对流通加工合理化的最终评价，应看其能否实现社会和经济双重效益。与一般的生产性企业不同的是，流通加工企业应该更加重视自身业务的社会效益。如果为了追求自身的局部利益而从事不合理的流通加工业务，甚至与生产企业争利，就违背了流通加工活动的初衷，或者其本身已经不属于流通加工的范畴了。

案例分析

阿迪达斯公司的组合式鞋店

阿迪达斯公司在美国有一家超级市场，设立了组合式鞋店，摆放着不是做好了的鞋，而是做鞋用的半成品。款式花色多样，有 6 种鞋跟、8 种鞋底，均为塑料制造的，鞋面的颜色以黑、白为主，搭带的颜色有 80 种，款式有百余种。顾客进来可任意挑选自己所喜欢的各个部位，交给职员当场进行组装。只要 10 分钟，一双崭新的鞋便唾手可得。这家鞋店昼夜营业，职员技术熟练。鞋子的售价与成批制造的价格差不多，有的还稍便宜些。所以顾客络绎不绝，销售金额比邻近的鞋店多十倍。

资料来源：https://www.asklib.com/view/0f101107289b.html。

思考题：

1. 阿迪达斯公司组合式鞋店成功的原因是什么？
2. 此案例体现了流通加工的哪些作用？

【思维导图】

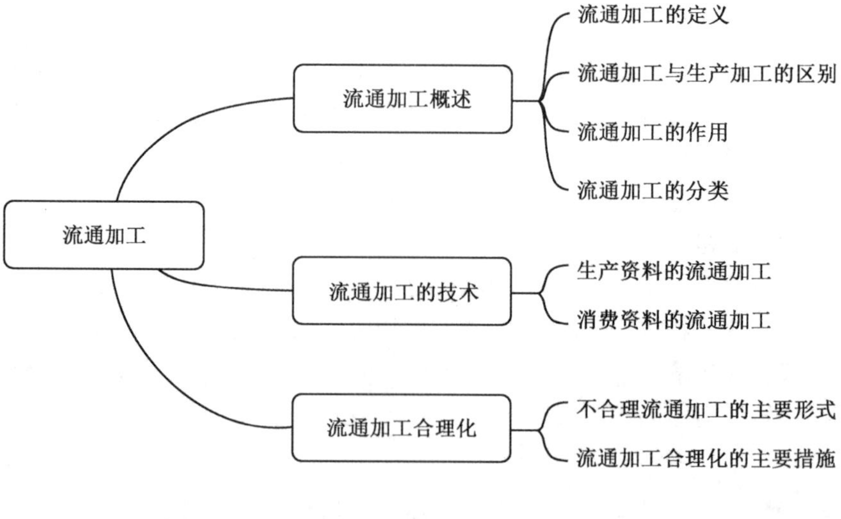

习 题

一、单项选择题

1. 关于流通加工的理解,正确的是(　　)。

A. 流通加工的对象是不进入流通过程的商品,不具有商品的属性,因此流通加工的对象不是最终产品,而是原材料、零配件、半成品

B. 一般来讲,如果必须进行复杂加工才能形成人们所需的商品,那么这种复杂加工应专设生产加工过程,而流通加工大多是简单加工,而不是复杂加工,因此流通加工可以是对生产加工的取消或代替

C. 从价值观点看,生产加工的目的在于创造价值及使用价值,而流通加工则在于完善其使用价值并在不做大改变情况下提高价值

D. 流通加工的组织者是从事流通工作的人,能密切结合流通的需要进行这种加工活动。从加工单位来看,流通加工与生产加工则都由生产企业完成

2. 根据流通加工定义,下列属于流通加工的是(　　)。

A. 某工厂采购布匹、纽扣等材料,加工成时装并在市场上销售

B. 某运输公司在冷藏车皮中保存水果,使之运到目的地更新鲜

C. 杂货店将购买时的西红柿按质量分成每千克 1 元和每千克 2 元两个档次销售

D. 将马铃薯通过洗涤、破碎、筛理等工艺加工成淀粉

3. 将钢板进行剪板、切裁;钢筋或圆钢裁制成毛坯;木材加工成各种长度及大小的板等加工方式是(　　)加工。

A. 生产　　B. 来样　　C. 来料　　D. 流通

4. 以下四个选项中,不属于实现流通加工合理化的是(　　)。

A. 加工和配套结合　　B. 加工和配送分离

C. 加工和合理运输结合　　D. 加工和合理商流相结合

5. 超市在对各类肉沫、鸡翅、香肠等上架之前,进行加工,如清洗、贴条形码、包装等,属于(　　)。

A. 冷冻加工　　B. 分选加工　　C. 精致加工　　D. 分装加工

二、多项选择题

1. 流通加工的过程包括(　　)。

A. 形成产品零配件、半成品的过程　　B. 产品的辅助性补充加工

C. 创造价值和使用价值的过程　　D. 完善产品使用价值并提高附加价值

2. 关于流通加工的理解,(　　)是不正确的。

A. 流通加工可以是对生产加工的取消或代替

B. 流通加工的目的在于完善其使用价值并在不做大改变情况下提高价值

C. 从加工单位来看,流通加工与生产加工则都由生产企业完成

D. 流通加工具有生产制造活动的一般性质

3. 属于生产资料流通加工的是(　　)。

A. 木材流通加工

B. 玻璃流通加工

C. 水泥流通加工

D. 大包装或散装物分装成适合依次销售的小包装的分装加工

4. 实现流通加工合理化主要考虑(　　)方面。

A. 加工与配套结合　　B. 加工和配送结合

C. 加工和合理商流相结合　　D. 加工和合理运输结合

5. 不合理流通加工的主要形式有(　　)。

A. 流通加工作用不大,形成多余环节　　B. 流通加工成本过高,效益不好

C. 流通加工地点设置不合理　　D. 流通加工方式选择不当

三、问答题

1. 流通加工的概念和地位是什么?

2. 流通加工和一般的生产加工的区别有哪些?

3. 流通加工合理化的主要措施有哪些?

第七章　配送管理

案例导入

沃尔玛的配送策略

沃尔玛是世界上最大的零售企业之一，由美国零售业传奇人物山姆·沃尔顿于1962年在阿肯色州成立。在短短几十年间，沃尔玛由一家小型折扣商店发展成为世界上的零售业巨头。

沃尔玛之所以能在如此短的时间内不断壮大，超越对手，在很大程度上依赖于沃尔玛物流体系所起的作用。经济学家斯通博士在研究美国零售业时发现：在美国的三大零售企业中，物流成本占销售额的比例在沃尔玛是1.3%，在凯马特是8.75%，在希尔斯则为5%。以销售额100亿美元计算，沃尔玛的物流成本要比凯马特少7.45亿美元，比希尔斯少3.7亿美元，即沃尔玛的物流成本优势非常明显。

为降低配送成本，沃尔玛极力寻求最合适地点建立配送中心。配送中心一般设立在100多家零售店的中央位置。这样既可以让一个配送中心满足附近100多个销售网点的需求，同时运输的总距离也可以达到最短。每个配送中心负责区域内多家商场的送货，为了保证送货的及时性，从配送中心到各家商场的路程一般不会超过一天行程，商品从配送中心到任何一家商店的时间不超过48小时，沃尔玛的分店货架平均一周可以补货2次，而其他同业商店平均两周才能补货1次。通过维持尽量少的存货，沃尔玛既节省了存储空间又降低了库存成本。

配送中心一般不设在城市里，而是在郊区，这样有利于降低成本。沃尔玛把货品送门店的配送成本只相当于销售额的3%，而其竞争对手做同样的事情一般要付出5%。随公司的发展壮大，沃尔玛配送中心的数量也在不断增加。如今，沃尔玛拥有110个配送中心，为全球近6 000家商店提供配送服务。沃尔玛全球销售的8万多种商品中的85%由配送中心供应，而其竞争对手只有50%～65%的商品集中配送。

配送中心除了负责配送之外，还负责收集和整理各分店的订单信息，然后向供应商订货。供应商可以把商品直接送到订货的商店，也可以送到配送中心。

在配送中心，计算机掌管着一切。供应商将商品送到配送中心后，先经过核对采购计划、商品检验等程序，再分别送到货架的不同位置存放。当每一样商品储存进去的时候，计算机都会把它们的方位和数量记录下来；一旦商店提出要货计划，计算机就会查找出这货物的存放位置，并打印出印有商店代号的标签贴到商品上。整批量包装的商品将被直接送传送带，零散的商品由工作人员取出后，也会被送上传送带。商品在长达几千米的传送带上传送，通过激光辨别商品条形码，确定商品的目的地，传送带上一天输出的货物可达2万箱。对于零散的商品，传送带上有一些信号灯，工作人员根据信号灯的提示确定货品将被送往的商店，来取这些商品，并将取到的商品放到一个箱子当中，以避免浪费空间。配送中心的一端是装货平台，可供130辆卡车同时装货，另一端是卸货平台，可同时停放135辆卡车。配送中心24小时不停地运转，平均每天接待的装卸货物的卡车超过200辆。沃尔玛用一种尽可能大的卡车运送货物，它们有16米加长的货柜，比集装箱运输卡车更长或者更高。在美国的公路上经常可以看到这样的车队，沃尔玛的卡车都是自己的，司机也是沃尔玛的员工，他们在美国的各个州之间的高速公路上运行，而且车中的每立方米都被填得满满的，这样非常有助于节约成本。

沃尔玛的所有运输卡车全部安装了卫星定位系统，每辆车在什么位置、装载什么货物、目的地是什么地方，总部都一目了然。因此，在任何时候，调度中心都可以知道这些车辆在什么地方，离商店还有多远；他们也可以了解到某个商品运输到什么地方，还有多少时间才能运输到商店。对此，沃尔玛精确到小时。如果员工知道车队由于天气、修路等原因耽误了到达时间，装卸工人就可以不用再等待，而安排别的工作。

资料来源：百度百科，https://baike.baidu.com/item/沃尔玛百货有限公司。

第一节　配送概述

一、配送的概念及其与物流相关环节的关系

（一）配送的定义、特点与作用

1. 配送的定义

配送是指“在经济合理区域范围内，根据客户要求，对物品进行拣工、包装、分割、组配等作业，并按时送达指定地点的物流活动”（GB/T 18354—2021）。

配送是物流中一种特殊的、综合的活动形式，主要包括备货、储存、分拣及配装、配送运输、送达服务、配送加工等功能。配送几乎包括所有的物流功能、要素，是经济合理区域范围内物流的一个缩影。

2. 配送的特点

配送是在使用各种运输方式的基础上，综合考虑企业的成本、服务水平所确定的合理的输送模式。它具有如下特点：

（1）配送是送货、分货、配货等活动有机结合的整体，同时还与订货系统紧密联系，其功能是多样化的。

（2）配送的全过程有现代化技术和装备的保证，在规模、水平、效率、速度、质量等方面远远超过以往的送货形式。

（3）配送是一种专业化的分工方式，是大生产、专业化分工在流通领域的体现。

（4）配送是按用户需求进行的商品组配与送货活动，用户处于主导地位，配送企业处于服务地位。

3. 配送的作用

（1）有利于实现物流合理化。配送不仅能促进物流的专业化、社会化发展，还通过运动形态和优势调整流通结构，促使物流实现“规模经济”。从组织形态上看，集中的、完善的送货取

代分散和单一的取货;在资源配置上,则是以专业组织的集中代替社会上的零散库存,衔接了供需关系,打破了流通分割和封锁的格局,很好地满足社会化大生产的发展需要。

(2)完善了运输及整个物流系统。在干线运输之后,往往都要辅以支线运输或短距离搬运,这种支线运输或短距离搬运成了物流的一个薄弱环节。这个环节和干线运输有相同点,如要求灵活性、适应性、服务性,往往导致运力利用不合理、成本过高等问题。采用配送方式,将支线运输及短距离搬运统一起来,发挥它们的各自优点并在过程中得以优化和完善。

(3)提高了末端物流的效益。采用配送方式,集中进货,实现规模经济,又通过将需求汇总后集中发货,代替分别向不同用户小批量发货,以达到降低成本的目的,提高了经济效益。

(4)通过集中库存使企业实现低库存或零库存。发展配送,生产企业可以实施集中统一配送的生产经营方式,这样生产企业可以完全依靠配送而无须维持库存,或都有少量安全库存而不必持有经常库存,从而实现"零库存"。采用这种方式,将降低整个生产系统的库存,发挥规模经济的优势,降低库存成本。

(5)简化事务,方便用户。采用配送方式,可以将客户订购的多种货物统一配送,从而减少送货次数,减轻客户的工作量和负担,节省了事务开支。

(6)提高供应保证程度。受到资金的限制,生产企业自己保持库存,维持生产,供应保证程度很难提高。采取配送方式,配送中心可以比任何单位企业的储备量更大,因而对每个企业而言,中断供应、影响生产的风险便相对缩小,可使用户免去货物短缺之忧。

另外,配送为电子商务的发展提供了基础和支持。电子商务打破了消费的地域性限制,使得消费者足不出户就可以购买到任何想要的商品。电子商务之所以能够带给消费者这种快捷、方便的服务,与物流配送服务的支持是分不开的。

(二)配送与物流相关环节的关系

1. 配送与运输的关系

运输和配送都是线路活动。我们知道,物流所有的活动通常是在线路和物流节点完成的。运输活动必须通过运输工具在运输线路上移动才能实现物品的位置移动,这是一种线路活动。配送以送为主,属于运输范畴,也是线路活动。配送和运输之间是相互补充的作用。一般而言,运输通常在供应链的上游作业,配送在供应链的下游作业。配送与运输的差异在于:

(1)从线路上看:运输通常为干线运输,运输距离长;配送通常为支线运输(末端运输),运输距离较短,导致配送运输难度更大。

(2)从商品品种上看:运输通常是少品种、大批量运输,配装配载难度小;配送通常是多品种、少批量运输,配装配载难度大。

(3)从运输工具上看:运输的完成可以根据需要选用运输工具,五种运输工具均常见,以大型货车或铁路、水路运输居多;配送的完成因为其送货区域较小,客户需求量较少,通常以小型货车最为常见。

(4)从管理目的来看:运输以效率优先,在运输过程中重点考虑的是如何降低运输成本,选用最合适的线路、最合适的运输工具来完成运输任务;配送以服务优先,配送首先是考虑根据不同客户的需求和服务要求采取不同的配送方式,其次再考虑降低成本的可能性。

(5)从附属功能来看:运输通常有装卸、捆包作业,其作业环节比较单一;配送通常有装卸、保管、包装、分拣、流通加工等作业,其作业环节的复杂程度根据商品特征有很大差别,但通常比运输的环节多,复杂,不确定性较大。

2. 配送与送货的关系

配送的本质是送货，在历史上两者之间非常接近，但是随着现代物流的飞速发展两者之间不再等同。两者的区别主要有以下几点：

(1)配送比送货的内容广。配送是综合性的、一体化的物流运动。从运动环节上看，配送包含货物运输、集货、存货、理货、拣选、配货、配装等活动；从运作程序上看，配送贯穿着搜集信息、备货、运送货物等。而送货仅仅只是将货送到一项活动。

(2)配送与送货的目标不同。送货方式对用户而言，只是满足其部分需求，这是因为送货人有什么送什么。而配送则将用户的需求作为目标，在观念上是“用户第一”，具体体现为用户需要什么送什么，希望什么时候送便什么时候送。

(3)配送需要信息系统相配合。配送不仅是分货、配货、送货等活动的有机结合形式，而且，它与订货、销售系统也有密切联系。因此，配送必须依赖物流信息的作用，建立完善的配送系统，运用现代化的配送方式，这是送货不可比拟的。

(4)配送的技术要求高。现代配送的全过程必须有现代化的技术装备和管理方法做保证。因此，配送在规模、效率、速度、质量、服务水平方面都远远超过了传统的送货形式。配送活动大量采用各种传输设备及识别码、拣选等机电设备，使物流作业像流水线一样工厂化。因此，与传统送货形式相比，还有现代技术的差距，配送也是科学技术进步的产物。

(5)配送是一种体制上的演进。传统的送货形式只是一种推销代运的手段。或者说商品在运输紧张的条件下，代运可作为一种扩大推销、取得竞争优势的手段。配送则达到一种物流职能，是大生产、专业化分工在流通领域的反应。所以，如果说传统送货是一种代客托运的服务方式的话，那么配送就是一种物流体制上的演进，最终要发展为“配送制”。

二、配送的分类

为了满足不同产品、不同企业、不同流通环境的要求，经过较长一段时期的发展，国内外创造出多种形式的配送。这些配送形式都有各自的优势，但同时也存在其一定的局限性。按组织方式和对象特性的不同，配送包括以下多种分类形式。

(一)按配送组织者的不同分类

1. 配送中心配送

(1)这种配送的组织者是专职配送中心，规模比较大。其中，有的配送中心由于需要储存各种商品，储存量也比较大；也有的配送中心专职组织配送，储存量较小，需要附近仓库来补充货源。

(2)由于配送中心专业性比较强，与用户之间存在固定的配送关系，因此一般情况下都实行计划配送。需要配送的商品有一定的库存量，但是一般情况下很少超越自己的经营范围。

(3)配送中心中的设施及工艺流程一般是根据配送的需要而专门设计的，所以配送能力强，配送距离较远，配送的品种多，配送的数量大，可以承担工业生产用主要物资的配送及对商店进行补充性配送等。

(4)配送中心配送是配送的重要形式，不但在数量上占主要部分，而且也作为某些小配送单位的总据点，因而发展较快。

(5)配送中心配送，覆盖面较宽，必须有一套配套的大规模实施配送的设施，比如配送中心建筑、车辆、路线、其他配送活动中需要的设备等。这些设施一旦建成，便很难改变，灵活机动性较差，投资较高，很难大量建立配送中心。因此，这种配送形式有一定的局限性。

2. 商店配送

(1)这种配送形式的组织者是商业或物资的门市网点。这些网点主要承担商品的零售,一般来讲,规模不大,但经营品种却比较齐全。除日常经营的零售业务外,这种配送方式还可根据用户的要求,将商店经营的品种配齐,或代用户外订外购一部分本商店平时不经营的商品,并与商店经营的品种一起配齐运送给用户。

(2)这种配送的组织者实力有限,往往只是零星商品的小量配送,所配送的商品种类繁多但是用户需求量不大,甚至有些商品只是偶尔需要,很难与大配送中心建立计划配送关系,所以常常利用小零售网点从事此项工作。

(3)由于商业及物资零售网点数量较多、配送半径较小,所以比较灵活机动,可承担生产业非主要生产物资的配送及对消费者个人的配送。这种配送是配送中心配送的辅助及补充形式。

3. 仓库配送

这种配送形式是以一般仓库为据点来进行配送。它可以是把仓库完全改造成配送中心,也可以是在保持仓库原功能的前提下,以仓库原功能为主,再增加一部分配送职能。由于不是按配送中心要求专门设计和建立的,所以,一般来讲,仓库配送的规模较小、专业化比较差。但是由于可以利用原仓库的储存设施及能力、收发货场地、交通运输线路等,所以既是开展中等规模的配送可以选择的形式,同时也是较为容易利用现有条件而不需大量投资、上马较快的形式。

4. 生产企业配送

这种配送形式的组织者是生产企业,尤其是进行多品种生产的生产企业。这些企业可以直接从本企业开始进行配送,而不需要再将产品发运到配送中心进行中心配送。

由于避免了一次物流的中转,所以生产企业配送具有一定优势。但是由于现代生产企业,往往实行大批量低成本生产,品种较为单一,因此无法像配送中心那样依靠产品凑整运输取得优势。因此,生产企业配送不是配送的主体,它只是在地方性较强的产品生产企业中应用较多。如就地生产、就地消费的食品、饮料、百货等。此外,在生产资料方面,某些不适于中转的化工产品及地方建材也常常采取这种方式。

(二)按配送时间及数量的不同分类

1. 定时配送

定时配送是指按规定时间间隔进行配送,比如数天或数小时一次等,而且每次配送的品种及数量可以根据计划执行,也可以在配送之前用商定的联络方式(比如电话、计算机终端输入等)通知配送的品种及数量。

由于这种配送方式时间固定、易于安排工作计划、易于计划使用车辆,因此,对于用户来讲,也易于安排接货的力量(如人员、设备等)。但是,由于配送物品种类的变化,配货、装货难度较大,因此如果要求配送数量变化较大时,也会使安排配送运力出现困难。具体来讲,定时配送又包括以下两种形式:

(1)日配(当日配送)。日配是定时配送中施行较为广泛的方式,尤其是在城市内的配送中,日配占了绝大多数比例。日配的时间要求大体上是,上午的配送订货下午可送达,下午的配送订货第二天早上送达,即实现送达时间在订货后的 24 小时之内。

(2)准时看板方式。准时看板方式是实现配送供货与生产企业生产保持同步的一种配送方式。与日配方式和一般定时配送方式相比,这种方式更为精细和准确。其配送每天至少一次,甚至几次,以保证企业生产的不间断。这种配送方式的目的是实现供货时间恰好是用户生产之时，从而保证货物不需要在用户的仓库中停留，而可直接运往生产场地，可以更接近零库存。

2. 定量配送

定量配送是指按照规定的批量，在一个指定的时间范围内进行配送。这种配送方式数量固定，备货工作较为简单，可以根据托盘、集装箱及车辆的装载能力规定配送的数量，既能有效利用托盘、集装箱等集装方式，也可做到整车配送，配送效率较高。由于时间不严格，因此可以将不同用户所需的物品凑成整车后配送，运力利用也较好。

3. 定时定量配送

定时定量配送是指按照所规定的配送时间和配送数量进行配送。这种方式兼有定时、定量两种方式的特点，但是其对配送企业要求高，管理和作用难度较大，计划难度大。

4. 定时、定路线配送

定时、定路线配送是指在规定的运行路线上，制定到达时间表，按运行时间表进行配送；用户则可以按规定的时间和地点接货，也可按规定的时间和地点提出配送要求。采用这种方式有利于计划安排车辆及驾驶人员。在配送用户较多的地区，也可以免去十分复杂的配送要求所造成的配送组织工作及车辆安排的困难。对于用户来讲，既可以在一定路线、一定时间内进行选择，又可以有计划地安排接货力量。但这种方式应用领域也是有限的。

5. 即时配送

即时配送是指完全按照用户突然提出的时间、数量方面的配送要求，随即进行配送的方式。这是一种有很高灵活性的应急方式，采用这种方式可完全替代安全库存，实现零库存。

(三)按配送商品种类及数量的不同分类

1. 单(少)品种大批量配送

对于工业企业需要量较大的商品，由于单独一个品种或几个品种就可达到较大输送量，可以实行整车运输，这种情况下就可以由专业性很强的配送中心实行配送，往往不需要再与其他商品进行搭配。由于配送量大，可使车辆满载并使用大吨位车辆。这种情况下，由于配送中心的内部设置、组织、计划等工作也较为简单，因此配送成本较低。但是，如果可以从生产企业将这种商品直接运抵用户，同时又不致使用户库存效益下降时，采用直送配送方式则往往效果更好一些。

2. 多品种、少批量配送

多品种、少批量配送是根据用户的要求，将所需的各种物品(每种物品的需要量不大)配备齐全，凑整装车后由配送据点送达用户。这种配送作业水平要求高，配送中心设备要求复杂，配货送货计划难度大，因此需要有高水平的组织工作保证和配合。而且，在实际中，多品种、少批量配送往往伴随多用户、多批次的特点，配送频率往往较高。

配送的特殊作用主要反映在多品种、少批量的配送中。因此，这种配送方式在所有配送方式中是一种高水平、高技术的方式。这种方式也与现代社会中的“消费多样化”“需求多样化”等新观念刚好相符合，因此是许多发达国家推崇的方式。

3. 配套成套配送

这种配送方式是指根据企业的生产需要，尤其是装配型企业的生产需要，把生产每一台件所需要的全部零部件配齐，按照生产节奏定时送达生产企业，生产企业随即可将此成套零部件送入生产线以装配产品。这种配送方式中，配送企业承担了生产企业大部分的供应工作，使生产企业可以专心于生产，与多品种、少批量的配送效果相同。

（四）按配送经营形式的不同分类

1. 销售配送

销售配送是指生产企业、流通企业售出产品或商品的配送过程，也指生产者或持有者对商品到用户的配送。一般来讲，销售配送是从卖方角度出发所发生的配送行为，配送主体往往是卖方。这种配送的配送对象是不固定的，用户也往往是不固定的，配送对象和用户往往是根据对市场的占有情况而定，其配送的经营状况也取决于市场状况。因此，这种形式的配送随机性较强，计划性较差。各种类型的商店配送一般多属于销售配送。

用配送方式进行销售是扩大销售数量、扩大市场占有率、获得更多销售收益的重要方式。由于是在送货服务前提下进行的活动，所以一般来讲，也受到用户的欢迎。

2. 供应配送

供应配送是指用户为了自己的供应需要所采取的配送形式，往往由用户或用户集团组建配送据点，集中组织大批量进货（以便取得批量折扣），然后向本企业或向本企业集团的若干企业组织配送。大型企业、企业集团或联合公司，采用这种形式组织对本企业的供应较多。例如，商业中广泛采用的连锁商店，就常常采用这种方式。用配送方式进行供应，是保证供应水平、提高供应能力、降低供应成本的重要方式。

3. 销售供应一体化配送

销售供应一体化配送是指对于基本固定的用户和基本确定的配送产品，销售企业可以在自己销售的同时，承担用户有计划供应者的职能，既是销售者，同时又成为用户的供应代理人，起到用户供应代理人的作用。

销售供应一体化的配送是配送经营中的重要形式。这种形式有利于形成稳定的供需，解决经营规模和配送规模不匹配的问题，有利于采取先进的计划手段和技术手段，有利于保持流通渠道的畅通稳定，因而受到人们的关注。

4. 代存代供配送

代存代供配送是指用户将属于自己的货物委托给配送企业代存、代供，有时还委托代订，然后组织对用户本人的配送。这种配送在实施时不发生商品所有权的转移，配送企业只是用户的委托代理人。商品所有权在配送前后都属于用户所有，所发生的仅是商品物理位置的转移。配送企业仅从代存、代送中获取收益，这种配送方式下商物是分离的。

（五）按配送加工程度的不同分类

1. 加工配送

加工配送是指与流通加工相结合的配送，即在配送据点中设置流通加工环节，或是将流通加工中心与配送中心建在一起。如果社会上现成的产品不能满足用户需要，或者是用户根据本身的工艺要求，需要使用经过某种初级加工的产品时，可以在经过加工后进行分拣、配货，再送货到户。

流通加工与配送的结合，使得流通加工更有针对性，减少了盲目性。对于配送企业来说，不但可以依靠送货服务、销售经营取得收益，还可通过加工增值取得收益。

2. 集疏配送

集疏配送是指只改变产品数量组成形态而不改变产品本身的物理、化学形态，与干线运输相配合的一种配送方式，比如大批量进货后小批量、多批次发货，零星集货后以一定批量送货等。

（六）按配送企业专业化程度的不同分类

1. 综合配送

综合配送是指配送商品种类较多，在一个配送网点中组织不同专业领域的产品向用户配送。由于综合性较强，所以称这一类配送为综合配送。综合配送可减少用户组织所需全部物资的进货负担，用户只需要和少数配送企业联系，便可解决多种需求的配送。因此，这是对用户服务较强的配送形式。

由于产品性能、形状差别很大，综合配送存在局限性，组织的技术难度较大，因此，一般只是在性状相同或相近的不同类产品方面实行综合配送，而对于差别过大的产品则难以实现综合化。

2. 专业配送

专业配送是指按照产品的性状不同，适当划分专业领域的配送方式。专业配送并非越细分越好，实际上在同一性状而类别不同的产品方面，也是有一定综合性的。专业配送重要的优势是可以根据专业的共同要求来优化配送设施，优选配送机械及配送车辆，制定适用性强的工艺流程等，从而大大提高配送各环节工作的效率。

第二节　配送中心

一、配送中心的概念

物流活动主要发生于两类场所——物流线路（铁路、公路或航线等）和物流节点（车站、港口、仓库等）。配送中心是物流节点的一种重要形式，是专门用于配送业务的物流节点。配送中心适应了物流合理化、生产社会化和市场扩大化的需求，是物流领域内社会分工的产物。它集储存、加工、集货、分货、装运、情报等多项功能于一体，通过集约化经营取得规模效益。

国家标准《物流术语》(GB/T18354－2021)对配送中心的定义是：从事配送业务的物流场所或组织。它应基本符合下列要求：主要为特定的客户服务；配送功能健全；完善的信息网络；辐射范围小；多品种、小批量；以配送为主、储存为辅。

现代配送中心与普通的仓库或传统的批发零售企业相比，已经存在着质的不同。一般而言，仓库仅仅用于储存商品，而配送中心不仅能够用于储存商品，而且还可以用于货物的集中与组配，具有多样化的功能。与传统的批发零售企业相比，配送中心的服务内容已经由商物分离的阶段发展到商流、物流与信息流有机结合的阶段；作业形式已经由相互分离的多环节转变成一体化的无缝连接；服务关系已经由层层买断的临时关系发展到长期稳定的协作关系。

配送中心是接受生产厂家等供货商多品种大批量的货物，按照多家需求者的订货要求，迅速、准确、低成本、高效率地将商品配送到需求场所的物流节点设施。

一般来说，为了提高物流服务水平，降低物流成本，从工厂等供货场所到配送中心之间实施低成本高效率的大批量运输，在配送中心分拣后，向区域内的需求者进行配送。在配送过程中，根据需要还可以在接近用户的地方设置末端集配点，从这里向小需求量用户送货。

配送中心也可以看作是流通仓库，但绝不能看成是保管型仓库。在物流运作中，我们常常会将配送中心和物流中心相混淆。物流中心是从事物流活动且具有完善信息网络的场所或组织，应基本符合下列要求：(1)主要面向社会提供公共物流服务；(2)物流功能健全；(3)集聚辐射范围大；(4)存储、吞吐能力强；(5)对下游配送中心客户提供物流服务。表7－1列出了保管型仓库、配送中心和物流中心的区别。

表 7－1 保管型仓库、配送中心与物流中心的区别

项　目	保管型仓库	配送中心	物流中心
服务对象	特定用户	特定用户	面向社会
主要功能	物资保管	各项配送功能	各项物流功能
经营特点	库房管理	配送为主，储存为辅	存储、吞吐能力强
配送品种		多品种	少品种
配送批量		小批量	大批量
辐射范围	小	小	大
保管空间	保管为主	保管空间与其他功能各占一半	

二、配送中心的功能

（一）储存功能

配送中心必须按照客户的要求，将其所需要的商品在规定的时间送到指定的地点以满足生产和消费需要。因此，配送中心必须储备一定数量的商品。储存在配送运行过程中还能创造时间效用，配送中心通过集中商品，形成储备来保证配送服务所需要的货源。

（二）集散功能

配送中心凭借自身拥有的物流设施和设备将分散的商品集中起来，经过分拣、配装，输送给多家客户。集散功能是流通型物流节点的一项基本功能，通过集散商品来调节生产与消费，实现资源的有效配置。

（三）分拣功能

配送中心必须依据客户对商品品种、规格、数量等方面的不同要求，从储备的商品中通过拣选、分货等作业完成配货工作，为配送运输做好准备，以满足不同客户的需要。这是配送中心与普通仓库和一般送货的最主要区别。

（四）加工功能

配送中心为促进销售，便利物流或提高原材料的利用率，按用户的要求并根据合理配送的原则而对商品进行下料、打孔、解体、分装、贴标签、组装等初加工活动，因而使配送中心具备一定的加工能力。加工功能不仅提高了配送中心的经营和服务水平，也有利于提高资源利用率。

（五）衔接功能

配送中心是重要的流通节点，衔接着生产与消费，它不仅通过集货和储存平衡供求，而且能有效地协调产销在时间或空间上的分离。配送中心的衔接功能必须通过其他功能来实现。

（六）信息处理功能

配送中心不仅能够实现物的流通，而且也能够通过信息情报来协调各环节的作业，或者协调生产与消费。配送信息随着物流活动的开展而产生，特别是多品种少批量生产和多频度少批量配送，不仅使信息量增加，而且对信息处理的速度和准确性也提出了更高的要求。

三、配送中心的内部结构

配送中心的内部结构和一般仓库有明显不同，它的内部结构必须充分体现其职能的要求，

具有与商品流通相适应的装卸搬运、储存保管等作业功能，同时还应易于管理，能灵活应付作业量的变化。配送中心的内部区域一般划分为如下几个部分：

（一）接货区

该区域主要用于完成接货及入库前的各种准备工作。例如，接货、卸货、清点、检验、分类等。接货区的主要设施有进货铁路或公路、装卸货站台、暂存验收检查区等。

（二）储存区

该区域主要用于储存或分类储存进入配送中心的各类物资。与不断有货物出入的接货区相比，储存区一般面积较大，通常可以占到整个配送中心总面积的一半左右，在某些特殊类型的配送中心（如水泥、煤炭配送中心）内，甚至还会超过总面积的一半。

（三）分拣备货区

该区域主要用于分货、拣货和配货作业，这些作业的目的大多是为送货工作做准备。这类区域面积的大小随配送中心的不同而有较大变化，如提供多用户、多品种少批量、多批次（如中小件杂货）配送服务的配送中心，由于其分货、拣货和配货作业较复杂，所以该区域所占面积较大；但在大多数储存型配送中心内，该区域的面积则相对较小。

（四）分放配装区

该区域主要用于存放已经配好、等待外运的货物。由于存放于该区域的货物已经过了分拣或组配作业，只需确定送货方式后即可发运，所以一般都只是暂存暂放，停留时间短，周转速度快，占用面积小。在这个区域里，企业按用户需要，将配好的货暂放暂存，等待外运，或根据每个用户货堆状况决定配车方式、配装方式，然后直接装车或运到发货站台装车。该区域的货物是暂存，时间短，暂存周转快，所占面积相对较小。

（五）外运发货区

该区域主要用于将准备好的货物装入外运车辆并组织发运。该区的结构特点与接货区相类似，主要设施有站台、外运线路等。有的配送中心还将外运发货区与分装区联为一体，以便将分好的货物直接通过传送装置输送到装货场地。

（六）加工区

有些配送中心还设有加工区，主要用于对某些物资进行分装、包装、切割、下料混配等流通加工作业。如果设置了加工区，则其在配送中心内所占的面积一般都较大，但具体加工设备的配置则随加工种类的不同而有较大的区别。

（七）办公区（管理指挥区）

该区域既可集中设置于配送中心的某一位置，也可分散设置于配送中心的不同区域，主要作为日常经营事务的处理场所、内部运作指挥场所或信息收集与发布场所等。

四、自动分拣系统

自动分拣系统（Automated Sorting System）是先进配送中心所必需的设施条件之一。分拣系统的主要设备是自动分拣机。自动分拣机是将混在一起而去向不同的物品，按照要求自动进行分发配送的设备，它主要由输送装置、分拣机构、控制装置等组成。当货物到达分拣口时，通过推拉机构、拨块、倾倒、输送等方式，使分拣物滑动或传输到分拣口，可实现多品种、小批量、多批次、短周期的物品分拣和配送作业。自动分拣的种类很多，但较为先进的主要有三种：滑靴式分拣机、翻盘/翻板式分拣机、交叉带式分拣机。

（一）自动分拣系统作业描述

自动分拣系统是第二次世界大战后在美国、日本的物流中心/配送中心中广泛采用的一种分拣系统。该系统目前已经成为大中型物流中心/配送中心不可缺少的一部分。该系统的作业过程可以简单描述如下：物流中心/配送中心每天接收成千上万种商品，在最短的时间内将这些商品卸下，并按商品品种、货主、储位或发送地点进行快速准确的分类，将这些商品运送到指定地点（如指定的货架、出货站台等），同时，当供应商或货主通知物流中心/配送中心按配送指示发货，自动分拣系统在最短的时间内从庞大的高层货架存储系统中准确找到要出库的商品所在位置，并按所需数量出库，将从不同储位上取出的不同数量的商品按配送地点的不同运送到不同的理货区域或配送站台集中，以便装车配送。

（二）自动分拣系统的主要特点

1. 能连续、大批量地分拣货物

自动分拣系统采用大生产中使用的流水线自动作业方式，用机械化、自动化代替人工分拣，不受气候、时间、人力等的限制，可以连续运行，单位时间分拣件数量多。

2. 分拣误差率极低

自动分拣系统的分拣误差率大小主要取决于所输入分拣信息的准确性大小，这又取决于分拣信息的输入机制，如果采用人工键盘或语音识别方式输入，则误差率在3%以上；如果采用条形码扫描输入，除非条形码的印刷本身有差错，否则不会出错。因此，目前的分拣系统主要采用条形码技术来识别货物。

3. 分拣作业基本是无人化

自动分拣系统的目的之一就是减少人员的使用，减轻员工的劳动强度，提高人员的使用效率，因此，自动分拣系统能最大限度地减少人员的使用，基本做到无人化。分拣本身并不需要使用人员，人员的使用仅局限于以下工作：

（1）送货车辆抵达自动分拣线的进货端时，由人工接货。

（2）由人工控制分拣系统的运行。

（3）分拣线末端由人工将分拣出来的货物进行集载、装车。

（4）自动分拣系统的经营、管理与维护。

（三）自动分拣系统的组成

自动分拣系统一般由控制装置、分类装置、输送装置及分拣道口组成。

1. 控制装置

控制装置的作用是识别、接收和处理分拣信号，根据分拣信号的要求指示分类装置按商品品种、商品送达地点或货主的类别对商品进行自动分类。这些分拣需求可以通过条形码扫描、色码扫描、键盘输入、重量检测、语音识别、高度检测、形状识别等不同方式输入分拣控制系统中，根据对这些分拣信号判断来决定某一种商品该进哪一个分拣道口。

2. 分类装置

分类装置的作用是根据控制装置发出的分拣指示，当具有相同分拣信号的商品经过装置时，使其改变在输送装置上的运行方向进入其他输送机或进入分拣道。分类装置的种类很多，一般有推出式、浮出式、倾斜式和分支式几种，不同的装置对物的包装材料、包装重量、包装物底面的平滑程度等有不完全相同的要求。

3. 输送装置

输送装置的主要组成部分是传送带或输送机，其主要作用是使待分拣商品鱼贯通过控制、分类装置，并且输送装置的两侧一般要连接若干分拣道口，使分好类的商品滑下送机（或主传送带），以便进行后续作业。

4. 分拣道口

分拣道口是已分拣商品脱离主输送机（或主传送带）进入集货区域的通道，一般由钢带、滚筒等组成滑道，使商品从主输送装置滑向集货站台，在那里由工作人员将所有商品集中后或是入库储存，或是组配装车并进行配送作业。

以上四部分装置通过计算机网络联结在一起，配合人工控制及相应的人工处理环节，构建完整的自动分拣系统。

第三节　配送作业流程及合理化

一、配送的主要工作

（一）备货

备货是配送的准备工作或基础工作。备货工作包括筹集货源、订货或购货、集货、进货及有关的质量检查、结算、交接等。配送的优势之一，就是可以集中用户的需求，进行一定规模的备货。备货是决定配送成败的初期工作，如果备货成本太高，则会大大降低配送的效益。

在不同的经济体制下，筹集货物（或者说组织货源）是由不同的行业为主体去完成的。若生产企业直接进行配送，那么，筹集货物的工作自然是由企业（生产者）自己去组织的。在专业化流通体制下，筹集货物的工作则会出现两种情况：其一，由提供配送服务的配送企业直接承担，一般是通过向生产企业订货或购货完成此项工作；其二，选择商流、物流分开的模式进行配送，订货、购货等筹集货物的工作通常是由货主（如生产企业）自己去做，配送组织只负责进货和集货（集中货物）等工作，货物所有权属于事主（接受配送服务的需求者）。然而，不管具体做法怎样不同，就总体活动而言，筹集货物都是由订货（或购货）、进货、集货及有关的质量检查、结算、交接等一系列活动组成的。

（二）储存

配送中的储存有储备及暂存两种形态。储备是按一定时期的配送经营要求，形成的对配送的资源保证。这种类型的储备数量较大，储备结构也较完善，视货源及到货情况，可以有计划地确定周转储备及保险储备结构与数量。配送的储备保证有时在配送中心附近单独设库解决。暂存是指具体执行日配送时，按分拣配货要求，在理货场地所做的少量储存准备。由于总体储存效益取决于储存总量，所以，这部分暂存数量只会对工作方便与否造成影响，而不会影响储存的总效益，因而在数量上控制得并不严格。还有另一种形式的暂存，是分拣、配货之后形成的发送货载的暂存，这种暂存主要是调节配货与送货的节奏，时间不长。

储存作业一般包括这样几道程序：运输→卸货→验收→入库→保管→出库。储存作业以产品性质、形状不同而形式各异，有的是利用仓库进行储存，有的是利用露天场地储存，特殊商品（如液体、气体）则需储存在特制的设备中。为了提高储存的作业效率及使储存环节合理化，目前，许多国家普遍采用了先进的储存技术和储存设备。例如，采用“先进先出”的储存方式进行作业，利用贯通式货架、重力式货架和计算机储存系统等储存货物。

（三）分拣及配货

分拣及配货环节是配送不同于其他物流形式的功能要素，是配送成败的一项重要支持性工作。分拣及配货会大大提高送货服务水平和效率。

货物分拣采用适当的方法和手段，从储存的货物中分出（或拣选）用户所需要的货物。分拣货物一般采取两种方式来操作：一是摘取式；二是播种式。

1. 摘取式分拣

摘取式分拣就像在果园中摘果子那样去拣选货物。

（1）具体做法：作业人员拉着集货箱（或称分拣箱）在排列整齐的仓库货架间巡回走动，按照配送单上所列的品种、规格、数量等将客户所需要的货物拣出及装入集货箱内。在一般情况下，每次拣选只为一个客户配装；在特殊情况下，也可以为两个以上的客户配装。目前，推广和应用了自动化分拣技术，由于装配了自动化分拣设施等，大大提高了分拣作业的劳动效率。

（2）摘取式的优点：以出货单为单位，一人负责一单，出错的机会较少，而且易于追查有些配送中心以摘取式进行配货，甚至省略了出货验放的工作，而由拣货员兼任出货验放的工作。

（3）摘取式的缺点：作业重复太多，尤其是热销商品，几乎每张出货单都要走一趟仓库，容易在这个地区造成进出交通拥堵、补货不及时等现象；当出货单的品类多，每单项数量少的时候，人力作业的负担很重，每人（拣货员）拣取单数随工作时间成反比。

便利店的配货作业，就是摘取式配货作业的典范。在国外，便利店将许多商品的物流工作外包出去，自身保留周转率比较高、处理技术层次低的商品品类的配货作业，其他难度较大，如保存期限短的冷藏食品——包子、饭团、三明治等，退货率高的报纸、杂志、书籍等，通通外包，其效果反而比自己处理还要好。

2. 播种式分拣

播种式分拣类似于田野中的播种操作。

（1）具体做法：将数量较多的同种货物集中运到发货场，然后根据每个货位货物的发送量分别取出货物，并分别投放到每个代表用户的货位上，直到配货完毕。为了完好无损地运送货物和便于识别配备好的货物，有些经过分拣、配备好的货物尚需重新包装，并要在包装物上贴上标签，记载货物的品种、规格、数量、收货人的姓名、地址及运抵时间等。

（2）播种方式（又称分货方式），是将需配送的同一种货物从配送中心集中搬运到发货场地，然后根据各用户对该种货物的需求量进行二次分配，就像播种一样。这种方式适用货物易于集中移动且对同一种货物需求量较大的情况。

（3）播种式配货的原理和摘取式完全不同，除了单一的出货单以外，还需要有各个出库商品类的总数量。拣货员的工作，先是按照“拣货总表”的品类总量，到指定储位下层的存货区一次取一类货物。取完一个品类后，拖至待验区，按照出货单的代码（位置编号）将该品类应出货的数量放下。

（4）此方法的不足是需要相当的空间为待验区，由于大部分仓储空间有限，有相当的而且出货时间必须有一定的间隔（要等到这一批的出货单全部拣完、验完），不能像摘取式配货那样可以逐单、连续出货。

（四）配装

在单个用户配送数量不能达到车辆的有效载运负荷时，就存在如何集中不同用户的配送货物，进行搭配装载以充分利用运能、运力的问题，这就需要配装。和一般送货的不同之处在于：通过配装送货，可以大大提高送货水平及降低送货成本，所以，配装也是配送系统中有现代特点的功能要素，是现代配送不同于以往送货的重要区别之处。

1. 配装方案的确定方法

由于配送作业本身的特点,配送工作所需车辆一般为汽车。由于需配送的货物的特性、体积以及包装形式各异,货物装车时既要考虑车辆的载重量、容积,又要考虑货物比重的特性,在充分保证货物质量和数量完好的前提下,尽可能提高车辆在容积和载货两方面的装载量,以提高车辆利用率,节省运力,降低配送费用。具体车辆配装要根据需配送货物的具体情况以及车辆情况,主要是依靠经验或简单的计算来选择最优的装车方案。

解决车辆配装量问题,当数据量小时还能用手工计算,但数据量大时,依靠手工计算将变得非常困难,需用数学方法来求解。现在已开发出车辆配装的软件,只要将配送货物的相关数据输入计算机,就可由计算机自动输出配装方案。在进行配装时,我们可以充分利用此类软件进行自动安排。

2. 凭经验配装应遵循的原则

(1)为了减少或避免差错,尽量把外观相近、容易混淆的货物分开装载。

(2)重不压轻,大不压小,轻货应放在重货上面,包装强度差的应放在包装强度好的上面。尽量做到"后送先装"。由于配送车辆大多是后开门的厢式货车,故先卸车的货物应装在车厢后部,靠近车厢门,后卸车的货物装在前部。

(3)货与货之间、货与车辆之间应留有空隙并适当衬垫,防止货损。

(4)不要将互不相容的货物混装,如不将散发臭味的货物与具有吸臭性的食品混装、不将散发粉尘的货物与清洁货物混装、不将渗水货物与易受潮货物混装等。

(5)包装不同的货物应分开装载,如板条箱货物不要与纸箱、袋装货物堆放在一起。

(6)具有尖角或其他突出物的货物应和其他货物分开装载或用木板隔离,以免损伤其他货物。

(7)装载易滚动的卷状、桶状货物,要垂直摆放。

(8)装货完毕,应在门端处采取适当的稳固措施,以防开门卸货时,货物倾倒,造成货损或人身伤亡。

(五)配送运输

配送运输属于运输中的末端运输、支线运输,和一般运输形态的主要区别在于配送运输是较短距离、较小规模、难度较高的运输形式,一般使用汽车做运输工具。与干线运输的另一个区别是配送运输的路线选择问题是一般干线运输所没有的,干线运输中的干线是唯一的运输线,而配送运输由于配送用户多,一般城市交通路线又较复杂,如何组合成最佳路线,如何使配装和路线有效搭配等,是配送运输的特点,也是难度较大的工作。

(六)送达服务

将配好的货物运送到用户手中还不算配送工作的完结,这是因为送达服务和用户接货往往还会出现不协调,使配送前功尽弃。因此,要圆满地实现货物的移交,并有效、方便地处理相关手续,完成结算,还应讲究卸货地点、卸货方式等。送达服务也是配送独具的特殊性。

(七)配送加工

在配送中,配送加工这一功能要素不具有普遍性,但往往是有重要作用的功能要素,主要原因是通过配送加工,可以大大提高用户的满意程度。配送加工是流通加工的一种,但配送加工有它不同于一般流通加工的特点,即配送加工一般只取决于用户要求,其加工的目的较为单一。

二、配送的作业流程

配送工艺流程有两种形态:一般流程和特殊流程。一般流程,即配送运动必须经过的基本流程,也是各种货物的配送活动共同具有的工艺流程。特殊流程则刚好相反,它是适应于特殊需要和特殊产品运动而设计和实施的工艺流程,而不是所有的货物配送都必须经历的运动过程。

(一)配送的一般流程

配送的一般流程基本上是这样的一种运动过程:进货→储存→分拣→配货、配装→送货。具体作业内容如上文所述。

(二)配送的特殊流程

在实践中,某些有特殊性质、形状的货物,其配送活动有许多独特之处(例如,液体状态的物质资料的配送就不存在配货、配装等工序,金属材料和木材等生产资料的配送常常附加流通加工工序),据此,在配送一般流程的基础上又产生了配送的特殊流程。其作业程序有以下几种:

(1)各类食品的配送工序:进货→储存→加工(视情况)→分拣→送货。

(2)煤炭等散货的配送流程:进货→储存→送货。

(3)木材、钢材等原材料配送经常采用的作业工序:进货→加工→储存→分拣→配货→配装→送货。

(4)机电产品中的散件、配件的配送流程:进货→储存→加工→储存→装配→送货。

三、配送合理化

(一)不合理的配送现象

配送需要全面、综合的决策,在决策时要尽量避免不合理配送。不合理配送主要表现在以下几方面:

(1)资源整合的不合理。配送是通过整合资源达到规模经济来降低成本,使得成本低于用户自身运营的成本,从而取得优势。如果不是整合多个用户的需求进行规模化运营,而仅仅是为某一两个用户代购代筹,对用户来讲,不仅不能降低运营费用,而且要向配送中心支付代理费用,因而是不合理的。资源整合的不合理还有其他表现形式,如配送量计划不准、仓储空间或运输车辆过多或过少等。

(2)库存决策不合理。配送应充分利用集中库存总量低于用户分散库存的总量,从而降低用户实际平均分摊的库存成本。因此,配送企业必须科学、合理地制定库存总量,否则就只是简单的库存转移,而未取得库存总量降低的效果;但是,库存总量不能太低,否则不能保证随机需求,失去了应有的市场。

(3)价格不合理。只有配送的价格低于用户自己进货时物流成本的总和,用户才考虑将物流业务外包。如果配送的服务水平很高,价格稍高,用户也可以接受,但这不是普遍原则。如果配送价格普遍高于用户的进货成本,提高了用户的运营成本,就是一种不合理表现。但是如果价格过低,使配送企业无利可图或亏损经营,也是不合理的。

(4)配送与直达的决策不合理。增加配送环节可以降低用户的平均库存水平,已经抵消了增加环节的支出,而且还取得了额外的效益。但是如果用户大批量进货,可通过社会物流系统均衡批量进货,较之通过配送中转送货可能更节约费用,这种情况不直接进货而通过配送,就是不合理的。

(5)送货中不合理运输。配送可以采用单车配载多个用户的货物,相比每个用户自提,可以节省运力和运费。如果不能利用这一优势,仍然是一户一送,而车辆不是满载,就属于不合理运输。此外，不合理运输的若干表现形式，在配送中都可能出现在不合理配送的范畴。

(6)经营理念的不合理。在配送实施中，经营理念不合理，会使配送优势无从发挥，破坏了配送企业的形象，这是开展配送时尤其需要克服的。例如，配送企业利用配送向用户转嫁资金、库存困难：在库存过大时，强迫用户接货，以缓解自身库存压力；在资金紧张时，长期占用用户资金；在资源紧张时，将用户委托保管的资源挪作他用从中谋利等。

案例分析

Kozmo和Webvan的配送之痛

1997年，在线仓储和送货服务商Kozmo.com在纽约成立。为了实现"一小时送达"承诺，Kozmo在纽约聘请了大批单车送货员。当时，其服务令消费者倍感新鲜：不管是根雪糕，还是一张电影DVD碟片，只需要在线订购，Kozmo肯定会在一小时内送货上门且不收取快递费。这令它很快拥有了许多客户。

当年，Kozmo获得了2.8亿美元的风投，并与星巴克签订了1.5亿美元的促销合同，就连金融巨头摩根大通都看好它，称之为"消费者必不可少的一项资源"。在业务鼎盛时期，它扩展到美国7个城市，旗下快递员超过1 000人。但是物流、客单价低等问题成了Kozmo的拦路虎。当许多客户只为订购售价不高的一包薯片或一瓶可乐而使用Kozmo时，它日子开始难过了。虽然后期该网站作出最低消费的限制，但也无法阻止该公司在2001年的陨落。

Kozmo的昙花一现似乎预示了后来者的命运。1999年，比Kozmo稍晚成立的在线食品杂货店Webvan，通过IPO筹集到3.75亿美元巨资，高峰时其股价达30美元，市值12亿美元。但它的问题同样出现在物流上。扩展至9个城市后，食品杂货的薄利无法弥补建库、配送中心及快递车队的庞大开支，Webvan成立18个月就不得不和市场说"拜拜"。华尔街的投资人士指出，Webvan不愁没有客户，但均单额无法提高使它无力支撑高昂的物流费用。

资料来源：孙国华.物流与供应链管理(第3版)[M].北京：清华大学出版社，2023：137.

思考题：

Kozmo和Webvan的优势是什么？为什么会倒闭？

(二)配送合理化的方法

实现配送合理化的方法有很多，一般选用以下几种：

(1)推行一定综合程度的专业化配送。通过采用专业设备、设施以及操作程序，取得较好的配送效果，降低配送综合化的复杂程度及难度，实现配送合理化。

(2)推行送取结合。物流企业不仅成了用户的供应代理人，而且是用户的储存据点甚至成为产品代销人。在配送时，将用户所需的物资送到，再将该用户生产的产品用同车运回，这种产品也成了配送中心的配送产品之一，或者作为代存、代储品，省去了生产企业的库存。这种送取结合，使运力充分利用，也使配送企业功能得到更充分的利用。

(3)推行共同配送。通过共同配送，可以以最短的路程、最低的成本完成配送，实现合理化。

(4)推行准时配送系统。准时配送是配送合理化的重要内容。只有做到配送准时，才能把握资源，放心地实施低库存或零库存，有效地安排接货的人力、物力，追求工作的最高效率。另外，准时供应可以保证企业的供应能力。从国内外的经验看，准时供应配送系统是许多配送企业追求配送合理化的重要手段。

(5)推行加工配送。通过加工和配送相结合的方式，充分利用本来应有的中转，而不加新的中转，实现配送合理化。同时，加工借助配送，其目的更明确，与用户联系更紧密，避免了盲目性。加工与配送有机结合，可以在投入增加不多的条件下获得优势和效益，这是配送合理化的重要经验。

(6)推行即时配送。即时配送是最终解决企业担心断供之忧、大幅提高供应保证能力的重要手段，也是配送企业快速反应能力的体现。

知识拓展

共同配送

根据国家标准《物流术语》(GB/T18354—2021)，共同配送(Joint Distribution)是由多个企业或其他组织整合多个客户的货物需求后联合组织实施的配送方式。它是配送合理化中的重要形式。共同配送的思想是将不同货主的货物或商品集中在一起，统一进行配送作业。共同配送一方面可以扩大业务批量，提高单车装载率；另一方面也有利于削减在途运行车辆数量，削弱汽车运输对社会产生的外部不经济。实施共同配送、通过信息网络提高车辆使用效率，可使往返运货等问题得到解决，尽可能降低城市配送的运作成本。

例如，从城市配送体系较为发达的日本来看，据日本原运输省1992年6月发表的“建立物流系统的效率化调查”显示，城市物流配送体系的发展、集约化公共配送中心的建设以及共同配送的实施，使城市配送效率大幅提高，其中，运送车驾驶员减少了18%～19%，运送车辆行驶距离减少了47%～83%，一日一辆配送车的配送量提高了1.31～9.6倍(赵树军，2005)。京阪神地区12家百货公司的共同配送实施后，其正常时期配送车辆数、超勤务时间、配送距离、配送时间分别减少到原来的93%、48%、72%、89%。由36家公司参与的日本福冈天神地区的共同配送，效果也非常明显。福冈天神地区共同配送的效果分析如表7—2所示。

表7—2 福冈天神地区的共同配送效果定量分析

评价指标	共同配送实施前	共同配送实施后	效果
使用货车数量(辆/天)	75.0	26	65%
货车总行驶距离(公里/天)	815.8	251.4	↓69%
地区内总行驶距离(公里/天)	104.8	17.4	83%
总停车次数(次/天)	502	139	↓72%
总停车时间(小时/天)	100.4	82.9	17%
单次停车平均时间(分)	12.0	35.8	198%

另外，以德国的不来梅市城市配送体系发展为例，德国运输与物流研究所通过对不来梅市的调查(王孝坤，2007)，收集了4家零售商、16个种类、9万多个品种的商品，共计540万个数据，使用计算机对数据进行处理，得出了不来梅市物流的分布情况，并提出了统一组织配送方案，由不来梅物流中心发展公司牵头，14家物流企业共同组成城市物流配送有限公司，设立了

公共配送中心，将分散的配送变为统一的配送，车辆实行统一调度并在每辆车上安装 GPS 装置。在方案实施后，每天只需 12 辆车向市区送货，每天能减少 400 辆车次，节省运力 80%。

资料来源：Ieda H，Kimura A. Yin Y. Why Don't Multi-Carrier Joint Delivery Services in Urban Areas Become Popular? A Gaming Behavior of Carriers' Behavior.

四、配送路线的优化

配送路线是指各送货车辆向各个用户送货时所要经过的线路。配送路线合理与否对配送速度、车辆的合理利用和配送费用都有直接影响，因此配送路线的优化问题是配送要解决的问题之一。采用科学、合理的方法来确定配送路线，是配送活动中非常重要的。配送路线规划的目标可以有多种选择，如以效益最高为目标、以成本最低及路程最短为目标、以吨千米数最小为目标、以准确性最高为目标、以运力利用最高为目标、以劳动消耗最低为目标。确定配送路线的约束条件与确定物流运输路线的约束条件一致。具体参见本书第五章第四节的相关内容。

随着配送的复杂化，配送路线的优化一般要结合数学方法及计算机求解的方法来合理优化配送方案。目前有多种算法，如神经网络算法、遗传算法、最邻近法等，其中最常用的算法是节约法。

1. 节约法的基本思想

节约法的基本思想是为达到高效率的配送，使配送的时间最少、距离最短、成本最低而寻找的最佳配送路线。

2. 节约法的基本规定

利用节约法确定配送路线的主要出发点是，根据配送中心的运输能力和配送中心到各个用户以及各个用户之间的距离来制订使总的车辆运输的吨千米数最小的配送方案。采用节约法需要满足以下条件：(1)所有用户的要求；(2)不使任何一辆车超载；(3)每辆车每天总运行时间或行驶里程不超过规定的上限；(4)用户到货时间要求。

3. 节约法的原理

节约法的原理如图 7－1 所示。如果从配送中心 P_0 到用户 P_1 和 P_2 的运输距离分别是 d_{01} 和 d_{02}，P_1 和 P_2 之间的运输距离是 d_{12}，如果不配送，则对每个用户需派一辆车来回送货，总运输距离为 $2(d_{01}+d_{02})$。而如果配送，则可以只派一辆车一次给两个用户顺序送货，总运输距离为：$d_{01}+d_{02}+d_{12}$。二者之间的节约量为 $2(d_{01}+d_{02})-(d_{01}+d_{02}+d_{12})=d_{01}+d_{02}+d_{12}$，如果把多个用户连在一起，则节约量更大。

如果多个用户满足假定条件：

(1) $\sum_{j=1}^{n} b_j \leqslant Q_k$；

(2)$d_{0i}+d_{0j} \geqslant d_{ij}$，使得节约量>0。

式中：b_j——所载客户的货物重量；Q_K——k 车辆总载重量。

则可以按节约量从大到小的顺序依次把用户连成一条回路，直到整个回路各个用户的需求量之和不超过这辆载重车的载重量，就组成了一条节约量最大的配送回路，派出一辆车。然后在剩下的用户中同样按节约量由大到小的顺序继续组织配送回路，派出车辆，这样下去一直到所有的用户都组织完毕为止。

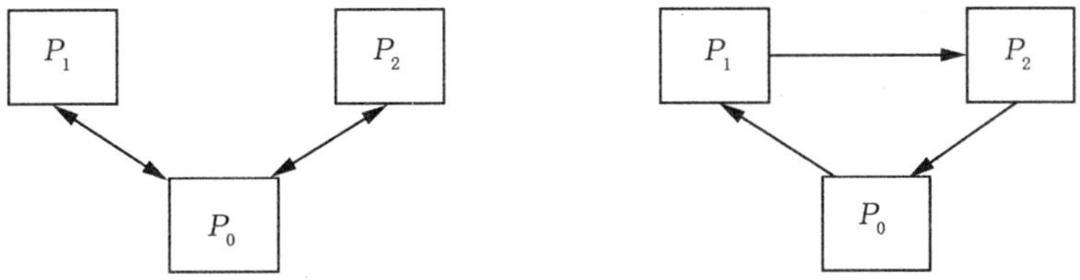

图 7—1 节约法原理图

【例 7—1】

已知配送中心 P_0 向 5 个用户 P_j 配送货物，其配送路线网络、配送中心与用户的距离以及用户之间的距离如图 7—2 所示。配送中心有 3 台 2t 卡车和 2 台 4t 卡车可供使用。利用节约里程法制定最优的配送方案。①

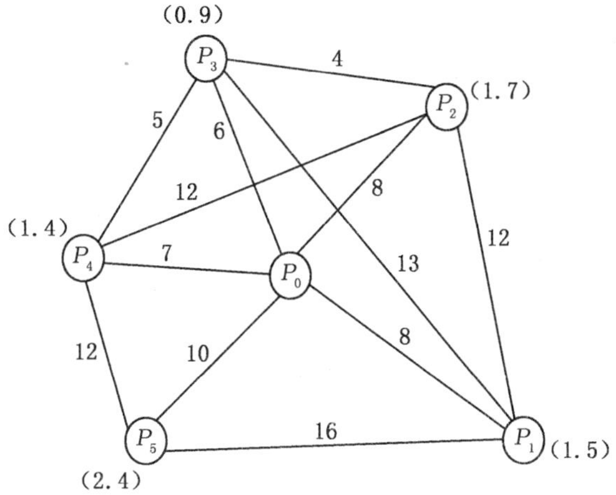

图 7—2 节约里程法例题

解题思路

(1)制作运输里程表，列出配送中心到用户及用户间的最短距离，如图 7—3 所示。

	需求量	P_0					
P_1	1.5	8	P_1				
P_2	1.7	8	12	P_2			
P_3	0.9	6	13	4	P_3		
P_4	1.4	7	15	9	5	P_4	
P_5	2.4	10	16	18	16	12	P_5

图 7—3 运输里程表

(2)按节约里程公式求得相应的节约里程数，如图 7—4 所示。

① 本案例选自：李永飞，余信. 物流与供应管理[M]. 北京：清华大学出版社，2022：173—175.

需求量	P_0					
1.5	8	P_1				
1.7	8	12 4	P_2			
0.9	6	13 1	4 10	P_3		
1.4	7	15 0	9 6	5 8	P_4	
2.4	10	16 2	18 0	16 0	12 5	P_5

图 7—4　节约里程数表

(3)将节约里程按从大到小顺序排列，如表 7—3 所示。

表 7—3　　节约里程数排序

序号	路线	节约里程
1	P_2P_3	10
2	P_3P_4	8
3	P_2P_4	6
4	P_4P_5	5
5	P_1P_2	4
6	P_1P_5	2
7	P_1P_3	1
8	P_2P_5	0
9	P_3P_5	0
10	P_1P_4	0

(4)根据载重量约束与节约里程大小，顺序连接各客户结点，形成两条配送线路，如图 7—5 所示。

(5)得出结论。

①配送线路一：运量＝1.7t＋0.9t＋1.4t＝4t。运行距离＝8＋4＋5＋7＝24(千米)用一辆 4 吨车辆运送，节约距离 18 千米。

②配送线路二：运量＝2.4t＋1.5t＝3.9t＜4t。运行距离＝8＋10＋16＝34(千米)用一辆 4 吨车辆运送，节约距离 2 千米。

③初始方案：配送线路 5 条，需要 5 台车，配送距离为 39×2＝78(千米)。

④优化后的方案：配送线路 2 条，2 辆 4 吨车。配送距离＝24＋34＝58(千米)。

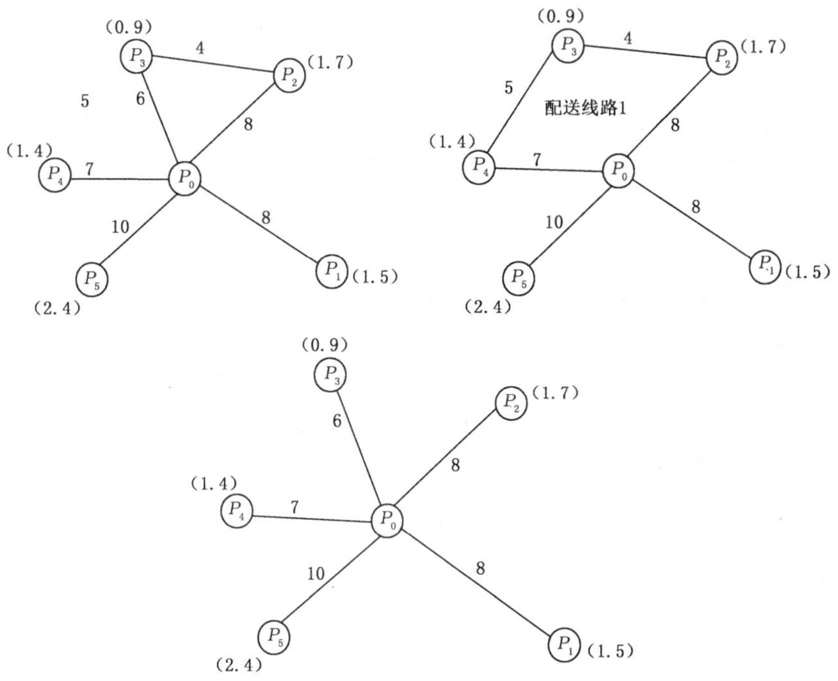

图 7—5　配送线路

第四节　物流“最后一公里”——末端配送

“最后一公里”，是指长途跋涉过程中完成的最后一段路程，之后引申为一项工作的过程中最后而且关键性的一个步骤。物流“最后一公里”，指的是货物从供货人到收货人手中的整个物流流程中的最后一个环节。学术界对这一概念尚无明确界定，一个比较常用的术语是“末端物流”。从供应链角度看，物流“最后一公里”是供应链物流活动的末端环节，也是直接和客户面对面接触的环节，其本质是物流服务链的末端配送。

一、物流“最后一公里”的分类

（一）按区域来进行分类

按物流的服务区域来分类，物流最后一公里可以分为城市物流最后一公里和农村物流最后一公里。相比城市物流最后一公里，农村物流最后一公里的运营难度更大，主要是由于农村交通基础设施差、农村市场需求分散，导致最后一公里成本高昂。

（二）按生活场景来进行分类

按物流服务的生活场景来进行分类，物流最后一公里可以分为：校园物流最后一公里、社区物流最后一公里、园区物流最后一公里。目前，菜鸟、顺丰、速递易在校园社区和写字楼等场所的终端物流均有所布局。

（三）按照服务的对象来进行分类

按物流服务的对象来进行分类，物流最后一公里可以分为 B2B 物流最后一公里和 B2C 物流最后一公里。其中，B2B 物流最后一公里面向 B 端客户，如便利店、“夫妻店”等同城货运；

B2C 物流最后一公里是面向 C 端客户即个体消费者的同城快递。同城货运以 30 千克以上的货物为主，而同城快递以信件和小型包裹为主。例如，阿里的“零售通”、京东的“新通路”“百世店加”都在开展面向便利店等 B 端客户的物流最后一公里服务。“速递易”“蜂巢”等企业在开展面向 C 端客户的物流最后一公里服务。

（四）按照配送的模式来进行分类

按照配送的模式来进行分类，物流最后一公里可以分为送货上门、代收点和自提柜等模式。其中，代收点模式又可以分为便利店代收、校园驿站代收、物业代收等模式。

（五）按照人力资源的组织方式来进行分类

按照人力资源的组织方式来进行分类，物流最后一公里可以分为自建最后一公里物流和众包最后一公里物流。自建就是配送员的招募和雇用都是自己团队进行运营和管理。众包是一种共享经济模式，主要利用存量、分散的社会人员加入到配送体系中。目前采用众包的方式进行物流业务运作的有达达、饿了么、京东到家等。

二、城市物流“最后一公里”

（一）送货上门模式

送货上门模式即快递员按照客户要求的时间和地点将货物送至收件人，收件人足不出户就可收到快递。送货上门模式对顾客来说无疑是最好、最便捷的方式，顾客只需在家中等待快递。目前，京东和顺丰主要采取了送货上门的模式，顾客满意度较高。但是，送货上门要投入的人力、物力和时间成本是巨大的，且配送效率低，主要表现为快递员的配送时间往往和顾客无法匹配。送货上门模式经常出现快递员直接将包裹丢在家门口的情况，导致包裹的安全性无法保证。对快递员的管理难度大，快递员态度差，丢件、破损的情况时有发生。

（二）自提柜模式

自提柜模式是在校园内或社区内设置自提柜提货点，派件员进行集中投递，客户自助提货的配送模式。自提柜内有一套通知系统，派件员每天只需将当天的包裹配送至自提柜，并进行一一投递，顾客根据收到的短信提货码进行取货即可。派件员无需一一跟顾客电话或者短信联系，投递效率高，同时大大降低了派件网点的人力成本。自提柜模式一方面保证了包裹的安全性，另一方面也解决了投递时间不匹配的问题。自提柜实现用户自助提货，而且自提柜全天 24 小时开放，用户可根据自己的时间分配去自提柜点进行取件。为了顾客取件方便，自提柜一般都设置在校园、小区和写字楼。顺丰的蜂巢和三泰控股的速递易在自提柜上的布局极大地丰富了顾客的消费体验。

当然，自提柜也存在一些缺陷：自提柜空间有限，一些特大包裹无法入柜，造成投递的困难；自提柜成本较高，配备一台自提柜的投入相对较大。

（三）代收点模式

代收点模式主要是通过和便利店合作或者建立专业代收点，并对这些站点进行统一的管理，站点用专门的物流系统通知收件人取件的配送模式。采用自主提货站点模式，配送网点只需让派件员将当天包裹一并派送至对应区域的站点即可，无需其他任何操作，后续的操作都由站点完成。站点需要对包裹进行上架、入库、出库等操作，对包装进行管理，保证包裹的安全。自主提货站点模式根据提货点实现形式不同，分为两种：一是与便利店合作，二是建立专门的提货点。在城市最后一千米配送中，根据场景不同，又分为校园、社区、园区。这三个都是人口比较密集的区域，建立站点可以大大提高配送效率和服务质量。

1. 校园代收点

校园(一般指大学)中学生比较集中,且取件时间也相对集中,一般是学生下课时间。校园内的提货点一般设置于宿舍区,便于学生取件。校园中建造提货点大致有三种形式,分别为自建校园专业提货点、与校园边的商店或者快递店合作、与学校建立校企合作。

(1)自建校园专业提货点。自建校园专业提货点是在学校中找到合适的场地,整合快递资源,专门为校内师生提供寄件、取件服务的站点,如菜鸟网络旗下的菜鸟驿站自建提货点会对学校的快递进行整合,将“四通一达”、天天、顺丰、宅急送等快递都整合在一起,校园内的所有包裹的派件都由站点完成,网点或者承包商每天只需将当天快件配送至校内站点即可,后续的通知都由站点完成。针对每个站点都要有一套服务体系,做好运营管理工作,保证站点服务质量。以菜鸟驿站为例,菜鸟驿站工作人员通过菜鸟系统每天对站点内的包裹进行上架、入库,通知收件人及时取件,另外提供寄件服务,同时对用户开放投诉窗口,用户可通过投诉反馈菜鸟驿站的服务问题。菜鸟驿站在收到用户投诉后需及时处理,保证服务质量,维护好和用户的关系。自建专业提货点对站点提出了高要求,站点每天必须及时通知收件人取件,并帮助收件人解决退货等问题。专业提货点对学生来说无疑是大大提高了取货效率,相比之前去校门口取件,专业提货点取件便捷、距离近、用户体验好。

(2)与校园边的商店或者快递店合作。在学校体制下,校内商铺有限,且学校对校内店铺要求多,提货点的建设会受到限制。和校园边上的商店、快递店合作也是建立提货点的有效方法。校园边商店是学生密集之处,商店在经营原有商业的同时,可以兼顾快递业。但学校人口集中,一般一个大学校区内的人数都在 8 000 人以上,多的可达 40 000 人,每天的快递量都是 1 000 件以上。一般在经营快递的同时,没有更多的精力经营其他业务,所以这样的站点一般都是以快递为主业。另外,也可以和校园边上原有快递点合作。一般情况下,快递点只经营一家快递公司,负责一家快递公司的派件、寄件。和快递点合作,一方面该站点原来就有一部分快递,而且也是专门经营快递,经验丰富;另一方面可以利用资源帮助快递点整合快递,扩大快递经营规模,服务于更多的学生,逐步发展成为专业提货点。目前,校园内快递提货点大多是原有快递点改造升级成为专业的提货点,学生们取件同样方便、快捷。

(3)与学校建立校企合作。与学校建立合作是与校方后勤签订有关协议,在协议期间由校方提供场地,运营方(学校或者第三方运营公司)对站点进行运营管理,保证为校内师生提供包裹收寄服务。与学校建立合作涉及的面比较广,上升到法律层面。校企合作能保证站点长期稳定运营,站点能得到学校的各方面支持,经营起来相对顺利。目前,校企合作是各校内专业站点的发展方向,校企合作的站点更加正规和更加标准化,也能提供较高的服务质量和完美的用户体验。

以菜鸟网络旗下的菜鸟驿站为例。菜鸟驿站作为代收点,已经遍布全国各个省市,并发挥了重要作用。菜鸟驿站的代收系统简单、方便,流程较少。快件到达菜鸟驿站后,菜鸟驿站会将订单信息通过扫描录入计算机中的驿站系统,系统会自动发送短信给消费者。消费者凭借取货码或者身份证进行取件,再次进行扫描,将取件信息录入系统,取件完成。菜鸟驿站大大降低了个人信息泄露的风险,消费者可以直接选择就近菜鸟驿站代收,无须填写详细地址,这样避免了个人信息的外露。菜鸟驿站针对上班族和学生,解决了投递失败的问题,用户可随时前往菜鸟驿站自提包裹,无须和派件员约时间,且取件便捷。

2. 社区代收点

社区和园区相对校园来说消费者群体的年龄较大,人数较少,但对购物体验的要求更高。

社区代收点大致分为两种形式：与便民店合作的代收点和专业的代收点。

(1)与便民店合作。与便民店合作就是把便民店(比如小区物业、园区保卫处、各种便利店等)作为货物代收点，组成物流“最后一公里”配送环节，从而实现货物的直接接收与责任归属。收件人可以利用空闲时间到附近便利店提取货物。截至 2015 年 9 月底，阿里控股的菜鸟网络在全国 146 个城市已拥有 2.5 万个自提点，由社区便利店、快递公司区域网点、小区物业等组成，其中，便利店占比最高。

(2)建立专业提货点。电商与便利店合作推出自提服务点也存在管理困难等问题，因此部分电商企业开始建立自己的提货点。电商企业通常在社区、园区附近设立专门的提货点，货物到达指定的提货点后，收件人可在方便或约定的时间到提货点提取货物。建立提货点，与便利店合作的方式类似，都是集中投递、自助提货。专门的提货点由企业自己建立，易于管理。目前，京东、苏宁易购、国美等主要采用的是自建专门提货点。

3. 园区代收点

与校园、社区相比，园区的消费者都是经济独立的用户群体，购买力更强，包裹数量更多。和校园一样，园区取件时间也相对集中，主要是午休和下班时间。园区代收点和社区一样，主要是两种形式：与便利店合作的代收点和专业代收点。园区代收点的特点是有明显的周期性，周末和假期可不营业。一般情况下，园区在周末和假期几乎没有人，所以也几乎没有取件、寄件的用户。

三种配送模式各有特点，适用于不同的场景，实际操作中，需要根据不同的场景采取不同的配送模式，也可以采取“自提柜＋代收点”的组合模式。这种模式解决了物流最后一公里的同时，弥补了代收点无法 24 小时营业的缺陷，两者结合为用户提供了高效、安全的最后一公里配送服务。

三、农村物流“最后一公里”

(一)农村物流最后一公里现状

随着淘宝、京东等网购平台的发展，网购的群体从城市延伸到农村，网购群的不断扩大，对物流最后一公里配送提出了更高的要求。目前，我国农村物流最后一公里现状和问题主要表现在：

(1)物流基础设施落后。农村物流基础设施落后，货运车辆匮乏且简陋，货运车辆技术水平低，车辆多为农用车、老旧车，运输消耗大、效率低。农村的快递公司网点设备简陋，多为人工，耗费的人工成本大。高额的物流成本使农村电商只能通过邮政配送，价格贵，速度慢。

(2)交通运输条件落后。农村居民居住分散，道路数量少，道路路况差，交通无法满足“最后一公里”物流配送的需要。落后的交通运输条件是农村电商物流不通畅、不完善的主要原因，运输损耗大，增加了物流成本，增加了打通“最后一公里”的难度。目前，电商在农村的覆盖率不高，主要原因是农村的交通条件落后、农民居住分散、订单量不大等。

(3)物流信息化水平落后。我国互联网技术飞速发展，物流也在向信息化发展，而农村物流信息化水平较为落后，网络覆盖率低，物流工作人员专业素质不高，使得农村难以建立有效的物流信息网络。农村电商物流走信息化道路是大势所趋，但物流信息不对称、信息同步慢、信息化程度低等阻碍了“最后一公里”的发展。

(二)农村物流最后一公里的模式

(1)送货上门。农村物流的“送货上门”，就是由乡镇配送网店的派件员逐一联系顾客，将区域的货物派送至顾客手中。由于农村顾客居住比较分散，且农村网购程度相对较低，这对派件来说需要花费大量精力联系顾客，并约定时间和地点进行包裹的投递，而且派件距离长，若配送不成功，二次配送所耗费的成本则更大。

(2)配送至乡镇网点。包裹到达快递公司网点后，进行分拣并配送至各区域乡镇上的快递公司网点，由网点通知顾客取件，顾客自行前往乡镇网点取货。这种方式对网点来说资源的耗费大大减少，但农村交通运输不方便，对顾客来说需自行前往乡镇取货，极为不便，顾客满意度不高。

(3)农村服务站。农村服务站即快递公司将包裹投递到县城设立的公共网点后由当地物流服务商送往农村服务站，再由农村服务站将包裹配送至消费者手中。农村服务站建立的成本相对较高，需要找到合适的地点、人员，难度较大。目前，菜鸟网络借助中国邮政这张覆盖全国农村的网络，开始布局农村物流网络，农村服务站、县物流网站将共同完成农村最后一公里的配送，以达到低成本、高效率的目的。

四、新零售与物流"最后一公里"

新零售，是马云在2016年全球智慧物流峰会上提出的。所谓"新零售"，其主要内涵是以互联网新技术为驱动，除了将线上与线下相结合以外，还运用大数据来分析决策，将一种全新的零售方式渗透到日常消费中，消费者可随时随地得到想要的产品和服务。新零售时代下，物流行业也需要变革，打破原有的物流体系，建立新的配送机制，使客户体验达到最佳。新零售有三大特征：

1. 高水平的用户体验

传统零售业以产品为核心，注重品质，却极少关注用户的真正需求和体验。对于零售业来说，良好的用户体验是行业生存的基石。同样一种商品，消费者既可以"线下体验，线上购买"，也可以"线上感知，线下购买"，给消费者更多的体验。

2. 消费场景化和交易全渠道化

理论上，消费者在任何场景中都可以与周边的各种各样的商品和服务资源产生交互和连接，即消费者在任何时间、任何地点以任何方式都可得到他们想要的任何产品和服务，实现交易全渠道化。同样一个商品，商家需要给出不同的菜单供消费者选择：商场购买、社区店购买、网上下单快递配送、O2O下单周边商店配送等。目前，阿里、京东等电商巨头已经和部分线下渠道进行战略合作，将线上电商与实体零售相结合，实现消费场景化，并最终实现交易全渠道化。

3. 配送的柔性化

同样一件商品，可以选择网上下单快递配送；也可以选择O2O下单商店配送；线下体验下单商店配送等。这里的物流需求既有传统的快递，也有基于门店的最后一公里配送，还有从区域仓到门店的配送需求。因此，不同的场景消费对配送需求是不一样的，这需要配送具有柔性化的特点，同样一个配送系统需要满足不同场景的消费需求。

案例分析

盒马鲜生的物流最后一公里

盒马鲜生是阿里巴巴对线下超市完全重构的新零售业态。盒马是超市，是餐饮店，也是菜市场，但这样的描述似乎又都不准确。消费者可到店购买，也可以在盒马App下单。而盒马最大的特点之一就是快速配送，门店附近 3 千米范围内 30 分钟送货上门。

盒马鲜生大多开在居民聚集区，下单购物需要下载盒马 App，只支持支付宝付款，不接受现金、银行卡等任何其他支付方式。

实际上，在强推支付宝支付背后，是盒马未来将对用户消费行为数据进行挖掘的野心。阿里巴巴为盒马鲜生的消费者提供会员服务，用户可以使用淘宝或支付宝账户注册，从最近的商店查看和购买商品。盒马未来可以跟踪消费者的购买行为，借助大数据做出个性化的建议。

与传统零售最大的区别是，盒马运用大数据、移动互联、智能物联网、自动化等技术及先进设备，实现人、货、场三者之间的最优化匹配。从供应链、仓储到配送，盒马都有自己完整的物流体系。

不过，这一模式也给盒马的前期投入带来巨大成本。公开报道显示，盒马鲜生创始人侯毅曾透露，盒马鲜生的单店开店成本在几千万元不等。

能做到 30 分钟配送速度，在于算法驱动的核心能力。据店员介绍，店内挂着金属链条的网格床绳是盒马全链路数字化系统的一部分。盒马的供应链、销售、物流履约链路是完全数字化的。从商品的到店、上架、拣货、打包、配送任务等，作业人员都是通过智能设备去识别和作业，简易高效，并且出错率极低。整个系统分为前台和后台，用户下单 10 分钟之内分拣打包，20 分钟实现 3 千米以内的配送，实现店仓分离。

资料来源：朱传波. 物流与供应链管理[M]. 北京：机械工业出版社，2018.

思考题：

1. 与传统的门店和电商相比，盒马鲜生是一家什么类型的企业？
2. 盒马鲜生如何做到 30 分钟配送上门的服务？

【思维导图】

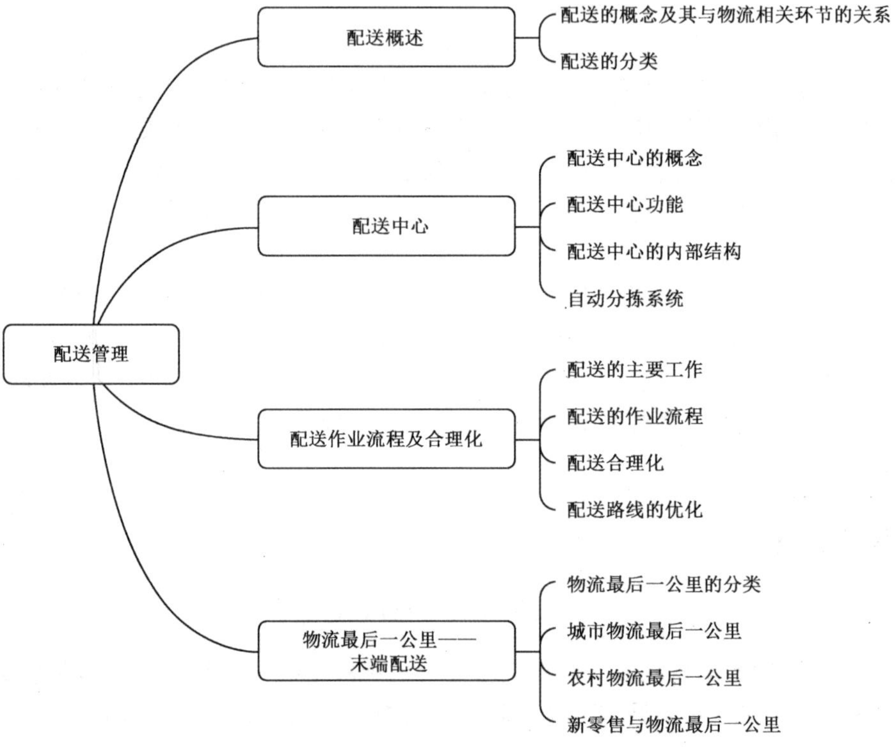

习 题

一、单项选择题

1. 杭州娃哈哈集团给市内各饮用水供应点配送饮用水,此种配送形式称为(　　)。

A. 共同配送　　B. 定量配送　　C. 定时配送　　D. 生产企业配送

2.(　　)不属于配送订单处理程序。

A. 接受订单　　B. 订单补货　　C. 订单数据处理　　D. 订单状态管理

3. 为大型联营超级市场组织供应的配送中心、代替零件加工厂送货的零件配送中心属于(　　)配送中心。

A. 专业　　B. 柔性　　C. 供应　　D. 销售

4. 将拣取路径相近的订单分成一批的分批方式为(　　)。

A. 总合计量分批　　B. 定时分批　　C. 智慧型分批　　D. 定区分批

5. 配送作业计划的核心是(　　)。

A. 最大配送效益　　B. 最高配送收入

C. 最大配送货量　　D. 最低配送成本

6. 配送路线优化是(　　)。

A. 在一段路线上,送货客户最密

B. 配送客户、配送货量、配送时间的最佳配合

C. 在确定时间内,送货客户最密

D. A 和 C

7.(　　)是共同配送的特点。

A. 送货一方实现少量物流配送　　B. 收货一方可以统一进行总验货

C. 适合中小型企业　　D. 一车多户,经济送货路线

二、多项选择题

1. 作为配送活动的基本环节,集货业务包括(　　)等基本内容。

A. 组织货源　　B. 储存货物　　C. 运送货物　　D. 流通加工

2. 物流配送的严重作用主要体现在(　　)等几个方面。

A. 有利于促进物流运动的社会化　　B. 有利于实现物流资源的合理配置

C. 有利于开发和应用新技术　　D. 有利于创造社会整体效益

3. 拣选式配货的形式主要有(　　)。

A. 人工拣选配货　　B. 人工加手推作业车拣选配货

C. 机动作业车拣选配货　　D. 传动输送带拣选配货

4. 配送具有(　　)两种基本职能。

A. 采购　　B. 存储　　C. 送货　　D. 订货

5. 按配送商品的种类和数量分类,配送可分为(　　)。

A. 少品种、大批量的配送　　B. 多品种、少批量、多批次配送

C. 成套配套配送　　D. 公路、铁路、水运、航空配送

三、简答题

1. 简述配送中心的功能。
2. 简述配送的作业流程。
3. 简述配送合理化的措施。

四、论述题

请谈谈我国农村物流最后一公里的现状及解决措施。

五、案例分析题

郑州市地处中原地区,交通便利,是国家重点支持建设的大型商贸城市之一。在这个拥有常住人口数 1 200 万的城市里,商业企业、工业企业等交错布局,比较适合开展不同产业间的共同配送。郑州市的仓储企业除了各个产业部门的仓库外,聚集了中央、省级的仓储企业,数量众多、规模较大的有 70 多家。这些仓库目前基本都在从事不同产业的仓储服务,但是还不能提供配送服务,更不能提供不同产业间的共同配送服务。

若你是物流经理,则你打算如何回答下列问题:

(1)你认为同产业和不同产业共同配送有哪些优、缺点?

(2)如果让你来组织和运作一个共同配送的项目,则你将分几步开展这项工作?

第八章　物流信息管理

案例导入

长虹电器的信息化管理

四川长虹电器股份有限公司是一家集彩电、背投、空调、视听、数字网络、电源、器件、平板显示、数字媒体网络等产业研发、生产、销售的多元化、综合型跨国企业。其下辖吉林长虹、江苏长虹、广东长虹等多家参股、控股公司。该公司引入无线网络通信技术进行仓储信息化管理，取得了明显成效。

一、囤积彩管之痛

在物流领域，从家电行业整体情况看，高成本、低效率、多环节是其面临的主要问题。电器行业的一个重要特点就是物品的贬值率特别高，物品存放在仓库一天要损失5%的利润。这对已经趋于"微利"的家电企业来说，无疑是制约企业发展的重要因素。作为我国家电业"龙头"的长虹也不例外。

1998年，四川长虹犯囤积彩管的错误，造成了重大的损失。当时，四川长虹是中国家电企业第一品牌，从资本市场筹集数十亿元资金，又是中国彩电产能最大的企业。针对当时的彩电价格战，善打价格战的四川长虹打起小算盘，控制上游彩管资源，既可以消化大量的存货，又可以引发彩电市场价格回升，以稳固四川长虹在行业里的龙头老大地位。在1998年前后，通过精心策划，四川长虹发动了震惊中外的囤积彩管事件，花费的资金多达数十亿元。这是四川长虹在其鼎盛时期所犯的最大错误。在此前一年，四川长虹获得的盈利高达26亿元，市场地位很高。由于市场出现了变化，该决策最后以失败而告终，造成了经营上的重大损失。

二、物流是流动的仓库

囤积彩管失误之后，长虹管理层认为，目前家电企业的竞争力不单纯体现为产品质量能否满足市场要求，更重要的是如何在市场需求的时候，以最快的速度生产和递交顾客满意的产品及服务。这就要求企业不仅要保证高节奏的生产，而且要实现最低库存下的仓储。

由此，长虹提出了"物流是流动的仓库"的思路，用时间消灭空间，摒弃了存货越多越好的落后观念，全面提升速度观念。

长虹在绵阳拥有40多个原材料库房、50多个成品库房、200多个销售库房。过去的仓库管理主要由手工完成，各种原材料信息通过手工录入。虽然应用了ERP系统，但有关原材料的各种信息记录在纸面上，而存放地点完全依靠工人记忆。在货品入库之后，所有的数据都由手工录入电脑中。对于制造企业来说，仓库的每种原材料都有库存底线，库存不能过多影响成本，而库存不够时，需要及时订货，但是纸笔方式具有一定的滞后性。真正的库存与系统中的库存永远存在差距，无法达到实时。由于库存信息的滞后性，让总部无法做出及时和准确的决策。而且手工录入方式效率低，差错率高，在出库频率提高的情况下，问题更为严重。

为了解决上述问题，长虹决定应用条码技术及无线解决方案。经过慎重选择，长虹选择了美国讯宝科技公司及其合作伙伴——高立开元公司共同提供的企业移动解决方案。该解决方案采用讯宝科技的条码技术，并以SymbolMC3000作为移动处理终端，配合无线网络部署，进行仓库数据的采集和管理。目前长虹主要利用SymbolMC3000对其电视机生产需要的原材料仓库以及2 000多平方米的堆场进行管理，对入库、出库以及盘点环节的数据进行移动管理。

(1)在入库操作方面。一个完整的入库操作包括收货、验收、上架等操作。长虹在全国有近200家供应商，根据供应商提供的条码对入库的原材料进行识别和分类。通过条形码进行标识，确保系统可以记录每个单体的信息，进行单体跟踪。长虹的仓库收货员接到供应商的送货单之后，利用SymbolMC3000扫描即将入库的各种原材料条码，并扫描送货单上的条码号，通过无线局域网络传送到仓库数据中心，在系统中检索出订单，实时查询该入库产品的订单状态，确认是否可以收货，提交给长虹的ERP系统。

收货后长虹的ERP系统会自动记录产品的验收状态，同时将订单信息发送到收货员的SymbolMC3000手持终端，并指导操作人员将该产品放置到系统指定的库位上。操作员将货物放在指定库位后扫描库位条码，系统自动记录该物品存放库位并修改系统库存，记录该配件的入库时间。通过这些步骤，长虹的仓库管理人员可以在系统中追踪到每一个产品的库存状态，实现实时监控。

(2)在出库操作方面。一个完整的出库操作包括下架、封装、发货等操作。通过使用无线网络，长虹的仓库管理人员可以在下架时实时查询待出库产品的库存状态，实现先进先出操作，为操作人员指定需发货的产品库位，并通过系统下发动作指令，实现路径优化。封装时系统自动记录包装内的货物清单并自动打印装箱单。发货时，系统自动记录发货的产品数量，并自动修改系统库存。

通过这些步骤，长虹可以在系统中追踪到每个订单产品的发货情况，实现及时发货，提高服务效率和客户响应时间。仓库操作人员收到仓库数据中心的发货提示，会查阅无线终端上的任务列表，并扫描发货单号和客户编码，扫描无误后确认发送，中心收到后关闭发货任务。

(3)在盘点操作方面。长虹会定期对库存商品进行盘点。在未使用条码和无线技术之前，长虹的仓库操作人员清点完物品后，将盘点数量记录下来，并将所有数据单提交给数据录入员输入电脑。由于数量清点和电脑录入工作都需要耗费大量的时间且又不能同时进行，因此往往先是电脑录入员无事可做，然后忙到焦头烂额；而仓库人员在盘点时手忙脚乱，而后围在电脑录入员身边又要等待盘点结果。这样的状态，几乎每个月都要发生一次，在部署了讯宝科技的企业移动解决方案后，杜绝了这种现象。仓库操作人员手持SymbolMC3000移动终端，直接在库位上扫描物品条形码和库位，系统自动与数据库中记录进行比较，通过移动终端的显示屏幕将盘点结果返回给仓库人员。通过无线解决方案可以准确反映货物库存，实现精确管理。

三、仓储信息化管理效果显著

条形码结合无线技术的企业移动解决方案令长虹的库存管理取得非常明显的效果，不仅为长虹降低了库存成本，而且大大提高了供应链效率，更为重要的是准确、及时的库存信息，让长虹的管理层可以对市场变化及时作出调整，大大提高了长虹物流的整体水平和长虹在家电市场的竞争力。

(1)库存的准确性大幅提高。无线手持移动终端或移动计算机与仓库数据中心实现了数据的实时双向传送后，保证了长虹原材料仓库和堆场中的货物从入库开始到产品出库结束的整个过程。各环节信息都处在数据中心的准确调度、使用、处理和监控之下，使得长虹库存信息的准确性达到100%，便于决策层作出准确的判断，大大提高长虹的市场竞争力。

(2)增加了有效库容，降低了企业成本。由于实现了实时数据交换，长虹仓库货物的流动速度提高，使得库位、货位的有效利用率随之提高，增加了长虹原材料仓库的有效库容，降低了产品的成本，提高了长虹的利润率。

(3)实现了无纸化操作，减少了人工误差。由于整个仓库都通过无线技术传递数据，从订单、入库单、调拨单、装箱清单、送货单等都实现了与仓库数据中心的双向交互、查询，大大减少了纸面单据，而采用Symbol MC3000手持移动终端进行条形码扫描识别，让长虹在提高数据记录速度的同时减少了人员操作错误。

(4)提高了快速反应能力。现在长虹可以在第一时间掌握仓库的库存情况，这让长虹可以对复杂多变的家电市场迅速作出反应和调整，让长虹获得了很强的市场竞争力。

资料来源：柴凤伟. 中国物流与采购网，2008—06—25，http://www.chinawuliu.com.cn。

第一节 物流信息管理概述

一、物流信息的定义、特点及分类

(一)定义

物流信息(Logistics Information)是指反映物流各种活动内容的知识、资料、图像、数据的总称(GB/T18354—2021)。物流信息是物流活动中各个环节生成的信息，与物流过程中的运输、保管、装卸、包装等各种职能有机结合在一起，是整个物流活动顺利进行所不可缺少的，对物流的有效组织、控制、协调和管理具有非常重要的意义。

(二)物流信息的特点

1. 广泛性

物流信息来源广泛，分布跨度大，不仅来源于企业内部，而且来源于供应链中的各企业和社会其他组织。物流信息的广泛性要求对其进行合理的配置，以便提高其利用效率。

2. 真实性

物流信息能否真实、准确地反映物流活动是非常重要的，是决定其使用价值大小的一个关键要素。物流信息的真实性要求对其进行准确的采集和传递。

3. 时效性

物流信息的时效性主要体现在其滞后性和超前性。由于物流活动总是处于不断变化之中，作为反映物流活动状态和方式的物流信息也在不断变化，如不能及时地获得最新的物流信息，其价值就会贬值。物流信息的超前性体现为在把握了物流活动规律的前提下，能够对其进行预测。物流信息的时效性要求对其进行及时的采集和合理的使用。

4. 共享性

物流信息不局限于企业自身使用，而且可以被供应链上的其他成员企业、社会其他组织和个人共享使用，其价值不会因为共享使用而减少，合理的共享反而会使其增值。物流信息的共享性要求对其进行有效共享和合理控制，发挥其最大效用。

（三）物流信息的分类

1. 按物流管理层次分类

按物流管理层次分，物流信息可分为作业层信息、战术层信息和战略层信息。

（1）作业层信息用来解决日常生产和运营的问题。它与组织的日常事务有关，并用以保证完成具体的任务，例如，下达运输任务单、打印出入库单等。

（2）战术层信息与资源的分配和利用相关，如月配送计划、采购计划等。

（3）战略层信息与发展定位、业务拓展有关，如物流设施选址、发展定位等。

2. 按不同物流功能分类

按不同物流功能分，物流信息可以分为仓储信息、运输信息、流通加工信息、包装信息、装卸信息、搬运信息、配送信息等。对于某个功能领域还可以进行进一步细化，例如，仓储信息分成入库信息、出库信息、库存信息、搬运信息等。

3. 按信息加工程度分类

按信息加工程度分，物流信息可分为原始信息和加工信息。

（1）原始信息是指未加工的信息，是信息工作的基础，也是最有权威性的凭证性信息。

（2）加工信息是对原始信息进行各种方式和各个层次处理后的信息。这种信息是对原始信息的提炼、简化和综合，利用各种分析工具在海量数据中发现潜在的、有用的信息和知识。

二、物流信息管理的概念及作用

（一）概念

物流信息管理是对物流信息进行采集、处理、分析、应用、存储和传播的过程，也是将物流信息从分散到集中、从无序到有序的过程。在这个过程中，通过对涉及物流信息活动的各种要素如人员、技术、工具等进行管理，可以实现资源的合理配置。

由于物流信息具有地域性、时间性，信息的范围广、跨地域、随时间的变化快，而且不同的用户对信息的要求也不同，因此在信息的收集、整理、加工过程中，尤其要注意避免信息的缺损、失真和失效，保证信息的及时、准确、全面。

（二）作用

1. 控制物流的时间、方向、大小和发展进程

过去，人们认为信息流是伴随物流的产生而产生，随着信息技术的发展和应用，一类信息流先于物流产生，它控制着物流产生的时间、流动的大小和方向（即速度），引发、控制、调整物流（如各种物流决策计划、各种通知、用户的配送加工和分拣及配货要求等）；另一类信息流则与物流同步产生，它们反映物流的状态，如运输信息、库存信息、加工信息、货源信息、设备信息等。前者是计划信息流或协调信息流，后者为作业信息流。各种计划（如战略计划、物流计划、制造计划采购计划）、存货配置以及预测产生的信息是计划信息流；运输信息、库存信息、加工信息、货源信息、设备信息等是作业信息流。

2. 更有效地利用各种物流信息

物流信息除了反映商品流动的各种状态外，更重要的是控制物流的时间、方向、大小和发展进程。无论是计划信息流，还是作业信息流，物流信息的总体目标都是把物流涉及企业的各

种具体活动综合起来，加强整体的综合能力。

过去的物流信息主要存储在纸介质上，这导致了缓慢而不可靠的甚至有误导趋向的信息传输。存储在纸介质上信息的流动不仅增加了作业成本，还降低了用户满意度。现代信息技术的发展，使信息可以存储在电子介质、光介质上，电子信息的传输和管理能够更有效、更迅速地交流和管理各种信息，信息使用更加容易、快捷与经济，同时企业通过电子手段可以增强和用户各方面的协调与沟通，更好地为用户提供便捷全面的信息服务，强化企业的核心竞争力。

3.构建有效的物流信息系统

物流系统是由多个子系统组成的复杂系统，物流信息成为各个子系统之间沟通的关键，在物流活动中起着神经中枢的作用。多个子系统是通过物资实体的流动联系在一起，一个子系统的输出就是另一个子系统的输入。加强对物流信息的研究才能使物流成为一个有机的系统，而不是各个孤立的活动。首先，有关订货状况、商品可得性、交货计划表，以及发票等信息是整个物流服务的必要因素。其次，要认识到信息能够有效地减少存货和对人力资源的需要。利用最新的信息制订的需求计划，能够通过减少需求的不确定性来减少库存。最后，信息可以增加物流的灵活性，对何时、何地及如何利用各种资源等问题，可以从战略高度加以解决。因此，及时而又准确的信息对有效的物流信息系统的构建有着不可估量的重要作用。

4.实现高速信息共享

在企业的电子商务活动中，商品的生产、加工、储存和传递等信息大多通过互联网完成。企业在网上制作自己的主页、网站，发布其商品的相关信息，供需方参考。买卖双方在网上进行商品交易，达成交易协议，同时企业也从网上获得自己需要的相关信息来指导企业进行生产、销售。通过电子商务平台，企业可以真正地实现高速信息共享，真正地实现无国界的商务活动。

第二节　物流信息技术

一、条码技术

（一）定义

条码(Bar Code)是指由一组规则排列的条、空组成的符号，可供机器识读，用以表示一定的信息，包括一维码和二维码(GB/T18354—2021)。其中，条是指条码中反射率较低的部分，即黑色或深色的条形；空是指条码中反射率较高的部分，即指白色或浅色的条形。

（二）条码的特点

1. 可靠、准确

用光电扫描装置识读条码的误读率极低，而且大多数条码具有自校验功能。实际应用中，条码输入的误读率约在百万分之一，CODE39 误读率在三百万分之一以下，如果使用校验码甚至可以达到一亿四千九百万分之一的高精度。

2. 输入速度快

条码的条、空容易识读，用光电扫描装置识读条码并将信息输入的方法比人工键盘输入的方法要快得多。键盘输入，对于操作员来说，输入速度慢而且烦琐；使用条码可以大大提高输入速度，实现“即时数据输入”。

3. 成本低廉

与其他自动识别技术相比较，推广应用条码技术，所需费用低。条码标签易于制作，对印刷技术设备和材料无特殊要求。对于量大的条码图形，可以通过印刷大量生产；对于量小的条码图形，则可以通过计算机自动生成，由打印机输出。条码符号的识读设备普遍采用光电技术，价格便宜，而且操作设备简单易学，无须专门训练。

4. 自由度大

条码通常在图形和编码上都有一定的纠错功能，这样即使标签有部分欠缺，仍可以从正常部分输入正确的信息。与磁条信息相比，条码信息不会受到电磁场的影响和干扰。识别装置与条码标签相对应位置的自由度要比光学字符识别 OCR(Optical Character Rcognition)大得多。

5. 灵活实用

条码作为一种自动识别手段可以单独使用，也可以和有关设备组成识别系统实现自动化识别，还可和其他设备联系起来实现整个系统的自动化管理。

但条码也有缺点，如脏污后不容易读取、记录数据的密度低等，最大的缺点是不能够修改和替换。

（三）条码的分类

按照条码的长度，条码可分为定长条码和非定长条码；按照排列方式，条码可分为连续型条码和非连续型条码；按照校验方式，条码可分为自校验型条码和非自校验型条码；按照维数的不同，条码可分为一维条码和二维条码。

1. 一维条码

一维条码按照应用可分为商品条码和物流条码。商品条码包括 EAN 码和 UPC 码，主要用于零售商品；物流条码是对在物流过程中的物品及其位置进行标识，主要包括 UCC/EAN－128 码、ITF－14 码、39 码、库德巴码等，主要用于非零售的物流单元。

一维条码一般只在水平方向上表达信息，垂直方向的高度通常是为了便于阅读器的对准。对于每一种商品，它的编码是唯一的。在使用过程中，一维条码通常仅作为识别信息，是通过在计算机系统的数据库中提取相应的信息而实现的。

一维条码构成图如图 8－1 所示。

图 8－1　一维条码构成图

2. 二维条码

二维条码是在二维空间上由具有特殊结构的几何图形元素按一定规律和顺序组合成的图形，利用构成计算机内部逻辑基础的 0、1 比特流的概念，使用若干个与二进制相对应的几何形体来表示文字数值信息。目前，国外先进发达国家已将此项技术广泛应用于国防、海关、税务、公共安全、交通运输等信息自动携带、传递和防伪领域。

（1）二维条码的特点。二维条码除具有一维条码的优点以外，还具有如下特点：①编码范围更广。二维条码的信息容量比一维条码高几十倍以上，不仅可以保存英文、数字等符号信息，还可以保存中文、图片、声音、指纹、签字等多种数据类型。②保密性和纠错能力强。二维条码可加密，具有很高的保密性，且纠错能力很强，当纠错等级提高时，污损50%依然可以完整读出信息。③读取更方便。二维条码可以用扫描仪扫描或用摄像头直接读取，无须后台数据库支持，使用起来十分方便。④二维条码还具有条码符号形状大小可变的特点。

(2)二维条码的分类。可分为堆叠式二维条码和矩阵式二维条码。

①堆叠式二维条码形态上是由多行短截的一维条码堆叠而成，其编码原理是建立在一维条码基础之上，按需要将一维条码堆积成两行或多行。它在编码设计、校验原理、识读方式等方面继承了一维条码的一些特点，识读设备与条码印刷和一维条码技术兼容。但由于行数的增加，需要对行进行判定。

有代表性的堆叠式二维条码有：Code 16K、Code 49、PDF417等，见图8—2。

(a) Code 16K　(b) Code 49　(c) PDF417

图8—2　常见的堆叠式二维条码

②矩阵式二维码是在一个矩形空间通过黑、白像素在矩阵中的不同分布进行编码，是建立在计算机图像处理技术、组合编码原理等基础上的一种新型图形符号自动识读处理码制。在矩阵相应元素位置上，用点（方点、圆点或其他形状）的出现，表示二进制的“1”，点不出现，表示二进制的“0”，点的排列组合确定了矩阵式二维条码所代表的意义。

比较有代表性的矩阵式二维条码有：QR Code、Data Matrix、Maxi Code、汉信码等，见图8—3。

(a) QR Code　(b) Data Matrix　(c) Maxi Code　(d) 汉信码

图8—3　常见的矩阵式二维条码

（四）条码识读设备

条码识读设备是用于读取条码所包含信息的阅读设备，利用光学原理，把条形码的内容解码后通过数据线或者无线的方式传输到计算机或其他设备。

1. 工作原理

条码识读的基本工作原理为：由光源发出的光线经过光学系统照射到条码符号上面，被反射回来的光经过光学系统成像在光电转换器上，使之产生电信号，信号经过电路放大后产生一模拟电压，它与照射到条码符号上被反射回来的光成正比，再经过滤波、整形，形成与模拟信号对应的方波信号，经译码器解释为计算机可以直接接受的数字信号。

2. 条码识读设备的分类

条码识读设备由条码扫描和译码两部分组成。现在大多将这两部分集成为一体,根据不同的用途和需要设计了各种类型的扫描器。

(1)按条码识读的扫描方式来分类。条码识读设备从扫描方式上可分为接触式和非接触式两种条码扫描器。接触式识读设备包括光笔与卡槽式条码扫描器,非接触式识读设备包括CCD扫描器、激光扫描器。

(2)按操作方式来分类。条码识读设备从操作方式上可分为手持式和固定式两种条码扫描器。

(3)按条码识读的扫描方向分类。条码扫描设备从扫描方向上可分为单向和全向条码扫描器。其中,全向条码扫描器又分为平台式和悬挂式。

3. 条码扫描器的选择原则

不同的应用场合对条码识读设备有着不同的要求,需综合考虑条码符号相匹配、分辨、工作空间、接口要求和性价比等因素,以达到最佳的应用效果。

二、射频识别技术

(一)定义

射频识别(Radio Frequency Identification,RFID)是指在频谱的射频部分,利用电磁耦合或感应耦合,通过各种调式和编码方案,与射频标签交互通信,唯一读取射频标签身份的技术(GB/T18354—2021)。

(二)射频识别技术的特点

与目前广泛使用的条码、磁卡、IC卡等自动识别技术相比,RFID技术具有以下几个特点:

(1)快速扫描。条形码一次只能有一个条形码受到扫描,RFID识读设备可同时识别读取多个RFID标签。

(2)体积小型化,形状多样化。RFID在读取上并不受尺寸大小与形状的限制,无须为了读取精确度而配合纸张的固定尺寸和印刷品质。

(3)不受环境限制。传统的条形码、磁卡容易受到脏污,会看不清,但RFID经封装处理后对水、油和化学药品等具有强力的抗污性。此外,条码容易受到折损,磁卡容易出现消磁,IC卡的金属片容易被腐蚀或磨损,RFID标签是将数据存在芯片中,因此可以免受污染损伤。RFID在黑暗或强光环境之中也可以读取数据。

(4)可重复使用。由于RFID标签内存储的是电子数据,可以被复写,方便信息的增加、删除和更新,因此可以回收标签重复使用。如被动式RFID标签,无须电池就可以使用,没有维护保养的需要。

(5)穿透性和无屏障阅读。RFID标签在被纸张、木材和塑料等非金属或非透明的材质包覆的情况下,可以进行穿透性通信;而条码扫描机必须在近距离而且没有物体阻挡的情况下才可以阅读,磁卡和IC卡需要接触才能识别。

(6)数据记忆容量大。一维条形码的容量是50字节,二维条形码的容量是2～3 000字节,RFID最大的容量则有数兆字节。

(7)安全性。由于RFID承载的是电子式信息,其数据内容可经由密码保护,使其内容不易被伪造及篡改。

(三)射频识别系统的组成

射频识别系统至少应包括读写器、电子标签(或称射频卡、应答器)、天线和主机等。在具体的应用过程中，根据不同的应用目的和应用环境，系统的组成会有所不同，但从 RFID 系统的工作原理看，系统一般由信号发射机、信号接收机、编程器与天线四部分组成，见图 8－4。

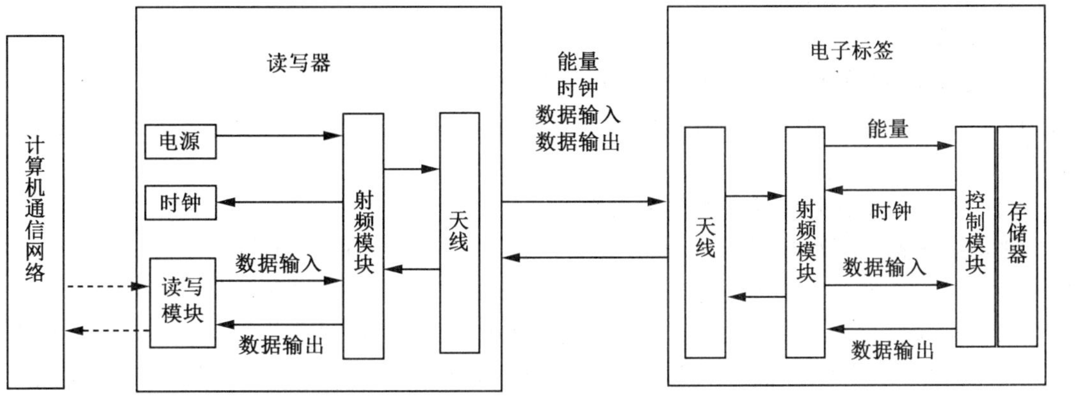

图 8－4　RFID 系统的组成

1. 信号发射机

在 RFID 系统中，信号发射机为了不同的应用目的，会以不同的形式存在，典型的形式是标签（TAG）。标签相当于条码技术中的条码符号，用来存储需要识别传输的信息。与条码不同的是，标签必须能够自动或在外力的作用下，把存储的信息主动发射出去。

（1）按照供电方式分，标签可分为有源射频标签（主动式标签）、无源标签（被动式标签）和半无源射频标签三种。

有源射频标签内部自带电池进行供电，电能充足、工作可靠性高、信号传送的距离远。无源射频标签内部不带电池，要靠外界提供能量，具有永久的使用期，支持长时间的数据传输和永久性的数据存储，但数据传输的距离比有源射频标签近。半无源标签内装有电池，但电池仅对标签内要求供电维持数据的电路或标签晶片提供工作所需的电压作辅助支援、卡签支持。未进入工作状态时，一直处于休眠状态，相当于无源标签。

（2）按照内部使用存储器类型，标签可分为只读标签和可读可写标签。只读标签内部有只读存储器（Read Only Memory，ROM）和随机存储器（Random Access Memory，RAM）。可读可写标签内部的存储器除了 ROM、RAM 和缓冲存储器之外，还有非活动可编程记忆存储器。

（3）按照存储器数据存储能力，标签可分为标识标签与便携式数据文件。标识标签中存储的知识标识号码，用于对特定的标识项目，如人、物、地点进行标识。关于被标识项目的详细特定信息，只能在与系统相连接的数据库中进行查找。便携式数据文件是指标签中存储的数据非常大，可以看作一个数据文件，且一般都是用户可编程的。

（4）按照应用频率，标签可以分为低频（LF）、高频（HF）、超高频（UHF）和微波（MW），其频率范围分别为 9～135kHz、13.56～433MHz、860～960MHz 和 2.45～5.8GHz。

2. 信号接收机

在 RFID 系统中，信号接收机一般叫作阅读器。根据支持的标签类型与完成的功能不同，阅读器的复杂程度也明显不同。阅读器的基本功能是提供与标签进行数据传输的途径。另外，阅读器还具有相当复杂的信号状态控制、奇偶错误校验与更正功能等。

3. 编程器

编程器是向标签写入数据的装置，只有可读可写标签系统才需要编程器。一般来说，编程器写入数据是离线完成的，即预先在标签中写入数据，等到开始应用时直接把标签粘附在被标识项目上。也有一些 RFID 应用系统，写数据是在线完成的，尤其是在生产环境中作为交互式便携数据文件来处理时。

4. 天线

天线是标签与阅读器之间传输数据的发射、接收装置。在实际应用中，除了系统功率，天线的形状和相对位置也会影响数据的发射和接收，需要专业人员对系统的天线进行设计、安装。

（四）射频技术在物流管理中的适用性

射频技术适用于物料跟踪、运载工具和货架识别等要求非接触数据采集和交换的场合。由于射频技术标签具有可读写能力，对于需要频繁改变数据内容的场合尤为适用。

我国射频技术的应用也已经开始，一些高速公路的收费站口使用射频技术可以不停车收费，我国铁路系统使用射频技术记录货车车厢编号的试点已运行了一段时间，一些物流公司也正在准备将射频技术用于物流管理中。

三、全球定位系统

（一）定义

全球定位系统（Global Positioning System，GPS）是指以人造卫星为基础，24 小时提供高精度的全球范围的定位和导航信息的系统（GB/T18354—2021）。

（二）全球定位系统的特点

（1）全球、全天候定位。GPS 能为用户提供连续、实时的三维位置、三维速度和精密时间，不受天气的影响。GPS 卫星的数目较多，且分布均匀，保证了地球上任何地方任何时间至少可以同时观测到 4 颗 GPS 卫星，确保实现全球全天候连续的导航定位服务。

（2）定位精度高。随着 GPS 接收机和数据处理软件性能的不断提高，GPS 定位的精度远远超过了传统测量方法的精度。例如，用载波相位观测量进行静态相对定位，在小于 50 千米的基线上精度可达 10^{-6}米，在 100～500 千米的基线上精度为 10^{-7}米，在大于 1 000 千米的基线上精度可达 10^{-9}米。

载波相位（Carier Phase）是指在接收时刻接收的卫星信号的相位相对于接收机产生的载波信号相位的测量值。

（3）观测时间短。随着 GPS 的不断完善、软件的不断更新，目前，20 千米以内相对静态定位仅需 15～20 分钟；快速静态相对定位测量时，当每个流动站与基准站相距在 15 千米以内时，流动站观测时间只需 1～2 分钟，然后可随时定位，每站观测只需几秒钟。

（4）测站间无须通视。用传统的测量方法测定点位，测站间必须通视，迫使测量人员将点位选在能满足通视要求而在工程建设中使用价值不大的制高点上。GPS 定位是由星站距离确定点位的，只需测量点与空间的卫星通视即可。这样，测量人员就可以将测量点位选在工程建设最需要的位置。

（5）仪器操作简便。用于静态相对定位的 GPS 接收机，开机后就能自动观测。观测时测量人员的工作是将接收机在点位上进行对中整平，量取天线高度，观察接收机的工作状态即可，操作十分简便。

（6）提供三维坐标。传统测量方法是将平面测量与高度测量分开进行的，而 GPS 测量可同时测得点的三维坐标。

(7)应用广泛。GPS系统不仅可用于测量、导航，而且可用于测速、测时，测速的精度可达0.1米/秒，测时的精度可达几十毫微秒。

(三)GPS的组成

目前，全球定位系统是美国第二代卫星导航系统，是在子午仪卫星导航系统的基础上发展起来的，主要由空间部分(GPS卫星星座)、地面控制部分(地面监控系统)和用户接收系统(GPS信号接收机)组成。

1. GPS的空间部分

由21颗工作卫星和3颗在轨备用卫星组成的。卫星位于距地表20 200千米的上空，均匀分布在6个轨道面上(每个轨道面4颗)，轨道倾角为55度，各轨道平面之间的夹角为60度。卫星的分布使得在全球任何地方、任何时间都可观测到4颗以上的卫星，并能保持良好的定位解算精度的集合图像，这就提供了在时间上连续的全球导航能力。

2. 地面控制部分

由1个主控站、3个地面控制站和5个监测站所组成。主控制站位于美国科罗拉多州春田市的联合空间执行中心，3个地面控制站分别设在大西洋、印度洋和太平洋的3个美国军事基地上，5个监测站设在主控站和3个地面控制站及夏威夷岛。

3. 用户接收系统

能够捕获到按一定卫星截止角所选择的待测卫星，并跟踪这些卫星的运行。当接收机捕获到跟踪的卫星信号后，就可测量出接收天线至卫星的伪距离和距离的变化率，解调出卫星轨道参数等数据。根据这些数据，接收机中的微处理计算机就可按定位解算方法进行定位计算，计算出用户所在地理位置的经纬度、高度、速度、时间等信息。

(四)GPS在现实中的应用

1. GPS应用于农业

当前，发达国家已经开始把GPS技术引入农业生产，即所谓的“精准农业耕作”。该方法利用GPS进行农田信息定位获取，包括产量监测、土样采集等，计算机系统通过对数据的分析处理，决策出农田地块的管理措施，把产量和土壤状态信息装入带有GPS设备的喷施器中，从而精确地给农田地块施肥、喷药。通过实施精准耕作，可在不减产的情况下，降低农业生产成本，有效避免资源浪费，降低因施肥除虫对环境造成的污染。

2. GPS应用于交通

出租车、租车服务、物流配送等行业利用GPS技术对车辆进行跟踪、调度管理，合理分布车辆，以最快的速度响应用户的乘车或输送请求，降低能源消耗，节省运行成本。GPS在车辆导航方面发挥了重要的作用，在城市中建立数字化交通电台，实时发布城市交通信息，车载设备通过GPS进行精确定位，结合电子地图及实时的交通状况，自动匹配最优路径，并实行车辆的自动导航。民航运输通过GPS接收设备，使飞行员着陆时能准确对准跑道，同时，还能使飞机紧凑排列，提高机场利用率，引导飞机安全进离场。GPS在物流领域的应用主要是在汽车自动定位、跟踪调度及铁路运输等方面。在汽车自动定位和跟踪调度方面，物流管理部门可以利用GPS的计算机信息管理系统，通过GPS和计算机网络实时、全程地收集汽车所运货物的动态信息，从而实现汽车、货物跟踪管理，并及时地进行汽车的调度管理。

3. GPS应用于军事

军事是GPS技术最早的应用领域，GPS主要为各种军事活动提供定位导航。在现代战争中，不仅陆、海、空三军，而且许多高科技武器弹药等，也都开始采用GPS技术进行定位导航。

装备 GPS 制导系统之前,美军 BGM－10C"战斧"巡航导弹误差约为 9 米;在"惯性和地形匹配"制导系统加入 GPS 后,误差降至 3 米,制导精度大大提高。

四、地理信息系统

(一)定义

地理信息系统(Geographical Information System,GIS)是指在计算机技术支持下,对整个或部分地球表面(包括大气层)空间中有关地理分布数据进行采集、储存、管理、运算、分析显示和描述的系统(GB/T 18354—2021)。

(二)地理信息系统的特点

与一般的管理信息系统相比,地理信息系统具有以下特点:

(1)地理信息系统在分析处理问题中使用了空间数据与属性数据,并通过数据库管理系统将两者联系在一起共同管理、分析和应用,从而提供了认识地理现象的一种新的思维方法。而管理信息系统只对属性数据库管理,即使存储了图形,也往往以文件等机械形式存储,不能进行有关空间数据的操作,如空间查询、检索、相邻分析等,更无法进行复杂的空间分析。

(2)地理信息系统强调空间分析,通过利用空间解析式模型来分析空间数据。地理信息系统的成功应用依赖于空间分析模型的研究与设计。

(三)地理信息系统的分类

(1)按照应用领域分,可分为地形信息系统、土地资源信息系统、地籍信息系统、人口信息系统、军事指挥信息系统、消防信息系统等。

(2)按照使用的数据模型分,可分为矢量型地理信息系统、栅格型地理信息系统、混合型地理信息系统和面向对象型地理信息系统。

(3)按照服务对象分,可分为专题地理信息系统和区域地理信息系统等。

(4)按照用户硬件配置分,可分为大型机地理信息系统、工作站地理信息系统和微机地理信息系统。

(5)按照软件组成分,可分为构件式地理信息系统、开放式地理信息系统、网络式地理信息系统、服务器/客户式地理信息系统和虚拟地理信息系统。

(四)地理信息系统的组成

地理信息系统由硬件、软件、数据、人员和方法五部分组成。硬件和软件为地理信息系统建设提供环境,数据是 GIS 的重要内容,方法是为 GIS 建设提供解决方案,人员是系统建设中的关键和能动性因素,直接影响和协调其他几个组成部分。

(1)硬件是指操作 GIS 所需的一切计算机资源。今天,GIS 软件可以在很多类型的硬件上运行,从中央计算机服务器到个人计算机、从单机到网络环境等。一个典型的 GIS 硬件系统除计算机外,还应包括数字化仪、扫描仪、绘图仪、磁带机等外部设备。

(2)软件是指 GIS 运行所必需的各种程序,主要包括计算机系统软件和地理信息系统软件两部分。地理信息系统软件提供所需的存储、分析与显示地理信息的功能和工具。主要的软件部件有:输入和处理地理信息的工具,数据库管理系统,支持地理查询、分析和视觉化的工具,容易使用这些工具的图形用户界面(GUI)。

(3)数据是 GIS 中最重要的部件。空间数据是 GIS 的操作对象,是现实世界经过模型抽象的实质性内容。一个 GIS 应用系统必须建立在准确、合理的地理数据基础上。地理数据和相关的表格数据可以自己采集或者从商业数据提供者处购买。GIS 不但可以把空间数据和其他数据源的数据集成在一起，而且可以使用那些被大多数公司用来组织和保存数据的数据库管理系统来管理空间数据。

（4）人员是地理信息系统中重要的构成要素。如果GIS技术没有人来管理系统和制订计划并应用于实际问题，就没有价值。GIS不同于一幅地图，它是一个动态的地理模型，仅有的系统软硬件和数据还不能构成完整的地理信息系统，需要人员进行系统组织、管理、维护和数据更新、系统扩充完善及应用程序开发，并采用空间分析模型提取多种信息。因此，GIS应用的关键是提高实施GIS来解决现实问题的人员素质。

（5）方法主要是指空间信息的综合分析方法，即应用模型。它是在对专业领域的具体对象与过程进行大量研究的基础上总结出的规律的表示。GIS应用就是利用这些模型对大量空间数据进行分析综合来解决实际问题的，如基于GIS的矿产资源评价模型、灾害评价模型等。

（五）地理信息系统的基本功能

GIS主要有数据获取、数据预处理、数据存储与组织、数据查询与分析、图形展示与交互等基本功能。

（1）数据获取应保证GIS数据库中的数据在内容与空间上的完整性、数值逻辑上一致性和正确性等。一般而言，GIS数据库的建设占整个系统建设投资的70%或更多，并且这个比例会有所改变。因此，信息共享和自动化数据输入成为GIS研究的重要内容。可用于GIS数据采集的方法和技术很多，有些仅用于GIS，如手持跟踪数字化仪。

（2）数据预处理主要包括数据格式化、转换和概括。数据格式化是指不同数据结构的数据间的交换，是一种耗时、易错、需要大量计算量的工作。数据转换包括数据格式转换、数据比例尺变换等。在数据格式的转换方式上，矢量到栅格的转换要比其逆运算快速且简单。数据比例尺的变换涉及数据比例尺缩放、平移和旋转等方面，其中最为重要的是投影转换。数据概括，也称制图综合，包括数据平滑、特征集结等。

（3）数据存储与组织是建立GIS数据库的关键步骤，它涉及空间数据和属性数据的组织。栅格模型、矢量模型或栅格/矢量混合模型是常用的空间数据组织方法。空间数据结构的选择在一定程度上决定了系统的数据与分析功能。在地理数据组织与管理中，最为关键的是如何将空间数据与属性数据融为一体。

（4）数据查询与分析包括空间查询、空间分析和模型分析。空间查询是GIS及许多其他自动化地理数据处理系统应具备的最基本的分析功能；空间分析是GIS的核心功能，也是GIS与其他计算机系统的根本区别；模型分析是在GIS支持下分析和解决现实世界中与空间相关的问题，它是GIS应用深化的重要标志。

（5）图形展示与交互。GIS为用户提供了许多用于地理数据表现的工具，其形式既可以是计算机屏幕显示，也可以是诸如报告、表格、地图等，尤其要强调的是他图输出功能。

（六）GIS技术在物流信息管理中的应用

GIS技术主要应用于物流分析，即利用GIS强大的地理数据功能来完善物流分析技术。完整的GIS物流分析软件集成了车辆路线模型、最短路线模型、网络物流模型、分配集合模型和设施定位模型等。

（1）车辆路线模型。主要用于一个起始点、多个终点的货物运输。它解决的是如何降低物流作业费用并同时保证运输服务质量，以及如何决定使用多少车辆、每辆车的路线等问题。

（2）最短路线模型。用于确定行车的最短路线，选择最优路径。

（3）网络物流模型。主要用于解决最有效的分配货物路径问题，即物流网点布局问题。如

将货物从 N 个仓库运往 M 个商店，每个商店都有固定的需求量，因此需要解决由哪个仓库发货给哪个商店，所花费的运输代价最小。

(4)分配集合模型。是根据各个要素的相似点把同一层上的所有或者部分要素分成几组，主要用以确定服务范围、销售市场范围等。如一个公司要设立 X 个分销点，要求这些分销点覆盖一定的市场区域，而且每个分销点的顾客人数大致相等。

(5)设施定位模型。主要用于确定一个或多个物流设施的位置。在物流系统中，物流中心、仓库和运输线路共同组成了物流网络，物流中心和仓库处于网络的节点上，节点决定着路线。根据供求的实际需要结合经济效益等原则，企业要决定在既定区域内设立设施节点的个数及相应位置、规模及节点间的关系等，运用设施定位模型可以很好地解决以上问题。

五、电子数据交换技术

(一)定义

电子数据交换技术(Electronic Data Interchange，EDI)被定义为“采用标准化的格式，利用计算机网络进行业务数据的传输和处理”(GB/T18354—2021)。

(二)EDI 的特点

根据 EDI 的定义可以看出，作为企业自动化管理的工具之一，EDI 通过计算机将商务文件如订单、发票、货运单、报关单等按照统一的标准，编制成计算机能够识别和处理的数据格式，在计算机之间进行传输。它具有以下几个特点。

1. EDI 的使用对象是不同的组织

EDI 传输的是企业间的报文，是企业间信息交流的一种方式企业采用 EDI 可以更快速、更便宜地传送发票、采购订单、传输通知和其他商业单证，提高快速交换单证的能力，加快了商业业务的处理速度，更重要的是，这些过程可以被监督，从而为企业提供了跟踪管理和审计这些操作的能力。

2. 计算机系统直接传输数据

数据传输由收送双方的计算机系统直接传送、交换资料，无须要人工介入操作避免了人工录入的错误，提高了总体质量，降低了数据对人的依赖性，减少了处理时间。尽管电子邮件和传真也可以用来传输数据，但和 EDI 相比，仍有着本质区别。其主要区别是传真与电子邮件，需要人工的阅读判断处理才能进入计算机系统，既浪费人力资源，也容易发生错误，而 EDI 无须要再将有关资料人工重复输入系统另外，EDI 的传输内容为格式化的标准文件并有格式校验功能，而传真和电子邮件为非格式化的。

3. 信息传输更准确

EDI 能更快、更精确地填写订单，以便减少库存，实现零库存管理，EDI 传输的报文是格式化的，是符合国际标准的。EDI 所传送的资料是一般业务资料，如发票、订单等，而不是一般性的通知，并且 EDI 存储了完备的交易信息和审计记录，为管理决策者提供了更准确的信息和数据，进而为企业提高效率和减少成本提供了更大的可能性。

(三)EDI 系统的组成

EDI 系统主要由 EDI 软件和硬件、通信网络和数据标准化三个要素组成。

一个部门或企业要实现 EDI，必须有一套计算机数据处理系统；为使本企业内部数据比较容易地转换为 EDI 标准格式，还须采用 EDI 标准。此外，通信网络的优劣也是关系到 EDI 成败的重要因素之一。EDI 标准是整个 EDI 最关键的部分，由于 EDI 是以商定的报文格式形式进行数据传输和信息交换的，因此，制定统一的 EDI 标准至关重要。

(四)EDI 系统的工作原理

EDI 系统的工作原理如图 8—5 所示。

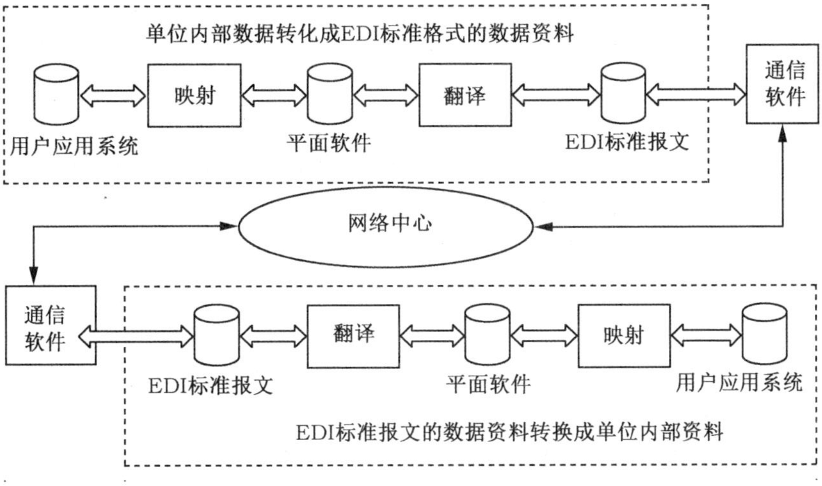

图 8—5 EDI 系统的工作原理

EDI 用户的计算机系统将接收到的通信交换信封打开，将 EDI 标准格式文件通过翻译软件转换成平面文件，然后通过 EDI 转换软件将平面文件转换为客户端用户数据格式，继而用户的计算机系统能够对解析的信息进行编辑和处理。

六、物联网技术

(一)定义

物联网(Internet of Things，IOT)的概念最初来源于美国麻省理工学院(MIT)在 1999 年建立的自动识别中心。该中心首次提出了网络无线射频识别系统，可把所有物品通过射频识别等信息传感设备与互联网连接起来，实现智能化识别和管理。早期的物联网是以物流系统为背景提出的，以射频识别技术作为条码识别的替代品，实现对物流系统的智能化管理。

(二)物联网的特点

和传统的互联网相比，物联网有其鲜明的特点。

(1)物联网是各种感知技术的广泛应用。物联网上部署了海量的多种类型传感器，每个传感器都是一个信息源，不同类别的传感器所捕获的信息内容和信息格式不同。传感器获得的数据具有实时性，按一定的频率周期性地采集环境信息，不断更新数据。

(2)物联网是建立在互联网上的。物联网技术的重要基础和核心仍旧是互联网，通过各种有线和无线网络与互联网融合，将物体的信息实时、准确地传递出去。在物联网上的传感器定时采集的信息需要通过网络传输，由于其数量极其庞大，形成了海量信息，在传输过程中，为了保障数据的正确性和及时性，必须适应各种异构网络和协议。

(3)物联网可实施智能控制。物联网不仅提供了传感器的连接，其本身也具有智能处理的能力，能够对物体实施智能控制。物联网将传感器和智能处理相结合，利用云计算、模式识别等各种智能技术，扩充其应用领域，从传感器获得的海量信息中分析、加工和处理，得出有意义的数据，以适应不同用户的不同需求，发现新的应用领域和应用模式。

（三）物联网的关键技术

物联网的关键技术包括 RFID 技术、传感技术、无线网络技术、人工智能和云计算技术。

（1）RFID 技术是物联网中让物品“开口说话”的关键技术。RFID 标签上存储着规范而具有共享性的信息，通过无线数据通信网络把它们自动采集到中央信息系统，实现物品的识别。

（2）传感技术主要负责接收物品“讲话”的内容。传感技术是一种从自然信源获取信息，并对之进行处理、变换和识别的多学科交叉的现代科学与工程技术。它涉及传感器、信息处理和识别的规划设计、开发、制造、测试、应用及评价改进等活动。

（3）无线网络技术为物联网中物品与人的无障碍交流提供数据传输媒介。无线网络既包括远距离无线连接的全球语音和数据网络，也包括近距离的蓝牙技术和红外技术。

（4）人工智能是研究使计算机来模拟人的某些思维过程和智能行为（如学习、推理、思考、规划等）的技术。在物联网中，人工智能技术主要负责将物品“讲话”的内容进行分析，从而实现计算机自动处理。

（5）物联网的发展离不开云计算技术的支持。物联网中终端的计算和存储能力有限，云计算平台可以作为物联网的“大脑”，实现对海量数据的存储、计算。

（四）物联网在物流信息管理中的应用

1. 供应链管理方面

目前，越来越多的企业将供应链管理作为提高经济效益的一个重要部分，而鉴于物联网强大的信息采集和共享的特性，物联网将减缓供应链的“牛鞭效应”。供应链管理中，通过 RFID、红外视频等感知技术可以实时获取物品当前的状态，然后通过物联网的网络层将信息传达给销售商、生产商以及原料供应商，使供应链上的各个环节具备信息快速获取的能力，增加其可供处理的时间。这种供应链的智能物流信息化管理会提高客户需求预测的准确度，促使供应链上下游企业的密切合作，实现整体效益的提高，而不是利润的简单转移。

2. 智能物流配送中心方面

配送中心可以利用物联网中的 RFID 等技术，根据需要将电子标签贴在货物、托盘或者周转箱上面，通过物品信息的实时记录、处理，再结合物联网的智能处理系统，实现货物出入库、盘点、配送的一体化管理。

比如，贴有 RFID 标签的货物通过入库口时，读写器将自动读取货物信息，并将信息通过网络传送到数据库与订单进行对比，清点无误便可入库，系统的信息库随之更新。在配送过程中，智能软件系统根据客户需求自动安排货物出库计划，出库过程与入库相似。在平时的盘点过程中，可以用固定或者手持读写器进行自动扫描，大大提高了工作效率。

当然，可以将物联网中的智能终端设备，如智能码垛机器人、无人搬运小车等与操作软件相结合，进一步提高智能物流中心的智能化程度。

3. 可视化管理方面

目前，物联网的 GPS/GIS 技术、RFID 技术、传感器网络技术在智能物流中已展开初步应用，以便实时了解关注对象的位置与状态，力图建立可视化的智能系统。

比如，现在的智能物流运输系统积极应用物联网技术，已经在某种程度上实现可视化。通过在运输路线上布置一些网络节点，当装有相应标签或传感器等设备的货车经过时，便可获知其运输的路线、时间、货物等相关信息，使后台管理者实现可视化管理。

当然，也可将这种技术落实在企业内部的生产线、汽车食品温度实时监控等场合，以增强整个智能物流过程的透明度。

4. 可追溯管理方面

应用物联网建立可追溯的智能系统，主要是为了实现在智能物流过程中的质量管理和责任追究的功能。比如，将物联网中的视频技术镶嵌在生产系统中，不仅能够实时监控产品的制造过程，而且可以事后进行查询。目前，主要是在食品安全、药品安全等领域运用物联网实施可追溯管理。通过产品追溯体系可以实现产品质量、效率等方面的智能物流保障。

七、大数据技术

（一）定义

大数据是相对于小数据的一个概念，目前还没有明确的定义。维基百科的描述为：数据(Big Data)是指无法使用传统和常用的软件技术和工具在一定时间内完成获取、管理、处理的数据集。麦肯锡咨询公司给出的定义为：大数据指的是在大小超出常规的数据库，具有获取、存储、管理和分析能力的数据集。

这些定义都无一例外地突出了大数据规模的“大”。《大数据时代的历史机遇》一书强调了大数据具有深度的价值，指出“大数据是在多样的或者大量的数据中迅速获取信息的能力”。大数据的核心价值通常被认为是预测，而预测能力来自数据挖掘，数据挖掘的成熟又是基于云计算、人工智能、移动互动网等高新科技的技术进步。通过大数据的应用可以帮助企业提高预测力或洞察力。有关大数据价值的核心逻辑是：在商业、经济、政府及其他领域中，将逐步使用数据和分析做出决策行为，而不是基于经验和直觉。

（二）大数据的特点

相比于传统处理的小数据，大数据具有以下特点：

1. 数据规模大(Volume)

可从数百 TB 到数十、数百 PB 乃至 EB 的规模。

2. 数据多样性(Variety)

大数据包括结构化、半结构化/非结构化等各种格式，以及数值、文本、图形、图像、流媒体等多种形态的数据。

3. 数据处理时效性(Velocity)

很多大数据应用需要进行及时处理，满足一定的响应性能要求。

4. 结果准确性(Veracity)

处理的结果要保证一定的准确性，不能因为大规模数据处理的时效性而牺牲处理结果的准确性。

5. 深度价值(Value)

大数据蕴含很多深度的价值，需要对大数据进行分析，挖掘出其巨大的价值。

（三）大数据在物流信息管理中的应用

1. 车货匹配

通过对运力池进行大数据分析，公共运力的标准化和专业运力的个性化需求之间可以产生良好的匹配，同时，结合企业的信息系统也会全面整合与优化。通过对货主、司机和任务的精准画像，可实现智能化定价、为司机智能推荐任务和根据任务要求指派配送司机等。

从客户方面来讲，大数据应用会根据任务要求，如车型、配送千米数、配送预计时长、附加服务等自动计算运力价格并匹配最符合要求的司机，司机接到任务后会按照客户的要求进行高质量的服务。在司机方面，大数据应用可以根据司机的个人情况、服务质量、空闲时间为他自动匹配合适的任务，并进行智能化定价。基于大数据实现车货高效匹配，不仅能减少空驶带来的损耗，还能减少污染。

2. 运输路线优化

通过运用大数据，物流运输效率将得到大幅提高。大数据为物流企业间搭建起沟通的桥梁，物流车辆行车路径也将被最短化、最优化定制。

美国UPS公司使用大数据优化送货路线，配送人员不需要自己思考配送路径是否最优。UPS采用大数据系统可实时分析20万种可能路线，3秒找出最佳路径。UPS通过大数据分析，规定卡车不能左转，所以，UPS的司机会宁愿绕个圈，也不往左转。根据往年的数据显示，因为执行尽量避免左转的政策，UPS货车在行驶路程减少2.04亿千米的前提下，多送出了350 000件包裹。

3. 库存预测

互联网技术和商业模式的改变带来了从生产者直接到顾客的供应渠道的改变。这样的改变，从时间和空间两个维度都为物流业创造新价值奠定了很好的基础。大数据技术可优化库存结构和降低库存存储成本。

运用大数据分析商品品类，系统会自动分解用来促销和用来引流的商品；同时，系统会自动根据以往的销售数据进行建模和分析，以此判断当前商品的安全库存，并及时给出预警，而不再是根据往年的销售情况来预测当前的库存状况。总之，使用大数据技术可以降低库存存货，从而提高资金利用率。

4. 设备修理预测

美国UPS公司从2000年就开始使用预测性分析来检测全美60 000辆车规模的车队，这样就能及时地进行防御性的修理。如果车在路上抛锚，损失会非常大，因为那样就需要再派一辆车，会造成延误和再装载的负担，并消耗大量的人力、物力。

以前，UPS每两三年就会对车辆的零件进行定时更换，但这种方法不太有效，因为有的零件并没有什么毛病就被换掉了。通过监测车辆的各个部位，UPS如今只更换需要更换的零件，从而节省了几百万美元。

5. 供应链协同管理

随着供应链变得越来越复杂，使用大数据技术可以迅速高效地发挥数据的最大价值，集成企业所有的计划和决策业务，包括需求预测、库存计划、资源配置、设备管理、渠道优化、生产作业计划、物料需求与采购计划等，这将彻底改变企业市场边界、业务组合、商业模式和运作模式等。

良好的供应商关系是消灭供应商与制造商间不信任成本的关键。双方库存与需求信息的共享，将减少由于缺货造成的生产损失。通过将资源数据、交易数据、供应商数据、质量数据等存储起来用于跟踪和分析供应链在执行过程中的效率、成本，能够控制产品质量；通过数学模型、优化和模拟技术综合平衡订单、产能、调度、库存和成本间的关系，找到优化解决方案，能够保证生产过程的有序与匀速，最终达到最佳的物料供应分解和生产订单的拆分。

案例分享

亚马逊物流大数据应用

亚马逊是全球商品品种最多的网上零售商，坚持走自建物流方向，它将集成物流与大数据紧紧相连，从而在营销方面实现了更大的价值。由于亚马逊有完善、优化的物流系统作为保障，它才能将物流作为促销的手段，并有能力严格地控制物流成本和有效地进行物流过程的组织运作。

亚马逊在业内率先使用了大数据、人工智能和云技术进行仓储物流的管理，创新地推出预测性调拨、跨区域配送、跨国境配送等服务。

1. 订单与客户服务中的大数据应用

亚马逊建立了完整的端到端的五大类服务：浏览、购物、仓配、送货和客户服务。

(1)浏览。亚马逊基于大数据分析技术来精准分析客户的需求。通过系统记录的客户浏览历史，后台会随之把顾客感兴趣的库存放在离他们最近的运营中心，这样方便客户下单。

(2)购物。不管客户在哪个角落，亚马逊都可以帮助客户快速下单，也可以很快知道他们喜欢的商品。

(3)仓配。亚马逊运营中心最快可以在30分钟之内完成整个订单的处理。大数据驱动的仓储订单运营非常高效，订单处理、快速拣选、快速包装、分拣等一切过程都由大数据驱动，且全程可视化。

(4)送货。亚马逊的物流体系会根据客户的具体需求时间进行科学配载，调整配送计划，实现在用户要求的时间范围内的精准送达。亚马逊还可以根据大数据的预测，提前发货，赢得绝对的竞争力。

(5)客户服务。亚马逊利用大数据驱动客户服务，创建了技术系统来识别和预测客户需求。根据用户的浏览记录、订单信息、来电问题，定制化地向用户推送不同的自助服务工具，大数据可以保证客户能随时随地电话联系到对应的客户服务团队。

2. 智能入库管理技术

在亚马逊全球的运营中心，从入库这一时刻就开始使用大数据技术。

(1)入库。亚马逊采用独特的采购入库监控策略，基于自己过去的经验和所有历史数据的收集，来了解什么样的品类容易坏，坏在哪里，然后给其进行预包装。这都是在收货环节提供的增值服务。

(2)商品测量。亚马逊的自动重量与体积测量(Cubi Scan)仪器会对新入库的中小体积商品进行长宽高和体积的测量，并根据这些商品信息优化入库。这给供应商提供了很大方便，客户不需要自己测量新品，这样能够大大提升新品上线速度。亚马逊数据库存储下这些数据，在全国范围内共享，这样其他库房就可以直接利用这些后台数据进行后续的优化、设计和区域规划。

3. 智能拣货和智能算法

亚马逊使用大数据分析实现了智能拣货，主要应用在以下几个方面：

(1)智能算法驱动物流作业，保障最优路径。亚马逊的大数据物流平台的数据算法会给每个人随机地优化拣货路径。系统会告诉员工应该去哪个货位拣货，并且可以确保全部拣选完之后的路径最少。通过这种智能的计算和智能的推荐，可以把传统作业模式的拣货行走路径减少至少 60%。

(2)图书仓的复杂的作业方法。图书仓采用的是加强版监控,会限制那些相似品尽量不要放在同一个货位。批量的图书的进货量很大,亚马逊通过对数据的分析发现,穿插摆放可以保证每个员工出去拣货的任务比较平均。

(3)畅销品的运营策略。亚马逊根据后台的大数据,可以知道哪些物品的需求量比较高,然后会把它们放在离发货区比较近的地方,有些是放在货架上的,有些是放在托盘位上的,这样可以减少员工的负重行走路程。

4. 智能随机存储

随机存储是亚马逊运营的重要技术,但是随机存储不是随便存储,而是有一定的原则性的。随机存储要考虑畅销商品与非畅销商品,还要考虑先进先出的原则,同时随机存储还与最佳路径有重要关系。

随机上架是亚马逊的运营中心的一大特色,实现的是见缝插针的最佳存储方式。看似杂乱,实则乱中有序。乱是指可以打破品类和品类之间的界线,可以把它们放在一起。有序是指库位的标签就是它的 GPS,这个货位里面所有的商品其实在系统里面都是各就其位,非常精准地被记录在它所在的区域。

5. 智能分仓和智能调拨

亚马逊智能分仓和智能调拨拥有独特的技术优势,在亚马逊中国的 10 多个平行仓的调拨完全是在精准的供应链计划的驱动下进行的,它实现了智能分仓、就近备货和预测式调拨。

全国各个省市包括各大运营中心之间有干线的运输调配,以确保库存已经提前调拨到离客户最近的运营中心。整个智能化全国调拨运输网络很好地支持了平行仓的概念,全国范围内只要有货用户就可以下单购买,这是大数据体系支持全国运输调拨网络的充分表现。

6. 精准库存预测

亚马逊的智能仓储管理技术能够实现连续动态盘点,对库存预测的精准率可达 99.99%。在业务高峰期,亚马逊通过大数据分析可以做到对库存需求的精准预测,在配货规划、运力调配,以及末端配送等方面做好准备,从而平衡了订单运营能力,大大降低爆仓的风险。

7. 可视化订单作业、包裹追踪

亚马逊实现了全球可视化的供应链管理,在中国就能看到来自大洋彼岸的库存。亚马逊平台可以让国内消费者、合作商和亚马逊的工作人员全程监控货物、包裹位置和订单状态。从前端的预约到收货到内部存储管理、库存调拨、拣货、包装,再到配送发货,送到客户手中,整个过程环环相扣,每个流程都有数据的支持,并通过系统实现对其的可视化管理。

资料来源:https://zhuanlan.zhihu.com/p/541677915?utm_id=0。

第三节　物流管理信息系统

物流管理信息系统主要包括销售出库管理系统、采购入库管理系统、财务会计系统和经营绩效管理系统等。

一、销售出库管理系统

销售出库管理系统所涉及的作业主要包括从客户取得订单、进行订单处理、仓库管理、出货准备到实际配送商品全过程。对内的作业内容则是进行订单需求统计,传递到采购入库管理系统作为库存管理的依据，并从采购入库管理系统取得入库数据；在商品发货后将应收账款转入会计部门做转账用；最后将各项内部数据提供给经营绩效管理系统作为考核参考，并从经营绩效管理系统取得各项经营指示，如图 8－6 所示。

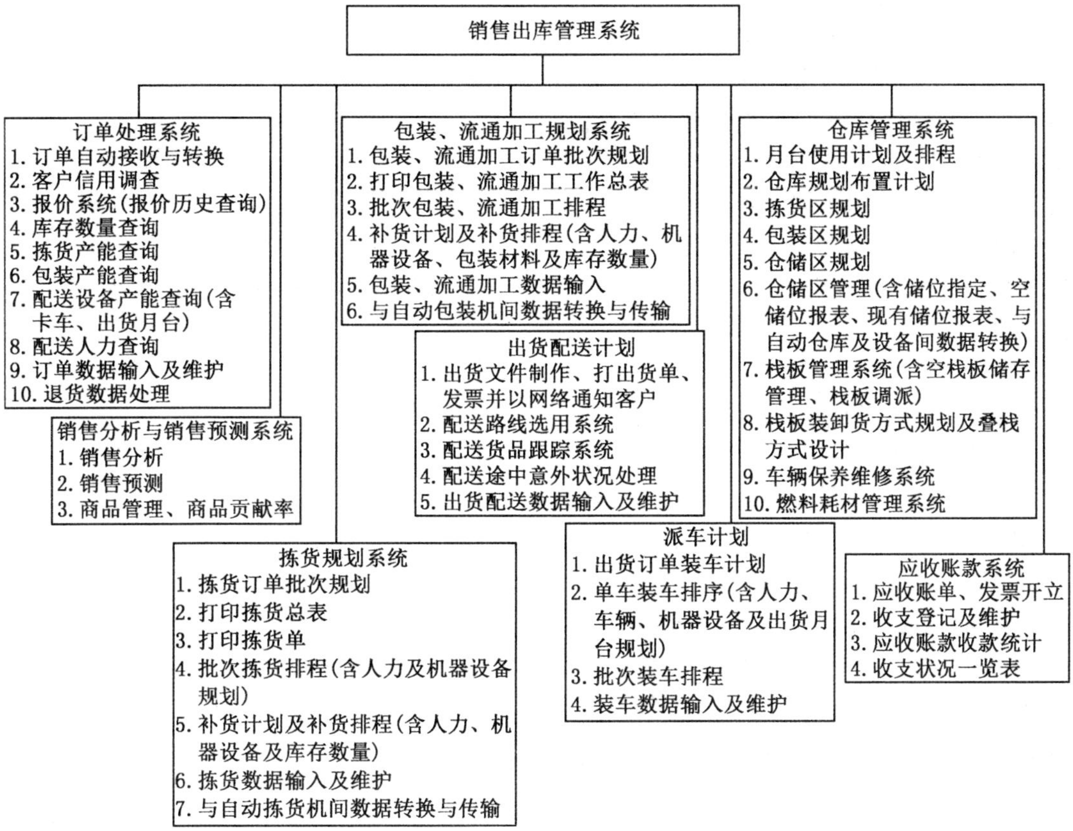

图 8—6　销售出库管理系统

销售出库管理系统包括以下子系统：

(一)订单处理系统

订单处理系统主要包括两种作业，即客户询价、报价与订单接收、确认及输入。订单处理系统的设计要点如下：

(1)所需输入数据包括客户资料、商品规格资料、商品数量等。

(2)日期、订单号码、报价单号码由系统自动填写，但可修改。

(3)具备按客户名称、客户编号、商品名称、商品编号、订单号码、订货日期、出货日期等查询订单内容的功能。

(4)具备客户的多个出货地址记录，可根据不同交货地点开立发票。

(5)可查询客户信用、库存数量、产能分配状况、设备工具使用状况及人力资源分配。

(6)具备单一订单或批次订单打印功能。

(7)具备由客户名称、客户编号、商品名称、商品编号、最近报价日期、最近订货数据等查询该客户的报价历史、订购出货状况和付款状况等资料，作为对客户进行购买力分析及信用评估的标准。

(8)可由销售主管或高层主管随时修改客户信用额度。

(9)具备相似产品、可替代产品资料,当库存不足、无法出货时,可向客户推荐替代品以争取销售机会。

(10)可查询未结订单资料,有利于对出货作业的跟催。

(二)销售分析与销售预测系统

销售分析与销售预测系统包括:销售分析、销售预测、商品管理。销售分析主要是为了让销售主管及高层主管对当前销售状况有全面的了解;销售预测是协助高层主管根据现有销售资料预估物流中心的发展方向,应对未来库存需求、产能需求及投资成本的需求;商品管理是协助销售主管了解消费者对商品的偏好趋势。

销售分析与销售预测系统的设计要点如下:

(1)具备按商品、客户、作业员、仓库等查询销售量、销售金额、成本、利润等数据及打印各种汇总报表的功能。

(2)在固定期间比较不同时期的资料并制作百分比评估表。

(3)能由使用者自定各种预测模式。

(4)注意检索与排序程序的算法,以缩短处理时间。

(三)拣货规划系统与包装、流通加工规划系统

拣货规划系统与包装、流通加工规划系统的设计要点如下:

(1)购入商品的清洗、加工、规格化。

(2)输入数据为分派工作日期及各项作业实际完成数据的修正。

(3)需具备批次规划、工作调度、单据打印及与机械设备间接收、转换、传送等功能。

(4)拣货规划系统须具备多种拣货方式设定,拣取的商品单位也可由程序更换,并可设定不同仓储单位及拣取单位间数量的转换。

(5)由于使用的拣货设备、识别工具及检测仪器不同,须具备与这些设备间数据识别、转换及处理的能力。

(6)由于各种商品所需流通加工处理的程序不同,包装、流通加工系统须有流通加工程序及设备需求设定的功能。

(7)包装、流通加工系统具有组合包装模拟分析及拆包作业分析功能。

(四)派车及出货配送系统

派车及出货配送系统的设计要点如下:

(1)派车系统中司机及随车人员的调派要考虑司机的工作能力、体力、以往工作量及曾配送区域的范围,以便有效地安排配送人员。

(2)车辆配送中所遇困难及不能完成任务的原因也应返回系统中进行分析,避免车辆调派错误再次出现。

(3)现有车辆不足以配送所有物品时,车辆调派系统还须具备估计所需车辆种类、台数的功能。

(五)仓库管理系统

为完成商品的销售和配送,除上述各项作业外还需考虑仓库机具设备的搬运装卸和仓库内部空间的有效使用。此系统包括两部分:一是机具设备的应用规划、使用管理及机具设备本身的保养维护,其中包括月台使用计划及调度、仓储区管理、托盘管理系统、托盘装卸方式规划、堆叠托盘方式设计、车辆保养维修、燃料耗材管理系统;另一个则是使物流中心有效利用现有空间的区域规划布置，包括仓库规划布置计划、拣货区规划、包装区规划、仓储区规划等。

（六）应收账款系统

当商品配送出库后，订购数据即由订单数据库转入应收账款数据库，会计管理人员于结账日调用此系统，将应收账款按客户进行统计并打印催款单及发票。发票的打印可比较灵活，将统计账款总数开成一张发票或以订单为基础开立多张发票。收到账款可由会计人员确认并登录，作为应收账款的销项并转为收支会计系统的进项。系统还可打印应收账款统计表、收支状况一览表等。

二、采购入库管理系统

采购入库管理系统的工作内容包括：入库作业处理系统、库存控制系统、采购管理系统、应付账款系统，如图 8－7 所示。

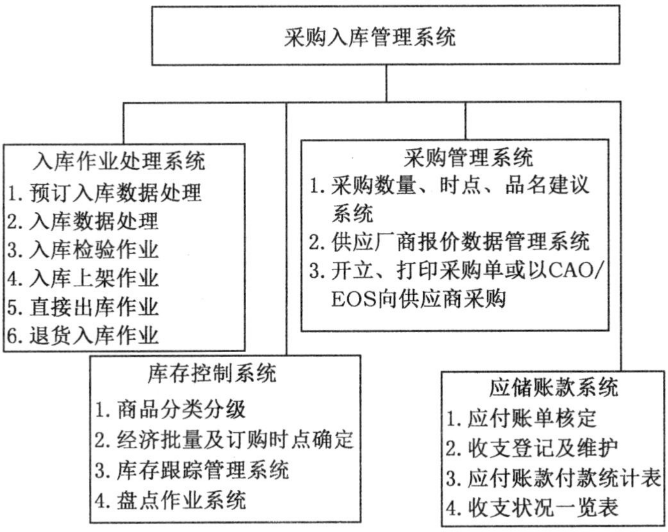

图 8—7　采购入库管理系统

（一）入库作业处理系统

入库作业处理系统包括预定入库数据处理和实际入库作业。预定入库数据处理为入库月台调度、入库人力资源及机具设备资源分配提供参考。其数据来自：采购单上的预定入库日期、入库商品、入库数量等；供应商预先通告的进货日期、商品及入库数量。入库数据报表可定期打印。

实际入库作业则发生在厂商交货之时，输入数据包括采购单号、厂商名称、商品名称、商品数量等，可输入采购单号来查询商品名称、内容及数量是否符合采购内容并用以确定入库月台，然后由仓管人员指定卸货地点及摆放方式并将商品叠放于托盘上，仓管人员检验后将修正入库数据输入，包括修正采购单并转入库存入库数据库，调整库存数据库。退货入库的商品也需检验，可用品方可入库，这种入库数据是订单数据库、出货配送数据库、应收账款数据库的减项，还是入库数据库及库存数据库的加项。

（二）库存控制系统

库存控制系统主要完成库存数量控制和库存量规划，以减少因库存积压过多造成的利润损失。它包括商品分类分级、订购批量及订购时点确定、库存跟踪管理和库存盘点作业。

（三）采购管理系统

采购管理系统是为采购人员提供一套快速、准确的工具对供货厂商适时适量地开立采购单，使商品能在出货前准时入库并且没有库存不足及积压太多等情况发生。此系统包括四个子系统：采购预警系统、供应厂商管理系统、采购单据打印系统、采购跟催系统。

（四）应付账款系统

应付账款系统主要用于核算和管理供应商往来款项，从各种角度对往来款项进行分析、决策，使购销业务系统和财务系统有机地联系起来，包括应付账款核定、收支登记及维护、应付账款付款统计表、收支状况一览表。

三、财务会计系统

财务会计系统主要包括人事工资管理系统和财务系统，如图 8—8 所示。

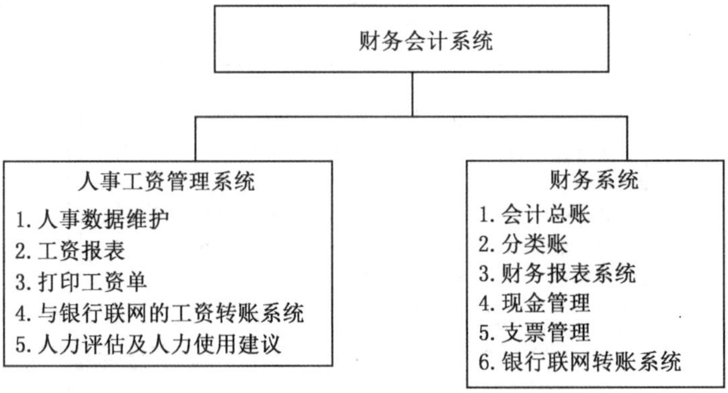

图 8—8　财务会计系统

（一）人事工资管理系统

人事工资管理系统包括人事数据的建库维护、工资统计报表打印、工资单打印以及与银行计算机联网的工资数据库。

（二）财务系统

财务系统可将销售管理系统、采购入库管理系统的数据转入该系统，并制作成会计总账、分类账、各种财务报表等。

四、经营绩效管理系统

经营绩效管理系统从各系统取得信息，制定各种经营政策，然后将政策内容及执行方针告知各个经营部门，并将物流中心的数据提供给相关部门。

经营绩效管理系统包括经营管理系统、绩效管理系统、配送资源计划，如图 8—9 所示。

（一）经营管理系统

经营管理系统供高层管理人员使用，以制定各类管理政策（如车辆设备租用、采购计划，销售策略计划，配送成本分析系统，运费制定系统，外车管理系统等），偏向于投资分析与预算分配。配送中心可通过自有车辆或雇用外部车辆来配送，主要是考虑车辆的管理方便性、投资大小及成本效益。

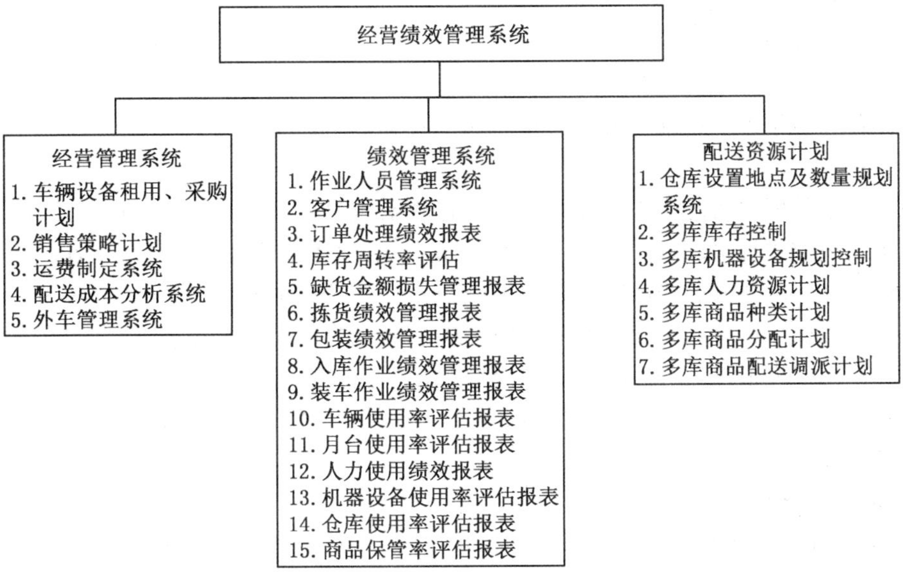

图 8—9 经营绩效管理系统

(1)车辆设备租用、采购计划系统是利用现有系统数据,如配送需求统计、车辆的调派现状、人力资源的利用率等作为车辆采购或雇用外部车辆的分析基础;决定采用外部车辆后还可进行多种外部车辆管理方案的选择,如采用租车公司专车配送或雇用货运公司仅作单程单批货物配送,是否雇用个人货车,运费计算,各租车公司或个人间的协调与管理;若决定自购货车,则可用各种成本回收方法,如回收年限预估、净现值法、决策树分析法等来选择最有效益的资金投资与回收方案。

(2)销售策略计划主要是根据销售额、作业员销售实绩、商品销售能力、销售区域分布状况等数据来制定配送中心的销售规划政策,包括进销商品内容、客户分布区域规划、作业员销售额及区域划分、市场营销对策制定和促销计划等。

(3)配送成本分析系统是以会计数据为基础分析配送中心各项费用,反映盈利或资源投资回收的状况,同时也可作为运费制定系统中运费制定的基准。配送成本分析与运费制定系统是非常重要的系统,配送中心需要确定运费能否赢得客户并合理地覆盖成本。

(4)外车管理系统是管理外部车辆的系统,包括外部车辆雇用数据的维护、管理方法的选用分析、配送车辆的调度及调度计划等。

(二)绩效管理系统

物流管理盈利状况,除各项经营策略的正确制定与实际计划及执行外,还需有良好的信息反馈作为政策、管理及实施方法修正的依据,这就需要绩效管理系统。它包括:作业人员管理系统、客户管理系统、订单处理绩效报表、库存周转率评估、缺货金额损失管理报表、拣货绩效管理报表、包装绩效管理报表、入库作业绩效管理报表、装车作业绩效管理报表、车辆使用率评估报表、月台使用率评估报表、人力使用绩效报表、机器设备使用率评估报表、仓库使用率评估报表、商品保管率评估报表等。

(1)作业人员管理系统包括作业销售区域划分、销售总金额管理、呆账率分析、票据期限分析等。

(2)客户管理系统包括客户销售金额管理、客户信用管理、客户抱怨管理等。

(3)订单处理绩效报表是指订单处理失误率分析、订单处理时效分析、订单处理量统计分析等。

(4)库存周转率评估包括资金周转率分析与计算、单品周转率分析、某类商品平均周转率分析与比较。

(5)缺货金额损失管理报表是库存盘点时比较盘盈盘亏并计算报废商品的金额及数量。

(6)拣货绩效管理报表、包装绩效管理报表、入库作业绩效管理报表、装车作业绩效管理报表等均属仓库内部作业的管理考核报表,主要进行作业处理量统计、作业失误率分析等。

(7)车辆使用率评估报表、月台使用率评估报表、人力使用绩效报表、机器设备使用率评估报表、仓库使用率评估报表、商品保管率评估报表等为仓库内部机具设备及人力资源的使用时间统计、效率评估及成本回收状况的显示,可用于机器设备使用规则制订的参考,或机具租用、采购的评估基础。

(三)配送资源计划

配送资源计划是在配送中心有多个运作单位时,规划各种资源及经营方向、经营内容。配送中心有多座仓库、多个储运中心或多个转运站时,应该设置多少仓储据点,仓库的位置如何才可满足市场开发的需求;哪座仓库应存放哪些商品,商品存放量有多少才足以供应该区域的商品需求;所需仓库空间又需多大才足以存放该商品数量,适应这些配送活动;各据点又需具备哪些机械机具及人力资源;这些资源如何分配、彼此间又如何协调,是建立配送资源计划系统的目的。仓库设置地点及数量规划系统需从外界收集数据来进行规划。所收集的数据包括区域人口数、年龄分布状况、区域销售商店分布状况、区域商品销售总金额、每一年龄层的消费品种等。这些数据可用来估计该区域的市场潜力、可销售的商品种类、销售金额与数量及设置的仓库数、仓库设立的地点等。

决定了设立仓库的数量及位置后,即可根据市场分析所得的数据来划分每个仓库所进销的商品种类,即多库商品种类规划系统。再根据市场调查数据分析计算,则可求得各仓库所需各类商品数量,即多库商品分配计划。然后针对各仓库所需库存数量、机器设备、人力资源进行规划,并且协调、调派及控制,即为多库库存控制系统、多库机器设备规划控制系统、多库人力资源计划系统及多库商品配送调派计划系统。

案例分享

企业大了,物流该怎么管理

广东某一知名的大型电器制造企业,每天产品的销售量在3 000～4 000立方米,目前企业的销售物流的运作模式是业务员和客户自己找运输企业或找车完成运输任务,运费有厂里代付的,也有货到之后客户付的,即只要是客户下了订单之后,企业就不负责从产品出仓库后到客户的仓库这段距离所存在的风险,都由客户自己承担风险。近年在运输途中屡次出现的事故,许多运输企业和车主对小事故的赔偿都能解决,但对比较大的事故(损失货物价值在几十万或上百万元),有些运输企业和车主往往就没有承担的能力,在一定程度上给客户造成了损失,客户心中对此意见较大。由于企业对物流缺乏统一管理,不仅对客户造成了影响,同时也给企业本身的管理带来了难度。

这种销售物流运作状况存在着很多隐患，如由于运输途中事故造成货物的损失无法得到理赔或者客户的订货周期不稳定而丢失客户。由于企业对物流缺乏管理，企业无法直接掌握客户对物流服务反馈直接的信息，对客户的实时需求，企业无法直接了解，也就无法知道客户丢失的真正原因；同时，订货周期的不确定性造成了库存的积压，库存的积压就造成了资金的积压，银行利息负担增加，同样也就减少了资金利用效率。从总体来看，这种物流运作模式，不仅影响了企业效益，而且无形中也增加了客户的成本，如果遇上行业的不景气，这种负效应就会放大，严重地阻碍企业的发展。

针对上述情况，企业的管理层决定成立物流管理部门，对销售物流进行统一管理。其目的是通过对销售物流的统一管理，减轻销售部门的负担，方便客户；同时，最重要的是通过对企业内部和外部资源的整合利用，为企业、客户降低成本。现代企业间的竞争，要求企业须具备很强的优化配置资源的能力。

企业的物流管理部门，对企业的内外部的物流运作情况进行分析，形成以下不同意见：

A 方认为应把企业的销售物流发包给大型的一家第三方物流，这样我们的物流管理部门，在人员与管理成本上都能减少。B 方认为企业的销售物流应按区域分包给具有不同区域优势的十家不等的第三方物流企业，这样虽然人员与管理成本增加了，但产品的物流费用差异远远超过了人员与管理成本的增加，同时也能规避外包潜在的风险。

资料来源：锦程物流网，www. jctrans. com，2008—6—11。

【思维导图】

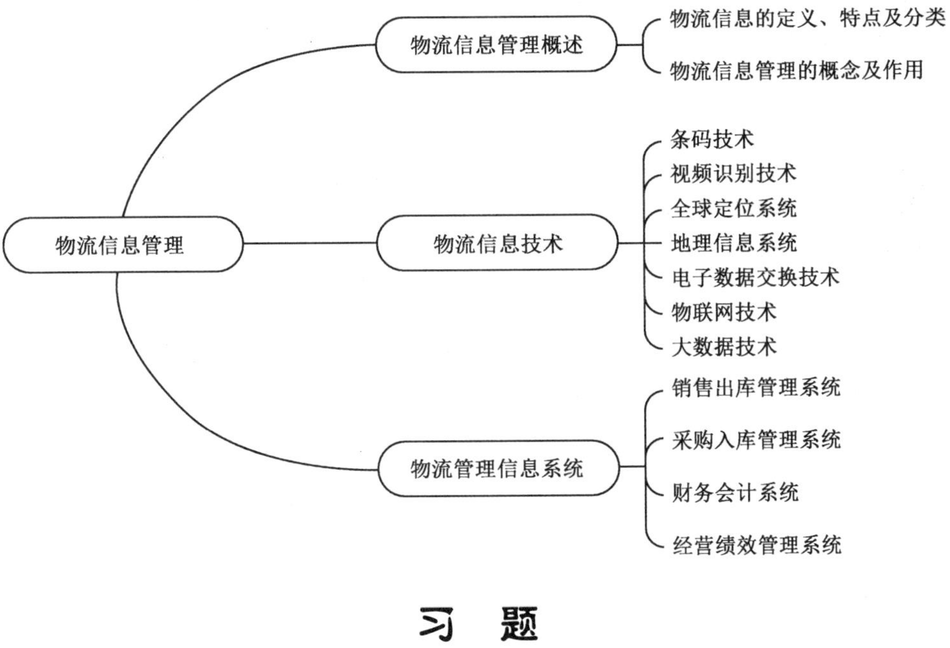

习　题

一、单项选择题

1. 全球卫星定位系统也称为（　　）技术。

A. EDI　　B. CAD　　C. GIS　　D. GPS

2. 条码识读器有光笔识读器、CCD 识读器和激光识读器等几类。其中，（　　）一般须与标签接触才能识读条码信息。

A. 手持式识读器　B. 激光识读器　C. CCD识读器　D. 光笔识读器

3. 地理信息系统主要由四个部分组成，即计算机硬件系统、计算机软件系统、地理空间数据和人员。其核心部分是(　　)。

A. 计算机硬件系统　B. 计算机软件系统

C. 计算机软硬件系统　D. 地理空间数据和人员

4.(　　)是物流信息系统开发的关键环节。

A. 储存　B. 分拣及配货　C. 配送运输　D. 备货

5.(　　)是指按照规定的一套通用标准格式。

A. BarCode　B. GIS　C. EDI　D. GPS

二、多项选择题

1. 条码自动识别技术系统由(　　)组成。

A. 条码标签　B. 条码生成设备　C. 条码识读器　D. 计算机

2. GIS技术，包含处理信息的各种高级功能，但它的基本功能是数据的(　　)。

A. 采集　B. 管理　C. 处理　D. 分析

3. 目前，物流行业中所使用的关键信息技术包括(　　)等。

A. EDI　B. GPS　C. GIS　D. RFID

4. 大数据的特点主要有(　　)。

A. 数据规模大　B. 数据多样性　C. 数据处理时效性　D. 结果准确性

5. GIS应用系统中有(　　)。

A. 时间数据　B. 高度数据　C. 属性数据　D. 空间数据

三、问答题

1. 射频识别系统由哪几部分组成？

2. 物联网有哪些特点？

第二篇

供应链管理

第九章　供应链管理概述

案例导入

来伊份升级供应链，打造业务壁垒

在全球范围内，新冠疫情的暴发给人们带来巨大的冲击和深刻的思考。其中，消费者对健康问题的重视程度显著上升，因此在选择零食时，新鲜度等安全健康因素也逐渐成了消费者所关注的重点。

面对这全新的市场趋势，来伊份积极响应，于2023年4月27日在第十六届来伊份合作伙伴高峰论坛宣布，要进一步升级供应链体系，共创共建，实现从源头控制产品的质量与安全，提升整体供应链管理水平，以满足消费者高品质、健康、安全的需求。此次高峰论坛通过共创方式推动企业和行业的创新发展，鼓励更多优秀的合作伙伴加入来伊份的供应链建设当中。作为休闲零食行业的领先企业，来伊份在平台化战略加持下，与合作伙伴一起共创共建，共同促进食品产业进步和行业共同体的发展。

一、读懂消费者，升级供应链

品牌想服务好消费者，首先要读懂新时代下的消费者。

通过消费者调研发现，3年疫情之后，不同圈层的消费者都发生了很多变化，消费者对食品的要求越来越高，不仅仅是满足口感，更需要带来精神层面的满足。

来伊份创始人、董事长施永雷表示，市场格局在变化，从卖方市场已转向买方市场。在供应过剩背景下，品牌要寻求差异化，企业需要持续升级供应链，以满足消费者的多元化需求。

围绕其构建的家庭生活生态大平台，为了将产品体验做到极致，来伊份将产品品类分成第一曲线和第二曲线：第一曲线是常规的十二大休闲食品的分类，第二曲线是围绕着愿景进行的新品类的延展和布局。在产品上，来伊份坚持高品质、好口感、高性价比和高情价比来满足用户多层次的需求。

“我们开发了一套MPD系统用于产品开发，实现系统从消费者需求出发，反推至研发、品控，直至生产环节，将所有的关键控制点都可控化、标准化、体系化。”来伊份副总裁张丽华分享道。

通过全渠道终端网络经营服务体系和MPD系统，使得产业协同帮助来伊份更好地“读懂”消费者需求，并将其反馈到研发、品控、生产等关键环节中去，进而提升产品质量，并在多个渠道覆盖下实现对多层次用户需求的满足,以此全链条实现互通,能够助力企业有效促进整个产业协同发展,提高行业水平和品牌影响力。

二、围绕新鲜战略,产品紧跟新需求

零食代餐化、正餐零食化,是行业的消费趋势。围绕这一趋势,施永雷介绍,此前,来伊份以消费者对健康和时令新鲜食品的需求为出发点发布新鲜战略,而供应链的升级建设将协助实现消费者对"新鲜"的需求。

除了传统意义要求的食材新鲜,来伊份更进一步做到了包材适配。2023年,来伊份将包材优化成更加合适的厚度,并去掉了一些不友好的材质,避免一些不必要的缝隙,给消费者更好的体验。

此外,来伊份有十二项关于包材的检验标准,同样共享在协同平台上,可以对供应商进行管控,也可以对包材的供应商做要求,促进整个产业链更加健康。

供应链管理对于来伊份的新鲜战略和产品力提升起到了重要的支持作用。作为零食企业,来伊份始终坚持以品质和口感为核心,要想实现"新鲜"这一目标,就需要完善的供应链管理体系支持。通过供应链环节的透明化、可控化、标准化,来伊份能够更好地管理顾客、供应商、过程、产品等各种资源,优化物流配送,保证产品质量和新鲜度。同时,优秀的供应链管理也有助于提升来伊份的产品力,品质、价格、创新等产品层面对因素能更加直观地展现,而品牌印记、品牌认知度等营销层面因素也可以通过供应链管理的协同效应得到提升,从而增强企业的综合竞争力。

资料来源:http://stock.10jqka.com.cn/20230428/c646853767.shtml。

第一节 供应链概述

杰克·韦尔奇曾说过,如果在供应链运作上不具备竞争优势,那么干脆不要竞争。著名物流专家马丁·克里斯多夫曾说:"市场上只有供应链,没有企业,真正的竞争不是企业与企业之间的竞争,而是供应链和供应链之间的竞争。"供应链已经成为企业的生命线,只有对供应链不断地整合优化,才能使得企业在激烈的市场竞争中居于不败之地。

一、供应链的定义

目前,供应链尚未形成统一的定义,各国相关研究机构和学者对供应链的表述不尽相同。供应链的概念经历了一个发展的过程,早期的观点认为供应链是生产制造企业中的一个内部过程,主要包含采购、生产制造、销售等环节。传统的供应链概念仅局限于企业的内部操作层面,注重企业自身的利益目标。随着企业经营的进一步发展,供应链的概念考虑了与其他企业的联系,扩大到供应链的外部环境,认为供应链应当是一个通过链中不同企业的制造、组装、分销、零售等过程将原材料转换成产品,再到最终用户的转换过程。这是更大范围、更为系统的概念。例如,美国的史迪文斯(Stevens)认为:"通过增值过程和分销渠道控制从供应商的供应商到用户的流就是供应链,它开始于供应的原点,结束于消费的终点。"马丁·克里斯多夫认为:"供应链是指涉及将产品或服务提供给最终消费者的过程和活动的上游及下游企业组织所构成的网络。"

我国国家标准《物流术语》(GB/T 19354—2021)对供应链(Supply Chain)的定义为:生产及流通过程中,围绕核心企业的核心产品或服务,由所涉及的原材料的供应商、制造商、零售商直到最终用户所形成的网链结构。

通过上述的分析，可以看出：供应链是围绕核心企业，通过对信息流、物流和资金流的控制，从采购原材料开始，制成中间产品以及最终产品，最后由销售网络把产品送到消费者手中的将供应商、制造商、分销商、零售商直到最终用户连成一个整体的功能网链结构和模式。它是一个范围更广的企业结构模式，包含所有加盟的节点企业，从原材料的供应开始，经过链中不同企业的制造加工、组装、分销等过程，直到最终用户（见图 9—1）。

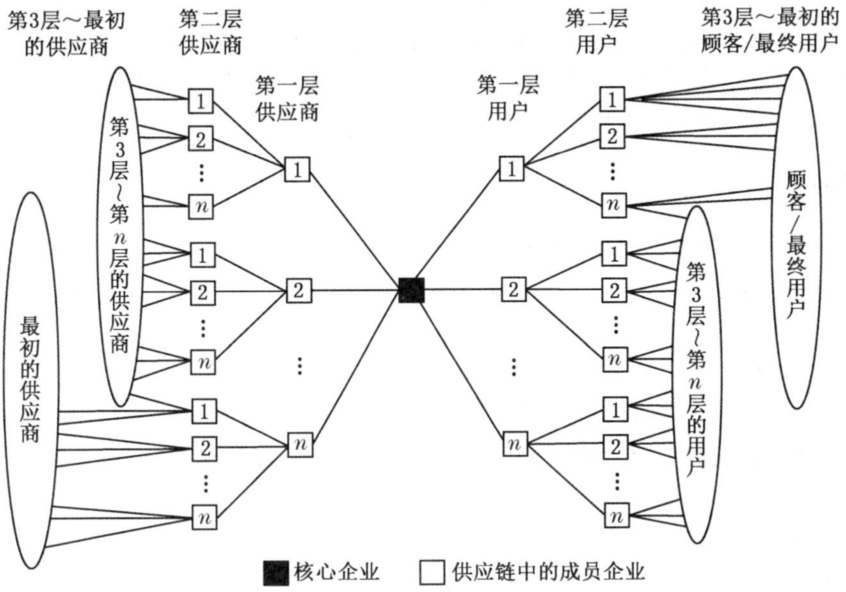

图 9—1 供应链系统的分层结构

二、供应链的特征

从供应链的分层结构模型可以看出，供应链是一个网链结构，由围绕核心企业的供应商、供应商的供应商、用户和用户的用户组成。节点企业和节点企业之间是一种供应与需求关系。供应链主要具有以下特征：

（一）复杂性

供应链节点企业组成的跨度（层次）不同，供应链往往由多个、多类型甚至多个不同国家的企业构成，网链结构也更加复杂，所以供应链结构模式比单个企业的结构模式更为复杂。

（二）面向客户需求

供应链的形成、存在和重构，都是基于市场需求产生的，并且在供应链的运作过程中，用户的需求是供应链中信息流、物流、资金流运作的驱动源，因此，供应链也被称作需求链。

（三）动态性

随着全球经济一体化和信息技术的发展，消费者需求日趋个性化和多元化，产品的生命周期日益缩短，加上政治、经济、社会环境等的变化，使得整个市场的不确定因素增多，供应链不再是一成不变的系统，而是须随时择优、不断优化的系统；同时，供应链各节点企业以自己的核心竞争能力的优势进入供应链，不断地遭到“优胜劣汰”的冲击，不断更新，当供应链的目标和服务方式发生改变，将可能选择更适合的企业来代替原来企业，以保持供应链总是由具有强大核心竞争能力的企业组成时，供应链的这种择优性，也决定了其动态性。

（四）交叉性

供应链节点企业在其经营过程中都不可避免地要和其他企业发生联系，而这些相互联系的企业往往处于不同的供应链上，它们可以是这个供应链的节点企业，同时又是另一个供应链的节点企业。众多的供应链形成交叉结构，增加了协调管理的难度。

（五）层次性

供应链中各节点企业的地位不同，作用也不相同。按照节点企业在供应链中地位的重要性分类，可以分为核心主体企业、非核心主体企业和非主体企业。主体企业一般是行业中实力较强的企业，拥有决定性资源，在供应链中起到主导作用，它的进入和退出直接影响供应链的存在状态。它是整个供应链的核心和供应链业务运作的关键。

三、供应链的分类

（一）链式结构供应链和网状结构供应链

根据参与供应链的节点企业的数目大小和企业之间的连接关系复杂程度，可分为链式结构供应链和网状结构供应链。

1. 链式结构供应链

链式结构供应链是一种最简单的供应链结构，即每一个节点企业只与一个上游企业相连接，就像一个直线型链条，一环扣一环。这种供应链在企业外部供应链、产业链和全球网络供应链中较少出现，在企业内部或动态企业联盟中则较为常见。

2. 网状结构供应链

网状结构供应链是比较常见的结构，每个供应商可以为多个制造商服务，每个制造商可以从不同的供应商那里获得原材料，并将生产的产品交由不同的分销商进行分销。按供应链的网状结构分，供应链可以分为V形供应链、A形供应链和介于上述两种模式之间的T形供应链。

（1）V形供应链，又称发散型供应链，是供应链网状结构中最基础的结构。在V形供应链中，原材料比较单一，但采购批量较大，经过企业加工后转化为中间产品，提供给其他企业作为原材料。石油、化工、钢铁和纺织行业的供应链是典型的V形供应链（如图9—2所示）。

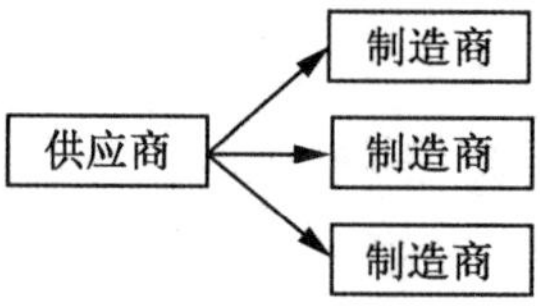

图9—2　V形供应链

（2）A形供应链，又称会聚型供应链。在这种供应链中，核心企业往往为供应链的最终用户服务，业务本质上是围绕订单和客户驱动展开的。在制造、组装和总装时，A形供应链遇到一个与V形供应链相反的问题，即为了满足相对少数的客户需求和客户订单，需要从大量的供应商手中采购原材料。这是一种典型的会聚型的供应链网络，即形成“A”字形状。航空制造及汽车制造等行业的供应链是典型的A形供应链（如图9—3所示）。

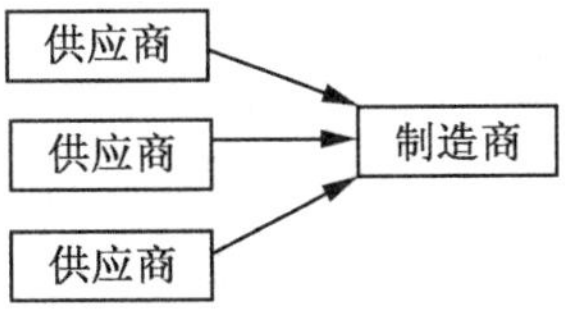

图 9—3 A 形供应链

(3)T 形供应链介于 V 形供应链和 A 形供应链之间。T 形供应链的企业根据现存的订单确定通用件，并通过对通用件的制造标准化来减少复杂程度。这种情形在接近最终用户的行业中普遍存在，如医药保健品、汽车备件、电子产品、食品和饮料等；在那些为总装配提供零部件的公司也同样存在，如为汽车、电子器械和飞机主机厂商提供零部件的企业。这些企业从与它们情形相似的供应商处采购大量的物料和与大量的最终用户和合作伙伴提供构件和套件。T 形供应链如图 9—4 所示。

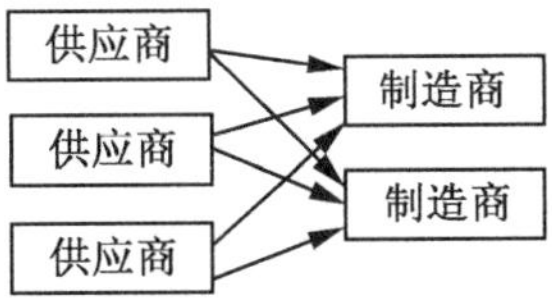

图 9—4 T 形供应链

(二)稳定的供应链和动态的供应链

按供应链存在的稳定性分，供应链可以分为稳定的供应链和动态的供应链。基于相对稳定、单一的市场需求而组成的供应链，稳定性较强，而基于相对频繁变化、复杂的需求而组成的供应链，动态性较高。在实际管理运作中，企业需要根据不断变化的需求，相应地改变供应链的组成。

(三)推式供应链和拉式供应链

按照供应链的驱动方式，可将供应链划分为推式供应链和拉式供应链。

(1)推式供应链，是对顾客订购预期的反应启动推动流程。在推动流程执行过程中，需求是未知的，因此必须进行预测。

(2)拉式供应链，是对顾客订单的反应启动拉动流程。在拉动流程执行过程中，需求是已知的、确定的。

作为供应链管理战略内容之一，要选择适合于自己实际情况的运作方式。拉式供应链虽然整体绩效表现出色，但对供应链上企业的要求较高，对供应链运作的技术基础要求也较高。推式供应链方式相对较为容易实施。企业采取什么样的供应链运行方式，与企业系统的基础管理水平有很大关系，切不可盲目模仿其他企业的成功做法，因为不同企业有不同的管理文化，盲目跟从反而得不偿失。

(四)零售商主导型供应链、制造商主导型供应链及贸易公司主导型供应链

根据供应链上核心企业的性质和动力源的特征，可分为零售商主导型供应链、制造商主导型供应链及贸易公司主导型供应链。

(1)在零售商主导型供应链中，零售商可以采取“纵向一体化”或者“纵向本体化”管理模式。前者指通过所有权来管理控制为其提供原材料、半成品的其他企业。在市场竞争日益激烈、顾客需求不断变化的今天，这种管理模式已逐渐暴露出种种缺陷：增加企业投资负担，增大企业的行业风险等。后者指企业把主要精力放在提升核心竞争力上，将其他非核心业务外包给合作企业来完成，利用企业外部资源快速响应市场需求。在“纵向本体化”模式中，零售商来自不同产业的节点企业，依次连接起来，协调各类生产商（如服装供应链中的纱线生产商、面料生产商、服装生产商）等供应链成员间的活动，形成了“零售商主导型供应链”。

（2）制造商主导型供应链同样属于传统采购型供应链。不同的是，零售商对制造商的控制权限弱化了，零售商仅仅下单给制造商，后者在正确的时间将正确的产品送达给前者。制造商可以采取后向一体化策略，甚至可以运用供应商管理库存（Vendor Managed Inventory，VMI）来控制零售商的库存，驱动整体供应链，起到主导者作用。

（3）在贸易公司主导型供应链中，贸易公司的地位与作用显著加强。贸易公司可以直接获得国内外客户订单，能够控制整个供应链上游企业的供给和需求，同时利用其在信息、资金和信誉等方面的优势，整合供应链资源，协调供应链成员，降低成本，提高绩效，扮演整条供应链“服务提供商”和“管理者”的角色。

（五）有效性供应链和反应性供应链

根据供应链的功能模式（物理功能和市场中介功能）划分，可以分为有效性供应链（Efficient Supply Chain）和反应性供应链（Responsive Supply Chain）。

有效性供应链主要体现供应链的物理功能，即以最低的成本将原材料转化成零部件、半成品、产品，以及在供应链中的运输等。反应性供应链主要体现供应链的市场中介的功能，即把产品分配到满足客户需求的市场，对未预知的需求做出快速反应等。两种供应链的比较见表9—1。

表9—1　反应性供应链和有效性供应链的区别

项　目	反应性供应链	有效性供应链
基本目标	尽可能地反应不同的、不可预测的需求，以使缺货、降价、废弃库存达到最小化	以最低的成本供应可预测的需求
制造核心	配置多余的缓冲库存	保持较高的利润率
库存策略	部署好零部件和库存品的缓冲库存	产生高收入而使整个供应链的库存最小化
提前期	大量投资于缩短提前期	尽可能短的提前期（在不增加库存的前提下）
选择供应商的方法	以速度、柔性、质量为核心	以成本和质量为核心
产品设计策略	用模型设计，以尽可能地减少产品的差别	最大化绩效、最小化成本

第二节　供应链管理

供应链管理对企业资源管理的影响，可以说是一种资源配置的创新。供应链中的节点企业扮演着不同的角色，既相互合作，谋求共同的利益，同时又是相互独立的法人，在利益分配上是相互竞争和冲突的。要使得供应链获得良好的整体绩效，实现供应链节点企业双赢或多赢，在市场竞争中获得优势，就必须对供应链进行有效的管理，对供应链节点企业进行有效的组织和协调，尽可能减少供应链节点企业间的矛盾和冲突。

一、供应链管理的定义及特征

（一）供应链管理的定义

在国际上，供应链管理目前尚未形成统一的定义。关于供应链管理的定义有许多，比较有代表性的有：

美国供应链管理专业协会（Council of Supply Chain Management Professionals，CSCMP）将供应链管理定义为：供应链管理包括对涉及外包、采购、转化等过程的全部计划和管理活动及全部物流管理活动。它也包括与渠道其他成员之间的协调和协作，主要涉及供应商、中间商、第三方服务供应商和客户。供应链管理是企业内部和企业之间的供给和需求管理的集成。

供应链管理（Supply Chain Management）是指从供应链整体目标出发，对供应链中采购、生产、销售各环节的商流、物流、信息流及资金流进行统一计划、组织、协调、控制的活动和过程（GB/T18354—2021）。

（二）供应链管理的特征

1. 以满足客户需求为根本出发点

供应链的首要目的是满足顾客需求，并在满足顾客需求的过程中为企业创造利润。在供应链管理中，满足客户需求目标优先于其他所有目标，这就要求供应链管理以客户需求为中心，把客户服务作为管理的出发点，并贯穿供应链的全过程，把改善客户服务质量、实现客户满意作为实现利润、创造竞争优势的根本手段。

2. 以共同价值观为战略基础

供应链管理首先要解决的是供应链伙伴之间信息的可靠性问题。如何管理和分配信息取决于供应链成员之间对业务过程一体化的共识程度。供应链管理是在供应链合作伙伴之间形成一种相互信任、相互依赖、互惠互利和共同发展的价值观和依赖关系。供应链战略需要供应链上的企业从供应链整体出发，实现供应链信息的共享，加快供应链信息传递，减少相关操作，简化相关环节，提高供应链的效率，降低供应链成本，在保证合作伙伴合理利润的基础上，提升企业竞争能力和盈利能力，实现合作伙伴间的双赢或多赢。

3. 以提升供应链竞争能力为主要竞争方式

在激烈的市场竞争中，企业单纯依靠自身的资源已不足以赢得竞争优势，需要通过与供应链其他成员进行跨部门、跨职能和跨企业的合作，建立合作伙伴关系，实现双赢或多赢。供应链管理是跨企业的合作伙伴之间密切合作，共享利益和共担风险。同时，信息时代的到来使信息资源的获得更具有开放性，这就迫使企业间打破原有界限，寻求建立一种超越企业界限的新的合作关系。因此，加强企业间的合作已成必然趋势，供应链管理的出现迎合了这种趋势，顺应了新的竞争环境的需要，改变了企业的竞争方式，将企业之间的竞争转变为供应链之间的竞争。

4. 以广泛应用信息技术为主要手段

信息流的管理是影响供应链效益和效率的一个关键因素。信息技术在供应链管理中的广泛应用，大大减少了供应链运营过程中的不增值活动，提高了供应链的运营绩效。供应链管理应用信息技术，重新组织和安排业务流程，进行集成化管理，实现信息共享。只有通过集成化管理，供应链才能实现动态平衡，才能进行协调、同步、和谐运营。

5. 以物流的一体化管理为突破口

供应链管理把从供应商开始到最终消费者的物流活动作为一个整体进行统一管理，始终从整体和全局上把握物流的各项活动，使得供应链整体库存水平最低，实现供应链整体物流最优。物流一体化管理能最大限度地发挥企业能力，降低库存水平，从而降低供应链的总成本。因此，要实现供应链管理的整体目标，为企业创造价值，为供应链企业赢得竞争优势和提高收益率，供应链管理必须以物流的一体化管理为突破口。

6. 以非核心业务外包为主要经营策略

供应链管理是在自身核心业务基础上通过协作的方式来整合外部资源，以获得最佳的总体运营效益。企业在保留核心业务的同时，对非核心业务采取外包的方式，借此优化各种资源，既可提高企业的核心竞争能力，又可参与供应链，依靠建立完善的供应链管理体系，充分发挥供应链上合作伙伴的优势。

（三）供应链管理的关键业务过程

供应链管理的最终目标是满足顾客需求和实现利润最大化。为了达到这一目标，供应链需要协调传统的各职能领域，而传统的职能部门一般都倾向于保持自己的职能优势，这样的组织结构阻碍了供应链一体化的发展与成功。因此，供应链管理一体化的关键就在于：要完成一个转变，即从管理个别职能到把不同的活动整合成供应链关键业务过程的转变。供应链管理有以下七大关键业务过程：

（1）客户关系管理。顾客是供应链管理的核心和基本出发点。客户关系管理就是使以客户为中心的包括销售、市场营销和客户服务的业务流程自动化并得以重组。这里的客户关系管理不仅要使这些业务流程自动化，而且要确保客户服务系统能够改进客户满意度、增加客户忠诚度，以达到使企业获利的最终目的。供应链管理的第一步就是识别对企业经营起至关重要作用的关键客户，并与他们建立战略性合作伙伴关系。

（2）客户服务管理。服务是获取客户信息的唯一来源，同时，也能为客户提供实时、在线的产品和价格信息，并支持客户对交货期和货物状态的查询。

（3）需求管理。需求管理主要涉及企业内部与企业之间物料供应与需求管理，通过对产品与服务的流程进行预测，正确地预测客户需求，改善客户服务，降低不正确预测需求所产生的成本。一个好的需求管理系统利用销售终端协调（Point of Sale，POS）和关键客户数据来提高供应链效率和减少不确定性，并平衡客户需求和企业供应能力。

（4）完成订单。要高效地完成顾客订单，需要将企业的采购、制造、分销、运输和配送计划综合在一起。

（5）生产流管理。“拉式”供应链中的企业要进行柔性生产以适应频繁的市场需求变化。生产流管理主要包括产品工程、产品技术保证、生产控制、库存控制、仓储管理、分销管理等。生产流管理的改进可以缩短生产周期，提高客户响应速度。

（6）采购管理。采购管理与供应商发展长期合作关系，以支持企业生产和新产品开发工作。

（7）产品研发与推广。要让顾客和供应商参与到新产品研发过程中，以便在更短的时间内，以更低的成本，开发出客户需要的产品。

二、供应链管理的方法

（一）快速反应

1. 快速反应的定义

快速反应（Quick Response，QR）是指在物流管理中对消费者需求做出快速反应的供应链管理方法。QR是从美国纺织服装业发展起来，是指在供应链中，为实现共同目标，零售商和制造商建立战略伙伴关系。国家标准《物流术语》(GB/T 18354－2021)中将快速反应(Quick Response,QR)定义为：供应链成员企业之间建立战略合作伙伴关系，利用电子数据交换(EDI)等信息技术进行信息交换与信息共享，用高频率小批量配送方式补货，以实现缩短交货周期，减少库存，提高顾客服务水平和企业竞争力为目的的一种供应链管理策略。

2. 快速反应的作用

快速反应关系到一个厂商是否能及时满足顾客服务需求的能力。信息技术提高了在最近的可能时间内完成物流作业和尽快地交付所需存货的能力，这样就可减少传统上按预期的顾客需求过度地储备存货的情况。快速反应的能力把作业的重点从根据预测和对存货储备的预期，转移到从装运到装运的方式对顾客需求做出反应方面。

这里需要指出的是，虽然应用QR的初衷是为了对抗进口商品，但是实际上并没有出现这样的结果。相反，随着竞争的全球化和企业经营业务的全球化，QR系统管理迅速在各国企业界扩展。航空运输为国际上的快速供应提供了保证。现在，QR方法成为零售商实现竞争优势的工具。同时，随着零售商和供应商结成战略联盟，竞争方式也从企业与企业间的竞争转变为战略联盟与战略联盟之间的竞争。

3. 快速反应的实施步骤

QR的实施需要六个步骤，每一个步骤都需要以前一个步骤为基础，并比前一个步骤有更高的回报，但同时也需要有更高的投资。

(1)运用条形码和EDI

零售商首先必须安装条形码、POS扫描和EDI等技术设备，以加快POS机的收款速度，获得更准确的销售数据并使信息沟通更加流畅。POS扫描用于输入和采集数据，即在收款检查时用光学方式阅读条形码，然后将条形码转换成相应的商品代码。通过EDI系统将制造商和零售商现有的内部系统集成起来，可以有效地加快信息流的速度，并提高通信数据的准确性，使贸易伙伴之间及时顺利地进行信息沟通。

(2)建立固定周期自动补货系统

自动补货是指基本商品销售预测的自动化，由供应商和零售商在基于过去和目前销售数据及在其可能变化的基础上，利用软件进行定期预测，同时考虑目前的存货情况和其他因素，以确定订货数量，在仓库或店内自行补货以保证销售的连续性。通过对商品实施快速反应，合作伙伴企业间能够保证所需商品敞开供应，从而使零售商的商品周转速度更快，消费者可以选择的品种更多。

(3)建立先进的预测和补货联盟

为了保证补货业务的流畅，零售商和制造商可以联合起来检查销售数据，制订关于未来的需求计划并预测，在保证有货和减少缺货的情况下降低库存水平；还可以进一步由制造商来管理零售商的存货和补货，以加快库存周转速度。

(4)进行零售空间管理

这种管理就是根据每个店铺的需求模式来规定其经营商品的品种和补货业务。一般来说，对于品种、数量、店内陈列和培训以及销售人员激励等决策，制造商也可以参与制订。

(5)联合开发产品

联合开发的产品主要是生命周期很短的商品。制造商和零售商联合开发新产品，其关系的密切超过了购买与销售的业务关系，缩短了从新产品概念到新品上市的时间，而且经常在店内对新产品进行试销,准确把握消费动态,根据消费者的需要及时调整设计和生产。

(6)快速反应的集成

以消费者为中心,零售商和制造商重新设计其整个组织、业绩评估业务、业务流程和信息系统,通过重新设计业务流程,将前5步的工作和企业的整体业务集成起来,以支持供应链的整体战略。通过集成的信息技术,使零售商和制造商密切合作,加快完成产品从设计、生产、补货、采购到销售的整个业务流程。

案例分享

戴尔的快速反应系统

"9·11"和SARS等一系列危机不但没有给戴尔公司带来重大损失,反而赋予了无限的商机,那么是什么让戴尔能够越挫越勇呢?答案无疑就是快速反应供应链的构建。

1. 计划先行,临危不乱

戴尔公司的全球供应链监督小组时刻关注全球动向,一旦意外发生,立即组织危机处理小组,减小危机影响。"9·11"事件后,美国立即封锁各机场,并暂停接纳所有飞入美国的飞机。戴尔的危机处理小组及全球供应链监督小组立即发挥计划作用,与加工厂合作,找出绕道飞行的货运飞机,将笔记本电脑等产品先空运至美洲其他国家,再以货运方式拉进美国。"9·11"事件中,恐怖分子破坏的是美国的金融中心,不少遭到波及的金融业者紧急向PC制造商下订单。交货速度最快的戴尔电脑,便成了其中最大的赢家。

2. 战略合作,上下协同

在供应链中,战略伙伴关系就意味着,厂商与供应商不仅仅是买家和卖家的关系,更重要的是一种伙伴甚至是朋友关系。戴尔供应链高度集成,上游和下游联系紧密,围绕客户与供应商建立了自己完整的商业运作模式,以至于在危难时能很快地做出反应。

3. 直销模式,贴近用户

戴尔的直销模式确保戴尔能够快速了解危机中客户的实际需求,获得来自客户的第一手反馈信息,并按需定制产品。产品直接从工厂送到客户手中,由于消除了流通环节中不必要的步骤,缩短了流通时间,帮助客户及时解决困难,减少危机造成的损失。SARS肆虐期间,戴尔通过平均4天一次的库存更新,及时把最新相关技术带给客户,并通过网络的快速传播性和电子商务的便利性,为客户搭起沟通桥梁。虽然在SARS期间不少客户推迟了购买产品的计划,但电话咨询明显增多,也培养了不少潜在客户。

资料来源:https://www.sohu.com/a/235312695_99990035。

(二)有效客户反应

1. 定义

国家标准《物流术语》(GB/T 18354—2021)中将有效客户反应(Efficient Custmor Response,ECR)定义为:以满足顾客要求和最大限度降低物流过程费用为原则,能及时做出准确反应,使提供的物品供应或服务流程最佳化的一种供应链管理策略。

ECR的推广对象主要以快速移转消费产品以及食品杂货为主,而其实施重点包括需求面的品类管理改善、供给面的物流配送方式改进等,未来我们期望ECR概念能够推广到其他产业体系。

2. 有效客户反应的特点

有效客户反应以提高消费者价值、提高整个供应链的运作效率、降低整个系统的成本为目标，从而提高企业竞争能力。有效客户反应具有以下特点：

（1）有效客户反应重视采用新技术、新方法

一方面，有效客户反应采用了先进的信息技术，在生产企业与流通企业之间开发了一种利用计算机技术的自动订货系统。计算机辅助订货系统（CAO）通常与电子收款系统（POS）结合使用，利用 POS 系统提供的商品销售信息把有关订货要求自动传向配送中心，由该中心自动发货，这样就可能使零售企业的库存降至为零状态，并减少从订货至交货的周期，提高商品新鲜度，减少商品破损率，还可使生产商以最快捷的方式得到自己的商品在市场是否适销对路的信息。

另一方面，有效客户反应还采用了两种新的管理技术和方法，即种类管理和空间管理。种类管理的基本思想不是从特定品种的商品出发，而是从某一种类的总体上考虑收益率最大化。就软饮料而言，不考虑其品牌，而是从软饮料这一大类上考虑库存、柜台面积等要素，按照投资收益率最大比原则去安排品种结构。其中有些品种能赢得购买力，另一些品种能保证商品收益，通过相互组合，既满足了顾客需要，又提高了店铺的经营效益。空间管理能促使商品布局、柜台设置最优化。过去许多零售商也注意到此类问题，不同点在于有效客户反应的空间管理是与种类管理相结合的，通过两者的结合实现单位销售面积的销售额和毛利额的提高，因而可以取得更大的效果。

（2）有效客户反应建立了稳定的伙伴关系

在传统的商品供应体制上，生产者、批发商、零售商联系不紧密或相互间较为紧密，发生的每一次订货都有很大的随机性，这就造成生产与销售之间商品流动的极不稳定性，增加了商品的供应成本。而有效客户反应恰恰克服了这些缺点，在生产者、批发商、零售商之间建立了一个连续的、闭合式的供应体系，改变了相互敌视的心理，使他们结成了相对稳定的伙伴关系，实现了共存共荣，是一种新型的产销同盟和产销合作形式。

（3）有效客户反应实现了非文书化

有效客户反应充分利用了信息处理技术，使产购销各环节的信息传递实现了非文书化。无论是企业内部的传票处理，还是企业之间的订货单、价格变更、出产通知等文书都通过计算机间的数字交换（EOI）进行自动处理。由于利用了电子数据交换，生产企业在生产产品的同时就可以把产品的内容电传给进货方，作为进货方的零售企业只要在货物运到后扫描集运架或商品上的电码就可以完成入库验收等处理工作。全面采用电子数据交换后，企业可以根据产品明细自动地处理入库，从而使处理时间近似为零，这对于迅速补充商品、提高预测精度、大幅度降低成本起了很大作用。

3. 有效客户反应实施的意义

由于在流通环节中缩减了不必要的成本，零售商和批发商之间的价格差异也随之降低，这些节约了的成本最终将体现在消费者身上，各贸易商也将在激烈的市场竞争中赢得一定的市场份额。

除了这些有形的好处以外，还有一些对消费者、分销商和供应商重要的无形的利益。

（1）消费者：增加选择和购物的方便，减少缺货单品，产品更新鲜。

（2）分销商：增加消费者的信任，对顾客更加了解，改善了和供应商的关系。

（3）供应商：减少缺货，增加品牌信誉，改善了和分销商的关系。

4. 有效客户反应实施的要素

ECR概念的提出者认为ECR实施是一个过程，这个过程主要由贯穿供应链的4个核心要素组成。

(1)有效的店铺空间安排

有效的店铺空间安排是通过有效地利用店铺的空间和店内布局，来最大限度地提高商品的盈利能力。确保供货商与零售商充分地协同合作，评估符合市场上需求的商品组合策略，并确实执行，意即在最佳时间将最适当的商品数量展示在消费者面前，并以合理的价格吸引消费者的购买，改善库存问题。

(2)有效的促销活动

有效的促销活动包括两个方面：一是拟定符合市场目标的商品促销策略，规划促销策略执行面与评估成本效益，并随时审视促销的模式以及频率是否刺激到消费者的购买欲望以及购买的数量；二是通过简化分销商和供应商的贸易关系，将经营重点从采购转移到销售，使贸易和促销的系统效率最高。提高仓储、运输、管理和生产效率，减少预先购买、供应商库存及仓储费用，使贸易和促销的整个系统效率最高。

(3)有效的商品补充

有效的商品补充是以需求为导向的自动连续补充和计算机辅助订货，使补充系统的时间和成本最优化，通过改善配销方法来简化商品从生产端配送至零售点货架上的补货作业，并响应实际客户需求与平衡管理成本及存货水平。而其关键要素则包含：自动订货、持续补货等技术；进阶要素则有：合理运输规划与有效仓储。

(4)有效的新产品导入

有效的新产品导入是通过采集和分享供应链伙伴间时效性强的更加准确的购买数据，提高新产品的成功率。由于商品开发之前不易评估商品成功率，在交易伙伴间存在旧有的障碍与缺乏信任感、商品仿冒的问题等，使得新商品导入最佳化成为ECR概念中最难执行的部分，因此ECR概念的目标则是希望透过供应链伙伴间的策略合作，有效地了解消费者的需求与欲望，降低新商品的研发失败率与缩短新商品上市时间，以便最有效地开发新产品，进行产品的生产计划，降低成本。

(三)企业资源计划系统

1. 定义

企业资源计划(Enterprise Resource Planning，ERP)，由美国Gartner Group公司于1990年提出。企业资源计划是企业制造资源计划(Manufacturing Resource Planning，MRP Ⅱ)下一代的制造业系统和资源计划软件。除了MRP Ⅱ已有的生产资源计划、制造、财务、销售、采购等功能外，还有质量管理，实验室管理，业务流程管理，产品数据管理，存货、分销与运输管理，人力资源管理和定期报告系统。目前，在我国ERP所代表的含义已经被扩大，用于企业的各类软件已经全部被纳入ERP的范畴。它跳出了传统企业边界，从供应链范围去优化企业的资源，是基于网络经济时代的新一代信息系统，主要用于改善企业业务流程以提高企业核心竞争力。

ERP是指在MRP Ⅱ的基础上，通过前馈的物流和反馈的信息流、资金流，把客户需求和企业内部的生产经营活动以及供应商的资源整合在一起，体现按用户需求进行经营管理的一种管理方法。(GBT18354－2021)

2. 特点

ERP主要有以下几方面的特点。

(1)实用性。ERP作为一种企业管理系统,是一个管理工具,是对企业的人力、财力、物流、信息、时间以及空间进行一个合理的优化管理。它的实用性体现在关联了企业内部的各个部门,简化了各个烦杂的流程,从而提高工作效率。

(2)整合性。整合性是整个ERP最有特色的一个功能,可以直接将企业内部的所有信息进行整合,与其他的系统相比较起来完整度以及准确率都得到了提升,更具功能性。

(3)弹性。弹性是指将企业划分为几个模块,采用模块化的管理,既可以注意到一些细节,又能支持信息整合。在一定程度上,提高了企业处理事务的应变能力。

(4)数据存储。在ERP中处理过的各项数据,系统都会将其存储下来,而且会自动将其进行分类整合,使得数据的准确性以及可用性得到提升。后续要找数据的话,也非常简单,可直接读取。

(5)便利性。ERP不仅能在公司使用,只要有电脑以及进入系统的权限,任何地方都能进行资料录入和资料提取,使用方便快捷。

(6)管理绩效。员工通过ERP进行工作,每一工作流程都被详细记录下来,管理者可以直观地看到员工的工作表现,进行纵向、横向的比较,管理绩效得到全面的提升。

(7)实时性。企业资源计划强调企业内部信息的一个整合管理,体现整体性。很多时候各部门都是各管各的,相互之间的交流不多,导致工作效率低下。ERP就要求各个部门进行动态的配合,各项流程都是具有实时性的。

3. ERP的实施步骤

经过多年发展,ERP已经形成了一套比较成熟的实施方法论。但是国内外的管理环境不同,各公司的ERP软件产品适用的行业、管理思路也有所不同,因而也会有不同的实施方法。对于大中型企业的ERP项目,其实施步骤如下:

(1)确定项目的目标和范围

由于ERP实施过程由客户企业、ERP软件供应商、咨询公司和系统集成商等多方同时参与,为了明确各方的责任、权力和利益,就必须清楚地界定项目的范围,制订切实合理的目标。这是成功实施ERP的重要前提条件。这一阶段需要明确将实施哪些业务模块,各业务模块应该实现哪些具体的功能,各模块上线后应该产生怎样的效果和收益等。

(2)成立三级项目组织

项目实施必须落实责任与权利。在ERP实施过程中,按照对项目实施的作用不同,通常把项目组织分为3个级别:项目领导小组、项目实施小组与项目应用小组,即三级项目组织。三级项目组织的成立通常是在ERP咨询机构的指导下成立的。

(3)制订项目实施计划

项目实施计划的制订一般在咨询公司的指导下进行,由企业的项目实施小组根据企业具体情况讨论、修改,最后由项目领导小组批准。项目实施计划一般分为两类:项目进度计划与业务改革计划。

(4)业务调研并确定企业蓝图

在该阶段,实施人员需要对企业的ERP业务管理需求进行全面调研,并根据企业的管理情况提出管理变革方案。如果企业的业务复杂、规模较大,则花费的时间较多。调研报告与咨询方案要经实施小组与领导小组的讨论并通过。ERP的调研报告与咨询方案通常包括企业管理现状描述、ERP的管理流程和方式、业务变革与实现和实施后达到的效果等。在进行详细深入的系统调研后，就可以确定企业的业务蓝图，即营运模式、组织架构和业务流程。

（5）系统及软件的安装

系统安装主要包括软、硬件环境的设计与安装。硬件方案的设计可以与业务调研同步进行，一定要考虑企业的现有资源，可以提供几种方案供企业参考，并通过与硬件供应商合作，制订企业的硬件系统建设方案。在未详细规划企业的 ERP 应用点前，可以先在企业的计算机中心或一些主要的业务部门建立 ERP 系统的安装与测试工作点；应该对硬件的规划作出比较全面的考虑；要充分考虑各项业务的数据采集和处理要求。一般来说，该过程以安装服务器软件为主，然后根据需要进行工作点扩充，主要是为了满足培训与测试的需要。

（6）开始培训与业务改革

企业在推行 ERP 前，各部门普遍缺乏对 ERP 的深入理解，因此培训的目的就是为了企业顺利实施 ERP 系统，贯彻 ERP 的思想与理论，提升企业的管理水平。ERP 培训的类型有理论培训、实施方法培训、项目管理培训、系统操作应用培训、计算机系统维护培训等。要面向不同的培训对象制订不同的培训计划。

（7）基础数据的准备

在确定项目范围、完成业务调研后，就可以开始收集基础的业务数据，也就是进入数据准备阶段。基础数据可以分为两种类型；静态数据和动态数据。静态数据是指在一段时间内相对稳定，一般不随时间而改变的数据，如物料参数、物料清单、工艺路线、制作中心数据、会计科目、供应商数据、客户数据等；动态数据一般随时间变化而改变，如库存余额、总账余额等。对于静态数据，往往在实施的开始阶段就应着手准备，准备时间也比较长，可以安排专人负责。动态数据往往在系统上线前才开始准备，准备时间短，因而，需要投入的人力也比较多。

（8）原型测试

这个阶段，企业的测试人员在实施顾问的指导下，将收集的数据输入到 ERP 软件系统中，对软件功能进行系统地测试。例如，要录入物品的入库单，则必须是先录入物料代码、库存的初始数据等。

（9）客户化、二次开发和模拟运行

因为企业自身的特点，ERP 的软件系统可能会有一定量的客户化与二次开发的工作。如客户需要的特殊操作界面、报表和业务流程等。

客户化一般指不涉及程序代码改动的工作，这种工作可以由实施顾问对系统维护人员进行培训，以后长期的维护工作就可以由企业的维护人员完成。二次开发需要对 ERP 软件的程序进行修改，会增加实施成本，延长实施周期，并影响实施人员（服务方与应用方）的积极性。所以，在决定是否进行二次开发和对哪部分功能进行二次开发时一定要非常慎重。

当二次开发或客户化完成后，要组织人员进行实际数据的模拟运行，通过对处理过程及输出结果的检验，确认成果。

（10）建立工作点

工作点就是 ERP 的业务处理点，即用户端（客户端）。建立工作点时一般要考虑以下几点：根据 ERP 的各个模块的业务处理功能，如采购系统基础数据、采购清单录入与维护以及采购订单处理等来划分工作点；结合企业的硬件分布（如电脑终端的分布）和企业员工的工作地点分布情况等；考虑企业的管理状况，如人员配置、人员水平和管理方式等。

建立工作点后，要对各个工作点的作业规范做出规定，即确定 ERP 的工作准则，形成企业的标准管理文档。

(11)并行

在相关的准备工作(如系统安装、培训、测试等)就绪后,则进入系统的并行阶段。所谓的并行是指 ERP 系统与现行的手工业务处理或原有的软件系统同步运行,保留原有的账目资料、业务处理与有关报表等。并行是为了保持企业业务工作的连续性和稳定性,同时是 ERP 正式运行的磨合期。企业在该阶段要全力支持做好资源调配工作,及时发现和解决出现的问题。

(12)系统切换

系统切换也称为正式运行。系统切换也要有计划、有步骤、分模块、分部门地逐步进行,如果在并行阶段确认了新系统能够正确处理相关业务,新的业务流程运作已经可以顺利进行,业务人员已经熟悉系统并达到了规定的操作要求,就可以停止原来手工作业或旧系统的运作方式,将相关业务完全转由 ERP 系统处理。

(13)评估与持续改进

实施效果的评估工作主要涵盖总体效果、计划与控制过程、数据管理、持续改进过程、计划与控制评价、企业工作评价 6 个主要方面。一般考核以下指标:库存准确率、产品准时交货率、生产周期、采购周期、产品开发周期、废品率、库存占用资金、原材料利用率、成本核算工作效率和产品销售毛利润增长等。

三、供应链管理与物流管理的区别和联系

供应链管理起初主要强调在物流管理过程中,在减少企业内部库存的同时,也应考虑减少整个供应链上的库存。随着供应链管理研究和实践的深入,其视角逐渐被拓宽,不再仅仅着眼于降低库存,而是扩展到企业内外的各个环节、各个方面。供应链管理曾一度被认为是集成化的物流管理。目前,被广泛接受的观点是,供应链管理包含从源头供应商提供产品、服务和信息以增加客户价值,到终端客户的所有流程的集成,它不仅仅是集成化物流的另一种称呼。供应链管理涵盖了物流中没有包含的要素,如信息系统集成、计划与控制活动的协调等。

供应链管理与物流管理之间的关系,具体可以从以下三个角度来看其区别与联系。

(一)管理目标的区别与联系

从管理目标上来看,现代物流管理是指为了满足顾客需要而发生的从生产地到销售地的产品、服务和信息的流动过程,以及为使保管能有效、低成本进行而从事的计划、实施和控制行为。供应链管理则是在提供产品、服务和信息的过程中,从对终点用户到原始供应商之间关键商业流程进行集成,从而为客户和其他所有流程参与者增值。从为顾客服务这一点看,物流管理与供应链管理是一致的,但两者目标有本质区别。

物流管理的目标是以最低的成本产出最优质的物流服务,在单个企业的战略目标下实现物流管理目标;在供应链环境下,物流管理指供应链物流管理,经供应链目标为指导 ,实现企业内部物流与接口物流的同步优化。而供应链管理的目标,则是以供应链为导向,目标是提高客户价值和客户满意度,获取供应链的整体优势。

(二)管理内容的区别与联系

从管理内容上来看,物流管理包括物流活动以及与物流活动直接相关的其他活动,它包括从原材料的供应到产品的销售的全部物流活动。但供应链管理涉及的内容要庞大得多。供应链管理是通过前馈的信息流和反馈的物料流及信息流,将供应商、制造商、分销商、零售商,直到最终用户连成一个整体的模式。供应链管理既包括商流、信息流、资金流、增值流的管理,也

包括物流的管理。由此可见，物流管理属于供应链管理的一部分，是供应链管理的核心内容。

与此同时，物流管理与供应链管理二者之间还存在诸多不同。比如，物流还包括城市物流、区域物流和国际物流等，而这些在供应链管理中显然是不作为研究对象的。当然，对于供应链研究涉及的产品设计与制造管理、生产集成化计划的跟踪与控制以及企业之间的资金流管理等，物流管理也同样不将其作为研究对象。

即使将管理的范围限定在企业管理上，物流管理和供应链管理的内容也存在着明显的不同。供应链管理是企业的生产和营销组织方式，而物流管理则为企业的生产和营销提供完成实物流的服务活动。物流服务所表现的第二性特征在任何时候、任何场合、任何状态下都是不会改变的。

（三）管理手段的区别与联系

从管理手段上来看，物流管理和供应链管理都需要运用信息技术来实现。物流管理以信息技术为支撑，主要通过行政指令或指导，运用战术决策和计划协调管理各物流功能；供应链管理则以合同与协议为手段，建立战略伙伴关系，运用现代化的信息技术，通过流程化管理，实现信息共享、风险共担和利益共享。

第三节　供应链管理的发展趋势

虽然供应链管理非常复杂，且动态多变，但众多企业已经在供应链管理的实践中获得了丰富的经验并取得显著的成效。尤其是随着经济全球化的步伐日益加快，全球供应链变得越来越长且越来越复杂，对供应链管理的要求也就随之改变，由于网络通信技术、全球动态联盟的发展和相关要求的不断提出，供应链管理呈现出全球化、敏捷化、绿色化和智慧化的发展趋势。

一、供应链全球化

1991 年，美国里海大学在《21 世纪制造企业的战略》报告中首次提出了虚拟企业（Virtual Organization）的概念。虚拟企业的提出人之一里克·多夫（Rick Dove）教授就曾指出“敏捷也可和虚拟企业联系在一起表示畅通的供应链和各种方式的联系”，即提出全球虚拟企业的最初旨意也是暗含了基于供应链这个前提的。随着采购、生产和销售关系的复杂化，该过程涉及的不同地域的厂家将越来越多，最终呈现全球性。正是基于这样的理论渊源和现实需求，全球供应链应势而生。全球供应链管理的形成，将使得物流、信息流和资金流变得更加畅通，因此它不仅将增大整个供应链的总体效益，还能使单个企业借助庞大供应链的整体优势，在竞争中更主动、更有发言权。

作为一种新型的管理思想，全球供应链管理具备两个特征：

（1）全球化的供应链管理模式是以全球化范围内的消费者来驱动供应链运作，以消费者满意为核心；

（2）全球供应链管理是一种新型合作竞争理念。与传统企业经营管理不同，全球供应链管理是从全球市场的角度对供应链全面协调性的合作式管理，它不仅要考虑核心企业内部的管理，还要更注重供应链中各个环节各个企业之间资源的利用和合作，让各企业之间进行合作博弈，最终达到“双赢”或“多赢”。

全球供应链管理的形成，将使得物流、信息流和资金流变得更加畅通，因此它将增大整个供应链的总体效益，还能使单个企业借助庞大供应链的整合优势，在竞争中更主动、更有发言权。

二、供应链敏捷化

敏捷制造是一种面向21世纪的制造战略和现代生产模式。敏捷化是供应链和管理科学面向制造活动的必然趋势。基于Internet/Intranet的全球动态联盟、虚拟企业和敏捷制造已成为制造业变革的大趋势。敏捷供应链(Agile Supply Chain)以企业增强对变幻莫测的市场需求的适应能力为向导,以动态联盟的快速重构(Re-Engineering)为基本着眼点,以促进企业间的合作和企业生产模式的转变、提高大型企业集团的综合管理水平和经济效益为主要目标,着重致力于支持供应链的迅速结盟、优化联盟运行和联盟平稳解体。供应的敏捷性强调从整个供应链的角度综合考虑、决策和进行绩效评价,使生产企业与合作者共同降低产品的市场价格,并能够快速了解市场变化,锁定客户的需求,快速安排生产,满足客户需求,加速物流的实施过程,提高供应链各环节的边际效益,实现利益共享的双赢目标。

敏捷供应链是一种全新理念,它将突破传统管理思想,从以下几个方面为企业带来全新的竞争优势,使企业能够在未来的经济生活中大展宏图。

(一)速度优势

敏捷供应链独特的订单驱动生产组织方式,可以最快速度响应客户需求。

(二)满足顾客个性化需求优势

依靠敏捷制造技术、动态组织结构和柔性管理技术三个方面的支持,敏捷供应链解决了流水线生产方式难以解决的品种单一问题,实现了多产品、少批量的个性化生产,从而满足顾客个性化需求,尽可能扩大市场。

(三)个性化产品优势

依靠敏捷制造技术、动态组织结构和柔性管理技术三个方面的支持,敏捷供应链解决了流水线生产方式难以解决的品种单一问题,实现了多产品、少批量的个性化生产。首先是敏捷制造技术的突破。在信息互联网支持下形成的一整套快速制造系统的技术,是敏捷供应链的主体核心技术。其次是动态变化的组织结构。敏捷供应链突破了传统组织的实体有界性,在信息技术的支持下,由核心企业根据每一张订单将若干相互关联的厂商结成虚拟组织,并根据企业战略调整和产品方向转移重新组合、动态演变,以随时适应市场环境的变化。最后是柔性管理技术。敏捷供应链观念摒弃单纯的刚性管理,强调打破传统的严格部门分工界限,实行职能的重新组合,让每个员工或每个团队获得独立处理问题的能力,通过整合各类专业人员的智慧,获得团队最优决策。

(四)成本优势

成本是营销企业利润最基本、最关键的因素。不断降低成本是企业管理永恒的主题,也是企业供应链管理的根本任务,而供应链管理是降低成本、增加企业利润的有效手段。通常情况下,产品的个性化生产和产品成本是一对负相关矛盾,然而在敏捷供应链战略的实行中,这一对矛盾却得以成功解决,在获得多样化产品的同时,由于零库存成本和零交易成本,使企业获得了低廉的成本优势。

案例分享

SHEIN用敏捷供应链解决行业库存痛点

在电商领域，库存管理一直是一个非常复杂的问题，既要满足消费者的需求，又要避免过多的库存，造成资金压力。而SHEIN作为一家快时尚电商平台，依靠敏捷的供应链管理，成功解决了行业库存难题，为消费者提供了更好的购物体验。

SHEIN的成功得益于其独特的供应链和库存管理策略。首先，SHEIN与供应商之间的合作是敏捷的。在竞争激烈的市场中，SHEIN不断探索新的供应商和产品，以满足消费者不断变化的需求。同时，SHEIN也尽可能要求供应商提供更为灵活的生产与交货能力，以便更快地响应市场需求。这样的合作模式有效地降低了库存成本，同时也能够快速调整产品种类和数量。

其次，SHEIN会根据消费者的喜好和市场趋势，快速调整其产品的库存情况。在电商领域，没有库存的商品是无法卖出去的，但是过多的库存也会造成资金压力。SHEIN通过实时的销售数据和预测模型，快速判断出哪些商品需要调整库存，并采取相应的措施。例如，对于热销的商品，SHEIN会及时补货，保证消费者的需求得到及时满足；而对于滞销的商品，则会降价清库存，减少库存压力。

最后，SHEIN还利用了云计算、大数据和人工智能等技术，对库存和供应链进行了精细化管理。例如，SHEIN会根据消费者的搜索和购买行为，实时调整产品的推荐和展示，提高销售量和库存周转率。同时，SHEIN还建立了智能化的库存管理系统，可以实时监测库存情况和市场变化，为消费者提供更为灵活和有效的供应链服务。

总之，SHEIN以其敏捷的供应链和库存管理策略，成功解决了电商行业库存难题，为消费者提供了更好的购物体验。SHEIN不断创新、不断挑战自我，以更好的产品和服务满足消费者日益增长的需求。未来，SHEIN将继续发挥其优势，为消费者提供更为优质、有效的供应链和库存管理服务。

资料来源：https://www.chinaz.com/2023/0523/1527041.shtml。

三、供应链绿色化

20世纪90年代，绿色供应链开始引起学术界的关注。绿色供应链是绿色制造和供应链的学科交叉，是实现可持续制造和绿色制造的重要手段，其目的是使整个供应链对环境的负面影响最小、资源效率最高。

供应链管理绿色化，就是要发展绿色供应链。现在非常强调绿色化概念，因此，企业在设计、生产、物流等各个环节都应该考虑消耗的能源，或者说消耗的资源是不是最少，对环境污染要尽量减少。要从整个生命周期来考虑整个供应链，绿色供应链强调反向回收，很多国外企业非常强调生产者的责任，生产出来产品污染要自己处理，这个是非常重要的理念。要从全生命周期来看待供应链，物流企业、生产企业、分销企业都要考虑绿色的概念，要让环保理念渗透到整个供应链管理中。

案例分享

百事公司在华首推电动重卡，引领行业绿色供应链

2023 年 5 月 25 日，百事公司宣布在华首次推出电动重型卡车，并正式投入使用；公司旗下桂格品牌的循环箱项目也同时运营，这两项举措标志着"百事正持计划"在华进入全新发展阶段。百事公司成为中国零食行业首家使用重型电动卡车进行端到端绿色配送的企业。这是百事公司致力于减少运输碳足迹和发展绿色供应链的又一重要举措。

百事公司大中华区供应链副总裁李友林表示："百事公司在华启用电动重型卡车和循环纸箱项目是践行'百事正持计划'的最佳实践。我们始终坚持采用创新科技驱动碳减排，推动绿色能源的发展，敢为人先，努力打造地球与人和谐共生的环境。"他也感谢合作伙伴的付出，让重型电动卡车前沿技术成为现实，帮助百事公司降低整个价值链中的碳排放，推动绿色运输的发展。

1. 领跑零食赛道绿色物流

百事公司的绿色物流覆盖了从绿色供应链优化、绿色运输到绿色物流的全链路，成为中国零食赛道上碳减排的排头兵。在南区市场，百事公司部署电动重卡把乐事薯片和桂格燕麦产品配送到中心仓库，再用电动轻卡把产品配送至客户仓库，打造端到端的绿色配送链路。同时，百事公司在佛山工厂自建了清洁能源充电桩，使用 100%清洁能源进行充电，实现了从工厂到货架、从电能产生到物流运作的纯绿色物流。

目前，百事公司已经在全国 15 个配送中心使用电动车辆运输乐事、桂格、百草味等品牌产品。预计到 2023 年底，全年电动车运输行驶里程数为 75 万千米，相当于绕地球赤道 19 圈。

2. 桂格循环箱助力降本减碳

百事公司旗下桂格品牌也积极推动绿色供应链的发展，与合作伙伴共创绿色循环外箱替代传统纸箱的举措。百事公司的电动卡车将桂格循环箱从工厂运输到电商仓库，取出产品发给消费者，再将循环箱返回工厂清洗进行循环使用。目前，桂格品牌循环箱已经在 5 个库存点上进行测试，预计全年可减少使用 5 万个纸箱，减少 31 000 千克的碳排放，并且帮助桂格降低近 10%的运营成本。同时，这些数字智能化的桂格循环箱还安装了射频识别技术，不仅提升可视化的库存管理，还让循环箱和货物可追溯。

资料来源：http://www.infzm.com/contents/249772?source=147&source_1=151。

四、供应链智慧化

信息技术的高速发展推动了供应链管理运作模式的改革创新，传统供应链逐渐向智慧化转型升级。智慧供应链的产生与发展，以传统供应链、现代供应链为基础。现代供应链是传统供应链与数字经济、信息网络基础设施的聚合产物，智慧供应链则是现代供应链与物联网、云计算、大数据等为代表的新一代信息技术的融合成果，具体形成过程如图 9－6 所示：

智慧供应链作为技术与管理的综合集成系统，与传统供应链相比，具有以下特点：

（一）技术的渗透性更强

在智慧供应链中，管理者和运营者对技术的发掘、创新和运用更为敏感和灵活，会通过各种方式将物联网、互联网、人工智能等前沿技术融入供应链系统中，以持续的技术创新实现管理变革。

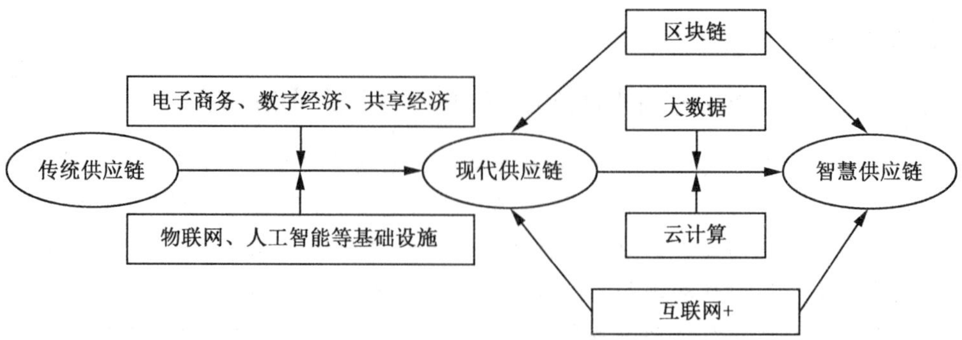

图9—5　智慧供应链的形成过程

（二）可视化和移动化特征更明显

以人工智能、区块链、云计算、大数据、互联网等先进技术为支撑的智慧供应链，更倾向于智能化、碎片化地获取数据信息，使用可视化的手段来呈现数据，采用移动化的手段来访问数据。

（三）协同效果更好

信息的高度整合与共享，使企业可以及时、有效地了解供应链内外部的各种信息，并基于实际情况，随时与供应链上下游企业进行联系沟通，做出有针对性的调整与协作，从而大幅提升供应链的运作效率与效果。

（四）人性化和协调性更高

在主动吸收物联网、互联网、人工智能等技术的同时，智慧供应链更加系统地考虑问题，考虑人机系统的协调性，实现人性化的技术和管理系统。

（五）可延展性更强

智慧供应链是以先进的互联网信息化技术为支撑的，供应链中的各类信息具有更强的流动性、整合性与共享性，企业可以随时与供应链上下游的其他成员进行沟通交互，从而大大增强了供应链的延展性，有效解决了传统供应链中因信息层级传递而造成的效率下降问题。

案例分析

婴童奶粉行业：以ECR模式打造高效供应链 实现快速响应市场变化

虽然我国奶粉总体消费量整体下降，但与之形成鲜明对比的是，随着三胎政策的出台、家长对孩子成长的重视，国内婴幼儿奶粉的市场需求却在不断扩大。同时，婴童奶粉的市场竞争也日趋激烈，品牌战、广告战、促销战、渠道战，使每一个婴童奶粉厂家都倍感竞争的压力。

婴童奶粉行业，具有市场需求不确定性的特点，这也成为婴童奶粉厂家的困扰：市场推广、促销及竞争对手的营销变化都极大地影响了市场预测的准确性。对市场需求把握不准，导致生产计划频繁调整、产生生产过剩或者不足、渠道渗透及产品铺货率不够高、产品推广不理想等情况。在不确定的市场需求环境下，婴童奶粉企业间竞争已从纯粹的产品与产品、企业与企业之间的竞争，转向供应链与供应链之间的竞争。

现阶段，很多国内的婴童奶粉企业在统一、稳定、顺畅的供应链建设方面还比较落后。而ECR供应链模式，能够让婴童奶粉企业面对变化的市场，快速捕捉客户的需求信息，及时调动资源，以最快的速度满足用户需求。

目前，我国婴童奶粉行业仍处于"小生产，大流通"阶段，其供应链呈喇叭状特点。我国主要的婴童奶粉企业供应链如图 9—6 所示：

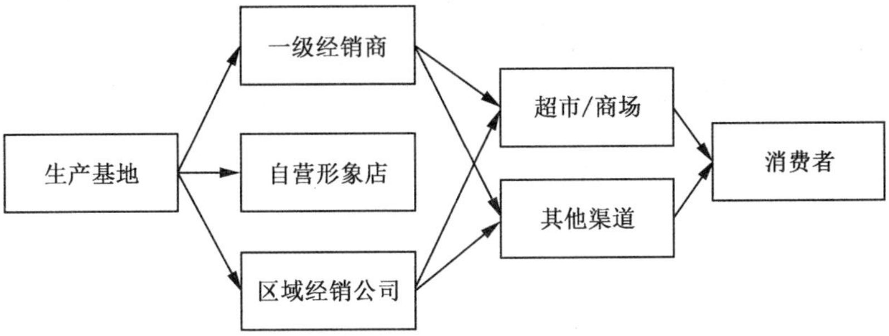

图 9—6　婴童奶粉行业供应链现状

由图 9—7 可以看出，我国婴童奶粉行业的供应链大多采用"生产基地——一级经销商——终端"的模式。同时，为弥补一级经销商在地域覆盖方面的不足，很多婴童奶粉企业在进行一级经销商建设的过程中，逐步发展自己的自营形象店和区域经销公司。产品经由一级经销商向超市、商场和直销门店等渠道供货，并最终供给消费者。消费者对于婴童奶粉的品牌和产品时效的敏感度极高，积压品几乎等于滞销品，因此很多婴童奶粉厂采用"以销定产"的生产模式。在信息流是单向的情况下，且供应链存在"长尾"现象会导致需求信息失真，当这些失真的信息一旦被生产制造出来，转瞬就会变为积压库存，如果这些积压库存促销失利，就有可能变成 100%的损失。

目前，我国婴童奶粉企业的营销网络还无法直接覆盖所有终端，也就无法参照国外的经验直接将生产基地和终端相连。因此，我国婴童奶粉行业的供应链应该是由"广泛布局"向"战略联盟"转移，即选择重点的"一级经销商"，和他们建立战略联盟，采取 ECR 模式，利用 VMI 技术，打造"VMI 信息平台"，利用信息化系统，整合"一级经销商、自营形象店、区域经销公司"的市场需求信息，通过信息共享来提高业务处理效率，降低渠道库存，加快资金流转，降低供应链上的协同成本，加快产品开发与推出速度，最终使婴童奶粉企业跟上快速的市场需求变化。整个供应链中的信息流如图 9—7 所示。

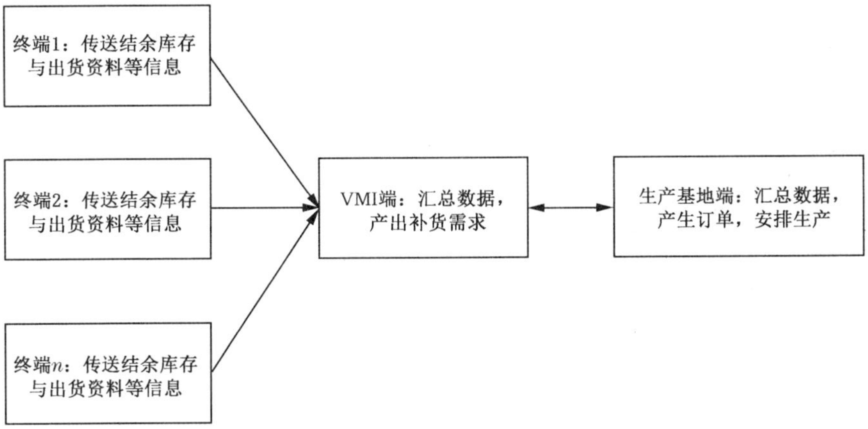

图 9—7　基于 ECR 模式的供应链信息流

通过“VMI信息平台”，打造整个供应链的“信息枢纽”。利用“VMI信息平台”及时收集市场终端的客户需求信息，与渠道中的库存信息加以及时汇总处理，生成实际的需求订单，并将实际的需求订单信息传递给生产基地，生产基地基于汇总“VMI信息平台”的需求信息，根据实际库存情况安排生产，从而保证整个供应链的“快速订单响应”，保持渠道库存与市场销售的最佳平衡点，做到“产销平衡”，促进资金周转的加速，减少整个供应链中的“长尾效应”，提高资金的时间价值。对于婴童奶粉企业，谁能打造高效的供应链，谁能以最快的速度响应市场变化，谁就能赢得客户、赢得市场。

资料来源：https://www.labelmx.com/company/news/trade/200807/3557.html。

思考题：

1. 婴童奶粉供应链的问题在哪？
2. ECR模式如何实现婴童奶粉供应链的快速反应？

【思维导图】

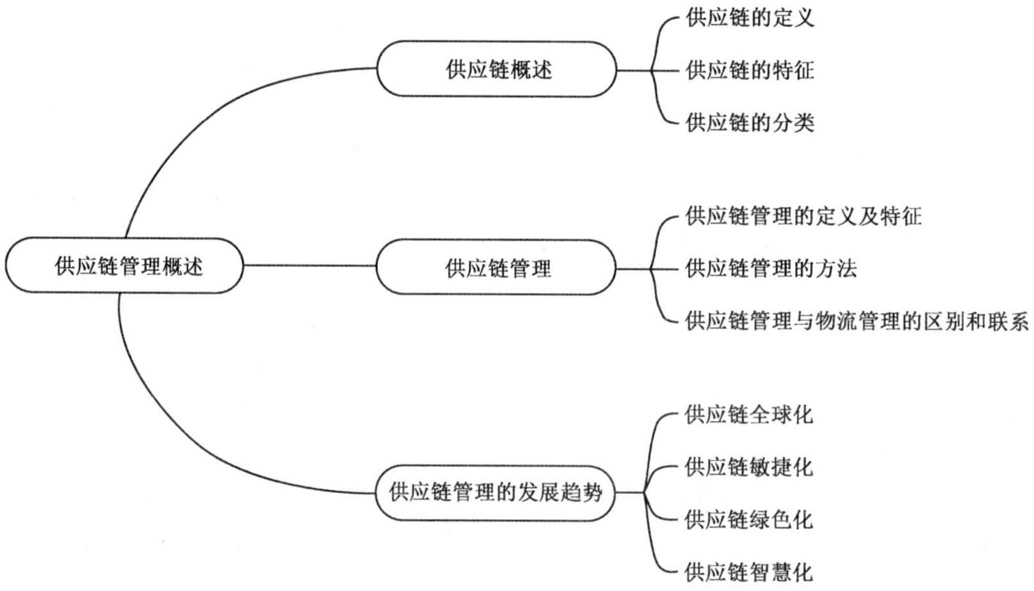

习　题

一、单项选择题

1. 供应链随目标的转变而转变，随服务方式的变化而变化，这属于供应链的(　　)。

A. 时代性　　B. 协调性　　C. 复杂性　　D. 动态性

2. (　　)是供应链管理的核心和基本出发点。

A. 成本　　B. 时效性　　C. 顾客　　D. 订单

3. 有效客户反应即(　　)。

A. QR　　B. EDI　　C. ECR　　D. DRP

4. 从供应链的结构模型可以看出，节点企业和节点企业之间是一种(　　)关系。

A. 需求与供应　B. 支配　C. 平等　D. 利益

5. 供应链的特征不包括(　　)。

A. 复杂性　B. 动态性　C. 面向用户需求　D. 竞争性

二、多项选择题

1. 供应链是一条连接供应商到用户的(　　)。

A. 物料链　B. 信息链　C. 资金链　D. 增值链

2. 供应链管理的发展趋势有(　　)。

A. 敏捷化　B. 全球化　C. 效率化　D. 绿色化

3. 供应链管理与物流管理的区别有(　　)。

A. 存在基础和管理模式不同　B. 管理目标不同

C. 管理手段不同　D. 管理层次不同

4. 有效客户响应实施的要素有(　　)。

A. 有效的店铺空间安排　B. 有效的促销活动

C. 有效的商品补充　D. 有效的新产品导入

5. 以下属于供应链管理的关键业务流程的有(　　)。

A. 客户关系管理　B. 需求管理　C. 订单管理　D. 采购管理

三、问答题

1. 供应链的含义与特点是什么？你是如何理解的？

2. 供应链管理的特征有哪些？

3. 快速反应 QR 实施包含哪几个步骤？

第十章　供应链战略与规划

案例导入

产销联盟——供应链管理战略的成功案例

宝洁公司和沃尔玛公司的产销战略联盟充分体现了供应链物流模式的优势和强大基础。宝洁公司与沃尔玛之间的产销合作源于 20 世纪 80 年代中后期，宝洁公司销售副经理罗·普利切特所推动的战略转型和调整。80 年代以前，宝洁公司作为美国大型生产商，拥有强大的经营实力和销售队伍。它在销售政策上也一直采取强硬的态度，常常利用自身在产业链中的垄断地位和权力严格控制下游经销商和零售商，并迫使后者在日常工作中贯彻其营销战略。但是，70 年代末开始的美国零售业大规模的兼并浪潮，使美国零售业在流通领域的弱小地位发生了根本的改变。在此背景下，宝洁公司选择了与沃尔玛公司合作建立产销联盟的战略伙伴关系。作为实施合作的主要组织机构，宝洁公司和沃尔玛双方组成由财务、流通、生产和其他各职能部门组成的约 70 人的专门合作团队，派往沃尔玛公司实行协作管理。根据专门合作团队的策划，沃尔玛公司于 1989 年开始对宝洁公司的纸尿裤产品实行供应链管理，即构筑 JIT 型的自动订发货系统。其具体的形式是双方通过 EDI 和卫星通信实现联网。借助于信息系统，宝洁公司除了能迅速知晓沃尔玛公司物流中心的纸尿裤库存情况外，还能及时掌握纸尿裤在沃尔玛公司的各店铺的销售量、库存量、价格等数据。这样，不仅能使宝洁公司及时制订符合市场需求的生产和研发计划，同时也能对沃尔玛公司的库存实行单品管理，做到连续补货，防止出现商品结构性机会成本（滞销品库存过多，与此同时，畅销品断货）。沃尔玛公司从原来繁重的物流作业中解放出来，专心于经营活动，同时在通过 EDI 从宝洁公司获取信息的基础上，及时决策商品的货架和进货量，并由制造管理库存（Manufacture Manage Inventory，MMI）系统实行自动进货。沃尔玛公司将物流中心或仓库的管理权交给宝洁公司代为实施，这样，沃尔玛公司不仅不用从事具体的物流活动，而且由于双方之间不用就每笔交易的条件（如配送、价格问题等）进行谈判，大大缩短了商品从订货、进货、保管、分拣、补货到销售的整个业务流程时间，有效地控制了牛鞭效应。

自从宝洁公司与沃尔玛公司实行产销联盟的供应链管理之后，沃尔玛公司店铺中宝洁公司的纸尿裤商品周转率提高了 70%，与此同时，宝洁公司的销售额也提高了 50%，达到 30 亿美元。由于宝洁公司与沃尔玛公司在纸尿裤产品上的合作成功，他们把合作推广到其他产品和领域。沃尔玛公司还把这种模式沿用到其他产品和厂商,使沃尔玛公司于1990年首次超过凯马特,成为全美最大的商品零售商。宝洁公司也从双方的合作中得到了相应的回报,到1991年,宝洁公司在美国市场销售额(153亿美元)中的1%是通过沃尔玛公司实现的,而1992年,这个数据上升到20%。通过产销联盟的供应链管理模式,宝洁公司和沃尔玛公司实现了共赢。

资料来源:吴健.现代物流与供应链管理[M].北京:清华大学出版社,2017.

第一节 供应链战略与规划概述

一、供应链战略概述

(一)供应链战略的定义

供应链战略就是从战略高度对企业的供应链特性、结构、组织和运营进行全局性规划,它确定了原材料或外购件的获取和运输,产品的制造或服务的提供以及产品配送和售后服务的方式。供应链战略关注的重点不是企业向顾客提供的产品或服务本身所产生的竞争优势,而是产品或服务在整个供应链中的运动过程所形成的价值链给企业带来的竞争优势。

(二)供应链战略的基本类型

费希尔根据产品的需求模式将供应链战略划分为两类:有效性供应链(efficient supply chain)战略和反应性供应链(responsive supply chain)战略。

1. 有效性供应链战略

有效性供应链战略是指能够以最低成本进行产品创新与设计,并将原材料转化成零部件、半成品、成品,并且分销给客户和进行服务的供应链战略。

有效性供应链战略蕴含着经典的精益战略思想。精益战略总结起来有5个主要原则。

(1)“价值”。对于有效性供应链战略而言,就是指明如何使客户觉得有价值,并愿意为此支付费用。

(2)“价值流程”。对于有效性供应链而言,就是提出对供应链的要求及如何选择流程中的合作伙伴。

(3)“价值流动”。对于有效性供应链而言,就是做到杜绝浪费,减少中止、停滞期。

(4)“按需准时生产”。对于有效性供应链而言,就是表明如何克服困难来控制物料流动;

(5)“完美目标”。对于有效性供应链而言,就是要求不断寻求改进。

2. 反应性供应链战略

反应性供应链战略是指能够以最快的需求反应进行产品创新与设计,并将原材料转化成零部件、半成品、成品,并且分销给客户和进行服务的供应链战略。

反应性供应链战略蕴含着敏捷的意思。“敏捷”有两层含义:一是反应的速度;二是变化速度,根据不同客户需求而进行量身定做的能力。两者都强调客户的满意度,这与企业的竞争战略要求相一致。对反应性供应链战略而言,也是要快速地、变化快地对需求进行反应。

(三)供应链战略的特点

1. 供应链战略是实现产品价值链的整体战略

在供应链环境下,构成产品价值链的各项价值活动已经扩散到供应链上的各个企业,而每个企业承担的相应价值活动是否高效,不同企业之间的价值活动是否有效衔接,关系到整个产品价值链能否为顾客创造更多的价值。因此，供应链战略的核心是选择合适的供应链集成模式来实现产品价值链的无缝衔接和高效运作。

2. 供应链战略是互补性企业之间的联盟战略

供应链战略以基于业务外包的优势互补、密切合作的企业联盟为基础，这个联盟以核心产品、核心资产或核心企业为龙头组成包括原材料和零部件供应商、产品制造商、物流服务商、批发商、零售商和顾客在内的企业合作联盟。因此，企业合作联盟的目标应该是通过建立战略合作伙伴关系来保证不同企业的核心资产有效整合和业务过程协同运作，进而提高供应链的整体竞争力。

3. 供应链战略是企业核心能力的强化战略

市场竞争会带来企业竞争优势的变化，这可能会使企业依靠自有资源和能力所能达到的目标与期望的战略目标之间存在差异。这就要求企业必须借助于业务外包或寻找优秀的供应商来帮助自己在供应链中革新技术、改进质量、提高效率、降低成本，以改善其价值链中的薄弱环节，并强化企业的核心能力。因此，供应链战略的关键是设计企业各项业务的内包、外包模式，以及与承包商之间的合作关系。

4. 供应链战略是支持企业战略的职能战略。

新产品开发战略通过改良现有产品或开发新产品来优化现有市场的产品组合；市场营销战略是以现代市场营销观念为指导来制定的协调一致的产品策略、价格策略、渠道策略和促销策略；供应链战略关系到企业从原材料采购到产品生产，再到产品配送到顾客处的整个“通道”，能否将所选择的新产品开发战略和市场营销战略转变成为顾客创造价值的产品或服务。因此，供应链战略作为一种职能战略，需要与新产品开发战略以及市场营销战略相互匹配来支持企业战略。

二、供应链战略规划

（一）供应链战略规划的定义

供应链战略规划是指企业在供应链管理领域中制订的长期目标、方向和行动计划。它涉及对供应链的整体规划、组织和管理，以实现企业的战略目标，并确保供应链的高效运作和竞争优势。

供应链战略规划是一个动态的过程，需要与市场需求、技术变革和企业战略的变化相适应。它对于企业的竞争力和可持续发展至关重要，可以帮助企业实现更高的效率、更快的响应速度和更好的客户满意度。

（二）供应链战略规划的内容

供应链战略作为企业战略的重要组成部分必须支持企业战略并有相应的供应链流程支撑才能实现，因此，对供应链进行战略规划需要依据企业战略进行展开，将企业的战略行动转化供应链整体战略目标和行动，再将供应链整体战略目标和行动转化为供应链流程、能力提升目标、流程改进或再造行动以及供应链参与者的目标和行动。

在企业战略层面，确定企业战略包括战略目标、为实现战略目标而采取的战略行动、衡量战略行动的绩效指标以及执行战略行动所需要的企业战略资源。

在供应链整体战略层面，主要是确定供应链应该具有什么样的结构性能，才能与目标市场的需求不确定性相适应；选择什么样的管理策略，才能使供应链具有相应的结构性能；选择什么样的产品设计策略，才能使产品适合相应类型的供应链，并满足其结构性能的要求。

在供应链流程层面，主要是对供应链的网络结构、设施布局和资源配置等进行优化设计以及对业务外包、采购模式和运输方式等进行决策。

在供应链参与者层面，主要是确定供应链上各成员企业及其内部各部门的目标与功能、权力与责任以及各成员企业之间的关系。

每个层面都是按照确定目标、拟定行动、选择指标、辨识资源进行循环直至产生正确的规划。具体来说供应链战略规划通常包括以下几个主要内容：

1. 目标设定

明确供应链的战略目标，例如成本优化、交付速度、灵活性、质量控制等。目标应与企业的战略目标相一致，并能够满足市场需求和客户期望。

2. 供应链设计

确定供应链网络结构、布局和资源配置，包括供应商选择、仓储和物流设施的位置，以及合理的库存管理策略。设计应考虑到产品特性、市场需求和成本效益等因素。

3. 合作伙伴关系

建立和发展与供应链各参与方的合作伙伴关系，包括供应商、制造商、分销商和物流服务提供商等。合作伙伴关系的有效管理和协同合作对于供应链的成功至关重要。

4. 业务流程优化

对供应链的核心业务流程进行评估和优化，包括采购、生产计划、库存管理、订单处理、物流运输等。通过流程优化可以提高效率、降低成本和缩短交付周期。

5. 技术和信息系统支持

选择和应用适当的技术和信息系统来支持供应链的可见性、协调和决策制订。这可以包括供应链管理软件、物流跟踪系统、数据分析工具等。

6. 绩效评估和改进

建立指标和评估体系，跟踪和评估供应链的绩效，并进行持续改进。这可以通过关键绩效指标（KPI）的监控和分析来实现，以确保供应链的持续优化和适应变化的需求。

三、供应链战略联盟

（一）供应链战略联盟的内涵

供应链战略联盟是指在同一条供应链中企业之间形成的合作伙伴，它们的资源、能力和核心竞争力都能结合在一起使用，从而获得企业在设计、制造、产品或服务提供上的共同利益。因此，供应链战略联盟的形成是以供应链战略伙伴关系（Supply Chain Strategic Partnership）为基础，每个成员企业都在各自的优势领域为联盟贡献自己的核心能力，相互联合起来实现优势互补、风险共担和利益共享。这里需要注意的是供应链战略联盟和供应链是两个不同的概念，供应链战略联盟是一种企业之间的关系状态，而供应链则是供应链上的节点企业为规定各自的行为所采取的一种组织形式。

供应链战略联盟体现了一种基于企业核心竞争力的战略资源整合思想。在全球化的时代，独当一面不再是实力的象征。一方面，每个企业都不能忽视战略联盟，否则就有在竞争中被淘汰的危险；另一方面，那些积极主动地寻求合作伙伴的企业可以更好地拓宽业务范围，扩大客户群，发现新的合作渠道，从其他公司的优势中获益，以及充分利用合作伙伴的品牌。这样一来，价值链中的每个环节都分别由效率最高的合作伙伴来完成，就可以实现各个环节对价值链增值的最大贡献。相应地，价值链上各节点企业也实现了最大限度的增值，从而达到“共赢”的协同效应。

(二)供应链战略联盟的作用

供应链联盟作为一种新型的企业合作模式,打破了现存价值链的结构。供应链战略联盟的形成,可以有效降低供应链总成本、降低供应链上的库存水平、增强信息共享水平、改善相互之间的交流、保持战略伙伴相互之间操作的一贯性、提升企业的核心竞争力、产生更大的竞争优势,对于改善和提高供应链节点企业的财务状况、质量、产量、交货、用户满意度及业绩有很重要的作用。具体包括以下内容:

1. 实现快速有效地响应市场

无论是供应链,还是战略联盟,各种合作组织的存在,其最终目的都是应对快速变化的市场环境,实现快速有效的市场响应,这是供应链战略联盟作用最主要的体现。供应链上的节点企业通过建立战略联盟,企业之间的合作关系大大加强,形成了更加统一的整体。所谓商机稍纵即逝,对于企业而言,一旦发现新的市场机遇,它所面临的最大挑战是能否迅速设计出一套解决顾客个性化要求的方案。但这点往往不是单个企业的能力所能完成的。在这种情况下,企业找到具有与本企业能力互补的企业,与之组成联盟,方为上策。这样可以充分利用现有的外部资源,实现快捷、低成本地获取所需的资源和能力。各企业并行协调工作,能大大缩短产品开发周期,可以快速、及时地响应市场需求。而且,为顾客提供的“个性化解决方案”,也是针对需求变化的有效反应。

2. 实现优势互补

由于资源的稀缺性,每个企业所拥有的资源和能力都是有限的,而且要想获取企业以外的资源,所花费的代价是很高昂的。要解决资源问题,一个明智的做法就是建立战略联盟,以通过外购的方式将其他企业的优势资源为我所用。联盟伙伴间互通有无,既实现了内外资源的优势互补,又实现了资源的合理整合和利用。这种优势互补突出表现在企业的核心能力方面,供应链企业间建立一种合作竞争的战略伙伴关系,最大限度地培育和发挥各自核心能力,通过优势互补获得集体竞争优势,提高整条供应链的竞争力。

3. 促进企业之间的相互学习

一般情况下,企业是从外部模仿竞争对手的资源,但许多有价值的资源往往是非交易的,又难以为外部识别和轻易模仿的,通过联盟可以从资源拥有方学习获得。联盟增加了成员企业间的边界渗透力,将模仿由外部转移到内部,使模仿变得更加容易,成本也较低。此外,联盟成员企业通过信息共享及其他的交流方式互相学习、相互促进,也会进一步强化各自的核心能力。在每个企业拥有自己的核心竞争优势的同时,尽可能地掌握更多的信息和技术。

4. 促进企业达到规模经济

所谓规模经济,是指随着企业生产和经营规模的扩大而使单位成本不断下降。传统上实现规模经济的方式主要是依靠单体企业规模的自我扩大或借助并购。但是,由于企业规模扩大有其自身的边界,传统模式下在企业规模过大而内外受阻的双重约束下,没法达到应有的效果,并出现规模不经济,因此组建供应链联盟为企业实现规模经济开辟了新的道路。企业之间通过缔结联盟,可在更大范围内实现专业分工,有效地降低各类成本,无须扩大企业自身的规模而实现规模经济,从而在行业内占据较强的竞争地位。

5. 有效分散经营风险

复杂多变的外部环境对企业的研究开发提出了新的要求,如缩短时间、降低成本。因此,任何一个企业想独立承担一种新产品或新技术的研究开发,都将面临巨额的研究开发投入、错失市场机会、运营失败等各种风险。在这种情况下，企业可以通过寻求合作，建立联盟来分散经营风险。虽然由于市场不确定性而导致的总体市场风险依然存在，但市场风险在各个供应链联盟伙伴之间得到了重新分配，使各个企业承担的风险降到最低，这在一定程度上可以分散企业的经营风险。

（三）供应链战略联盟的种类

如果以联盟中的企业在价值链中所处的环节是否相同为标准，战略联盟分为横向战略联盟和纵向战略联盟两种类型。如果其所处的环节相同，就称为横向战略联盟，如联合生产、联合采购、联合研发、联合销售等。而在产业链紧密相关的两个环节上的企业间组成的战略联盟，称为纵向战略联盟。战略联盟中的企业在供应链上所处的环节中往往具有独特的竞争优势。纵向战略联盟又可以分为两种：(1)与产业链下游环节企业的前向战略联盟，如生产商同经销商之间的产销战略联盟，研发机构和生产机构之间的研发—生产战略联盟等。(2)与产业链上游环节企业的后向战略联盟，如供应商同生产商之间的供产战略联盟，第三方物流企业与生产商之间的物流—生产战略联盟等。

如果以联盟合作伙伴在联盟协议中是否涉及股权合作为标准，战略联盟可以划分为股权式战略联盟和契约式战略联盟。

(1)股权式战略联盟。股权式战略联盟主要是指涉及股权参与的合伙形式，是以股权为纽带建立的战略联盟，具体又可分为合资型战略联盟和相互持股型战略联盟。合资型战略联盟是指双方母公司共同创立合资公司，各拥有合资项目一定的股权，拥有对合资公司人事和管理相关的权限，并按照出资的比例分配合资企业的利润，合资生产和经营的项目分属联盟成员的局部功能。相互持股型战略联盟是指联盟成员为巩固良好的合作关系，长期地相互持有对方少量的股份。与合资型战略联盟不同的是，这种方式不涉及设备和人员等要素的合并。

(2)契约式战略联盟。契约式战略联盟主要是指借助契约建立的、不涉及股权参与的合伙形式。这种联盟方式适用范围较广，灵活性较大，涉及企业的研发、采购、生产、销售等各个职能部门和经营领域。按照波特与富勒对战略联盟的定义，契约式战略联盟是介于市场与企业之间的一种协议安排，是一种纯粹的联盟形式。联盟中各成员签订长期合作契约，通过契约规范成员行为，实现长期合作。当联盟的核心业务分属不同的成员企业、难以被剥离出来置于同一企业内时，或者为了实现更加灵活的收缩和扩张、合作伙伴不愿建立独立的合资公司时，契约式战略联盟便出现了。契约式战略联盟以联合研究开发和联合市场行动最为普遍。最常见的形式包括技术交流协议、合作研究开发协议、生产营销协议、产业协调协议、供应链等。

（四）建立供应链战略联盟的步骤

1. 明确问题，对企业进行战略规划

建立供应链联盟是企业的战略性问题，因此企业首先必须明确建立供应链联盟的目的，例如，企业的长远目标是什么，企业目前有哪些竞争优势，企业需要什么样的合作伙伴才能提升自己的竞争力，完成自己的战略性竞争任务，与伙伴合作的领域是什么(技术或产品和服务的组合)，合作潜力有多大等；然后根据合作的目的进行战略规划，确定企业建立供应链联盟的运作策略，确定用什么样的产品、采取怎样的销售方式和销售渠道才能最大限度地拓展企业的产品市场与营业额度，最大限度地实现企业利润。

2. 分析企业的内外部环境

企业必须全面了解和评价自身和外部环境，认真思考企业经营战略、组织结构和人员安排等，以便能使战略联盟顺利推进。首先，企业必须根据创建战略联盟的目标，分析企业的优势和劣势，充分认识企业的核心竞争力和核心能力，了解企业竞争优势的真正源泉，分析并了解企业有哪些可以利用的资源（包括人力、财力和便利条件等），企业还需要吸纳的资源等。同时，企业还必须认真分析了解目标市场目前的状态，掌握客户目前的和未来的真实需求，以及竞争对手的优势和劣势，掌握其未来发展潜力和动向等。

3. 正确认识和把握供应链联盟中的伙伴关系

供应链联盟企业之间是一种合作竞争关系，因此，对企业来说，建立战略联盟既可能推动企业的发展，又可能给企业带来重大的损失。联盟企业必须正确地认识和把握相互间的关系，坚持合作竞争的原则，在合作中提高企业竞争力。一方面，充分信任合作伙伴，尽可能地为合作提供便利和条件；另一方面，注意适当保护自己拥有的核心能力，防止核心技术和核心能力被模仿。任何极端化的做法都是不可取的。只强调合作，而不注意竞争，容易在开放的状态下泄露企业的商业秘密，丧失核心竞争力；而一味地强调保护本企业的核心竞争力，处处提防合作伙伴，不能为合作伙伴提供必要的信息和合作便利，容易使合作伙伴有缺乏诚意之感，从而可能会导致联盟的破裂。

4. 合理选择联盟的合作伙伴

战略联盟合作伙伴的选择是实施供应链战略联盟非常关键的一步。研究发现，战略联盟的失败率介于50%～60%之间，其主要原因均与伙伴选择有关。具体来说，战略联盟伙伴应该达到以下要求：

(1)增加产品的价值。与合适的企业之间的伙伴关系可以增加现有产品的价值。例如，合作关系能够改善产品上市时间、修理次数，这些将有助于提高市场对某个企业的认知价值。类似地，拥有互补生产线的企业之间的伙伴关系可以增加双方企业的产品价值。

(2)改善市场进入。有的伙伴关系可以带来更好的广告宣传效果，或更多进入新市场渠道的机会。例如，消费品的制造商可以互相合作，共同关注大型零售商的需求，增加双方的销量。

(3)增强技术力量。技术共享的伙伴可以提高合作双方的技术基础。同时，新旧技术之间转换的困难可以由一方的专业技术加以解决。

(4)促进战略成长。许多新机遇具有较高的进入壁垒。良好的伙伴可以使企业共享资源和专业技术来克服这些壁垒，并发现新的机遇。

(5)提高组织技能。伙伴之间互相学习，深入了解彼此和自身。

(6)建立财务优势。销售收入会提高，而伙伴能分担管理成本，并且能够吸引投资。

5. 选择恰当的战略联盟形式

在确定自己联盟伙伴的基础上，企业应该根据自己的战略目标、自身条件和需要，与合作伙伴协商，选择并采用适当的联盟方式，如股权式联盟或契约式联盟等，并明确联盟的权利和义务关系；对厂址选择、成本分摊和市场份额等细节以及对知识创新和技术协同等方面进行约定，以确保联盟得以顺利实施。

6. 构建联盟的实施条件

供应链战略联盟实施的条件包括确立适当的战略伙伴关系模式，就运作模式、利润分配和成本分摊等问题达成一致，建立有效的绩效评价体系、解决冲突的机制和机构，以及利用信息技术和网络工具建立共同的信息交流平台等。一定程度的信息交流和信息共享，是供应链战略联盟运营的基础。合作伙伴一旦确立了战略联盟关系，就应立即着手建立共同的信息平台，建立联盟内信息共享和信息交换的通道。信息系统主要包括数据库系统与信息网络，目的在于便利信息的收集和整理，为管理阶层提供决策支持、控制与组织。

7. 实施供应链战略管理

企业可以重新勾画自己的市场边界，对供应链合作关系实施有效的管理，合作开发充满活力的产品，拓展目标市场，并运用适当的绩效衡量手段，按照已经确定的评价体系，对供应链运营效果进行评价和监控，并将监控结果进行反馈；定期召开伙伴会议，交流并解决协作中的问题和矛盾；必要时对供应链业务流程进行重组，对供应链运营进行适当的调整和改建，在动态中管理和发展供应链。

四、供应链战略管理

（一）供应链战略管理的定义

供应链管理战略发端于 20 世纪 90 年代，它的核心思想是：供应链管理不仅仅是企业内部的一种管理策略，而是能够直接影响企业的战略。企业能够通过领先的供应链管理来获得竞争优势并显著地提升股东价值。战略供应链管理与传统企业管理战略的区别在于供应链管理战略的重心从成本转移至客户，从最终用户开始分析供应链各环节可能存在的收益和风险，进行企业的未来战略定位和设计。供应链管理战略的关注重心是整条供应链的竞争力，而不是局限于企业本身。

所谓供应链战略就是从战略的高度来对供应链进行全局性规划，它确定原材料的获取和运输，产品的制造或服务的提供，以及产品配送和售后服务的方式与特色。

供应链战略突破了一般战略规划仅仅关注企业本身的局限，通过在整个供应链上进行规划，为企业获取竞争优势。供应链战略管理所关注的重点不是企业向顾客提供的产品或服务本身给企业增加的竞争优势，而是产品或服务在企业内部和整个供应链中运动的流程所创造的市场价值给企业增加的竞争优势。

（二）供应链战略管理的特点

供应链战略管理具有动态性、创新性和稳定性三个特征。

1. 动态性

供应链管理的目的是提高企业的市场应变能力，使企业在面对客户的不同需求时能做出快速反应。动态性是供应链战略管理的一个重要特征。在供应链战略中，所有参与者或要素都应随着市场条件、竞争环境的变化而不断进行调适和变换，而衡量调适和变换的成效如何，则要看参与方或各要素间能否形成积极的互动和良性的循环。

2. 创新性

供应链管理的目的，是去除供应链中没有利润，或者说没有价值的环节，即所有对客户或产品没有帮助的单纯浪费成本的环节，都应该被从供应链链条中移除，从而为企业带来最佳效益。为了达成这个目标，在供应链管理中，除了传统的质量、成本和时间管理以外，还需要有不断创新的管理方法、管理理念和管理技术，如前置期管理、快速反应、有效客户反应、供应商管理库存、协作计划、预测与补货等。

3. 稳定性

马丁·克里斯托弗在《物流竞争——后勤与供应链管理》一书中指出："先进的企业把创造顾客价值的价值链看作一个有机整体，通过提升价值链的价值和降低整体成本使所在的供应链更具竞争力。真正的竞争已经不是企业与企业之间的竞争，而是供应链与供应链之间的竞争。"传统意义上单个企业的竞争力已经不能带来整条供应链的胜利，供应链的竞争力是整个链条上各个企业竞争力的集合，这种竞争力的提升不仅仅是单个企业竞争力的提升，而是要通过企业与企业之间长期且稳定的合作，建立起有效的信息与资源共享的渠道，从而实现优势互补，提高管理效率，最终实现降低整条供应链成本的目标。

（三）供应链战略管理的内容

供应链战略管理主要包括供应链的合作战略、竞争战略、文化战略和战略联盟评价四个方面。

1. 供应链合作战略

供应链合作战略是一种基于高度信任，供应链成员间共享各种资源，取长补短，形成的长期的战略合作关系，是提高整条供应链竞争力的基础。选择正确的战略合作伙伴对企业的供应链战略管理有深远的意义。因此，供应链战略管理规划的第一步，是对战略合作伙伴的合理评估，其包括以下四个部分。

（1）战略价值。战略价值指与可能的合作伙伴有合作项目，并且其产品和服务对于企业的短期、中期及长期战略有积极的正面影响。主要指标包括战略一致性与适应性、增长的潜能、品牌影响力、产品与服务的可获得性和可靠性、替代产品与服务的可获得性、与现存供应商关系的兼容性和协同性、对核心能力的影响、新产品与服务进入市场的速度等。

（2）商业价值。商业价值指能从合作项目涉及的产品与服务中获取商业利润。主要指标包括产品或服务定价、总成本减少程度、单位成本减少程度、运营成本与花费减少程度等。

（3）合作意愿。合作意愿指合作伙伴实行合作的积极程度。主要指标包括可依赖的程度、与合作方共事的意愿、信息共享的质量与水平、信息的开放性与透明性、影响核心能力的意愿、共担风险的意愿、增强合作与联盟原则的意愿、对合作关系各个层次上的支持等。

（4）综合能力。综合能力指合作伙伴的能力，即一起合作完成项目的实力。主要指标包括技术能力、财力、研发能力、产品与服务的差异性及支持系统、产品与服务的生命周期管理能力、联盟合作的经验、风险管理能力和创新能力等。

企业与企业之间的合作离不开信任，供应链战略管理的基础便是供应链合作战略的规划与实施。供应商与制造商等其他供应链上的企业之间关系紧密，应当在战略制订上统一合作，从而促使各个利益体在供应链的发展与进步中得到合理分配的利益，从而使得各个利益体之间的战略合作伙伴关系更加紧密。

2. 供应链竞争战略

真正的竞争已经不是企业之间的竞争，而是供应链之间的竞争。因此，在供应链战略管理的规划中，对供应链竞争战略的规划就是提高供应链竞争力的重要内容。伴随信息技术的快速发展，企业的竞争对手来自世界各地，信息传递的及时性不断提高，企业快速、及时地获取相关的竞争信息的能力对企业在竞争激烈的市场环境中生存下来至关重要。除了及时获取竞争信息带来的竞争压力以外，企业对资源的获取难度加大、环境保护对企业的要求提高、客户因为消费需求的变化而对产品的要求越来越苛刻，这一系列压力为企业的管理带来更大的挑战。为了满足客户日渐增多的需求，供应链管理要将信息技术应用到供应链管理的各个环节中去，以建立一个反应迅速的系统，提高整个供应链的效率，发挥供应链上各个企业的优势，降低供应链各个环节的成本，提高自身的竞争力。

市场经济的本质是竞争，核心竞争力是持续竞争优势的源泉，是企业在经营过程中形成的、不易被竞争对手仿效的、能带来超额利润的独特的能力。核心竞争力也是企业赢得竞争的基础和关键。对供应链管理来说，加强企业，特别是核心企业的核心竞争力尤为重要。要培养企业的核心竞争力，就要集中企业资源专注某一领域的专业化经营，逐步形成自己在经营管理、技术、产品、销售、服务等方面与同行的差异,形成自己独特的可以提高消费者特殊效用的技术、方式、方法等,这些有可能构成企业新的核心竞争力。

3. 供应链文化战略

供应链的合作是企业与企业之间的合作,如果缺少一个能够让供应链上所有企业都认同的价值基础或文化基础,合作企业便难以融合,甚至会产生冲突和抵触,最终将对供应链管理的效果造成负面的影响,甚至阻碍供应链管理的发展。因此,供应链的战略管理不仅包括对合作伙伴的认定和供应链竞争战略的规划,还包括供应链的文化战略。必须对供应链上各个企业的文化进行系统整合,增强它们之间的亲和度,以便有效地消除供应链中各种文化的摩擦,消除由此导致的系统内耗。供应链文化是供应链上各节点企业在较长时间的合作过程中逐步形成的共有的信念、行为准则和行为方式。供应链文化以合作共赢为理念,以系统优化为目标,以诚实守信为核心,强调利益共享、风险共担,注重国际接轨及东西方文化融合。它包括价值观、经营哲学、道德准则、管理制度、员工心态,以及由此表现出来的企业共同的风范和精神。它所倡导的信任与合作精神、商业理念和行为规范、积极创新和奋发向上的事业态度,是供应链战略管理的文化基础。

供应链文化战略需重点关注以下四个方面:

(1)培养合作共赢意识。供应链上企业的经营不再是零和博弈,而是一种正和博弈的双赢关系。在合作中,既要考虑自身利益,还必须考虑供应链上其他企业的利益。

(2)确立整体优化思想。在供应链上客观存在着利益冲突。要解决这些冲突,需要一定的思想基础,即供应链上的企业都要有整体优化思想。

(3)提倡相互信任精神。美国学者戴明指出:“一个系统要想实现效率最大化,信任是必不可少的。如果没有信任,人员、团队、部门以及分公司之间就不可能合作。如果没有信任,每一个成员都将致力于保护自己的眼前利益,这将会对自身以及整个系统造成长期的损害。”

(4)培养风险共担理念。在供应链运作过程中,存在着预测不准、需求不明、供给不稳定等现象,甚至形成长鞭效应(需求朝着供应链上游方向被逐级放大的现象)。供应链上企业对自身利益的本能追求,使合作自始至终都存在着道德风险。所以,在供应链管理中培育利益共享、风险共担的理念并付诸行动是至关重要的。

4. 供应链战略联盟综合绩效评价

供应链战略联盟综合绩效评价,是基于各供应链成员的共同利益,在确保联盟利益的前提下,从战略管理的角度出发,对联盟目标实现情况和联盟成员关系进行评价,以指导企业全面实现联盟的预期战略目标,加强成员企业间的长期合作,不断提升联盟的战略绩效。

供应链战略联盟综合绩效评价指标通常包括以下四个方面的内容:

(1)财务层面指标,包括产品成本降低率、现金周转率、市场占有率、流动资产周转率、存货周转率、总资产回报率、联盟关系紧密度、经营绩效、规模效益、企业财务风险等。

(2)客户层面指标,包括市场份额、客户满意度、新客户增长率、准时交货率、缺货比例、产品合格率、产品保修率、客户对服务和产品质量的满意度等。

(3)联盟系统指标,包括联盟获利能力满意度、联盟运作能力满意度、联盟目标完成度等。

(4)业务流程指标,包括交货柔性、产量柔性、产需比、产销率、研发效率、原材料利用率等。

第二节 供应链的设计与优化

供应链设计是企业模型的设计，从企业整体角度去勾画蓝图。它既包括物流系统，还包括信息和组织、价值流和相应的服务体系建设。在供应链的设计中，创新性的管理思维极为重要，要把供应的整体思维融入供应链的构思和建设中。供应链设计中最重要的思想是运行模式的并行，而运行模式的并行要求供应链设计的并行。

一、供应链的设计内容及原则

（一）供应链的设计内容

战略层面的供应链设计的主要内容包括：供应链的成员及合作伙伴选择、网络结构设计和供应链基本规则设计。

1. 供应链的成员及合作伙伴选择

供应链成员包括为满足客户需求，从原产地到消费地，供应商或客户直接或间接的相互作用的所有公司和组织，如供应商、制造商、批发商和零售商等。一般来说，供应链中各成员都以自身利益最大化为目的进行经营管理活动。这种情况下，供应链整体的利益很难达到最优。故选择合适的合作伙伴，并积极处理好与各合作伙伴之间的关系，更有利于企业达到互利共赢的状态。

2. 网络结构设计

供应链网络结构主要由供应链成员、网络结构变量和供应链间工序连接方式三方面组成。供应链成员分为基本成员和支持成员。基本成员是指在专门为顾客或市场提供专项输出的业务流程中，所有能进行价值增值活动的自治公司或战略企业单元。支持成员指那些简单地提供资源、知识及设备的供应链成员。为了使非常复杂的网络更易于设计和合理分配资源，有必要从整体出发进行网络结构的设计。

3. 供应链运行基本规则

供应链上节点企业之间的合作是以信任为基础的。信任关系的建立和维系除了各个节点企业的真诚和行为之外，还必须有一个共同平台，即供应链运行的基本规则。其主要内容包括：协调机制、信息开放与交互方式、生产物流的计划与控制体系、库存的总体布局、资金结算方式和争议解决机制等。

（二）供应链构建的原则

供应链的设计过程，应遵循一些基本的原则，以保证供应链的设计能满足供应链管理思想得以实施和贯彻。

1. 自上而下和自下而上相结合的设计原则

系统建模设计方法有两种设计方法，即自上而下和自下而上的方法。前者是从全局走向局部的方法，后者是一种从局部走向全局的方法。自上而下是系统分解的过程，而自下而上则是一种集成的过程。设计一个供应链系统，往往是先由主管高层作出战略规划与决策。规划与决策的依据来自市场需求和企业发展规划，然后由下层部门实施决策过程，因此，供应链的设计是自上而下和自下而上的综合。

2. 简洁性原则

简洁性是供应链的一个重要原则。为了能使供应链具有灵活、快速响应市场的能力，供应链的每个节点都应是简洁而有活力的，能实现业务流程的快速组合。比如，供应商的选择就应以少而精的原则，通过和少数重要供应商建立战略伙伴关系，以有利于减少采购成本，实施JIT采购法和准时生产。

3. 集优（互补性）原则

供应链各个节点的选择应遵循强强联合的原则，达到实现资源外用的目的。每个企业只集中精力致力于各自的核心业务过程，就像一个独立的制造单元（独立制造岛）。这些所谓单元化企业具有自我组织、自我优化、面向目标、动态运行和充满活力的特点，能够实现供应链业务的快速重建。

4. 协调性原则

供应链绩效好坏取决于供应链合作伙伴关系是否和谐，取决于供应链动态连接合作伙伴的柔性程度。因此，利用协作性原则建立战略伙伴关系的合作企业关系模型是实现供应链最佳绩效的保证。和谐是描述系统是否形成了充分发挥系统成员的能动性、创造性和系统与环境的总体协调性的。只有和谐而且协调的系统才能避免各个节点企业产生利益本位主义而动摇组成系统的各个节点企业之间的关系，从而发挥最佳的效能。

5. 动态性原则

不确定性在供应链中随处可见。这是在研究供应链运作效率时都会提到的问题。由于不确定性的存在会导致需求信息的扭曲，因此，需要预见各种不确定因素对供应链运作的影响，减少信息传递过程中的信息延迟和失真。降低安全库存总是和服务水平的提高相矛盾的，故增加各成员之间的信息透明、减少不必要的中间环节、提高预测的精度和时效性对降低不确定性的影响都是极为重要的。

6. 创新性原则

在供应链的设计过程中，创新性是很重要的一个原则。要产生一个创新的系统，就要敢于打破各种陈旧的思维框框，用新的角度、新的视野审视原有的管理模式和体系，进行大胆的创新性设计。

7. 战略性原则

从核心企业战略发展的角度设计供应链，有助于建立稳定的供应链体系模型，因此，供应链的建模应有战略性观点，通过战略的观点考虑减少不确定的影响。从供应链的战略管理的角度考虑，我们认为供应链建模的战略性原则还体现在供应链发展的长远规划和预见性上。供应链的系统结构发展应和企业的战略规划保持一致，在企业战略的指导下进行。

二、供应链设计的策略

供应链的设计不当会导致浪费和失败。例如，有的企业用于提高供应链绩效的技术和知识比以往任何时候都多，如使用先进的设备可以让企业记录下顾客的意见，电子数据交换技术使供应链的各个步骤都能听到顾客的意见并对此做出反应，还有更灵活的生产技术、自动化的仓储和快捷的后勤服务等，但是，许多供应链的绩效比以往任何时候都差。

为什么新思想和新技术没有改进绩效？其中一个重要原因就是企业的管理者缺乏一种框架来选择适合他们特定情况的思想和技术。在不同的框架下，供应链设计的策略和方法是不太一样的。下面将分别介绍两种供应链设计的策略：基于客户需求的供应链设计策略和基于成本核算的供应链设计策略。

(一)基于客户需求的供应链设计策略

设计供应链首先要明确用户对企业产品的需求是什么。客户需求的产品生命周期、需求预测、产品多样性、提前期和服务的市场标准等都是影响供应链设计的重要问题。

1. 辨别产品是功能性的还是创新性的

不同的产品类型对供应链设计有不同的需求。如果根据产品的客户需求模式分类,则可以分为两类:功能性产品和创新性产品。每种类型需要的供应链具有不同的特征。

(1)功能性产品

功能性产品能满足基本需要,不会有太大的变化,因而需求稳定且可以预测,并且生命周期长。但是,稳定性会引起竞争,进而导致利润率较低。功能性产品的需求可以预见,从而使供求可以达到近乎完美的平衡,这使市场调节变得很容易。生产这种产品的企业可以集中几乎全部的精力去使物质成本最小化。在大部分功能性产品的价格弹性给定的情况下,最小化物质成本是一个极其重要的目标。在这一过程中,整条供应链中的供应商、制造商和零售商要协调他们的活动,以便能以最低的成本满足预测的需求。

(2)创新性产品

①创新性产品能使一家公司获得更高的利润,但是,其新颖性使需求不可预测。此外,它们的生命周期短(通常只有几个月),这是由于仿制品的大量出现会使创新性产品的竞争优势丧失,而企业被迫进行一连串的更新颖的创新。生命周期缩短和产品的多样化使需求更加具有不可预见性。

②创新性产品具有高边际利润和不稳定需求,因而它要求的供应链完全不同于低边际利润、有稳定需求的功能性产品。为了理解这种区别,应该承认供应链具有两种不同类型的功能:物质功能和市场调节功能。供应链的物质功能是很显然的,它包括把原材料转变成零部件、元件直至成品以及它们在供应链各部分之间的运输。而市场调节功能则不那么明显,但它却同样重要,其目的是使投入市场的各种产品到达愿意购买该产品的消费者手中。

③创新性产品的市场具有不确定性,这增加了供求不平衡的风险。高利润率和投入市场的前期销售的重要性增加了产品短缺的成本。而产品的短生命周期则增加了产品过时的风险以及过度供应的成本。因此,对创新性产品而言,市场调节成本是主要的。

④要仔细研究新产品在整个周期内的销售量或其他市场信号并快速地做出反应。在这个过程中,供应链内部的信息流和从市场传递到供应链的信息流都极其重要。存货和生产能力的关键决定不是要使成本最小化,而是确定存货和生产能力在供应链中的位置以应对不确定的需求。选择供应商要考虑的不是低成本,而是供货的速度和灵活性。

当知道产品和供应链的特性后,就可以设计与产品需求一致的供应链。图10－1系统地表述了理想的供应链战略。

很少有企业处于矩阵的左下角,这很容易理解。生产功能性产品的大部分企业知道它需要一条效率型的供应链。如果产品一直是功能性的,那么,企业通常会愿意保持效率型供应链。

2. 功能性产品的有效性供给

提供功能性产品的企业的一个极其重要的目标是降低总成本。降低总成本是一个老话题,许多企业多年来一直致力于总成本的降低,然而现在有一些新的转变。一些企业近些年来一直积极寻求降低成本的方法,现在已经达到了组织内部边际报酬递减的程度。它们相信,组织之间更好的合作(与供应商和分销商)为降低成本提供了最好的机会。

	功能性产品	创新性产品
有效性供应链	匹配	不匹配
反应性供应链	不匹配	匹配

图 10—1　供应链设计和产品类型策略矩阵

这种合作模式虽然具有吸引力,但也有缺陷。企业发现再也没有更多的方法去获取利润时,会决定和供应链其他部分的企业既竞争又合作。但是这一策略是无效的,因为竞争与合作要求双方采取的行为完全相反。例如,在信息共享方面,如果双方之间是竞争的关系,供应商不可能将其成本信息公开以便与伙伴共享,但是,如果双方相互合作,就必须共享成本信息,使每项任务由成本最低的一方来完成,以减少供应链的成本。

3. 创新性产品的反应性供给

创新性产品的需求具有不确定性,这是它的本质特征。企业一般有四种处理需求不确定性的工具。为了与反应性供给过程相配合,管理者有必要掌握每一种工具,然后综合利用它们以适应各自企业的特定情况。

对许多企业来说,第一步仅仅是承认革新性产品中这种不确定性是固有的。对于那些竞争较少、顾客认可、零售商较弱小的寡头企业,要承认这一点并不容易。它们喜欢高水准地预测需求,要求员工进行深入持久的考虑以对需求做出精确的预测。然而,这并不能通过命令来消除不确定性。事实上,如果某种产品的需求是可预测的,那么,它可能没有充分的革新性,因而没有高利润率。风险和回报是联系在一起的,最高的利润率通常伴随着需求方面的最高风险。

一旦企业承认了需求的不确定性,那么,它有三种处理不确定性的协调策略可供选择。首先,它可以努力减少不确定性。例如,找到可以作为重要指标的新的数据来源,或者让不同的产品尽可能多地使用共同的元件,以使元件的需求变得可预测。其次,它也可以避免不确定性。可以采取的措施包括:缩短市场导入期,增加供应链的灵活性,以便能够生产出顾客所订购的产品数量;或者,当需求具体且能精确预测时,每次至少都能生产出与需求接近的数量。最后,一旦不确定性已经尽可能地减少和避免,企业还可以利用存货或过度生产能力的缓冲措施来应对不确定性。

(二)基于成本核算的供应链设计策略

如何设计供应链、如何选择节点,是供应链管理的基础。我们提出成本优化算法来进行供应链的设计。为了便于分析供应链成本,本书提出成本优化算法来进行供应链的设计。为了便于分析供应链成本,对有关供应链成本核算作如下假定:

假定 1:节点企业以 $i=1,2,3,\cdots,n$ 表示(其中,供应链层次以 $a=1,2,3,\cdots,A$ 表示,一个层次上节点企业的序号以 $b=1,2,3,\cdots,B$ 表示,所以一个节点 i 可以表示为 $A\times B$)。

假定 2:物料单位成本随着累积单位产量的增加和经验曲线的作用而降低。成品、零部件、产品设计、质量工程的改善都可能导致单位物料成本的降低。

假定 3:假定从一个节点企业到另一个节点企业的生产转化时间在下一个节点企业的年

初。

假定 4：当一个节点企业在年初开始生产时，上一节点企业的工时和原材料成本根据一定的技术指数转化为此节点企业的初值。

假定 5：全球供应链管理中，围绕核心企业核算成本，汇率、通货膨胀率等转换为核心企业所在国家的标准。

1. 供应链成本结构及其函数

供应链成本主要包括：物料成本、劳动成本、运输成本、设备成本和其他变动成本等。其成本函数分别构造如下：

(1)物料成本函数(Materials Cost Function)

从假定 2 可知，物料成本随累积产量的增加而降低。供应链的总物料成本为：

$$M_{it}=m_i(im)_{it}\int_0^{n_t}n^{f_i}\,\mathrm{d}_n$$

式中：M_{it} 表示 i 节点企业在 t 年生产 n_t 产品的总物料成本(时间转化为当地时间)；m_i 表示 i 节点企业的第一个部件的物料成本(时间坐标轴的开始点)；$(im)_{it}$ 表示 i 节点企业在 t 年的物料成本的通货膨胀率；n_t 表示第 t 年内的累计产量；$f_i=\lg(F_i)/\lg2$；F_i 表示物料成本经验曲线指数，$0\leqslant F_i\leqslant1$；n 表示累计单位产量，$n=1,2,3,\cdots,n_t$。

(2) 劳动力成本函数(Labor Cost Function)

供应链的节点企业可能分布在本国的不同地方，也可能分布在世界各地。各地的劳动力价值、成本无法统一衡量，这里直接以工时为基础计算供应链的劳动力成本。

$$L_{it}=l_i(il)_{it}y_{it}\int_0^{n_t}n^{g_i}\,\mathrm{d}_n$$

式中：L_{it} 表示 i 节点企业在第 t 年(时间转化为当地时间)生产 n_t 产品的总劳动成本；l_i 表示 i 节点企业的单位时间劳动成本；$(il)_{it}$ 表示 i 节点企业 t 年的单位工时的通货膨胀率；n_t 表示第 t 年内的累计产量；$g_i=\lg(G_i)/\lg2$；G_i 表示劳动力学习经验曲线指数，$0\leqslant G_i\leqslant1$；n 表示累计单位产量，$n=1,2,3,\cdots,n_t$。

(3)运输成本函数(Transportation Cost Function)

运输成本是影响供应链总成本的重要因素之一，交货频率和经济运输批量都决定着运输成本的大小。假定从节点 i 到节点 m 的单位成本为 s_{im}，$(is)_{it}$ 为 i 节点企业 t 年运输的通货膨胀率，m 节点在第 t 年的累计需求为 d_{mt}，所以供应链的总运输成本为 T_{it}。

$$T_{it}=\sum_{m=1}^{M}s_{im}(is)_{it}\,\mathrm{d}_{mt}$$

(4)设备和其他变动成本函数(Utilities and Other Variable Cost Function)

假定 u_i、v_i 分别代表 i 节点企业的一个单位的设备和其他变动成本(如管理费用等)，其通货膨胀率指数分别为 iu_{it} 和 iv_{it}，在 t 年 i 节点企业生产 n，单位产品的总的设备和变动成本为：

$$U_{it}=[u_i(iu)_{it}+v_i(iv)_{it}]n_t$$

(5)供应链的总成本函数(Total Cost Function)

以上成本都是针对一定时间轴上可能的 i 节点企业的组合，在时间 T 内，相关的节点 i 组成一个节点组合序列，用 k 表示；所有可能的节点组合序列用 K 表示。对于每一个节点组合序列 k，供应链的总成本 $TC(k)$ 表示为：

$$TC(k)=\sum_{t=1}^{T}\left\{\sum_{i\in k}(M_{it}+L_{it}+T_{it}+U_{it})e_{it}pv_{it}\right\}$$

式中：M_{it}，L_{it}，T_{it}，U_{it} 意义同上；e_{it} 表示汇率（i 节点企业对核心企业的汇率）；pv_{it} 表示节点企业在 t 年的现值折扣率；k 表示一个节点组合序列。

而一个节点组合序列的平均单位成本用下式表示：

$$CAU(k)=TC(k)/N_T$$

式中：N_T 表示节点企业的数量。

三、供应链的构建

（一）供应链的构建过程

供应链的构建是供应链运作的基础和前提，供应链运作是指从供应商的供应商到客户的客户之间有关产品或服务的形成和交付的一切业务活动。供应链不仅包括制造商和零件、原材料供应商，也包括批发商、分销商、零售商和客户本身。实际上，供应链中所有信息、物料和资金的流动都会产生成本。因此，供应链的构建状况如何，对供应链运作成功与否有着至关重要的影响。

不同行业、不同产品的供应链具有各自的特点，但由于均以产品位置为中心，因此，在各自供应链的构建过程中，有诸多相同之处。根据系统生命周期法的一般原理，供应链的构建过程一般要经过以下步骤。其步骤模型见图 10－2。这里以基于产品的供应链设计为例，简要论述供应链构建的一般步骤。

1. 分析市场竞争环境

目的在于找到针对哪些产品市场来设计供应链才有效，因此，必须知道现在的产品需求是什么、产品的类型和特征是什么。分析市场特征的过程要对企业、用户和竞争者进行调查，提出诸如"用户想要什么""他们在市场中的分量有多大"之类的问题，以确认用户的需求和因卖主、用户、竞争者产生的压力。这一步骤的输出是每一产品按重要性排列的市场特征。同时对于市场的不确定性要有分析和评价。

2. 总结与分析企业现状

这个阶段的工作主要侧重于对核心企业的供应、需求管理现状进行分析和总结。如果核心企业已经有了自己的供应链管理体系，则对现有的供应链管理现状进行分析，以便及时发现供应链运作过程中存在的问题，同时挖掘现有供应链的优势。本阶段的目的着重于研究供应链的设计定位，同时将可能影响供应链设计的各种要素分类罗列出来。

3. 提出供应链设计项目

这个阶段主要是针对存在的问题提出供应链设计项目，分析其必要性，围绕供应链的"可靠性"和"经济性"两大核心要求去了解产品，提出供应链设计的目标。这些目标包括提高服务水平和降低库存投资之间的平衡，以及降低成本、保障质量、提高效率、提高客户满意度等。

4. 确立供应链设计目标

基于产品和服务的供应链设计的主要目标是：获得高品质的产品、快速有效的客户服务、低成本的库存投资和低单位成本的费用投入等几个目标之间的平衡，最大限度地避免这几个目标之间的冲突；同时，还需要实现以下基本目标：进入新市场、拓展老市场、开发新产品、调整老产品、开发分销渠道、改善售后服务水平、提高客户满意程度、建立战略合作伙伴联盟、降低成本、降低库存和提高工作效率。在这些设计目标中，有些目标是首要目标、有些目标是主要

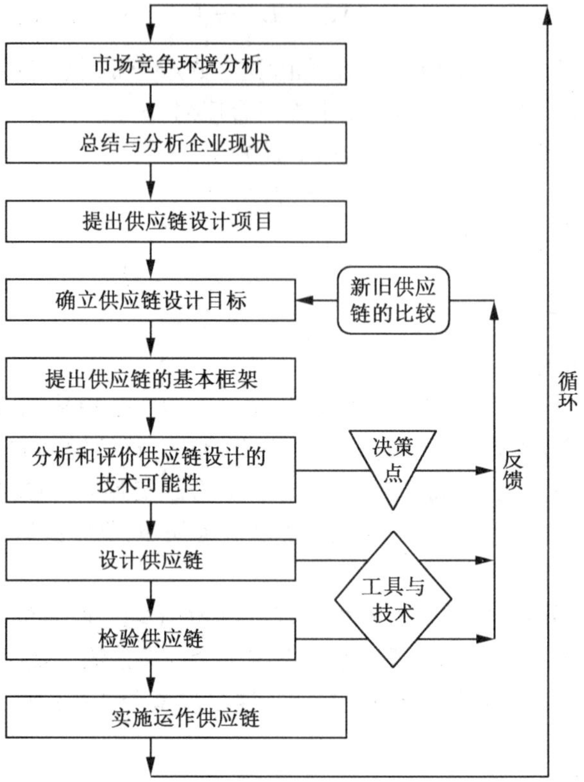

图 10－2　供应链设计步骤

目标，有些目标很大程度上存在冲突，这些目标的实现级次和重要程度随不同企业的具体情况而有所区别。

5. 提出供应链的基本框架

本阶段要对供应链上的各类资源，如供应商、客户、原材料、产品、市场、合作伙伴和竞争对手等进行分析。这个过程要把握可能对供应链设计产生影响的主要因素，同时对每一类因素产生的风险进行分析研究，给出风险规避的各种方案，并将这些方案按照所产生作用的大小进行排序，在此基础上分析供应链的组成，确定供应链上主要的业务流程和管理流程，描绘出供应链物流、信息流、资金流、作业流和价值流的基本流向，提出组成供应链的基本框架。在这个框架中供应链中各组成成员如生产制造商、供应商、运输商、分销商、零售商及客户的选择和定位是这个步骤必须解决的问题。另外，组成成员的选择标准和评价指标也应该得到完善。

6. 分析和评价供应链设计的技术可能性

供应链设计框架建立之后，需要对供应链设计的技术可行性、功能可行性、运营可行性、管理可行性进行分析和评价。这不仅是供应链设计策略的罗列，而且还是进一步开发供应链结构、实现供应链管理的首要一步。在供应链设计的各种可行性分析的基础上，结合核心企业的实际情况以及对产品和服务发展战略的要求，为开发供应链中技术、方法、工具的选择提供支持。同时，这一步还是一个方案决策的过程，如果分析认为方案可行，就可继续进行下面的设计工作；如果方案不可行，就需要重新进行设计。

7. 设计供应链

采用基于客户需求或基本成本核算的供应链设计策略，主要解决以下问题：

（1）供应链的详细组成要素，如供应商、设备、作业流程、分销中心的选择与定位、生产运输计划与控制等。

（2）原材料的供应情况，如供应商、运输流量、价格、质量、提前期等。

（3）生产设计的能力，如需求预测、生产运输配送、生产计划、生产作业计划、跟踪控制和库存管理等。

（4）销售和分销能力设计，如分销网络、运输、价格、销售规则、分销管理、服务等。

（5）信息化管理系统软、硬件平台的设计，包括系统结构设计、性能设计、实现技术、系统安全保障设计和系统运行环境设计等。

（6）物流通道和管理系统的设计等，包括运输、存储和配送等环节的设计。

供应链设计要广泛地应用到许多工具和技术，包括：归纳法、集体解决问题、流程图、模拟和设计软件等。

8. 检验供应链

供应链设计完成以后，需要进行检测。通过模拟一定的供应链运行环境，借助一些方法、技术对供应链进行测试、检验或试运行。如果模拟测试结果不理想，就返回第 5 步重新进行设计；如果没有什么问题，就完成设计，可以实施。

9. 实施运作供应链

供应链实施运作过程中需要核心企业的协调、控制和信息系统的支持，使整个供应链成为一个有机整体，包括从工业设计到批量生产、物流规划等全方位的供应链的控制、协调。

（二）供应链的构建应该注意的问题

1. 客户优先

客户是供应链中唯一真正的资金流入点，任何供应链都只有一个收入来源——客户。因此，供应链的构建首先要保证客户优先的原则。客户服务从客户开始，也以客户终止。供应链的设计构建必须具有高度的柔性和快速响应能力，能够满足客户现实需求和潜在需求。

2. 定位明确

供应链是由原材料的供应商、制造商、分销商、零售商、物流与配送商及消费者等组成。一条富有竞争力的供应链要求组成供应链的各成员都具有较强的竞争力，不管每个成员为整条供应链做什么，都应该是专业化的，而专业化就是优势。在供应链中总会有处于从属地位的企业，任何企业都不可能包揽供应链的所有环节。它必须明确自己在供应链中的定位优势，根据自己的优势来确定自己的位置，制订相关的发展战略。例如：企业对自己的业务活动进行调整和取舍，着重培养自己的业务优势等。

3. 防范风险

由于受到自然和非自然因素的影响，供应链的运作实际上也存在着不确定性和风险，供应链中的库存控制就是一例。保持库存是保险，是对抗不确定性的一项措施。为了达到为客户服务的目标，必须有足够的库存（安全库存），这样即使上游生产、运输等过程出现问题，也不至于影响客户服务。因此，在供应链的构建设计中应对各种风险因素进行度量和说明，了解各种不确定性因素对系统范围所产生的影响，并制定相应的防范措施。

案例分享

鞍山钢铁——构建高质量的钢铁供应链体系

鞍山钢铁集团有限公司(以下简称“鞍山钢铁”),在整合内部物流基础上,积极运用外部物流资源,通过互利共赢的物流战略合作,培育“面向服务的制造”和“现代制造服务”,实现物流业与制造业深度融合发展,构建高质量的钢铁供应链体系。

一、主要做法和经验

(1)协同化,以韧性供应链保障产业链安全。鞍山钢铁与国有大型物流企业中铁铁龙、中车联合研发全球首发的特种集装箱,减少物流倒运,减少物流过程中对产品的撞伤、硌伤等,破解大吨位钢卷入箱难,无法实现铁水联运、铁路直运的全球难题。

(2)智慧化,以柔性供应链赋能高质量转型。一是利用工业互联网平台实现跨工序流程价值链的塑造、产业生态圈的构建。二是通过供应链平台激发数据要素流通新活力,实现以客户需求为导向,制造端到用户端的交易、生产、仓储、加工和物流等全过程高效协同。三是构建统一采购平台,实现供应链综合成本降低、订单服务满意率提高、重点产品质量合格率提升的优质服务。

(3)绿色化,以低碳供应链构建发展新格局。一是发挥自身冶金化工废弃物处理和绿色回收物流技术优势,共享资源,服务于国内冶金企业和城市。二是协同“国字号”大型物流企业,通过在供应链上采用绿色物流技术,提升竞争力,增强国际市场抗风险能力。三是部分钢厂不仅向城市供应建材,同时提供供热、供能、供水,以及海水淡化、风力发电、光伏发电等综合服务,促进了沿海钢厂与城市的融合发展。

(4)标准化,以创新供应链提升产业竞争力。一是以“物”的标准化建设为载体,夯实钢铁物流发展基础,率先实施煤炭“散改集”运输,实现东北地区钢材集装箱铁路运输;实施滚装甩挂运输,促进了国内钢材运输的规范化、统一化、专业化发展。二是以“流”的标准化建设为路径,提高供应链整体绩效。三是以“链”的标准化建设为通道,搭建多式联运骨干网,全面提升物流全流程运能、运力、运量。四是以“网”的标准化建设为支撑,推进产业智慧协同发展,推动钢铁物流数据与社会仓库、港口、铁路场站等网络化互通互联,实现物流整体效率的提升。

二、实施效果

该项目实施以来,3 年内实现降本增效 23 亿元,公司竞争力明显增强。比如,实施煤炭“散改集”,损耗由原来的 1.1%降低到 0.03‰;从黄骅港至营口港的集港运输时效由原来的平均 10 天减至 4 天;实施多式联运,减少钢材产品在物流过程中锈蚀、撞伤、硌伤等损耗和保险理赔,降低保险费用 1 200 万元;物流信息系统互联互通,累计节约物流费用 600 万元。此外,通过实施供应链绿色化管理,物流各环节中燃料污染大幅降低,运输废弃物大幅减少,转运流程逐步简化,操作流程趋于规范,供应链各节点绿色化发展水平显著提升。

资料来源:https://baijiahao.baidu.com/s?id=1718127621932528122&wfr=spider&for=pc。

第三节 供应链业务流程重组

供应链管理是从大系统思想出发，对跨越企业边界的整个供应链中的物流、信息流、资金流、工作流等进行计划、组织、协调与控制，以寻求建立供、产、销企业以及客户间的战略合作伙伴关系，最大限度地减少内耗与浪费，实现供应链整体效率的最优化。供应链管理是一种基于流程的优化管理模式，更强调通过业务流程重组实现整体的集成与协调。

企业业务流程重组(Business Process Reengineering，BPR) 正是以流程观念为核心，以改善供应链中的物流、信息流、资金流以及工作流为手段，以反映客户需求为重点，着重企业内部及跨组织的流程重构，在企业内部是跨部门的思考，而就整体产业而言，则是跨企业的整个供应链的思考，其目的是使整体的效率提高、成本降低，这与供应链管理的目标不谋而合。

一、业务流程重组概述

(一)业务流程重组的定义

对于业务流程目前国际上并没有统一的定义。业务流程重组理论于 1990 年由管理大师迈克尔·汉默(Michael Hammer)提出。它是指通过新的思考，翻新作业流程，以便在成本、品质、服务和速度等方面获得“戏剧化”的改善。美国一些大公司，如 IBM、柯达、通用汽车、福特汽车、XEROX 和 AT&T 等纷纷推行 BPR，试图利用它发展壮大自己。

广义的业务流程强调工作任务是在组织中得以完成，它要面向顾客，无论是组织内的还是组织外的，它都会跨越职能部门、分支机构和子公司的既有边界。因此，业务流程可以定义为：业务流程是以达成特殊业务成果及价值目标为目的，由不同的人分别共同完成的一系列有逻辑相关性的任务和一系列将组织运作和顾客需求连接起来的活动。活动之间不仅有严格的层次关系限定，而且其内容、责任、方式等也必须有明确的安排及界定，使不同活动在不同岗位角色之间建立形式多样的合作关系。而狭义的业务流程，则认为它仅仅是与客户价值的实现相联系的一系列活动。

(二)业务流程重组的内涵

实践证明，很多大企业实施 BPR 以后取得了巨大成功，企业界把它视为获得竞争优势的重要战略，看成一场工业管理革命。其要点包含以下几点：

1. BPR 的核心是面向顾客满意度的业务流程

作业流程是指这样一系列活动：进行一项或多项投入，以创造出顾客所认同的有价值的产出。在传统劳动分工的影响下，作业流程被分割成各种简单的任务，经理们将精力集中于个别任务效率的提高上，而忽略了最终目标，即满足顾客的需求。而实施 BPR 就是要有全局的思想，从整体上确认企业的作业流程，追求全局最优而非个别最优。企业的作业流程可分为以下两类：

(1)核心流程

①运营活动，包括识别顾客需求、满足这些需求、接受订单、评估信用、设计产品、采购物料、制作加工、包装发运、结账和产品保修等。

②管理活动，包括计划、组织、用人、协调、监控、预算和汇报等，以确保作业流程以最小成本及时、准确地运行。

③信息系统，通过提供必要的信息技术以确保作业活动和管理活动的完成。

(2)支持流程

支持流程包括企业基础设施、人员、培训、技术开发、资金等,以支持和保证核心流程。

2. BPR 面向顾客和信息技术的实质

除前面已经论述的面向企业流程之外,实施 BPR 还必须面向顾客,并合理运用信息技术。

(1)面向顾客

BPR 诞生于美国,而不是日本,是有其必然性的。长期以来,美国企业以技术为推动,忽视了顾客的核心地位,故难以适应瞬息万变的市场环境。回顾历史,第二次世界大战后美国在世界经济格局中举足轻重,长期缺乏竞争对手,使之将精力大量投入学院式基础研究,走上了一条技术推动型道路。而日本则相反,科研为生产服务,因此到了 20 世纪 80 年代,日本的竞争力已经大大加强,并在机械、钢铁、汽车、化工等美国传统优势行业显示出明显的比较优势。20 世纪 90 年代,美国企业纷纷转变思想,一切以市场、顾客为核心,逐步夺回优势。

顾客的选择范围扩大,期望值提高,如何满足客户需求,解决“个性化提高”和“交货期缩短”之间的矛盾,已成为困扰企业发展的主要问题。实施 BPR 如同“白纸上作画”,这张白纸应是为顾客准备的,首先应由顾客根据自己的需求填满,其中包括产品的品种、质量、款式、交货期、价格、办事程序、售后服务等,然后企业围绕顾客的意愿,开展重建工作,这是成功的关键,因此必须投入大量的精力。例如,有的企业为了能充分了解顾客和市场,甚至在其 BPR 小组中吸纳几名顾客,作为一个整体开展工作。通过这些顾客反馈信息,企业可以及时调整重建方向,以避免 BPR 的结果与意愿相违背。

(2)运用信息技术

在 BPR 原则中,可以看出 BPR 与信息技术(IT)的紧密关系,但是两者绝非等同。它们的关系可以归纳如下:BPR 是一种思想,而 IT 是一种技术;BPR 可以独立于 IT 而存在;这种独立是相对的,在 BPR 由思想到现实的转变中,IT 起了一种良好的催化剂的作用。

实施 BPR 不是单纯的技术问题,更是一种思维方式的转变。而多数企业却将信息技术镶嵌于现有的经营过程中,它们想的是“如何运用 IT 来改善现有流程”,却没有从根本上考虑“我们要不要沿用现有的流程?”,而后者才是 BPR 的观点,它不是单纯地搞自动化,不是单纯地用技术来解决问题,而是一种管理创新。

从全球范围看,随着国际互联网(Internet)、企业内部网(Intranet)和电子商务(Electronic Business)的飞速发展,信息技术正广泛而深入地介入人们的生活,改变着人们的生活方式和思维模式,在这种情形下,想脱离 IT 而完成 BPR 几乎是不可能的;而且,若把 BPR 比作一种化学反应,那么 IT 就是催化剂。离开了它,反应虽可进行,但却难以达到理想的结果。正因为如此,合理运用信息技术便成为实施 BPR 的要点。

BPR 的基本内涵正是以作业为中心,摆脱传统组织分工理论的束缚,提倡顾客导向、组织变通、员工授权及正确地运用信息技术,达到适应快速变动的环境的目的。其核心是“过程”观点和“再造”观点。“过程”观点,即集成从订单到交货或提供服务的一连串作业活动,使其建立在“超职能”基础上,跨越不同职能部门的分界线,以求管理作业过程重建;“再造”观点,即打破旧有管理规范,再造新的管理程序,以回归原点和从头开始,从而获取管理理论和管理方式的重大突破。

二、业务流程重组的步骤

就实施 BPR 的整个过程而言,国内学者提出了三阶段九步骤法。美国 BPR 专家詹姆斯·钱皮(James Champy)在对众多企业和咨询公司方法、案例总结的基础上，给出的七步法全面地描述了 BPR 的实施阶段。本书在参考已有方法的基础上，对各阶段进行细化，使其达到可操作的程度。

(一)目标设计

本阶段任务是由高层管理层确认 BPR 的必要性，进行职责划分，明确 BPR 要达成的战略目标(如降低成本、提高客户满意度、提高产品质量或服务水平等)，成立项目领导小组，制定详细的项目规划。

(二)流程诊断

本阶段任务为确认需重组的流程及优先次序，确定采用何种技术手段。由于企业业务流程众多，加上时间、人力、财力有限，决定了企业不可能对所有流程进行重组，因此必须有重点地选取需要重组的流程，即关键流程。

关键流程可从三方面考虑：第一，绩效低下——某流程运行效率很低，直接影响其他流程正常运行。第二，位置重要——某流程对企业来说很重要，就要对这个流程进行检查。第三，落实可行——流程改进之后，应该较容易落实，很快给企业带来效益。

所以流程诊断这一步骤决定着流程重组的效率，必须慎重选择重组的对象。流程重组对象的选择如图 10－3 所示。

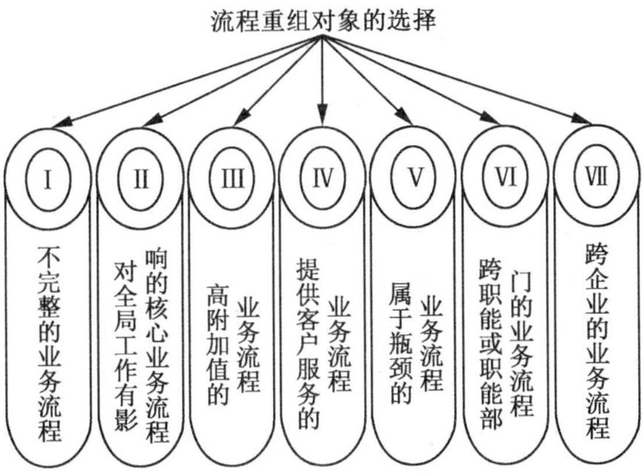

图 10－3　流程重组对象的选择

(三)流程再设计

本阶段任务为分析目前的关键流程，根据战略目标设计新流程的概念模型，确定新流程下的组织结构、需要采用的 IT 技术手段。

新流程的设计可以采用激进的方式，假定现有流程都是有问题的、低效率的，因而在设计新流程时完全基于目标，不考虑现有流程。但由于这种方法忽略了人的因素，在具体实施中往往遇到诸多困难，实践中往往采取渐进的方式，即将新流程的设计分为三个步骤：清除、简化、整合、自动化。

(1)清除是发现并清除非增值活动，如过量生产或过量供应、等待时间、不增值的加工环节等。

(2)简化是指在理解当前流程的基础上，对比目标，找出当前流程中重复的活动、遗漏的活动、浪费的活动、过于官僚化的活动、“瓶颈”活动，进行重新整理，消除不必要的流程，重组冗长、低效率的流程。

(3)经过简化的任务需要进一步整合,以使之流畅、连贯并能够满足顾客需要。

(4)自动化是指将简化的流程通过 IT 手段,建立相应的组织机构,进行自动复制及固化。

流程再设计的程序如图 10—4 所示。

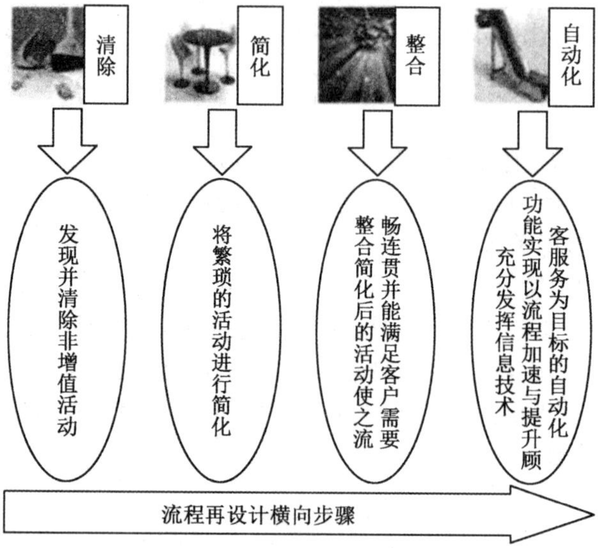

10—4　流程再设计程序

(四)流程实施

将设计好的新流程落实到企业的日常经营管理中,实施过程中要充分注意人的因素,与员工就新的方案进行沟通;制订并实施变革管理计划:制订阶段性实施计划并实施;制订新业务流程和系统的培训计划并对员工进行培训。

(五)流程绩效评价

对流程重组后的效果必须进行评价,而评价应以流程重组的目标为依据,通常可以从顾客满意度、管理提升、提高产品质量、降低成本、提供新产品与新服务的能力、业务流程的信息特性等方面进行评价。

(六)流程维护

为保证重组后的流程能持续改善且长期运行,需要从两方面进行维护:

(1)建立长期有效的组织保障。具体来说,要建立流程管理机构,明确责权范围;制定各流程内部的运转规则与各流程之间的关系规则,逐步做到用流程管理图取代传统企业的组织机构图。

(2)加强企业文化与人才队伍建设。企业必须建立与流程管理相适应的企业文化,加强团队建设,培养员工的主人翁意识。同时,由于流程运作对员工提出了更高的要求,因此企业必须注重内部人才队伍的建设,培养流程管理方面的复合型人才。

三、供应链管理环境下企业业务流程重组应注意的问题

BPR 就是抛开现状,在打破原来职能分工的基础上,按业务流程重新考虑管理模式。它不是对原来的不足加以修修补补,而是从“零”开始重新设计,因此,原有的结构与职能分工在

BPR的过程中已没有意义。企业在着手实施变革之前，首先要以企业的流程为中心，重组管理部门；然后再以现代IT技术作为BPR的技术手段，这样就可以使先进的信息技术与先进的管理流程相匹配，最大限度地发挥出企业的竞争潜力。要使企业组织变革能达到这样的效果，就要在企业业务流程重组中注意以下问题。

（一）从整体上把握工作流程的重新设计

过去企业在进行组织变革的过程中，往往把注意力放在提高某个瓶颈环节的效率上，很少从整体上考虑整个流程是否合理。BPR则不同，它一切从“零”开始，从企业整体来考虑流程的再设计。因此，以BPR为指导的企业组织变革设计策略强调首先在人们头脑中树立起对整体流程重新设计的概念。供应链管理理念的核心是将资源配置从一个企业扩展到多个企业，因此，在这种环境下的工作流程设计不仅要考虑企业内部的部门重组，而且要把流程的工作特征考虑到相关企业中去。

（二）确定首要的企业流程重构的项目

企业中有各种各样的作业流程，结构十分复杂。全面铺开势必分散力量，难以取得成功。企业应该首先选择一些关键性的作业流程实施BPR项目，以关键流程带动一般流程的重构。福特汽车公司北美财会部就是一个例子。它抓住付款流程的重构，带动采购和接收部门的工作流程的变化。在实施供应链管理后，企业与合作企业的信息沟通与共享方式发生了变化，因此，原来需要多个人、多个部门处理的业务，现在只要一个人就能胜任。在部门的选择上，企业管理者可以考虑以销售部门（接受订单）或供应采购部门（发出要货订单）为核心展开BPR项目。

（三）分析和评价现行作业流程

分析现行作业流程是为了找出存在的问题，以便在将来的流程中解决问题；评价现行作业流程是为了对将来的改进找到一个“比较”的基准。例如，如果目标是缩短生产周期和降低成本，就要测出现行作业流程下生产周期和成本的准确值，作为将来评价供应链管理模式实施后在这两个目标上取得绩效的基准。

（四）选择合适的信息技术手段

现行的作业流程都是在传统管理模式下设计出来的，因而企业在工作流程上与供应链管理及其信息支持体系并没有多大的关系。目前，在引入信息技术时，首先要明确定义企业职能部门和作业流程的实体，明确企业在供应链管理模式下运作的要求，然后再选择计算机系统和管理软件的开发环境。BPR强调在作业流程设计的初始阶段就考虑信息技术的作用，根据信息技术的能力确定新的作业流程。因此信息技术不仅是供应链管理的支持系统，而且还影响着新流程的构成。

（五）设计和建立作业流程的原型系统

在对作业流程进行分析的基础上，用现代计算机辅助软件工具建立原型系统。这里所说的原型系统既包括软件系统，又包括组织系统。软件原型系统是指为支持新作业流程而开发的软件；组织原型系统是指为了使新作业流程正常运作而重新组织起来的人员和岗位。经过一段时间的运作，会发现新流程中存在的问题。企业便可以此为基础，建立更好、更完善的作业流程，为实施供应链管理模式打下基础。

（六）取得合作伙伴的支持和配合

供应链管理下的企业业务重构不同于单个企业内部的流程重构。企业除了要对其内部流程进行改造外，还必须改造与合作伙伴共同进行的业务流程，如与供应商企业的业务联系、与分销商企业的业务联系等。因此，在理想的情况下，供应链管理业务流程重构应该从整个系统出发，所有节点企业同步进行重构。退一步讲，由于各个企业的情况千差万别，允许有先后顺序，但是应该着重做好有接口关系企业的协调工作，首先得到它们的配合，否则供应链的整体协调性就难以保证。

案例分享

福特汽车的供应链业务流程重组

福特汽车公司借助办公自动化，将北美财务部门的员工从500多人减少到400多人时，发现马自达公司的财务部只有5人，办公效率却是福特的5倍。于是它们对现有系统进行分析，发现负责结算付款业务的员工把大量的时间都花在采购部门的订货单、验收部门的收货记录和供应商提供的发票的审核过程中，只有确认三种单据无误才办理付款。而订货单、收货记录和发票之间不一致的现象极为普遍，核对工作集中在财务部，对各种问题的调查和确认花去了业务人员很多时间，使付款业务的办理效率很低。对这一业务流程进行彻底改造的核心是实现“无票据处理”，防止不一致现象的发生。经过重构后的流程无须供应商提供发票，采购部门在发订单给供应商的同时，将订货单输入联机数据库，验收部门收到货物后，查询数据库中的资料，核对无误后办理签收，系统会自动提示财务人员签发付款支票给供应商。经过业务流程重构，使财务部门在核准付款之前必须审核的项目从14个减少到3个，从而使福特公司财务部门的员工减少了75%，工作质量却大大提高。

资料来源：https://www.sohu.com/a/521021279_121124515。

案例分析

海尔集团的供应链优化

海尔集团从1984年开始创业，通过30年的艰苦奋斗，把一个濒临破产的集体小厂发展成为国内外著名的跨国公司。在这30年里，很多企业都遇到这样或那样的困难而退出了市场，然而海尔之所以发展得越来越好，这与它的供应链管理模式有着密不可分的关系。

从1998年开始，海尔就提出要注重供应链的管理，以优化供应链为中心，在全集团范围内对原业务流程进行了重新设计和再造，与国际化大公司全面接轨，强化了企业的市场应变能力，大大提升了海尔的市场快速反应能力和竞争能力，保证了企业的可持续发展。海尔在供应链优化过程中，针对自身情况做到具体问题具体分析，并随着周边环境的改变，随时进行供应链管理模式的调整。

1. 供应链管理的关键是核心业务和竞争力

供应链管理最重要的理念就是企业的核心业务和竞争力。因为企业的资源有限，要想发展，必须将资源集中在某一个专长的领域即核心业务上。海尔的核心竞争力主要是在以海尔文化为基础和前提所形成的市场开拓和技术创新能力，以及在获取客户和用户资源上的超常能力。

海尔集团之所以能够以自己为中心构建起高效的供应链，就在于其核心竞争力的不可替代性，并且通过这种竞争力把上下游的企业串在一起，形成一个为顾客创造价值的有机链条。而供应链中的各个伙伴之所以愿意与海尔集团结成盟友，也正是看中它不可替代的竞争力。

2. 强化创新能力

要在供应链管理中取胜，就要强化创新能力，满足市场的需求。要使自己的产品有市场，最重要的就是要围绕顾客需要，生产他们需要的产品。海尔的科研人员很欣赏这样一句话“想出商品来”。想出商品，就是想出新市场，也就是要创造新市场。企业通过创造市场引导消费来领先市场。

在这一方面，海尔集团拥有足够的发言权。在它的核心业务冰箱领域内，海尔做到了“想出商品来”。亚洲第一代四星级电冰箱、中国第一代豪华型大冷冻电冰箱、中国第一代全封闭的抽屉式冷冻电冰箱、中国第一台组合电冰箱都是海尔集团制造生产的，紧接着是中国第一台宽气候带电冰箱、中国第一代保湿无霜电冰箱、中国第一台全无氟电冰箱，每一个新产品都创造了一个新市场、新消费群。正是这种源源不断的新产品之流，保证了海尔集团经济效益的稳步增长。

3. 以供应链为基础的业务流程再造

海尔以客户需求为切入点，对原来的业务流程进行重新思考和重新设计。它强调以首尾相接、完整连贯的业务流程来代替过去的被各职能部门割裂的破碎性流程，从而使企业产品在质量、成本和各种绩效目标方面都能取得显著的改善。

海尔集团的业务流程再造是以供应链的核心管理思想为基础，以市场客户需求为纽带，以海尔企业文化和战略经营单位(Strategical Business Unit，SBU)管理模式为基础，以订单信息流为中心来带动物流和资金流的运行，实施以服务零距离、资金零占用、质量零缺陷为目标的流程再造。

4. 注重供应链管理中的信息技术

供应链管理中的信息流程是企业员工、客户和供货商的沟通过程。

为了满足供应链不断优化的需求，要求从与生产产品有关的第一层供应商开始，各个节点企业都要具有处理物流和信息流的自组织和自适应能力。海尔集团的供应链纽带离不开IT技术的支撑。在1998年，海尔集团第一次通过订单处理集中化的方式进行业务重组，由按库存生产转向按订单生产，开始了真正意义上的海尔现代物流模式。

由于物流技术和计算机管理的支持，海尔物流通过3个JIT(即JIT采购、JIT配送、JIT分拨物流)来实现同步流程，这样的运行速度为海尔赢得了源源不断的订单。目前，海尔集团平均每天接到200多个销售订单，每个月平均接到6 000多个，定制的产品有7 000多个规格品种，需要采购的物料品种达15万种。但是海尔物流将所有的采购周期减到了3天；生产过程降到一周之内；所有的配送则是产品一下线，中心城市在8小时内、辐射区域在24小时内、全国在4天之内即能送达。所以总的来说，海尔完成客户订单的全过程仅为10天时间；资金周转率达到一年15次；呆滞物资降低了73.8%；同时海尔的运输和储存空间的利用率也得到了有效的提高。

在经济和信息飞速发展的今天，竞争将不仅仅是单个企业之间的竞争，而是供应链与供应链之间的竞争。正是由于上述四点，使得海尔的供应链总成本降低，对市场的响应速度加快，最终赢得了市场。海尔在抓住用户需求的同时，加强对可以满足用户需求的全球供应链的管理，及时实行供应链的优化，这便是海尔能多年走在前端的原因之一。

资料来源：https://zhuanlan.zhihu.com/p/359712364?utm_id=0。

思考题：

1. 海尔集团的供应链优化主要体现在哪几个方面？
2. 供应链优化对企业发展有何重要意义？

【思维导图】

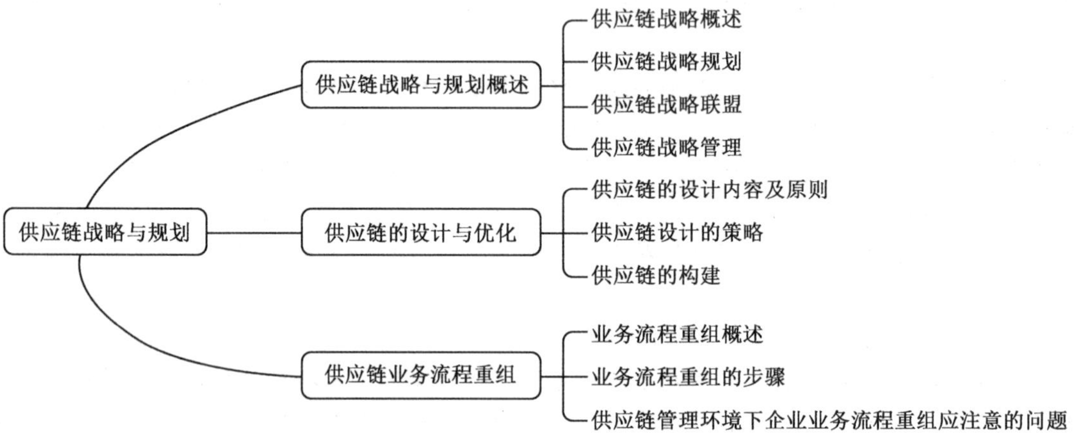

习　题

一、单项选择题

1. 以下不属于供应链战略管理特征的是(　　)。

A. 动态性　　B. 创新性　　C. 稳定性　　D. 经济性

2. 有效性供应链战略是根据(　　)进行分类的。

A. 产品的需求模式　　B. 供应链运营模式

C. 战略的效用性　　D. 预期的收益

3. 从系统建模设计层面来看，供应链的设计遵循(　　)的原则。

A. 自上而下　　B. 自下而上

C. 自上而下和自下而上相结合　　D. 逐层递进

4. BPR 强调打破部门及组织的界线，以(　　)为单位进行重新设计。

A. 收入　　B. 利润　　C. 流程　　D. 成本

5. 供应链管理模式下的业务流程重组是指以(　　)为指导，对供应链中的业务流程进行分解、整合、重新设计的过程。

A. 供应链运营思想　　B. 供应链管理思想

C. 供应链业务流程　　D. 供应链作业

二、多项选择题

1. 战略层面的供应链设计的主要内容包括：(　　)。

A. 供应链的成员及合作伙伴选择　　B. 网络结构设计

C. 供应链基本规则设计　　D. 信息系统规划

2. 对战略合作伙伴的合理评估，包括(　　)。

A. 战略价值　　B. 商业价值　　C. 合作意愿　　D. 综合能力

3. 供应链战略联盟综合绩效评价指标通常包括(　　)。

A. 财务层面指标　　B. 客户层面指标　　C. 联盟系统指标　　D. 业务流程指标

4. 供应链的构建，必须注意(　　)。

A. 客户优先　　B. 定位明确　　C. 防范风险　　D. 成本领先

5. 业务流程重组过程中新流程的设计步骤分为：(　　)。

A. 清除　　B. 整合　　C. 简化　　D. 自动化

三、问答题

1. 供应链战略联盟是什么？
2. 供应链构建的一般步骤是什么？
3. 供应链管理环境下企业业务流程重组应注意的问题有哪些？

第十一章　供应链合作伙伴关系管理

案例导入

本田公司与其供应商的合作伙伴关系

位于俄亥俄州的本田美国公司，强调与供应商之间的长期战略合作伙伴关系。本田公司总成本的大约80%用在采购上，这在全球范围内是最高的。因为它选择离制造厂近的供应商，所以与供应商能建立更加紧密的合作关系，能更好地保证JIT供货。制造厂库存的平均周转周期不到3小时。1982年，只有27个美国供应商为本田美国公司提供价值1 400万美元的零部件，而到了1990年，已有175个美国的供应商为它提供超过22亿美元的零部件。大多数供应商与它的总装厂距离不超过150千米。在俄亥俄州工厂，本地生产的汽车零部件达到90%(1997年)，只有少数的零部件来自日本。强有力的本地化供应商的支持是本田公司成功的原因之一。

在本田公司与供应商之间是一种长期相互信赖的合作关系。如果供应商达到本田公司的业绩标准就可以成为它的终身供应商。本田公司也在以下几个方面提供支持帮助，使其成为世界一流的供应商：

(1)2名员工协助供应商改善员工管理；

(2)40名工程师在采购部门协助供应商提高生产率和质量；

(3)质量控制部门配备120名工程师解决进厂产品和供应商产品的质量问题；

(4)在塑造技术、焊接、模铸等领域为供应商提供技术支持；

(5)成立特殊小组帮助供应商解决特定的难题；

(6)直接与供应商上层沟通，确保供应商产品的高质量；

(7)定期检查供应商的运作情况，包括财务状况和商业计划等；

(8)外派高层领导人到供应商所在地工作，以加深本田公司与供应商相互之间的了解及沟通。

本田与Donnelly公司的合作关系就是一个很好的例子。本田美国公司从1986年开始选择Donnelly，为它生产全部的车内玻璃。当时Donnelly主要生产车内玻璃，随着合作的加深，相互的关系越来越密切(部分原因是相同的企业文化和价值观)，本田公司开始建议Donnelly生产车外玻璃(这不是Donnelly的强项)。在本田公司的帮助下，Donnelly建立了一个新厂，生产本田的车外玻璃。它们之间的交易额在第一年为500万美元，到1997年就达到6 000万美元。

在俄亥俄州生产的汽车是本田公司在美国销量最好、品牌忠诚度最高的汽车。事实上，它在美国生产的汽车已经部分返销日本。本田公司与供应商之间的合作关系无疑是它成功的关键因素之一。

资料来源：https://www.xuesai.cn/souti/0670DE41.html。

随着经济的发展，现代企业的竞争已经不再是企业同企业之间的竞争，而转化为供应链同供应链之间的竞争。供应链要通过成员企业间的关系以及成员企业同最终客户间的关系来提高供应链的整体竞争力。供应链上成员企业的合适与否直接关系着供应链的整体竞争优势和链上每一个成员的切身利益，选择的恰当与否又主要是由对候选合作伙伴的评价准确与否决定的。在建立了供应链合作伙伴关系之后，如何保持和优化这种合作关系，即如何协调供应链企业之间的各种冲突与问题，直接影响到供应链的运营效率，是供应链管理的一个重要任务。

第一节　供应链合作伙伴关系概述

一、供应链合作伙伴关系的定义与特点

供应链合作伙伴关系管理是供应链成功组建与运营的关键。良好的供应链合作伙伴关系可以降低供应链总成本、降低库存水平、增强信息共享水平、改善相互之间的交流、保持战略伙伴相互之间操作的一贯性、产生更大的竞争优势，以实现供应链节点企业的财务状况、质量、产量、交货、用户满意度和业绩的改善和提高。

(一)供应链合作伙伴关系的含义

供应链合作伙伴关系(Supply Chain Partnership，SCP)，也可称为供应商—制造商(Supplier-manufacture)关系，或者称为卖主/供应商—买主(Vendor/Supplier-buyer)关系、供应商关系(Supplier-partnership)。它可以定义为供应链内的相关企业，包括供应商、制造商、销售商、物流服务商等，在一定时期内的共享信息、共担风险、共同获利的协议关系。

这种合作关系的核心思想是充分利用合作成员间现有资源与服务，而不是什么事都自己做。一般来说，供应链上成员间的合作是企业间的一种自愿安排，而这种自愿安排的基础是参与成员所认同的相互依赖性。同时，参与成员还必须具有这样的信念：成员间的合作所产生的结果会优于独立行动，以及所有参与者都将从中受益。其合作关系主要表现在供需之间的协同设计、开发、制造，为共同获利而努力。其组织结构是通过正式或非正式的协议结成松散的利益联盟。

(二)供应链合作伙伴关系的特点

供应链合作伙伴关系是“横向一体化”思想的集中体现，即核心企业利用其他成员企业的资源和技术优势为自己服务，进而达到多赢的目的。供应链合作伙伴关系具有以下特点：

(1)长期相互信任。供应链合作伙伴关系是一种基于长远考虑的企业关系，合同或供应协议是长期的，并能够切实得到保证。这种关系意味着各成员企业都能够承担责任，期望提高供应链的整体竞争力，并最终使自己获益。

(2)共享信息与合作。合作伙伴通过共享市场信息，对供应链企业的生产与库存等进行协调，使企业及时做出或调整生产策略，以便在市场上占据主动。供应链企业对产品、工艺、市

场、技术和开发问题定期进行信息交流，通过财务帮助、人员参与或提供专门知识、实物等方法对企业生产能力进行有意识的投资战略。

(3)共担风险与共享利益。供应链合作不断改善合作关系，达成一致的方向和行动。经常评价改善的进展情况，通过反馈信息有组织地优化合作关系，提高供应链的整体效益。

二、供应链合作伙伴关系的发展

供应链合作伙伴关系发展的主要特征是以产品物流为核心转向以集成合作为核心。传统的供应关系向供应链合作伙伴关系转变大致经历了以下三个阶段(如图 11－1 所示)。

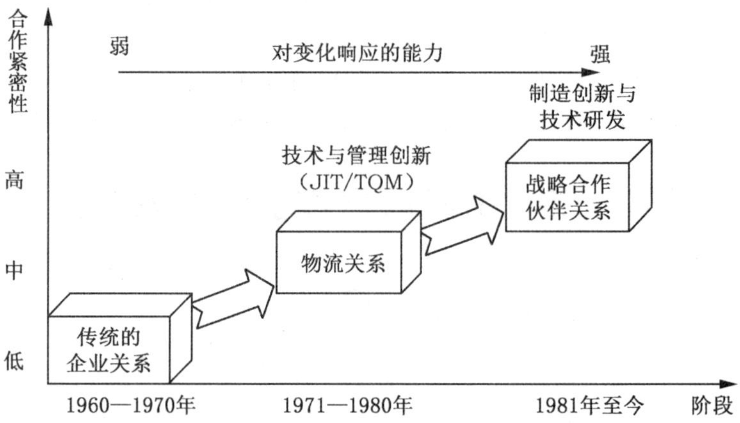

图 11－1　企业关系演变过程

(一)传统的企业关系阶段

一般买卖关系的首要目的是使购买的产品或服务的价格最低。由此，买方必然在供应商之间引起价格的竞争，并通过对供应商之间分配采购数量来对供应商加以控制，同时与供应商的关系也只能是短期合同的关系。传统的企业关系主要基于这种买卖关系。这时企业是以生产为中心，供销处于次要的、附属的地位，企业之间很少沟通合作。

(二)物流关系阶段

为了达到生产的均衡化和物流的同步化，基于 JIT(准时化)、TQM(全面质量管理)的物流合作关系应运而生。这种合作关系可认为是一种基于作业层和技术层的合作，强调的是物流的顺畅和生产的协调，信息共享、服务支持、群体决策、柔性等方面都不能很好地适应市场竞争的需要。

(三)供应链合作伙伴关系阶段

越来越激烈的市场竞争对企业的柔性和敏捷性提出了更高的要求，因此，企业与其合作伙伴在信息共享、服务支持、并行工程、群体决策等方面的合作就需要提升到一个战略的高度，供应链企业的战略性合作伙伴关系便应运而生。和传统的企业关系相比，这种关系更加强调合作和信任，强调新产品和新技术的共同开发、数据和信息的交换及市场机会的共享和风险的共担。

三、供应链合作伙伴关系建立的意义

与精心挑选的少量供应商建立合作伙伴关系后，制造商和供应商通过协调来解决产品设计、生产和零配件供应中的各种问题，将会使各方受益，实现双赢，产生“1＋1＞2”的协同效应，因此建立战略合作伙伴关系有着非常重要的意义。

（一）提高顾客满意度

这是建立战略合作伙伴关系的根本意义。在供应链管理模式下，与少量的供应商建立战略合作伙伴关系，可减少交易费用、管理费用和库存数量，以降低成本，从而降低产品的价格，借此争取顾客，及时、高效、准确地满足顾客的需求，提高顾客满意度，进而培养和增强顾客忠诚度。

（二）提高响应速度

供应链成员企业间建立战略联盟，能大大缩短产品的开发时间，快速、及时地响应市场需求，实现“速度经济”；供应时间的缩短，使得生产的提前期也大大缩短，同时，针对顾客个性化需求选择合适的合作伙伴，为顾客提供“个性化解决方案”，是对需求变化的有效反应。

（三）提高产品质量

在供应链管理模式下，与供应商建立战略合作伙伴关系后，制造商与供应商作为一个“共同体”，为实现产品零缺陷而共同努力，同时降低了制造商生产中的不确定性，保证了生产的连续性。供应质量的提高使得制造商可以在正确的时间、恰当的地点获得符合质量要求的正确数量的零配件，从而在整体上提高产品质量。

（四）降低企业成本

供应链的根本目标就是通过制造商、供应商协作并组成的“共同体”共同控制成本，使整个供应链的总成本达到最小。

1．库存成本

利用现代信息技术，制造商可以调节已经建立了战略合作伙伴关系的供应商的生产系统，使双方生产过程同步，实现零库存（非库存转移），从而大幅度减少库存持有成本。同时，供应商的适时供应可以减少缺货成本，虽然这会增加交易成本，但从总体上来说会降低库存总成本。

2．费用

与少量的供应商建立长久的战略合作伙伴关系，对制造商来说可以大幅度削减交易费用；同时，这种稳定的伙伴关系可使制造商省去找寻费用。供应商数目的减少可以节约其对制造商的管理费用。

3．风险成本

这在当下形势多变、风险日趋变大的市场环境中战略合作伙伴显得尤为重要。这种情况下，企业必然转向合作，通过与供应商建立战略合作伙伴关系来分散经营风险。虽然总体市场风险仍存在，但在制造商与供应商之间进行了风险共担，故在一定程度上降低了双方的风险成本。

（五）改进产品设计

战略合作伙伴关系的建立，使得供应商更多、更早地参与新产品的设计及生产过程；制造商也不再仅仅是被动地接受供应商的产品，而是将对供应商的设计和制造过程进行更多的了解。本着总体效益最优的原则，供应商、制造商都将对对方设计和生产中的缺陷和问题及时提出改进意见，从而使整个产品竞争力大大提高。

（六）克服“纵向一体化”的缺陷

采用“纵向一体化”主要是为了实现规模经济，可使企业对所用原材料的成本、可获得性以及质量等具有更大的控制权,但是这种战略却带有一定的风险。

与供应商建立战略合作伙伴关系为制造商企业实现规模经济开辟了新的道路。制造商与供应商建立战略联盟,从某种意义上来说,就是在不增加投资、技术,不扩大组织规模的情况下实现其"纵向一体化",而且制造商与供应商之间仍保持相对的独立性。可以说,与供应商建立战略合作伙伴关系,是当前市场环境下一种最经济、最快捷也是最容易实现的"纵向一体化"的方式。

第二节　供应链合作伙伴关系的相关理论

20 世纪 90 年代以来,随着全球化制造、敏捷制造、虚拟制造等先进制造模式的出现,产生了以动态联盟为特征的新的企业组织形式,使原有的企业生产组织和资源配置方式发生了质的变化。最能反映这一变化的是供应链管理思想。集成化供应链是以资源外用为特征的集成企业网络(扩展企业模型),它改变了原来的"纵向一体化"模式,向"横向一体化"模式转变。市场的竞争不再是单一企业的竞争,而是联盟之间的竞争,即供应链之间的竞争。因此,原来那种单枪匹马的企业竞争策略已不适应世界经济的发展,企业需要学习与其他企业进行合作的策略与技巧;同时,企业在竞争中加入某一供应链联盟,又需要竞争的优势与策略,这就是供应链结盟过程中的"合作—竞争"模式。这种模式具有良好的适应性,得到了来自理论界和实业界的广泛关注。供应链合作伙伴关系的产生和发展有其深刻的理论背景,是现代经济管理理论融合发展的产物。

一、交易成本理论

交易成本理论是 1937 年由诺贝尔经济学奖得主罗纳德·科斯(Ronald H. Coase)提出的。交易成本包括:获取相关产品交易信息、进行价格谈判、签约和实施双方方案修正等方面的费用,以及围绕着交易所发生的其他费用。产生交易成本的主要原因是人的有限理性、机会主义以及资产专用性。交易成本的决定因素包括交易重复发生的频率和交易的不确定性。

建立供应链合作伙伴关系,可以提高企业间的交易频率,减少交易中的不确定因素,提高对专用性资产投资的积极性,能有效降低企业间交易成本。在供应链合作伙伴关系中,各节点企业可以形成一种交易默契,有利于双方结合成一种长期稳定的交易关系。不断重复的交易使交易伙伴间相互沟通顺畅,双方更加信任,从而带来合同条款的优惠以及合同签订、实施、监督等工作的便利,使单位交易成本随着交易频率的增加而下降。

供应链合作伙伴关系是一种协作关系。为了追求共同的利益,企业间相互合作,快速反应,应付外在不确定性的能力大大加强。同时,随着链内各节点企业间的频繁交往,企业间形成稳固的交易关系,可靠信息的传递增加,信息不对称性减少,内在的不确定性也随之减少,从而降低交易成本。建立供应链合作伙伴关系可以使各节点企业更积极地进行专用性资产投资。因为供应链内各节点企业间关系较稳定,其投资能够获得稳定的投资收益。一旦双方对专用性资产投资到位后,专用性资产就将供应链内各节点企业捆绑到特定的交易关系中,任何一方脱离供应链都会造成难以估计的经济损失。

二、供应链企业间的委托—代理关系

通过构建包括从原材料采购开始,到制成中间产品再到制成最终产品,最后到销售给最终

消费者的所有参与者,即包括供应商、制造商、销售商、最终消费者、物流服务提供商乃至供应商的供应商、销售商的销售商等在内的网链结构,供应链管理从系统观点、合作观点出发,最大限度地减少内耗和浪费,通过整体最优来实现全体节点企业的共赢。供应链管理由于不涉及产权交易,能够快速响应复杂多变的市场需求,具有柔性高、风险低、优势互补等优点,降低了整体交易费用,而日益受到企业界的重视。

虽然供应链管理使得各节点企业形成了一个利益共同体,但由于各节点企业都是具有独立法人地位的利益个体,不可避免地会产生一定程度的"委托—代理"问题。节点企业之间合作博弈机制的实现,只是减少了"委托—代理"问题发生的可能性,但不可能完全消除"委托—代理"问题。况且,供应链中信任关系的建立与巩固是一个渐进的过程,因此,进行供应链关系管理,实质是应用"委托—代理"理论,加强供应链企业间的合作关系管理。

供应链企业间"委托—代理"关系具有以下特征。

(一)供应链企业间是一种"合作竞争"的关系

供应链的本质强调处于供应链上企业间的合作,强调企业集中资源发展其核心业务和核心竞争力,而对非核心业务通过外包等与其他企业协作的形式完成。供应链的思想与传统企业模式的根本不同之处在于,它改变了对供应链上其他企业的看法,供应链企业不再被看作是竞争对手而是当作合作伙伴,为实现最终顾客满意的目标而进行协同生产,生产活动按整个供应链实行优化而不是像过去那样仅仅考虑本企业的利益。供应链企业间虽然强调合作,但利益冲突也存在,企业之间为分配合作带来的利益会展开竞争。因此,供应链企业的基础和目标是合作,但是它们由于利益主体的不同也存在竞争。研究供应链企业间的"委托—代理"关系,就是通过代理理论的分析,通过企业间的制度安排和设计,实现利益分享和风险分担。

(二)供应链企业间的委托—代理问题是多阶段动态模型

从上面的分析我们看到,供应链企业间的合作强调建立一种持久稳定的关系,这与传统的委托—代理模型有所不同。在商品交易市场上,买者和卖者构成一对"委托—代理"关系。一般而言,卖者对商品的信息掌握得比买者多,买者是委托人,卖者是代理人。买卖交易关系是一次性的、暂时的,买卖双方会采用各种手段来实现自己的效用最大化,如卖方可能以次充好或抬高价格。而在供应链企业间,企业需要长期进行交易,道德风险的问题相对而言没有那么严重。企业或许可以从短期的欺骗中获得好处,但是从长期来看,这种做法是不可取的,因为企业会发现短期的欺骗虽然得到了好处,但是合作关系也会随之终止,而维持长期的合作关系所带来的收益的贴现值会远远大于短期利益。但是同时,正因为供应链企业间的"委托—代理"问题是多阶段的、长期的,制度设计和激励才显得更为重要。

(三)供应链企业间的"委托—代理"是多任务"委托—代理"

传统企业间的购买策略是展开以价格为基础的竞争,企业在众多供应商之间通过价格竞争来获得最低价格的产品。然而,随着竞争全球化、产品需求顾客化、技术创新加快,市场对产品质量、服务、交货期的要求越来越高,企业不可能单凭价格获得竞争优势。同样,供应链企业间的供应商不仅是提供价格低廉的产品,而且还要在技术创新、质量改进、缩短产品提前期以及提供服务等方面做出响应。供应商在采取行动时可能会产生冲突,如降低成本与质量改进、提高服务。因此,在有限的经济资源和时间资源约束下,供应商需要在多目标间做出权衡。而采购商的评价和报酬标准则是供应商决策的依据。例如,如果采购商把价格作为最重要的决策因素,那么供应商将会对技术创新和改进质量等方面缺乏积极性,因此采购商对供应商的绩效评价和报酬激励应该具有综合性。

（四）供应链企业间的委托—代理使逆向选择和道德风险两类问题并存

在供应链管理中，核心企业作为供应链的组织、协调、控制者，与其他节点企业在信息上是非对称的。其他节点企业的履约能力如何、是否努力配合以及努力程度如何，核心企业很难完全掌握。例如，在以制造企业为核心企业的供应链中，制造企业处于委托人的地位，供应商、经销商、物流服务提供商等处于代理人的地位。由于后者拥有制造企业所难以掌握的私人信息，在制造企业构建供应链过程中，就可能会出现合作伙伴的逆向选择；在供应链构建之后，可能会遭遇合作伙伴的道德风险。

三、博弈论

供应链合作伙伴关系要求供应链上各节点企业信息共享、紧密合作，从而降低整条供应链的总成本。供应链节点企业间的合作本身就是双方博弈的过程。博弈，即一些个人、队组或其他组织，面对一定的环境条件，在一定的规则下，同时或先后，一次或多次，从各自允许的行为或策略中进行选择并加以实施，各自取得相应结果的过程。

在博弈论中描述一次性博弈的经典案例就是“囚徒困境”。囚徒困境被广泛用来说明企业间的合作。设供应商A与制造商B进行合作博弈，双方都有两种选择，即合作与不合作，并且二者皆可独立采取策略。在只进行一次交易时，博弈存在最优解，即双方都采取不合作的态度，追求一次性收益最大化。但是，多次交易的情况下是怎么样的呢？这就是重复博弈问题。

在多次重复博弈中，假设博弈方都采用以下触发策略：在第 m 阶段，如果前 $m-1$ 次的结果都是合作，则继续采用合作策略，否则采用不合作策略。在这种前提条件下只要参与者有足够的耐心，纳什均衡的结果都将是相互合作。假设供应链节点企业供应商A和制造商B面临的决策如表11－1所示。

表11－1　　供应链节点企业合作博弈

制造商B \ 供应商A	合　作	不合作
合作	(5,5)	(0,9)
不合作	(0,9)	(1,1)

假定供应商A和制造商B都采用以上策略。如果制造商B在博弈的某一个阶段首先选择了不合作，那么在该阶段获得了较高的收益9，但他的行为将触发供应商A在今后的交易中采用不合作策略，同时也迫使制造商B选择不合作，于是未来每个阶段的收益都将成为1。令δ为贴现因子，上述一系列收益的贴现值之和为：$9+\delta\times1+\delta^2\times1+\cdots\cdots=9+\dfrac{\delta}{1-\delta}$

同理，如果制造商B选择合作，那么双方将会赢得一直共同合作的机会，它的贴现值之和为$\dfrac{5}{1-\delta}$。因此，当且仅当$\dfrac{5}{1-\delta}\geqslant9+\dfrac{\delta}{1-\delta}$时，也就是说当$\delta\geqslant\dfrac{1}{2}$时，供应商A和制造商B都会采取合作策略。

供应链合作伙伴关系是基于重复博弈的思想而建立的。合作伙伴间随着合作次数增多，相互的信任度增加，双方在做出决策时从长期利益、整体利益考虑，这就能降低机会主义行为发生的概率。

四、协同理论

20世纪70年代，德国著名学者哈肯（Haken）教授提出了协同论。所谓的协同，就是系统的各个部分协调工作。哈肯发现，系统在相变前大量子系统没有形成合作关系，而一旦达到相变点就迅速建立起合作关系，从而导致系统宏观性质的变化。协同使得系统具有整体性和稳定性，同时也反映出系统演化中的确定性与目的性。由于系统的协同作用，经协调后的各种矛盾达到整体统一，并将其整体功能加以放大，从而产生互补效应，使系统整体功能大于各个组成部分功能之和，即两个事物有机地结合在一起，发挥出超过两个事物简单加总的联合效果。

供应链各企业之间的协同是指组成供应链的各企业之间围绕着提高供应链的整体竞争力而进行的协作。协同可以使供应链在一定时期内保持稳定，这种稳定是供应链各节点企业经过相互磨合、相互理解和相互支持直至最终形成优势互补、相互依存的合作伙伴关系而产生的，它既有利于各成员企业，也有利于整个供应链。

供应链合作伙伴关系就体现了这种协同效应，即“1＋1＞2”，营造双赢局面，然后分配利润。如果没有协同，系统就会处于无序状态，不仅不能产生“1＋1＞2”的放大效应，反而会削弱各个独立单位的力量。

第三节 供应链合作伙伴的选择与评价

建立供应链合作伙伴关系，必须挑选合作伙伴，以确保真正双赢的实现。随着企业对动态联盟实践的日益深入，越来越多的企业在专用的企业网上公开自己的实力和优势，核心企业将发现众多优秀的企业可供选择，而评价选择合作伙伴又是建立供应链合作伙伴关系的基础。

一、供应链合作伙伴评价选择的原则

合作伙伴的评价选择应根据不同的供应链所面临的市场机遇等具体情况制定不同的评价选择原则和标准，一般有如下四个通用性原则。

（一）核心能力原则

要求参加供应链的合作伙伴，必须具有并能为供应链贡献自己的核心能力，而这一核心能力也正是供应链所确实需要的，从而避免重复投资。

（二）总成本核算原则

要求供应链总的实际运作成本应不大于个体独立完成的全部所有内部费用，比如，要求伙伴之间具有良好的信任关系、地理距离相对接近等。

（三）敏捷性原则

供应链管理的一个主要目标就是把握快速变化的市场机会，因此要求各个伙伴企业具有较高的敏捷性，对来自供应链核心企业或其他伙伴企业的服务请求具有一定的快速反应能力。

（四）风险最小化原则

供应链运营具有一定的风险性，例如，市场风险依旧存在，只不过在个体伙伴之间得到了重新分配，因为伙伴企业面临不同的组织结构、技术标准、企业文化和管理观念，所以必须认真考虑风险问题，尽量回避或减少供应链整体运行风险。

违反上述原则将会极大地影响供应链的效率。违反核心能力原则和总成本原则，难以满足供应链“外部经济性”的要求。违反敏捷性原则，则不能保证快速迎合市场机遇的目的，而忽

视风险最小化原则，会为供应链的运营埋下巨大的隐患。因此在选择供应链合作伙伴时，必须全面、认真地考虑以上4个基本原则。

上述4个原则只是供应链合作伙伴选择的一般性原则或基本原则。由于具体问题的不同，以及供应链核心企业具体目标的差异，在选择合作伙伴时可能并不只限于4个基本原则，还要考虑很多其他方面的因素。比如，着眼于拓展市场边界的供应链可能还要考虑合作伙伴的所在地域、合作伙伴的商誉和品牌因素等。相应的供应链合作伙伴评价选择的特殊性原则应根据具体情况而定。

二、供应链合作伙伴选择的方法

选择合作伙伴，是对企业输入物资的适当品质、适当期限、适当数量与适当价格的总体进行选择的起点与归宿。选择合作伙伴的方法较多，一般要根据供应单位的多少、对供应单位的了解程度以及对物资需要的时间是否紧迫等条件来确定。目前较常用的方法如下：

（一）直观判断法

直观判断法是根据征询和调查所得的资料并结合人的分析判断，对合作伙伴进行分析、评价的一种方法。这种方法主要是倾听和采纳有经验的采购人员的意见，或者直接由采购人员凭经验做出判断，常用于选择企业非主要原材料的合作伙伴。

（二）招标法

当订购数量大、合作伙伴竞争激烈时，企业可采用招标法来选择适当的合作伙伴。

（三）协商选择法

协商选择法是由企业先选出供应条件较为有利的几个合作对象，同他们分别进行协商，再确定适当的合作伙伴。与招标法相比，协商法由于供需双方能充分协商，在质量、交货期和售后服务等方面有更多保证。当采购时间紧迫、投标单位少、竞争程度小、订购物资规格和技术条件复杂时，协商选择方法比招标法更为合适。

（四）采购成本比较法

对质量和交货期都能满足要求的合作伙伴，则需要通过计算采购成本来进行比较。采购成本一般包括售价、采购费用、运输费用等各项支出。采购成本比较法通过计算分析与各个潜在合作伙伴合作的采购成本，选择采购成本较低的作为合作伙伴。

（五）层次分析法

层次分析法的基本原理是根据具有递阶结构的目标、子目标（准则）、约束条件、部门等来评价各方案，采用两两比较的方法确定判断矩阵，然后把判断矩阵的最大特征相对应的特征向量的分量作为相应的系数，最后综合给出各方案的权重（优先程度）。它作为一种定性和定量相结合的工具，目前已在许多领域得到了广泛的应用。

（六）神经网络算法

神经网络算法通过对给定样本模式的学习和总结，获取评价专家的知识、经验、主观判断及对目标重要性的倾向，可再现评价专家的知识、经验和直觉思维，从而实现了定性和定量分析的结合，可较好地保证评价结果的客观性。

三、供应链合作伙伴选择的标准

基于供应链管理环境下的核心企业与供应商之间的关系是一种战略型的合作伙伴关系，是在一定时期内的共享信息、共担风险的协议关系；是一种相互依存的共生关系；是着眼于长期、稳定的伙伴关系。强调的是通过共同的努力实现共同的计划和解决共同的问题；强调相互之间的信任与合作；强调新产品/新技术的共同开发，数据和信息的交流和共享，市场机会与风险的共担。在这种情况下，选择供应商不再只考虑价格因素，而是更注重优质服务、技术革新、产品设计等方面进行良好合作。

（一）选择供应商的主要指标

1. 选择供应商的短期标准

（1）质量合格

采购商品的质量是否符合要求是企业生产经营活动正常进行的必要条件，是采购单位进行商品采购时首要考虑的因素。质量次、价格偏低的商品，虽然采购成本低，但实际上导致了企业总成本的增加。因为质量不合格的产品在企业投入使用的过程中，往往会影响生产的连续性和产成品的质量，这些最终都将会反映到企业总成本中去。但是另一方面，质量过高并不意味着采购商品适合企业要求，如果质量过高，远远超过了生产要求的质量，对于企业而言也是一种浪费。因此，对于采购中质量的要求是符合企业生产所需，要求过高或过低都是错误的。评价供应商产品的质量，不仅要从商品检验人手，而且要从供应商企业内部去考察，如企业内部的质量检测系统是否完善、是否已经通过了 ISO 9000 质量认证等。

（2）成本低

进行成本分析，是有效甄选供应商的方式之一。不过，成本不仅仅包括采购价格，还包括原料或零部件使用过程中或整个生命周期中发生的一切支出。采购价格低对于降低企业生产经营成本、提高竞争力和增加利润都有着明显的作用，因而它是选择供应商的一个重要条件，但是价格最低的供应商不一定就是最合适的，还要考虑产品质量、交货时间和地理位置等。

（3）交货及时

供应单位能否按约定的交货期限和交货条件组织供货，直接影响企业生产和供应活动的连续性，因此交货时间也是选择供应商所要考虑的因素之一。企业在考虑交货时间时，一方面要降低原料的库存数量，另一方面又要降低断料停工的风险，因此要慎重考虑供应商的交货时间，以决定其是否能成为公司的供货对象。影响供应商交货时间的因素主要有：①供应商从取得原料、加工到包装所需的生产周期。②供应商生产计划的实施与弹性。③供应商的库存准备。④所采购原料或零部件在生产过程中所需要的供应商的数目与阶层（上下游）。⑤运输条件及能力。供应商交货的及时性一般用合同完成率或委托任务完成率来表示。

（4）整体服务水平好

供应商的整体服务水平是指供应商内部各作业环节，能够配合订购者的能力与态度，如各种技术服务项目、方便订购者的措施、为订购者节约费用的措施等。评价供应整体服务水平的主要指标有以下几点：

①安装服务。例如，空调的免费安装、计算机的装机调试和贴片机的安装调试等都属于供应商提供的安装服务的范畴。对于采购者来讲，安装服务是一大便利。通过安装服务，采购商可以缩短设备的投产时间或应用时间。供应商能否提供非常完善的安装服务是评价供应商的一个重要指标。

②培训服务。对于采购者来讲，会不会使用所采购的物品决定着该采购过程是否完成。如果采购者对如何使用所采购的物品不甚了解，供应商就有责任向采购者传授使用知识。每一个新产品的问世都应该有相应的辅助活动（如培训或讲座等）推出。供应商在产品售前与售后的培训工作情况，也会大大影响采购方对供应商的选择。

③维修服务。供应商对所售产品一般都会做出免费保修一段时间的保证。例如，到电子市场买一台计算机，通常会问卖方提供多长时间的保修，有的提供十年免费故障保修，有的提供半年。一年免费保修是指买到产品一年内，因产品质量问题而出现的使用故障都可以得到供应商的免费维修。免费维修是对买方利益的保护，同时也对产品提出了更高的质量要求。供应商会想方设法提高产品质量，避免或减少免费维修情况的出现。

④升级服务。这也是一种非常常见的售后服务形式，尤其是信息时代的产品就更需要升级服务的支持。信息时代的产品更新换代非常快，各种新产品层出不穷，功能越来越强大，价格越来越低廉，供应商提供免费或者有偿的升级服务对采购者是一大诱惑，也是供应商竞争力的体现。例如，各种各样的杀毒软件一般都要提供升级服务，只要购买了公司产品就可以随时在网上得到免费升级的服务等。

⑤技术支持服务。这是供应商寻求广泛合作的一种手段。采购者有时非常想了解在其产品系统中究竟什么样的部件最合适，有时浪费大量的时间和费用也不一定能够找到合适的解决办法。这时，如果供应商向采购者提供相应的技术支持，替采购者解决难题将会非常受欢迎，同时，也销售了自己的产品。

(5)履行合同的承诺与能力

判断供应商有无履行合同的承诺与能力时主要考虑以下几点：

①要先确认供应商对采购的项目、订单金额及数量是否感兴趣。订单数量大，供应商可能生产能力不足，而订单数量少，供应商可能缺乏兴趣。

②供应商处理订单的时间。

③供应商在需要采购的项目上是否有供货能力。

④供应商是否具有自行研发产品的能力。

⑤供应商目前的闲置设备状况。

(二)选择长期供应商的标准

选择长期供应商的标准主要是评估供应商是否具有长期而稳定的供应、生产能力；是否能配合制造商的成长；是否具有健全的企业体制；是否具有与制造商相近的经营理念；产品未来的发展方向能否符合制造商的需求以及是否具有长期合作的意愿等。

1. 供应商的财务状况是否稳定

供应商的财务状况直接影响到其交货和履约。如果供应商的财务出现问题，资金周转不灵，或者面临破产倒闭，将会造成自身供料不足，甚至出现停工的严重危机。因此，供应商的财务状况是考查供应商长期供货能力的一个重要指标。虽然企业不容易判断一家供应商的财务状况，但是可以利用资产负债表来考核供应商一段时期营运的成果，观察其所拥有的资产和负债情况；通过损益表，研究供应商一段时期内的销售业绩与成本费用情况。如果供应商是上市公司，还可以利用公司的年度报表中的信息来计算各种财务比率，以观察其现金流动情况、应收应付账款的状况、库存周转率和获利能力等。

2. 供应商内部组织与管理是否良好

供应商的内部组织与管理是关系到日后供应商服务质量的主要因素。供应商内部组织机构设置是否合理影响着采购的效率以及产品的质量，如果供应商组织机构设置混乱，采购的效率与产品质量就会因此下降，甚至由于供应商部门之间的互相扯皮而导致供应活动不能及时、高质量地完成。另外，供应商的高层主管是否将采购单位视为主要客户也是影响供应质量的一个因素。如果供应商的高层没有将采购单位视为主要客户，在面临一些突发状况时，采购单位便无法取得优先处理的机会。

除此之外，还可以从供应商机器设备的新旧程度及保养状况，看出管理者对生产工具、产品质量的重视程度以及内部管理的好坏。与此同时还可以参考供应商同业之间的评价及其在所属行业中的地位；客户满意度；原材料来源、生产流程的控制等，都是评估供应商内部管理的重要指标。

3. 供应商的人员状况是否稳定

供应商员工的平均年龄也是反映企业管理中是否存在问题的一个重要指标。若平均年龄偏高，表明供应商员工的流动性较低，显示出供应商无法吸收新员工的加入，因而缺乏新观念、新技术的引进。另外供应商员工的工作态度及受培训的水平，会直接影响到服务的水平，这些可以在现场参观时观察到。

四、供应链合作伙伴综合评价与选择的步骤

供应链合作伙伴关系的风险在于：一个伙伴的失败或不合作可能导致整个供应链无法有效运作，造成巨大的损失。所以，对合作伙伴的选择，应该是分步骤地、综合地考虑多种因素的综合评价过程。合作伙伴的综合评价选择可以归纳为如图 11—2 所示的七个步骤。在实际操作时，企业必须确定各个步骤的开始时间，每一个步骤对企业来说都是动态的。

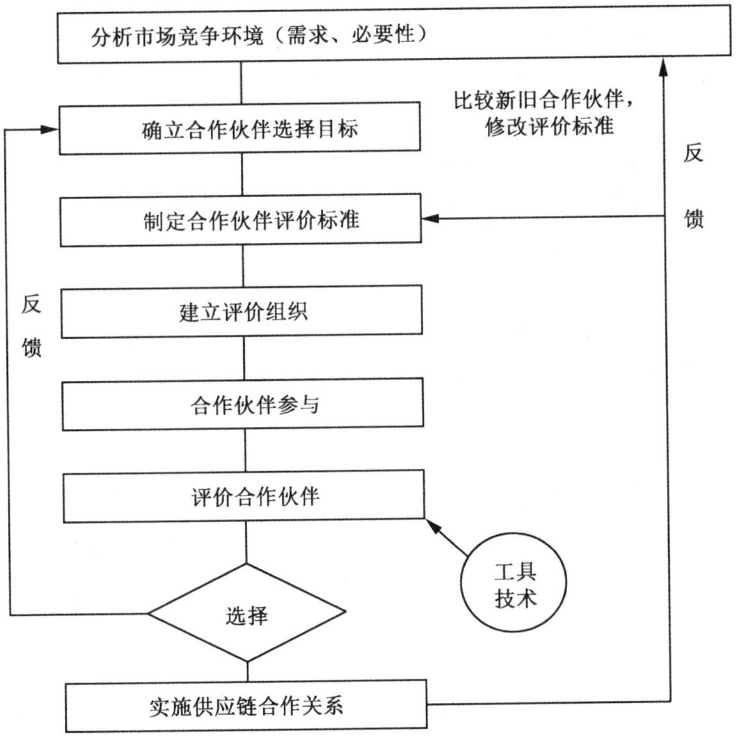

图 11—2　合作伙伴选择及评价步骤

(一)分析市场竞争环境

要想建立基于信任、合作、开放性交流的供应链长期合作关系，必须先分析市场竞争环境。这样做的目的在于找到针对哪些产品市场开发供应链合作关系才有效，企业必须知道现在的

产品需求是什么、产品的类型和特征是什么，以此来确认客户的需求，确认是否有建立供应链合作关系的必要。

企业如果已建立供应链合作关系，则根据需求的变化确认供应链合作关系变化的必要性，从而确认合作伙伴评价选择的必要性；同时分析现有合作伙伴的现状，分析、总结企业存在的问题。

（二）确立合作伙伴选择目标

企业必须明确需要什么样的合作伙伴、合作伙伴评价程序如何实施、信息流程如何运作、谁负责等问题，必须确立实质性的目标。

合作伙伴评价和选择不是一个简单的过程，它本身也是企业自身的一次业务流程重构过程，如果实施得好，就可以带来一系列的利益。一般而言，企业合作伙伴评价和选择的目标包括五个方面：

(1)获得符合企业总体质量和数量要求的产品和服务。

(2)确保合作伙伴能够提供最优质的服务、产品及最及时的供应。

(3)力争以最低的成本获得最优的产品和服务。

(4)淘汰不合格的合作伙伴，开发有潜质的合作伙伴，不断推陈出新。

(5)维护和发展良好的、长期稳定的供应链合作伙伴关系。

（三）制定合作伙伴评价标准

合作伙伴综合评价的指标体系是企业对合作伙伴进行综合评价的依据和标准，是反映企业本身和环境所构成的复杂系统不同属性的指标，是按隶属关系、层次结构有序组成的集合，应根据系统全面性、简明科学性、稳定可比性、灵活可操作性的原则，建立集成化供应链管理环境下合作伙伴的综合评价指标体系。不同行业、企业、产品需求、不同环境下的合作伙伴，评价是不一样的，但不外乎都涉及合作伙伴的业绩、设备管理、人力资源开发、质量控制、成本控制、技术开发、客户满意度、交货协议等可能影响供应链合作关系的这几个方面。

（四）建立评价组织

企业必须建立一个小组以控制和实施合作伙伴评价。组员以来自采购、质量、生产、工程等与供应链合作关系密切的部门为主，必须有团队合作精神并具有一定的专业技能。评价小组必须同时得到本企业和合作伙伴企业最高领导层的支持。

（五）合作伙伴参与

一旦企业决定进行合作伙伴评价，评价小组必须与初步选定的合作伙伴取得联系，以确认对方愿意与企业建立供应链合作关系，并尽早让合作伙伴参与到评价设计的过程中。然而，企业的力量和资源毕竟有限，只能与少数关键的企业保持紧密的合作伙伴关系，所以合作伙伴必须经过精选确定。

（六）评价合作伙伴

评价合作伙伴的一个主要工作是调查、收集有关合作伙伴的生产运作等各方面的信息。企业在收集合作伙伴信息的基础上，确定和应用一定的工具和技术方法进行合作伙伴评价。

（七）决定合作伙伴，实施供应链合作关系

根据评价结果确定合作伙伴，如果选择成功，则可开始实施供应链合作关系；如果没有合适的合作伙伴可选，则返回步骤（二）重新开始评价选择。

在实施供应链合作关系的过程中，市场需求将不断变化，可以根据实际情况的需要及时修改合作伙伴评价标准，或重新开始合作伙伴评价选择。企业在重新选择合作伙伴时，应给予旧合作伙伴足够的时间以适应变化。

第四节　供应链合作伙伴关系管理的措施

一、建立公平机制

获利是形成合作伙伴关系的动力，程序公平则是维持良好合作伙伴关系的基础。无论合作伙伴实力的强弱，他们在参与供应链运作时应一律平等，按照事先规定的流程办事。程序公平能使合作伙伴在心理上平衡，促进相互间的信任，确保供应链良性运转。合作伙伴可以对核心企业的决策提出异议，表明自己的观点和立场，双方就有关问题进行沟通协商，得到对双方都更为有利的解决方案。除了在出现问题的时候进行沟通外，核心企业与合作伙伴之间在平时也要加强交流，对公司的相关政策、行动、流程予以解释，一方面可以增进双方的了解和信任；另一方面也有利于发现新的合作机会。

二、加强信息共享

在供应链中，各个企业的订单决策都是根据相邻成员的订单量，按照一定的方法进行预测。由于上游企业不直接接触终端市场，整条供应链中的订单信息会发生放大的现象，称之为"牛鞭效应"。牛鞭效应产生的这种需求不真实情况，会对企业排产或销售造成极大的压力。通过信息共享，企业可以直接根据来自零售商的信息安排企业的生产，随时监控下游成员企业的库存情况，以及上游企业的供货能力，从而有效地减少"牛鞭效应"的影响，降低整条供应链的需求不确定性。

实现供应链合作伙伴间信息共享可以通过多种途径，主要有完善企业信息系统平台、构建第三方系统平台和建立公共平台三种方式。

（一）完善企业信息系统平台

供应链合作伙伴间通过完善企业信息系统平台，协调供应链企业间的信息系统，从而实现信息的快速、准确传递。核心企业可以把信息直接传递给合作伙伴，合作伙伴可以直接把核心企业传递来的信息存放在自己的数据库中。

（二）构建第三方系统平台

企业在供应链中引入第三方信息企业，由第三方信息企业建设公共数据库，收集外部信息资料，加工处理与供应链相关的信息，向供应链企业提供额外的信息服务。

（三）建立公共平台

通过建设公共平台，实现企业内部信息数据库和信息平台数据库间的数据传输和处理的计算机自动化。信息平台服务商只对平台进行维护或根据客户的需求开发新的功能模块，不提供具体的信息服务，共享信息的种类和要求由供应链相关企业商定。

在实现信息共享的过程中，核心企业可以根据自身的财务及经营状况，选择合适的信息传输手段，只要能够将有价值的信息及时、准确地传递给对方也就达到了信息共享的目的。

拓展阅读

苹果公司对供应商的风险防范一直比较重视。例如，iPhone 使用的"透明玻璃投射式电容技术”，最先由中国台湾厂商宸鸿研发而成，希望成为苹果公司的供应商。苹果公司考察后认为该技术很好，但是提出了让宸鸿意想不到的要求：宸鸿要将这一技术传授给其竞争对手——胜华科技公司，由两家厂商共同为苹果公司供货，以免出现风险。苹果公司现任CEO库克特别强调，苹果历来重视由不同供应商供货。

资料来源：https://www.21ic.com/news/computer/201103/78536.htm。

三、建立信任机制

信任是企业合作的基础。合作双方签订合同时，很难拟定出涵盖一切偶然因素的合同，在这种情况下，只有建立了相互信任关系，才能弥补合同的不足。对于供应链中的企业来说，信任就意味着遵守合同、按时交货、按时付款、保持一贯的高质量、严格遵守合同条款。一般来说，企业会对合作企业建立信誉记录，形成有效的信任考察机制。然而在建立对方的考核机制时，企业也应该树立自己的信誉形象。在企业之中享有良好的声誉会使本公司更容易找到合适的合作伙伴，也会使对方更加信任自己，从而使合作关系更长久。构建信任机制的措施如下。

（一）协调供应链合作伙伴目标

供应链的发展过程经常会出现两种情况：一是与伙伴的目标存在冲突，但在供应链建立初期有所掩盖；二是目标在开始时是一致的，但随着时间的推移逐渐产生冲突，形成对立。这就需要在合作的过程中不断调整目标，使其满足整体利益的需求，即一切从供应链整体的绩效需要出发。一般来讲，在供应链中，可能会存在相互冲突的长期目标，这主要是因为合作伙伴既希望从供应链中得到好处，又极力保持相当程度的自主权。自主权的存在会导致供应链目标的潜在冲突，目标的不一致就会促使各方为了各自的利益采取机会主义行为，导致信任关系的破裂。为此，各方都要随时对供应链状况和发展目标进行定期的检查，以确保供应链目标的协调一致。

（二）协调供应链企业间文化

统一的供应链文化能减少合作伙伴间的矛盾和冲突，确保彼此间的信任关系受到最小的干扰和破坏。要形成统一的供应链文化，就需要核心企业的管理人员敏锐地意识到各伙伴的文化差异，通过跨企业的管理培训、鼓励非正式接触、提高行为和策略的透明度等措施来努力消除彼此间的隔阂，使各种文化在供应链中相互渗透和相互交融，最终形成各方都能接受的、信仰的文化基础，使供应链内不同文化背景的伙伴之间能够进行良好的沟通，以促进信任关系的建立和发展。

（三）提高欺骗成本

在信息不对称的情况下，要使每个合作伙伴的行为理性化，就必须在供应链内部建立阻止相互欺骗和防止机会主义行为的机制，提高欺骗成本，增加合作收益。提高欺骗成本，可从以下三个方面入手。

一是提高退出壁垒，即如果伙伴退出供应链，那么它的某些资产，如场所资产、人力资产和商誉都将受到很大损失。

二是供应链可以通过伙伴相互间的不可撤回性投资来“锁住”对方，各伙伴像关心自己的利益一样来关心其他成员和整个供应链的兴衰，消除通过欺骗得益的可能性。

三是供应链可以通过保护性合同或合法的契约来阻止机会主义行为，即对不诚信行为进行惩治。这样的合约条款可使合作伙伴清楚行为预期，消除投机心理，同时也可提高对其他合作伙伴的信任度。

增加合作收益的一个重要内容就是为伙伴提供隐性"担保",即利用供应链上的伙伴拥有的无形资产,如信誉、商标等使参与供应链的伙伴由于供应链本身的声誉和影响力,在客户心中树立起良好的商誉和品牌形象,从而获得较高的经济效益,使各合作伙伴都认识到,建立合作伙伴关系能比单干获得更大利益。

四、建立激励机制

核心企业在建立信任机制后,应当加强建立激励机制。没有有效的激励机制,就不可能维持良好的合作伙伴关系。激励的手段包括以下四个方面。

(一)目标激励

所谓目标激励,是把供应链的需求转化为供应链节点企业的需求。在供应链节点企业取得阶段性成果的时候,还应把成果及时反馈给供应链其他节点企业。反馈可以使供应链节点企业知道自己的努力水平是否足够,是否需要更加努力,从而在供应链节点企业完成阶段性目标之后达到更高目标。运用目标激励必须注意目标设置必须符合激励对象的需要,提出的目标一定要明确,设置的目标既要切实可行,又要具有挑战性。正确的做法是将长远目标分解为阶段性目标。

(二)物质激励

所谓物质激励,是从满足企业的物质需要出发,对物质利益关系进行调节,从而激发供应链节点企业的向上动机并控制其行为的趋向。物质激励多以奖金、参股权等形式出现。在当前社会经济条件下,物质激励是不可或缺的激励手段,它对强化按贡献大小分配收益原则和调动供应链节点企业积极性有很大作用。

(三)正负激励

所谓正激励,就是对供应链节点企业符合供应链目标的行为进行奖励,以使这种行为更多地出现,提高供应链节点企业的积极性。所谓负激励,就是对供应链节点企业违背供应链目标的行为进行惩罚,以使这种行为不再发生,使供应链节点企业行为朝正确的方向转换。在管理中,正激励与负激励都是必要而有效的,因为这两种方式的激励效果不仅会直接作用于供应链节点企业,而且会间接影响更多供应链节点企业。通过树立正面的榜样和反面的典型,会产生无形的正面行为规范,形成一种良好的氛围,使整个供应链的运营更富有活力。

(四)差别激励

由于每个供应链节点企业的需求各不相同,例如有的企业需要科学技术的支持,有的企业需要管理技术的支持,也有的需要资金上的支持,对某供应链节点企业有效的激励措施可能对其他供应链节点企业就没有效果。所以,应根据供应链节点企业需求差异对它们进行差别化的激励,只有这样才能使供应链节点企业感到满意。

五、动态合同控制

动态合同即柔性合同(Flexibility Contract),在内容上视合作伙伴工作进展和市场变化情况设置相应的可灵活选择的条款,在形式上采用以序列合同为基础的合同形式,即若需要自动续签下一项合同,则必须完成现有合同所规定的任务,并达到相应的标准;同时合同内容体现出对于完成不同阶段任务并达标的,给予相应的褒奖和优惠,动态合同执行过程中配以相应的动态检查机制、激励与惩罚机制、利益分配与风险分担机制和清算机制。动态合同具有以下优点：

(1)核心企业将所负责的任务或项目分割成不同的部分或阶段，避免一次性将任务全部交给一个合作伙伴而被“套牢”的现象，从而有效避免因合作伙伴选择不当所带来的风险。

(2)动态合同在形式上采用序列合同的形式，能有效地激励合作伙伴按时、按质、按量地完成所承担的任务；否则，不仅会损害自身的信誉，得不到足额的报酬，而且还会失去自动续签下一阶段项目或任务合同的机会。

(3)内容上可根据工作进展和市场变化情况，设置可灵活选择的条款，有利于供应链合作伙伴关系的协调管理和双赢目标的实现。

(4)能够进行动态检查，有利于随时了解合作伙伴的实际工作情况，为下一阶段的决策提供依据，同时也可以减少合作伙伴的弄虚作假等行为的发生，起到检查和监督作用。

案例分析

宝武打造原料采购管理供应链

为了实现业务突破，宝武集团原料采购中心在集中采购过程中努力探索，力求整合出一套适合未来可以快速覆盖和复制的高效采购管理模式。

“我们突破了原有的传统模式，汲取国际上先进的采购管理理念和成功的采购管理案例，从提高原料采购中心体系能力的战略高度上，创新采购管理模式，建立了寻源—执行—策略管理‘三位一体’的管理模式。该模式使供应商寻源、采购合同执行、采购策略管理三个重要采购流程相互分离，但彼此之间又相互支撑、相互制约，充分了规模采购、专业分工、统筹规划的优势，不仅提高了效率，而且规范了操作流程，使整体业务高度透明。”时任宝武集团原料采购中心总经理王利群说。

据介绍，寻源是面向资源，以合同为管理核心的采购过程，主要负责物料管理、供应商管理、寻源、招标和签约管理、合同管理等采购工作；执行是面向实物，以订单为管理核心的采购过程，主要负责实际的购买、交付、物流配送、库存、验收等采购工作；而策略管理是面向过程，以数据为管理核心的采购管理和控制的过程，主要负责采购战略发展规划、采购计划预算管理、市场分析策划采购绩效管理、过程分析和改进等管理。

(一)流程供应制度化

建立规范、透明的采购流程和建立分类分级分权的供应商管理体系是实施采购管理的基点和首要任务。对于一个数百亿采购规模的原料采购中心而言，建立一个系统防范风险的制度安排是“三位一体”管理模式的首要任务。

该模式把建立一个完整的供应商管理体系作为供应商管理的基础，利用体系合力来强化风险管理。对供应商进行“三分”管理：首先是分类管理，分为战略供应商、一般供应商、简单供应商和一次性供应商；其次对供应商按照准入状态进行分级管理；最后从价格、质量、交付、供应、服务和协同 6 个方面在公司不同职能部门之间进行分权管理，同时，形成合格评审、合同评价、商务策略、业务反馈、类别管理和等级评价为闭环的供应商准入、评价和退出机制。

此外，“三位一体”模式还以合同和供应商为管理对象，形成了原料供应商管理制度、原料供应商管理细则、原料供应商评价标准、原料采购合同管理办法、原料质量异议处理管理制度等一系列规章制度，同时，加强对合同风险的防范，规定业务员必须 100%具有上岗证，采用标准合同格式，以宝武合约为主，重要合同必须经过审批等。

（二）风险控制系统化

以“寻源、执行和策略管理”的权力制衡体系，系统分散采购风险，有效控制关键风险点。寻源是以供应商为管理界面和以合同为风险点的采购过程。建立分类、分级、分权的供应商管理体系及加强和规范合同管理是寻源过程控制关键风险的系统保障。执行是以实物批次转移为管理界面、以结算为风险点的采购过程。建立清晰和透明的流程、信息化业务操作平台是执行过程控制关键风险的有效手段。策略管理是以过程控制为管理界面、以关键绩效指标为风险控制点的采购战略管理过程。

（三）策略管理定量化

采购策略管理是一个面向过程的管理，并且以数据为管理的核心。“三位一体”模式强化策略管理实行两步走：第一步是对内部和外部数据进行集成；第二步是通过数据分析，团队根据不同原料品种的属性建立系统分析工具。数据模型最终为制定采购和谈判策略提供技术支持。

同时，原料采购中心围绕着“完善和优化市场分析策划平台”的目标，以“用数据说话、用模型分析、用团队工作和用头脑决策”为组织实施原则，不断推进市场分析体系的建设。原料采购中心组建跨部门的专业分析团队；建立以数据和模型紧密结合的原料分析平台；建立市场分析的基本分析工具；探索建立系统分析工具和分析模型，为谈判决策和策略采购提供技术支持。

此外，原料采购中心以采购信息系统为平台，逐步开发采购管理基础报表，对采购原料的数量、价格、结构、供应商等进行量化分析，并结合原料采购中心经营分析的实际情况，多方位进行实绩分析。

（四）绩效评价多维化

为全面准确衡量宝武原料采购体系的价值创造能力，“三位一体”模式创立并完善了“四维对标”体系。

从外部看，该体系通过建立市场价格标杆体系，对公司的采购价格与市场进行比较，体现原料采购的经营贡献；通过明确对标对象获取情报数据，对公司的采购价格与竞争对手进行比较，显示原料采购竞争实力。

从内部看，这一体系通过建立采购实绩数据库使公司的采购价格与上一年的实际水平进行比较，衡量原料采购的自我进步；通过完善年度和滚动预算体系，对采购价格与预算水平进行比较，反映原料采购的自我超越。

目前，“四维对标”体系已在原料采购的各品种中实行。经过一年来的不断完善，标杆体系日趋合理。

该模式实施以来，宝武集团资源保障能力和协同效应日益显现。原料采购中心通过集中规模采购，整合了采购渠道，减少了中间环节，降低了成本。

资料来源：http://finance.sina.com.cn/roll/20080402/06592118297.shtml。

思考题：

1. 宝武集团是如何采用“三位一体”模式的？
2. “四维对标”体系是如何确立的？
3. 你认为宝武集团在选择供应链合作伙伴关系上还有哪些需要改进的地方？

【思维导图】

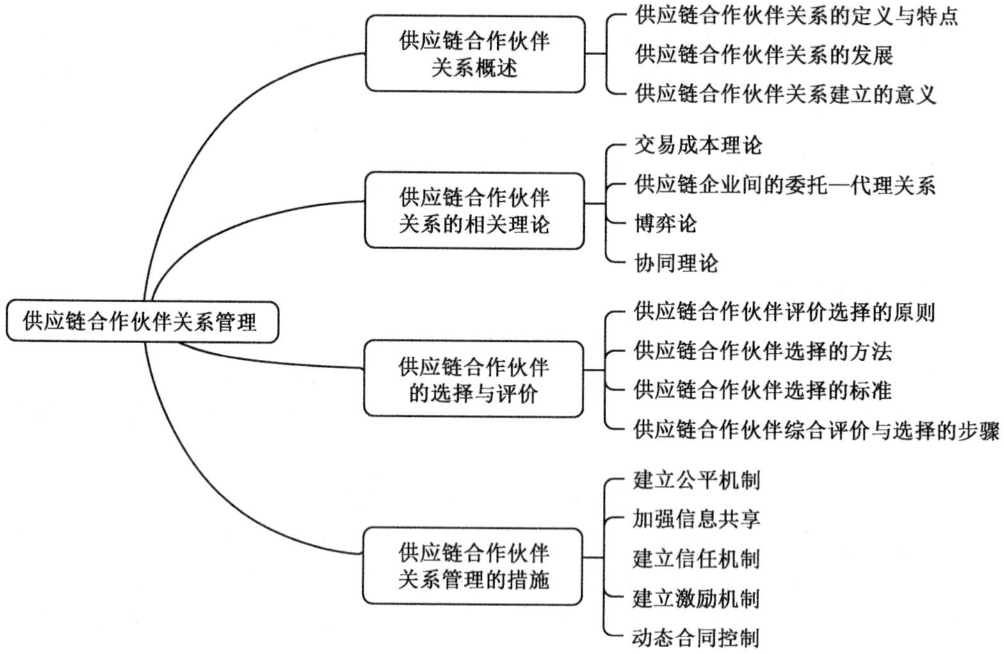

习　题

一、单项选择题

1. 供应链合作伙伴关系的特点不包括（　　）。

A. 长期相互信任　　B. 共享信息与合作

C. 共同成长与发展　　D. 共担风险与共享利益

2. 对供应链核心企业或其他伙伴企业的服务请求具有一定的快速反应能力，必须遵循（　　）。

A. 核心能力原则　　B. 总成本核算原则　　C. 敏捷性原则　　D. 风险最小化原则

3. 当订购数量大、合作伙伴竞争激烈时，企业可采用（　　）来选择适当的合作伙伴。

A. 直观判断法　　B. 采购成本分析法　　C. 招标法　　D. 层次分析法

4. 选择供应商的长期标准不包括（　　）。

A. 成本的高低　　B. 财务状况的稳定性

C. 内部组织管理是否良好　　D. 人员的稳定性

5. 供应链合作伙伴关系发展的主要特征是从以产品物流为核心转向以（　　）为核心。

A. 高效益　　B. 集成合作　　C. 低风险　　D. 生产均衡

二、多项选择题

1. 供应链企业间委托—代理关系的特征包括（　　）。

A. 供应链企业间是一种“合作竞争”的关系

B. 供应链企业间的委托—代理问题是多阶段动态模型

C. 供应链企业间的委托—代理是多任务委托—代理

D. 供应链企业间的委托—代理是逆向选择和道德风险两类问题并存

2. 供应链合作伙伴关系的发展主要经历了(　　)阶段。

A. 传统的企业关系　　B. 物流关系

C. 供应链合作伙伴关系　　D. 供应链集成关系

3. 供应链合作伙伴激励的手段主要包括(　　)。

A. 目标激励　　B. 差别激励

C. 物质激励　　D. 正负激励

4. 实现供应链合作伙伴间信息共享主要可以通过(　　)。

A. 完善企业信息系统平台　　B. 构建第三方系统平台

C. 建立公共平台　　D. 大数据的运用

5. 供应链合作伙伴关系管理的措施包括(　　)。

A. 动态合同控制　　B. 建立公平机制

C. 建立信任机制　　D. 加强信息共享

三、问答题

1. 什么是供应链合作伙伴关系?

2. 简述供应链合作伙伴关系建立的意义。

3. 简述供应链合作伙伴评价和选择的步骤。

第十二章　供应链环境下的采购

案例导入

宜家的采购策略

除中国大陆宜家的价格表现略微偏高外，在全球其他市场，宜家一直以优质低价的形象出现，这得益于宜家经济的采购策略。

宜家在为产品选择供货商时，从整体上考虑总体成本最低，即以计算产品运抵各中央仓库的成本作为基准，再根据每个销售区域的潜在销售量来选择供货商，同时参考质量、生产能力等其他因素。由于宜家绝大部分销售额来自欧洲和美国，所以一般只参考产品运抵欧洲和美国中央仓库的成本。

宜家在全球拥有近 2 000 家供货商（其中包括宜家自有的工厂），供应商将各种拼装材料由世界各地运抵宜家全球的中央仓库，然后从中央仓库运往各个商场进行销售。这种全球大批量集体采购方式可以取得较低的价格，从而挤压竞争者的生存空间。

同宜家的大批量相比，仿造者无法以相同的低价获得原材料，产品定价要低于宜家，只有偷工减料或者是降低生产费用，然而降低生产费用的空间不会太大。因为宜家供货厂家由于订单数量大，其单位生产费用、管理费用已经相当低，且宜家在价格上所加的销售费用、管理费用也不会太高。如果没有足够的利润空间，仿造也就没有了原动力，偷工减料的产品也无法长期同宜家竞争。

资料来源：https://max.book118.com/html/2021/0813/5213132213003331.shtm。

第一节　供应链采购概述

一、采购及采购管理的定义

所谓采购，就是从资源市场获取资源的过程。能够提供这些资源的供应商，形成了一个资源市场。为了从资源市场获取这些资源，必须通过采购的方式。广义上来说，采购就是个人或单位在一定的条件下从资源市场获取产品或服务作为自己的资源，为满足自身需要或保证生产、经营活动正常开展的一项经营活动。由此可见，采购的基本功能就是帮助人们从资源市场获取他们所需要的各种资源。

采购管理是企业为了满足生产和销售需要，从适当的供应商，在适当的品质下，以合适的价格，在适当的时间，购入适当数量的物品或服务所采取的一切管理活动。采购管理研究在采购物资或服务的过程中，统筹兼顾事前规划、事中执行和事后控制，以达到维持正常的产销活动、降低成本的目的的各种管理活动。采购管理包括对新的供应商的资质认定、各种输入资源的采购和对供应商表现的监督，是供应链上下游企业之间在生产方面的合作，是在制造商和供应商之间架起的一座桥梁。

拓展阅读

约翰·迪尔公司全球供应链管理副总裁 Dava Nelson 领导的团队曾对 50 家重要企业的采购执行官提出过这样的问题：采购管理中最重要的因素是什么？答案是：成本管理、供应商开发、价值分析、耗材供应。这份调查可以使人们认识到采购管理的具体要素的地位，但并不能代表全部。采购管理不是全靠技术方法就能解决的问题，它更是一门综合性的艺术。

资料来源：厉嘉玲，马国龙. 供应链管理[M]. 北京：人民大学出版社，2011：116.

二、供应链采购的内涵

供应链采购是指供应链上下游联盟性的节点企业之间的采购，即供应链上的需求企业向供应商企业采购订货，供应商企业将货物供应给需求企业。

供应链采购与传统的采购相比，物资供需关系没变，采购的概念没变，但是，由于供应链各个企业之间是一种战略伙伴关系，采购在一种非常友好的合作环境中进行，所以采购的观念和操作都发生了很大变化。

（一）从采购性质看

（1）供应链采购是一种基于需求的采购。需要多少就采购多少，什么时候需要就什么时候采购。采购回来的货物直接送入需求点进行消费。而传统的采购则是基于库存的采购，采购回来的货物进入库存，等待消费。

（2）供应链采购是一种供应商主动型采购。由于供应链需求者的需求信息随时能传给供应商，所以供应商能够随时掌握用户的需求信息、需求状况和变化趋势，从而及时调整生产计划、供补货物，主动跟踪用户需求，主动适时适量地满足用户需求。由于双方是一种友好合作的利益共同体，如果需求方因产品质量不好而销售量下降，供应商也会有利益损失，所以供应商会主动关心产品质量，自觉把好质量关。而传统的采购则必须依靠用户自己主动承担全部采购任务。

（3）供应链采购是一种合作型采购。双方为了产品能在市场上占有一席之地及获得更大的经济效益，会采取多角度合作，各尽其力，所以在采购上也互相协调配合，以提高工作效率，最大限度地降低采购成本，实现利益最大化。而传统的采购是一种博弈型采购。贸易双方在采购决策过程中都以自己利润最大化为目标，在博弈过程中由于信息不对称，势必使得整条供应链上大部分利润被在市场中占主导的一方占据。

（二）从采购环境看

供应链采购是一种友好合作的环境，而传统采购是一种利益互斥、对抗性竞争环境。由于采购环境的不同，导致许多观念上、操作上的不同，从而形成各自的优点和缺点。友好合作的供应链采购环境是供应链采购的根本特征，也是其最大的优点。

（三）从信息情况看

供应链采购的一个重要特点就是供应链企业之间实现了信息共享。供应商能够随时掌握用户的需求信息，能够根据用户的需求情况和需求变化情况主动调整自己的生产计划和送货计划。供应链各节点企业可以通过计算机网络进行信息沟通和业务活动，因此，供应链采购要求各企业内部的业务数据要信息化、电子化，建立起企业管理信息系统。这样，足不出户就可以很方便地开展协调活动，进行相互之间的业务处理活动，如下订单、支付货款等。

（四）从库存情况看

供应链采购是由供应商管理用户库存，用户没有库存，即零库存。一方面，用户零库存可以大大降低成本，使其可以专注于其核心竞争力，提高经营效益；另一方面，供应商掌握库存自主权，可以根据需求变动情况适时地调整生产计划和送货计划，既避免盲目生产造成的浪费，也可以避免库存积压、库存过高所造成的浪费以及风险。

（五）从送货情况看

供应链采购是由供应商负责送货，而且是连续小批量多频次地送货。这种送货机制可以实现零库存，因为送货的目的是直接满足用户的需求。需求多少就送多少，什么时候需要就什么时候送货，不多送、不早送，没有多余的库存。同时，由于可以根据需求的变化随时调整生产计划，不多生产、不早生产，因而节约了原材料费用和加工费用。此外，由于紧紧跟踪市场需求的变化，所以能够灵活适应市场变化，避免库存风险。

三、供应链采购管理的作用

（一）保障供应的必要前提

供应物流是保证企业生产经营正常运行的必要前提，因此，采购为企业保证供应、维持正常生产和降低缺货风险创造了条件。物质供应是生产的前提条件，生产所需要的原材料、设备和工具都要由采购来提供；没有采购就没有生产条件，没有物资供应就不可能进行生产。

（二）保证质量的重要环节

采购供应的物资质量的好坏直接决定着企业产品质量的好坏。能不能生产出合格的产品，取决于采购所提供的原材料以及设备工具的质量好坏。

（三）控制成本的主要手段

采购的成本构成了生产成本的主体部分，其中包括采购费用、购买费用、进货费用、仓储费用、流动资金占用费用以及管理费用等。采购的成本太高，将会大大降低生产的经济效益，甚至导致亏损。因此，加强采购和供应的组织与管理，对于节约占用资金、压缩存贮成本和加快营运资本周转起着重要的作用。

（四）企业与市场的信息接口

虽然采购人员直接和资源市场打交道，但是资源市场和销售市场是交融混杂在一起的，都处在大市场之中。所以，采购人员也可以为企业及时提供各种各样的市场信息，供企业进行管理决策。

（五）加强客户关系的有效途径

采购是企业和资源市场的关系接口，是企业外部供应链的操作点。只有通过采购部门人员与供应商的接触和业务交流，才能把企业与供应商联结起来，形成一种相互支持、相互配合的关系。

四、供应链采购管理的内容

(一)供应商管理

企业可采用供应商投标竞价等方法选择供应商,建立供应商信息资料库,后期维护供应商关系,可外延进行供应商培训等。

(二)采购最佳批量与采购时期的管理

企业可根据历史统计消耗情况,建立模型,用最佳经济批量计算,在合理的提前期发出订单,进行采购,保证原料的及时供应并控制冗余。

(三)采购价格管理

企业可采取招标竞价的方法确定合理价格;对长期供应商,可采取批量采购打折的方法确定价格;对公司有剩余能力生产的原材料,与相关生产部门共同决定外购或自制政策。

(四)付款时间管理

企业应合理利用供应商的赊销期及相关现金折扣,与财务部门共同确定付款时间,按期付款。

五、供应链采购流程

供应链采购流程是指由生产或消费需求的企业购买所需要的各种产品的全过程。一般来说,一个完整的供应链采购过程大体上应该包括以下几个步骤。

(一)接受采购任务,制定采购单

采购任务是采购工作的任务来源,通常是企业各个部门把任务报到采购部门,采购部门给各个采购员下采购任务单。也有很多是采购部门主动根据企业的生产销售情况,主动安排各种物资的采购计划,给每个采购员下采购任务单。

(二)制订采购计划

采购员在接受采购任务单后,要制订具体的采购工作计划。首先是进行资源市场调查,包括对商品、价格、供应商的调查分析,选定供应商,确定采购方法、采购日程计划及运输方法、货款支付方法等。

(三)根据既定的计划联系供应商

采购人员可通过各种方式,如出差、电话、E-mail 等方式和供应商取得联系。

(四)与供应商洽谈并签订订货合同

这是采购工作的核心步骤。要和供应商反复进行磋商谈判、讨价还价,讨论价格、质量、送货、服务及风险赔偿等各种限制条件,最后把这些条件用订货合同的形式确定下来,形成订货合同。

(五)运输进货及进货控制

订货合同签订以后,企业就要开始履行合同,运输进货。运输进货可以由供应商负责,也可以交给专业的运输公司负责或者自己提货。无论采取哪种方式,采购员要监督进货进程,确保按时进货。

(六)到货检验、入库

采购员要监督有关人员进行检验、验收和入库。

(七)支付货款

货物到达后,确认其符合合同约定,企业需要按照合同的规定和要求支付货款。

（八）善后处理

一次采购完成后，要进行采购直接评估，并妥善处理好一些未尽事宜。但是不同类型的企业，在采购时又有不同的特点，具体实施起来还要与企业的实际情况相结合。

六、供应链环境下的采购管理与传统采购管理的区别

供应链管理环境下的采购管理是供应链管理的重要内容之一，它是沟通生产需求和物资供应的纽带，也是联系企业原材料和半成品生产之间的桥梁。企业可加强采购管理来增强供应链的系统性和集成性，提高企业的敏感性和反应性，使供应链系统实现无缝连接，为提高供应链企业的同步化运作效率打下基础。在供应链管理模式下，采购工作要做到五个恰当：

(1)恰当的数量——实现采购的经济批量，既不积压又不会造成短缺。

(2)恰当的时间——实现及时化采购管理，既不提前，给库存带来压力，也不滞后，给生产带来压力。

(3)恰当的地点——实现最佳的物流效率，尽可能地节约采购成本。

(4)恰当的价格——达到采购价格的合理性，价格过高，造成浪费；价格过低，可能质量难以保证。

(5)恰当的质量——力争实现供需双方间的合作与协调，达到双赢的效果。

为实现上述五个恰当，供应链管理下的采购模式必须在传统采购模式的基础上作出扬弃式的调整和改变，主要呈现出以下几方面的特点：

（一）从库存驱动向订单驱动转变

在传统的采购模式中，采购的目的很简单，就是为补充库存，防止生产停顿，即为库存而采购，可以说，传统的采购是由库存驱动的，采购部门并不关心企业的生产过程，不了解生产的进度和产品需求的变化，采购过程缺乏主动性，采购计划很难适应制造需求的变化。在供应链管理模式下，采购活动是由订单驱动的。制造订单驱动采购订单，采购订单再驱动供应商。原理见图 12－1。

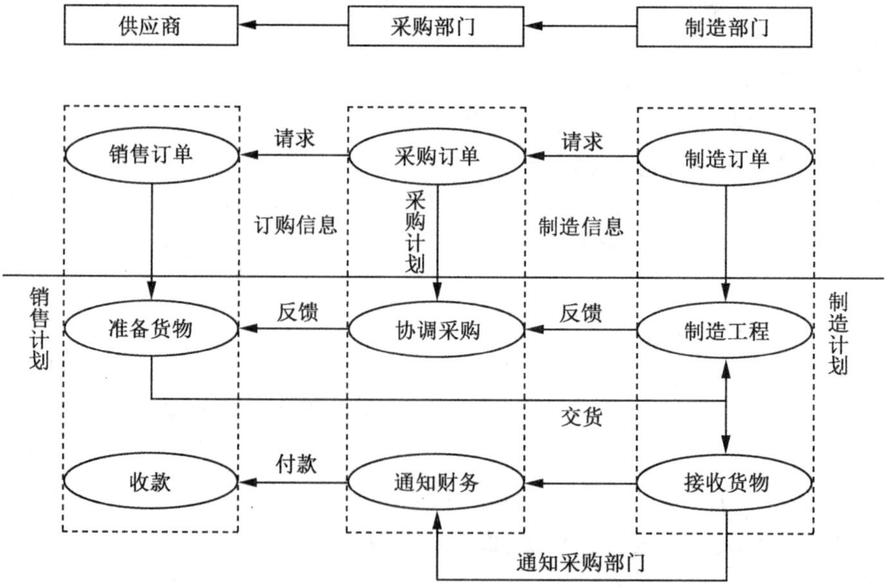

图 12－1　订单驱动的采购业务原理

订单驱动的采购方式有如下特点：

(1)供应商与制造商建立了战略合作伙伴关系。信息沟通的及时、合作关系的建立，使供需双方之间不再需要询盘、报盘地反复协商，交易成本也大为降低。

(2)信息传递方式发生了变化。在传统采购方式中，供应商对制造商的生产过程不了解，也无须关心制造商的生产活动。但在供应链管理环境下，供应商能共享制造商的信息，在订货过程中可以不断进行信息反馈，修正订货计划，使订货与需求保持同步。

(3)缩短了对客户的反应时间。在同步化供应链计划的协调下，制造计划、采购计划、供应计划能够并行，从而缩短了对客户的反应时间，实现了供应链的同步化运作。

(4)采购物资直接进入制造部门，减少了采购部门的工作压力，同时减少了不增加价值的活动，实现供应链的精细化运作。

(5)实现面向过程的管理模式。订单驱动的采购方式简化了采购工作的流程。采购部门的作用主要是加强供应与制造部门之间的联系，协调供应与制造的关系，为实现精细化采购提供基础保障。

(二)从采购管理转变为外部资源管理

在传统的采购模式中，供应商对采购部门的需求有一个时滞；另外，采购部门对产品质量的控制也只能进行事后把关，不能进行实时控制，这些缺陷使供应链企业无法实现同步化运作。而采用供应链外部资源管理的形式就可以使这种事后把关变成事中控制。

所谓在供应链管理中应用的外部资源管理，是指把供应商的生产制造过程看做是采购企业的一个延伸部分，采购企业可以“直接”参与供应商的生产和制造流程，从而确保采购商品的质量。外部资源管理是实现供应链管理的系统性、协调性、集成性和同步性，实现供应链企业从内部集成走向外部集成的重要一步。要实现外部资源管理，采购企业应从以下几个方面入手：

(1)与供应商建立一种长期的、互利互惠的合作关系。这种合作关系保证了供需双方能够有合作的诚意和参与双方共同解决问题的积极性。

(2)在供应商之间建立质量改善和质量保证机制。在个性化需求的今天，产品的质量是由客户的要求决定的，不是简单地通过事后把关所能解决的。质量管理的工作在需要由下游企业提供相关质量要求的同时，还需及时把供应商的产品质量问题反馈给供应商，以便其及时改进。对个性化的产品质量要提供有关技术培训，使供应商能够提供合格的产品和服务。传统采购管理的不足之处就在于供应商缺少下游企业关于本企业的产品质量的信息要求和信息反馈。

(3)参与供应商的产品设计和产品质量控制过程。同步化运营是供应链管理的一个重要思想。通过同步化的供应链计划，可以使供应链各企业在反应需求方面采取一致性的行动，增加供应链的敏捷性。制造商应该参与供应商的产品设计和质量控制过程，共同制定有关产品质量标准等，使需求信息能很好地在供应商的业务活动中体现出来。

(4)协调供应商的计划。一个供应商有可能同时参与多条供应链的业务活动，在资源有限的情况下必然会造成多方需求争夺供应商资源的局面。在这种情况下，下游企业的采购部门应主动参与供应商的协调计划，在资源共享的前提下，保证供应链的正常供应关系，维护企业的利益。

(5)建立一种新的、有不同层次的供应商网络，对供应商的数量进行管理。一般而言，供应商的数量越少越有利于双方的合作。但是企业的产品对零部件或原材料的需求是多样性的，企业应根据自己的情况选择适当数量的供应商，建立自己的供应商网络。另外，外部资源管理并不是采购一方的单方面努力就能够实现的，还需要供应商的配合与支持，如对下游企业的问题作出快速反应，基于用户的需求不断改进产品和服务质量等。

（三）从一般的买卖关系转变为战略伙伴关系

在传统的采购模式中，供应商与需求企业间是一种简单的买卖关系，无法解决涉及全局性和战略性的供应链问题，而基于战略伙伴关系的采购方式为解决这些问题创造了条件。这些全局性和战略性的问题主要有：

(1)库存问题。在传统模式下的采购管理中，各级企业都无法共享库存信息，不可避免地产生需求信息的扭曲现象；在供应链管理模式下，供应与需求双方可以共享库存数据，采购决策过程变得透明，减少了需求信息的失真现象。

(2)风险问题。供需双方通过战略性合作关系，可以降低由于不可预测的需求变化带来的风险，比如，运输过程的风险、信用的风险和产品质量的风险等。

(3)合作伙伴关系问题。通过合作伙伴关系，双方可以为制定战略性的采购供应计划共同协商，不必为日常琐事消耗时间与精力。

(4)降低采购成本问题。由于避免了许多不必要的手续和谈判过程，信息的共享避免了因信息不对称决策可能造成的成本损失。

(5)准时采购问题。战略合作伙伴关系消除了供应过程的组织障碍，为实现准时化采购创造了条件。

具体而言，供应链环境下的采购管理与传统采购管理的区别如表 12—1 所示：

表 12—1　　供应链环境下采购管理与传统采购管理的区别

项　目	供应链采购	传统采购
采购基本性质	基于需求的供应方主动型采购	基于库存的需求方主动采购
采购环境	友好合作	对抗竞争
信息沟通	共享信息	保密信息
库存管理	供应商管理库存	需求方管理库存
送货方式	小批量、多频次连续供货	大批量、少频次送货
相互关系	责任共担、利益共享、协调性配合	责任自负、利益独享、互斥性竞争
货物验收	免检	严格检查

第二节　供应链环境下的采购方式

一、准时化采购

（一）准时化采购的基本思想

准时化采购是在准时生产的基础上发展起来的，是为了消除库存和不必要的浪费而进行的持续性改进。准时制采购，即 JIT(Just In Time)采购法，是一种基于供应链管理思想的先进的采购管理模式，是准时制管理方式在采购中的应用和反应。其基本思想是：在恰当的时间、恰当的地点，以恰当的数量、恰当的质量提供恰当的物品。

拓展阅读

看板管理

看板管理是指为了达到准时生产方式控制现场生产流程的工具。准时生产方式中的拉动式生产系统可以使信息的流程缩短，并配合定量、固定装货容器等方式，而使生产过程中的物料流动顺畅。准时生产方式的看板旨在传达信息："何物、何时、生产多少数量、以何方式生产、搬运"。看板管理方法是在同一道工序或者前后工序之间物流或信息流的传递。JIT 是一种拉动式的管理方式，它需要从最后一道工序通过信息流向上一道工序传递信息，这种传递信息的载体就是看板。没有看板，JIT 是无法进行的。因此，JIT 生产方式有时也被称作看板生产方式。

资料来源：https://www.zhaibian.com/baike/24696298891542610250.html。

（二）准时化采购的特点

(1)准时化采购是面向需求的采购。传统采购是一种面向库存的采购，采购来的物品首先是放进仓库中储存起来；JIT 采购则是一种直接面向顾客订单需求的采购，采购来的物品直接送到需求点上，只在货架上（或在生产线边上）作临时存放。一天销售完毕或一天生产完毕，这些临时存放的物品就会消耗殆尽，库存完全为零，真正实现了零库存。

(2)准时化采购每次采购的数量少，采购频率高。传统采购往往是大批量采购，采购频率低，而准时化采购所采购的数量少，缩减了库存。

(3)准时化采购特别要求供应商准时交货，确保交货的及时性。在准时化采购模式下，买方基本上是没有库存的，必须准时交货，否则就会造成停产或脱销。而对于传统采购来说，交货的准时性不像 JIT 采购要求那样高。

(4)准时化采购采取单供应源。传统采购往往是多头采购，多源供应，即对某一种物品的采购由多个供应商供货。JIT 采购认为，最理想的供应商数目是采购每一种物品只有一个供应商，因此单源供应是 JIT 采购的一个重要特征。在日本，98%的 JIT 企业采取单源供应，也有极少数 JIT 企业采用同一种物品由两个供应商供货的方法，其中一个供应商为主，另一个供应商为辅。

(5)准时化采购对供货品质和供货时效的要求高于对价格的要求。由于 JIT 采购采取单源供应，对供应商的精心选择就显得尤为重要，供应商既要能保证采购物品的质量，又要能保证准时按量供货，因此，选择供应商时首先考虑的因素往往不是价格，而是产品质量和准时按量供货。但在传统采购模式中，供应商往往是通过价格竞争而选择的。

(6)准时化采购供需双方信息传输快捷迅速。JIT 采购要求供需双方进行可靠、快速的双向信息交流，才能保证所需物品的准时按量供应。信息交流的手段除电话、传真之外，还包括通信软件、电子邮件、卫星通信等。传统采购对信息交流的速度要求没有这样高，有时会采用信函作为信息交流的工具和手段。

（三）准时化采购的意义

(1)根据一些实施 JIT 采购的企业测算，JIT 采购可以使库存减少 40%～85%，这就大大降低了物流成本，加速了资金周转。

(2)通过精选供应商，JIT 采购可以使购买物品的质量提高 2～3 倍。

(3)由于JIT采购单源供应，长期订货，采购的总数量大，使得购买价格得以大幅度降低。

(4)JIT采购精简采购流程，节省传统采购在人力、物力、财力等方面的耗费，提高工作效率。

（四）准时化采购的实施步骤

(1)精选少数供应商，建立伙伴关系。选择供应商应考虑产品的质量、供货情况、应变能力、地理位置、企业规模、财务状况、技术能力、价格、与其他供应商的可替代性等。

(2)做好供应商的培训，确定共同的目标。JIT准时化采购是供需双方共同的业务活动，单靠采购部门的努力是不够的，需要供应商的配合。只有供应商对准时化采购的策略和运作方法有了认识和理解，才能获得供应商的支持和配合，因此需要对供应商进行培训。通过培训，大家取得一致的目标，相互之间就能够很好地协调，做好采购的准时化工作。

(3)创建准时化采购班组。专业的采购人员有三个责任：寻找货源、商定价格、发展与供应商的协作关系并不断改进。因此，专业化的高素质采购队伍对实施准时化采购至关重要，为此，首先应成立两个班组：一个是专门处理供应商事务的班组，该班组的任务是认定和评估供应商的信誉、能力，或与供应商谈判签订准时化采购合同，向供应商发放免检签证等，同时要负责供应商的培训与教育；另外一个班组是专门从事消除采购过程中浪费的班组。这两个班组人员对准时化采购的方法应有充分的了解和认识，必要时进行培训。

(4)制订计划。为确保准时化采购策略有计划、有步骤地实施，要制定采购策略，主要包括改进当前的采购方式、减少供应商的数量、正确评价供应商、向供应商发放签证等内容。在这个过程中，企业要与供应商一起商定准时化采购的目标和有关措施，保持经常性的信息沟通。

(5)向供应商颁发产品免检合格证书。准时化采购和传统的采购方式的不同之处在于买方不需要对采购产品进行比较多的检验手续。要做到这一点，需要供应商提供百分之百的合格产品，当其做到这一要求时，即发给免检手续的免检证书。

(6)实现配合准时化生产的交货方式。准时化采购的最终目标是实现企业的生产准时化，为此，要实现从预测的交货方式向准时化交货方式转变。

(7)进行试点工作。先从某种产品或某条生产线试点开始，进行零部件或原材料的准时化供应试点。在试点过程中，取得企业各个部门的支持是很重要的，特别是生产部门的支持。通过试点，总结经验，不断改进。

(8)让供应商参与生产设计。制造商在产品设计、生产计划等阶段让供应商参与进来，这样供应商就可在物料及部件生产供应、库存方面从质、量、时间上配合制造商的准时化采购，提高采购活动的效率，同时也便于制造商把用户的订单及时地转化为供应商的原材料和零部件的质量与功能要求。

(9)采用先进的数据传输方式。供应商与制造商之间使用电子数据交换和互联网技术进行数据的快速准确传输。

二、电子采购

（一）电子采购的内涵

电子采购是由采购方发起的一种采购行为，是一种不见面的网上交易，如网上招标、网上竞标、网上谈判等。电子采购和一般性的采购在本质上有了更多的概念延伸，它不仅完成采购行为，而且利用信息和网络技术对采购全程的各个环节进行管理，有效地整合企业的资源，帮助供求双方降低成本，提高企业的核心竞争力。可以说，企业采购电子化是企业运营信息化不可或缺的重要组成部分。

电子商务采购是在电子商务环境下的采购模式，也就是网上采购。企业通过建立电子商务交易平台，发布采购信息，或主动在网上寻找供应商、寻找产品，然后通过网上洽谈、比价、网上竞价，实现网上订货，甚至网上支付货款，最后通过线下的物流过程进行货物的配送，完成整个交易过程。电子采购使企业不再采用人工办法购买和销售它们的产品，在这一全新的商业模式下，买主和卖主通过电子网络而联结，商业交易开始变得具有无缝性，其自身的优势是十分显著的。

（二）电子采购的优势

（1）提高采购效率，缩短采购周期。采购方企业通过电子采购交易平台进行竞价采购，可以根据采购方企业的要求自由设定交易时间和交易方式，大大地缩短了采购周期。自采购方企业竞价采购项目正式开始至竞价结束，一般只需要 1～2 周，较传统招标采购节省 30%～60%的采购时间。

（2）节约大量的采购成本。据美国全国采购管理协会称，使用电子采购系统可以为采购企业节省大量成本。采用传统方式生成一份订单所需要的平均费用为 150 美元，使用基于 Web 的电子采购解决方案则可以将这一费用减少到 30 美元。企业通过竞价采购商品的价格平均降幅为 10%左右，最高时可达到 40%多。通用电气公司估计通过电子采购每年将节约 100 亿美元。

（3）优化采购流程。采购流程的电子化不是用计算机和网络技术简单替换原有的方式方法，而是要依据更科学的方法重新设计采购流程。这个过程，摒弃了传统采购模式中不适应社会生产发展的落后因素。

（4）减少过量的安全库存。世界著名的家电行业跨国企业海尔集团在实施电子采购后，采购成本大幅降低，仓储面积减少一半，降低库存资金约 7 亿元，库存资金周转天数从 30 天降低到 12 天。

（5）信息共享。不同企业，包括各个供应商都可以共享信息，不但可以了解当时采购、竞标的详细信息，还可以查询以往交易活动的记录。这些记录包括中标、交货、履约等情况，帮助买方全面了解供应商，帮助卖方更清楚地把握市场需求及企业本身在交易活动中的成败得失，积累经验。这使供求双方之间的信息更加透明。

（6）增进采购方与供应商关系促进双方获客。电子采购能帮助采购方改善客户服务和客户满意度，提升供应链绩效，以及改善与供应商的关系。

（7）电子采购不仅使采购企业大大获益，而且让供应商获益。对于供应商，电子采购可以更及时地掌握市场需求，以降低销售成本，增进与采购商之间的关系，获得更多的贸易机会。

（三）电子采购的实施步骤

与传统采购方式相比，电子采购可以实现采购流程自动化，在效率、合理性和成本节约等方面达到更高的水平。企业实施电子采购的步骤一般包括以下几个方面：

（1）采购流程标准化。通过采购分析与策划，对现有采购流程进行优化，制定适宜网上交易的标准采购流程。

（2）建立网站。网站是进行电子商务采购的基础平台，要按照采购标准流程来组织页面。企业可以通过虚拟主机、主机托管、自建主机等方式来建立网站，特别是加入一些有实力的采购网站，通过它们的专业服务，可以享受到非常丰富的供求信息。

（3）发布招标公告。企业可利用企业内部网收集企业内部各个单位的采购申请，对采购申请进行统计整理，形成招标采购计划。采购企业通过互联网发布采购招标公告，实施电子招标采购。招标公告应包括招标项目名称及简要内容，说明投标截止时间、投标地点、联系方式等信息。

（4）供应商在线投标。投标人可以在线提交投标文件。在投标截止日期之前，投标人可以修改/补充/撤回投标文件。

（5）在线开标。在线开标包括系统自动开标和人工开标。系统自动开标是在规定的开标时间，系统自动完成开标，并将开标结果在网上公布。人工开标是指投标书设有投标口令，开标时现场输入口令方能开标。

（6）在线评标。经过授权的评标专家经过身份认证后，可以在线阅读标书，依据招标文件设定的评标方法和评标标准进行评标，并提交评标意见。评标意见自动汇总，并经过系统自动判断，形成评标结果和授标意见。

（7）在线授标。系统自动通知中标方进行合同签约。招标方和中标方签订采购合同。

（8）采购实施。供应商按照采购合同完成订单交付，采购方支付货款。

互联网时代，电子采购发展潜力巨大。采购企业在完成电子采购系统开发之后，对使用者进行应用技术培训至关重要。国内外成功实施电子采购的企业的经验表明，事先对所有使用者提供充分的培训是电子采购成功实施的一个关键因素。培训内容不仅包括技能方面的知识，更重要的是让员工了解将在什么地方进行制度革新，以便将一种积极的、支持性的态度灌输给员工。

三、全球化采购

所谓全球化采购，就是指利用全球的资源，在全世界范围内去寻找供应商，寻找质量最好、价格合理的产品或服务。近年来，全球采购市场得到了迅猛的发展，每年以 7%～8%的速度增长，采购量每年高达 4 500 亿美元。我国的全球采购市场也得到了相应的发展，许多跨国企业都把中国作为重要的采购地，有些企业在中国的采购额已经占到其全球采购额的一半。

（一）全球化采购的优势

首先，实施全球化采购，对于采购商来说，最大的好处就是成本的降低。据统计，一个企业的采购成本支出占其销售收入的 60%～70%。对于一个利润水平在几个百分点的大型企业而言，通过采购如能节省 1%的成本，整个企业的净利润就会成倍增长，这就是采购的杠杆效应。

其次，实施全球化采购，采购商获得了更大的比较优势。运用全球化采购的平台，跨国企业可以从自身利益出发，在更大的范围内选择供应商，最终选定最适合自己的上下游厂家并与之合作，建立起自己的一套企业网络，增强在市场上的竞争力。

最后，对于供应商来说，全球化采购活动为其提供了一个开拓国际市场、建立稳定的销售渠道、带动企业产品出口的机遇。企业在与跨国企业合作的过程中，不仅能建立起稳定的供销关系，而且能够按照国际市场的规则来进行生产、提供产品，促进企业加快自身产品结构的调整和技术创新，提高自己产品的质量和竞争能力。

（二）全球化采购的步骤

企业在进行国际采购时通常遵循一定的步骤。尽管各企业进行全球化采购时执行的流程顺序有可能会有所差异，但是要想成功地进行全球化采购，以下步骤都是必须完成的：

1. 确定进行全球化采购的物品

全球化采购的最初目标可以影响到整个全球化采购过程的成功与否。当几乎所有能在当地采购到的产品都通过全球化采购来获得时，企业应该选择质量好、成本低、便于装运且无风险的商品进行采购。

2. 获取有关全球化采购的信息

在确定需要进行全球化采购的物品之后，企业就要收集和评价潜在供应商的信息或者识别能够承担该任务的中介。这些中介包括贸易企业、驻外代理机构、贸易咨询机构等组织。

3. 评价供应商

无论是买方企业还是外国代理机构进行全球采购，企业评价国外供应商的标准都应该与评价国内供应商的标准相同(甚至更加严格)。买方通常不会与某一个国外供应商签订全部采购合同，而是用少量或实验性订货来建立供应商的绩效跟踪记录。

4. 签订合同

确定了合格的供应商之后，买方就要写出对供应商的评价建议书。如果国外供应商并不具备竞争力(通过评价建议书来确定)，就要选择国内供应商。如果国外供应商能够满足评价标准，买方就可以与供应商磋商合同条款了。无论与哪个供应商合作，买方都要在合同的整个有效期内对供应商进行持续的绩效考评。

供应链环境下的采购模式对供应和采购双方是典型的“双赢”。对于采购方来说，可以降低采购成本，在获得稳定且具有竞争力的价格的同时，提高产品质量和降低库存水平，通过与供应商的合作，还能取得更好的产品设计和对产品变化更快的反应速度；对于供应方来说，在保证有稳定的市场需求的同时，由于存在同采购方的长期合作伙伴关系，能更好地了解采购方的需求，改善产品生产流程，提高运作质量，降低生产成本，获得比传统采购模式下更高的利润。

四、联合采购

联合采购是指对同一产品或服务有需求的许多买方，在相互合作的条件下合并各自需求，以一个购买商的形式向供应商统一订货，用以扩大采购批量，达到降低采购价格或者降低采购成本的目的。

(一)联合采购模式

联合采购的模式有很多种，但主要有合作型联合采购和第三方联合采购两种。

1. 合作型联合采购

合作型联合采购是指联合采购参与者之间通过达成的各种协议(包括成本分担、利益分配、权利约束等)，由联盟中的部分或者全部企业完成在协议范围内的采购活动。

2. 第三方联合采购

第三方联合采购是指所有联合采购参与者都不直接控制联合采购权利，而是将所有的采购活动委托给第三方进行。

(二)联合采购的优势和不足

1. 联合采购的优势

(1)降低采购成本和其他环节成本。企业通过联合多家企业有选择地向供应商进货，可以扩大采购规模，实现批量采购，获得较大的议价能力或数量折扣，从而降低采购成本。另外，由于现代通信技术的发展，企业可以通过电子商务平台进行订货，提高采购效率，节省人工和通信费用，降低间接采购成本。

在采购过程中，为了保证采购质量，企业需要在采购前后进行大量的工作，包括供应商的选择、评价、管理和控制，采购标准的制定，入库检验工作程序的制定和实施等。在各企业独立采购的情况下，每个企业都要重复这些工作，而实施联合采购以后，对生产同类产品或采购相同原料的企业，可以将这些管理工作统一实施，再将相关费用分摊到各个企业，这样可以有效避免低水平的重复工作，为企业减少大量成本。

在联合采购下，通过实施各企业库存资源的共享和统一调配，可以实现以下目标：①备用物质由各企业分别储存改为共同储存，所需资金由各企业分摊，以大幅减少备用物资的积压和资金占用；②增加各企业已有积压物资的利用机会，以逐渐减少各企业物资积压，盘活资产；③提高各企业紧急需求满足率，减少因物品供应短缺而造成的生产停顿损失。

在联合采购模式下，上级供应商订单处理次数减少且更加集中，增加其对需求预测的确定性，一定程度上有利于减弱牛鞭效应。企业在运输环节的联合，可通过合并小批量的货物运输，使单次运量加大，从而降低运输费率，减少运输费用。

(2)提高市场透明度。市场透明度关系到企业的有效采购，它包括产品透明度(可以采购何种产品代替现有产品)、供应商透明度(哪家供应商可以取代现在的供应商)和价格透明度(此产品在市场上的价格是多少)。

(3)有利于创造协同效应。每个企业的资源和能力都是有限的，并且资源在各企业之间的分布又是不均衡的。因此，企业通过合作走联合发展之路，围绕共同目标，合理使用资源，发展各自的优势，弥补各自的劣势，可以产生良好的协同效应。

(4)避免无谓的竞争。传统的竞争方式是一种零和博弈，一方的获利必然意味着另一方失利，最终往往导致“双输”的局面。联合采购通过同行的竞争合作，可以改变企业之间相互替代的横向竞争关系，减少恶性竞争，改变“双输”的局面。

(5)有利于降低采购风险。随着市场经济的不断发展，企业环境更趋国际化、社会化、复杂化。单一的企业面对多变的市场，生存和发展的难度越来越大，难以独自承担来自各方面的采购风险，而如果几个企业联合起来，在采购领域进行合作，就能减少诸如资本不够雄厚、信息不对称等带来的风险。

(6)有利于实现规模经济。在多数企业中，实现有竞争力的规模经济非单一企业所能做到的，它不仅难度大，而且时间也长。企业通过联合采购，能够迅速扩大成员企业的采购规模，实现规模经济。

2. 联合采购的不足

(1)为了与联合采购协调一致，企业需要改变其原有的采购周期，偏离企业经济订购批量，会产生额外成本。

(2)为配合联合采购，企业需改变其原有的采购流程。

(3)为实现信息共享，企业可能会泄露企业产品设计等重要信息，使企业失去竞争优势。

(4)协调成本过大或难以协调，可能会影响到企业正常生产，反而会得不偿失。

第三节　供应链环境下的采购成本管理

一、采购成本管理的重要性

采购成本是综合反映企业生产经营管理水平的主要指标，是衡量企业产品供应工作质量的重要指标，是构成企业产品成本和价格高低、决定企业竞争实力的重要因素。价格竞争的实质就是成本的竞争。不断降低采购成本成为现代企业经营管理的永恒课题。

据统计，对于一个典型的制造商来说，有60%的支出用于物料采购。如通用汽车公司，每年的物料支出超过500亿美元，所以采购是公司的主要支出，一个相对很小的改善就能带来丰厚的回报。假设一个公司以60欧元买进原材料，加工花去40欧元，然后以110欧元的价格将产品卖出。显然，每单位产品的利润为10欧元。现在，假设通过协商，购买原材料获得5%的折扣，则用于原材料采购的支出为57欧元。若仍然以相同价格卖出产品，所节省的3欧元直接表现为利润。这样，每单位产品的利润就上升到13欧元。可见，在物料采购方面降低5%的支出，就可以使利润提高30%。

案例分享

北京东方世纪骑士度假村采购成本的控制与管理

酒店业经营的目的是盈利，要想降低成本、增加收益，就必然要做好成本控制。成本控制的关键是做好采购成本控制。在酒店经营中，随着超额利润的消失，酒店业进入微利时代，尤其是在2008年金融危机爆发之后，从金融界一路波及实业界，酒店业作为与金融实体关系密切的产业，也深受影响。不论是消费旅游还是商务出行，人们都压紧开支，使得在这条产业链条上的酒店业切实感受到经济的寒冬。

目前，酒店业采购成本控制与管理存在的问题有：对财务管理在成本控制中的作用认识不够，没有设置相应的管理机构；采购成本控制体系不完善；没有制定科学合理的采购成本预算；财务监督力度不够；采购人员素质不高；等等。通过对上述问题的总结归纳，并提出如下的改进措施。

(1)提高财务管理在成本控制中的重要地位，建立科学的财务核算控制体系；(2)完善酒店业的采购成本控制体系；(3)制定科学的成本预算；(4)加强财务部门的监督力度；(5)加强采购人员的职业道德教育。

总之，通过对全体员工进行成本管制意识宣传，加强了全员的成本意识，采取了变少数采购员的成本控制管理为全员参与采购成本控制管理措施，加强员工对采购成本控制的重视，发现采购商品物料存在质量、价格等问题可直接向酒店领导反映，对采购过程进行再监督，使得北京东方世纪骑士度假村采购成本得以有效的控制。

资料来源：韩小霞，王钢．供应链管理[M]．北京：清华大学出版社，2016：174－175.

二、采购成本概述

成本是商品经济中的一个价值范畴。它是企业为生产商品和提供劳务等所耗费的物化劳动和活劳动中必要价值的货币表现，是企业生产和再生产过程中的补偿尺度。成本是商品价值的组成部分，是由已消耗的生产资料的转移价值和劳动者必要劳动创造的价值组成。

(一)传统的采购成本

传统的采购成本是指企业采购物料所发生的费用，也就是在采购过程中运输、储存、装卸等付出的人、财、物的总和。在现行的财务会计制度和核算方法下，采购成本包括买价(即原材料或零部件的发票价格)和运杂费(包括运费、装卸费、运输途中的仓储费、挑选整理费、进口材料的关税等)。

（二）供应链环境下的采购成本

每一家公司，不论它是生产商、批发商还是零售商，都会从外部供应商手中购买原材料、获得服务、取得物料供应以支持自己公司的运作。在历史上，人们认为这种从外部获取输入支持的过程是一种事务性的或者低层次的管理活动，其责任仅仅是执行和处理公司其他部门所制订的计划。购买行为所起的作用就是从外部供应商那里以尽可能低的价格获得所需的资源。

企业对采购运作的日益重视使采购运作逐渐成为企业的一个战略性活动，并且确立了采购运作在供应链管理中的新地位。采购运作原来是指与供应商进行对抗性的、以交易为重点的谈判，现在转变成为确保公司从供应商处取得足够的支持，从而更好地完成其生产及营销战略的重要行为。其中，企业尤其关注的是确保供给、实现最低库存、供应商的发展以及追求最低的所有权总成本（Total Cost of Ownership，TCO），即供应链环境下的采购成本。

纵观采购的全过程，成本的发生可分为交易前、交易中和交易后三个部分。因此我们也将所有权总成本分为交易前总成本、交易中总成本和交易后总成本。交易前总成本是指为准备采购而发生的成本，包括确定需求、分析供应市场、评选供应商、获取报价和谈判的成本。交易中总成本是指在采购过程中发生的全部成本，包括采购价格、采购物流、关税及税收、验收的成本。交易后总成本是指在采购行为发生后与采购相关的所有成本，包括合同管理、供应商管理、采购物品库存管理、缺货及质量风险、环保成本以及顾客不满意成本。采购总成本的构成如图 12—2 所示。

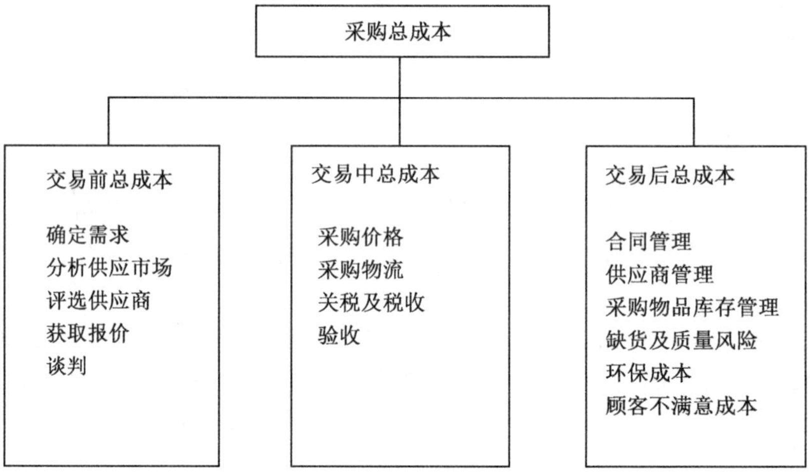

图 12—2　采购总成本构成

总成本模型试图确定所有的成本要素，从而揭示每一种要素成本的降低或者避免其发生的机会，而不是分析或直接进行价格比较。正是由于对货物总成本分析研究，才出现许多的战略采购方法，例如，更长时期、更为密切的采购商—供应商关系，合伙和联盟，供应商和采购企业的早期介入都有利于总成本模型的确立，有利于谈判和决策的制定，并且可以增强企业的竞争力。在一项对采购商——供应商合作关系的研究中，亨得里克（Hendrick）和埃拉姆（Ellram）指出货物总成本降低的主要原因是：（1）长期的采购协议；（2）联合的成本降低计划；（3）供应商在设计中的早期介入；（4）对供应商所生产的货物全部购进的承诺。采购企业认为这些降低的成本主要是因为向供应商提供了相关支持，如：（1）管理培训；（2）技术支持，例如，质量管理方法；（3）资源共享或资金支持；（4）其他的特殊支持。

（三）供应链环境下采购成本的分析

所有权总成本包括的关键采购活动如图 12－3 所示。基于 TCO 模式，采购成本法的特点具体如下：

（1）强调采用一种从长期考虑的观点，而非短期的、基于原始购买价格的观点，用于准确评估采购的实际状况。首先，成本必须包括除了原始采购价格之外的因素；其次，在评估一项特定物品的采购时，供应链管理者必须考虑其他商业运作对此带来的影响；最后，要准确评估采购状况，供应链管理者必须测量所有辅助采购的活动，以判断它们对成本的影响。

（2）TCO 概念要求公司检查导致成本发生的活动。通过分析每个过程中的流程及活动，公司可以辨别哪些活动产生价值、哪些不产生价值。进一步地，通过对比外部完成采购商品或提供服务的价格，公司可以明确哪些活动应该内部完成。

（3）TCO 意味着在评估一项采购项目时需要考虑所有与获取、使用及维护该项目相关的成本，而不是仅仅限于采购价格。

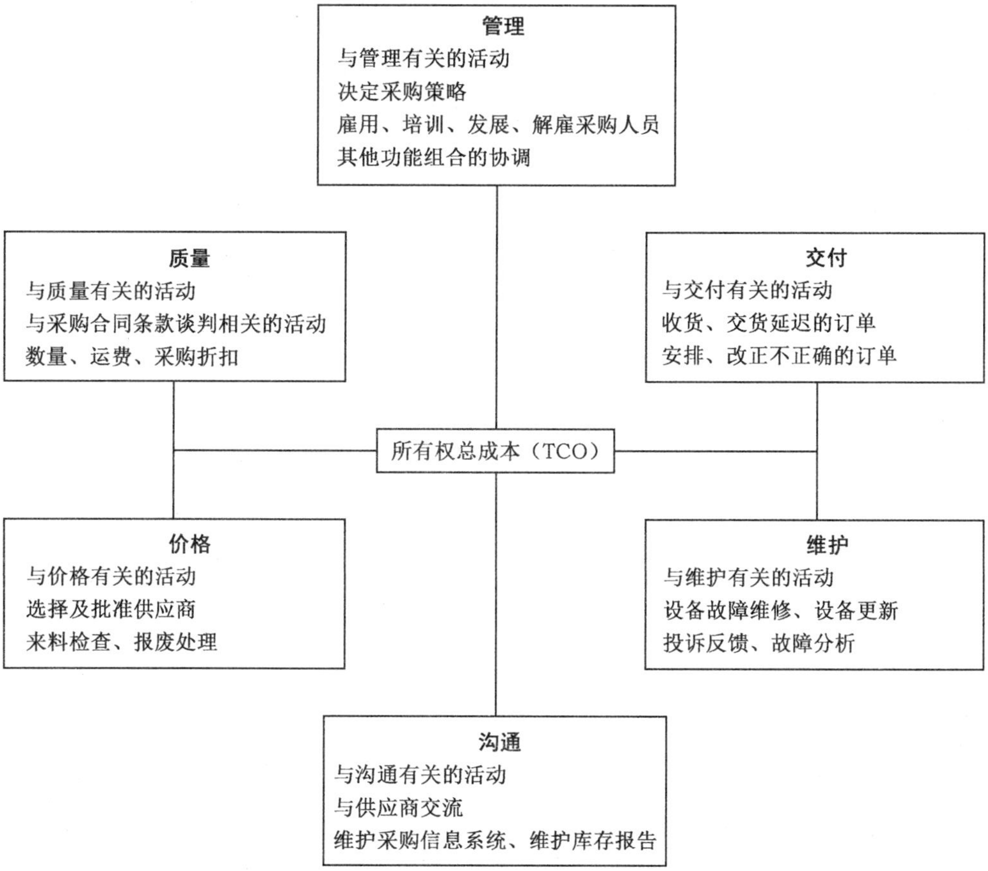

图 12－3　所有权总成本包括的关键采购活动

（4）TCO 关注与采购活动相关的活动，要求合理计量与分配这些成本，有两个基本的要求：第一，对采购成本的全面了解是必需的。全面了解意味着与质量、可靠性及延迟交付相关的成本均被加入采购成本。采购经理必须基于总成本来评估供应商，而不仅仅是采购价格。第二，运用因果关系将供应商成本分配到产品上。

根据以上思想，建立采购的TCO模式流程如下：(1)确定需要利用TCO模式评价的目标项目；(2)量化TCO的重要项目，确定成本动因，确定降低成本的优先顺序；(3)分析确定成本动因，计算成本项目；(4)寻找关键成本动因；(5)确定改善政策及制订相应的行动计划。

三、采购成本的影响因素

（一）人的因素

在企业中，人特别是企业领导人对采购的看法直接决定了采购部门的地位、采购的运作方式，同样也决定了采购成本。在我国企业中，人们对采购部门的认识还停留在买东西的阶段，根本没有把采购当成降低成本的重要手段，没有认识到采购是企业新的利润源，是企业的核心竞争力。同时人们对采购的认识同样决定了采购人员在工作中的态度。我国企业中由于采购部门的权力有限，大多是被动采购，因此采购人员工作热情不高，没有主动降低成本的积极性。

（二）战略的因素

企业根据波特五力模型(见图12—4)，在对产品所处行业、企业的竞争对手和企业内部经营活动进行分析后，可制定三种竞争战略：成本领先战略、差异化战略和集中战略。(1)成本领先战略是企业为赢得价格竞争而追求行业内成本领先地位的竞争战略；(2)差异化战略是企业通过追求产品或服务的独特性，而赢得市场的竞争战略；(3)集中战略是前两种战略在其一或几个细分市场的应用。

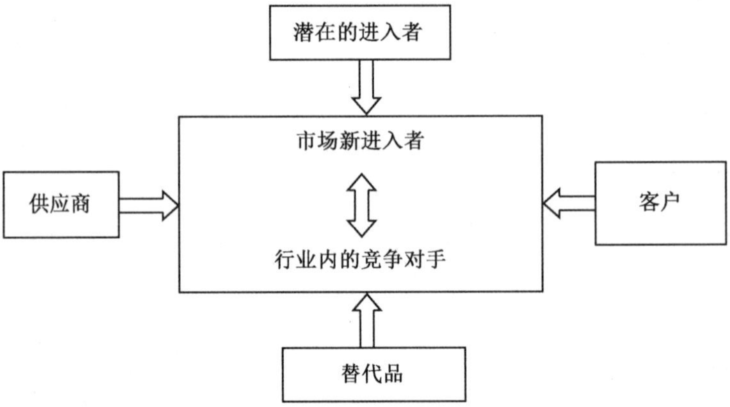

图12—4　波特五力模型

（三）机制的因素

目前，我国企业的组织结构有两种基本类型：直线职能制和事业部制。直线职能制的主要特点是按照职能的不同把企业组织划分为生产、销售、人事、财务等多个部门，每一部门之间是平行的关系，都由企业最高经营管理者直接领导。事业部制是一种分权式的组织结构，即在总公司之下按产品类型、细分市场、地域等标准划分出多个相对独立的事业部或分公司，总公司对事业部或分公司进行管理的一种形式。

在直线职能制企业中，各部门相对独立、相互制约，严重影响了采购职能的有效进行。采购部上游有设计、研发、计划部门，下游有生产、库存等部门。采购职能的顺利开展，需要上、下游部门和采购部通力配合才能完成。但目前的直线职能制组织结构中，采购部门与其他部门是平级关系，无权要求其他部门予以配合，而且其他部门出于自身利益考虑，也往往拒绝配合。

这些导致采购部门工作处处受阻,根本无法科学、有效地对采购成本进行控制。

(四)供应商的因素

在采购过程中,供应商对于采购方的地位的认识也是决定采购成本的一个重要因素。根据交易的价值以及对其的吸引力程度,供应商将采购方分为维持、发展、盘剥、核心四种类型,相应地采取不同的供应策略,具体如图 12—5 所示。

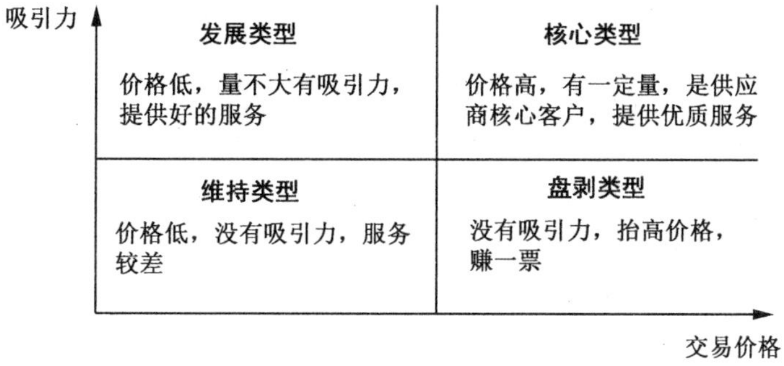

图 12—5　供应商感知模型

(1)在维持类型中,由于采购方的采购量不大而且对供应商的吸引力程度不高,供应商只把此类交易看成维持型,因此只会提供较高的产品价格和较低的服务。

(2)在盘剥类型中,采购方采购的数量很大但是对供应商的吸引力不高,因此供应方会采取盘剥策略,例如,极力抬高价格。

(3)在发展类型中,采购方的采购量虽不大但由于其他原因对供应商的吸引力很高。在这种情况下,供应商为了发展同采购方的关系,会提供相对优惠的价格和服务。

(4)在核心类型中,采购方的采购数量大而且对供应商有极高的吸引力,这类采购方是供应商的核心客户。供应商为了保持与采购方的紧密联系,会提供非常优惠的价格和优质的服务。

四、供应链环境下采购成本控制策略

在供应链中,采购连接上下游相邻的各个节点,沟通生产需求和物资供应,具有利润杠杆效应。采购的速度和效率会直接影响到是否能及时响应下游客户的需求,采购成本的高低会影响到最终产品的价格和整条供应链的获利情况,其重要性可见一斑。供应链环境下采购成本控制的策略主要有以下几点:

(一)实施成本战略控制

企业在制定采购成本管理战略时,一方面是从成本角度选择、分析和优化企业战略,并根据企业战略制定相应的采购战略;另一方面是为实现采购战略对成本实施控制。前者是企业战略中的成本侧面,后者体现在前者的基础上为了提高成本管理的有效性而对成本管理制度、措施和方法等所进行的谋划。因此,供应链环境下采购成本管理战略包括上述两个层面的内容。

(二)外包采购业务

外包采购是将一些传统上由企业内部采购部门自己负责的非核心采购业务外包给企业外部专业的、高效的产品与服务提供商,以充分利用企业外部最优秀的专业化资源,从而提高采购效率,降低采购成本,增强自身竞争优势的一种经营策略。外包采购结束了传统的自给自足的采购组织模式，把非核心采购业务全部或大部分外包给别人，而在核心采购业务上增强竞争优势。

（三）多级库存优化及控制

在供应链环境下，物资库存管理的目的是使整个供应链中各个阶段的库存量最小，甚至达到零库存。多级库存优化与控制是供应链资源的全局性优化，为整条供应链降低成本，进而为企业创造利润。

（四）供应商管理库存

因为供需双方信息不对称，使得客户需求与供应的匹配状态失调，采购方为了满足自己正常的需求，所以需要库存一定量的生产资料。相类似，供应商为了满足客户的需求，也可以保有一定量的库存，库存设置与管理是由同一组织完成的。

供应商管理库存的主要思想是供应商在用户的同意下设立库存，确立库存水平及补给策略，拥有库存控制权。供应商管理库存系统突破了传统的条块分割式的库存管理模式，用集成、系统的管理思想管理库存，使供应链系统能获得同步化运作。供应商管理库存是一种在用户和供应商之间的合作性策略，在一个相互统一的目标框架下由供应商管理库存，这样的目标框架被经常性监督和修正，以产生一种连续改进的环境，达到对双方来说都是最低的成本优化产品。

（五）采购价值管理分析

当需方企业运作实现与供应商运作整合之后，采购策略将会向更高的水平发展，即采购价值管理。价值管理是一个需方和供应商合作更加紧密的一种形式，主张供需双方"双赢"，把焦点集中在供需双方身上，如主机生产厂将不再仅仅为自己企业谋取价值，还要为零部件供应商谋取价值。因此，它要求需方和供应商之间达到更加全面和更加综合的运作关系。

事实上，让供应商早期参与设计过程就是实现采购价值管理的重要方法，目的是使企业进一步和供应商一起降低总成本。欧洲某专业机构的一项调查显示：在采购过程中，通过价格谈判降低成本的幅度在3%～5%，通过采购市场调研及比较优化供应商平均可降低成本3%～10%，通过发展伙伴型供应商并对供应商进行综合改进可降低成本10%～25%，而供应商早期参与产品开发则可降低成本10%～50%。由此可见，降低整体采购成本的最高境界是"上游"采购，即在产品的开发过程中充分、有效地利用供应商参与产品的开发设计，它要求在设计的早期阶段就严格地按照对零部件的设计要求控制原材料，最终目的就是在设计阶段能保证最低的成本。

（六）实行电子商务

电子商务把买家、卖家、厂商和合作伙伴结合起来，促进了他们之间的合作伙伴关系。简单来讲，电子商务是一种在互联网上展开的相互关联的动态商务活动。它将市场的空间形态、时间形态和虚拟形态结合起来，将物流、资金流、信息流汇集成开放的、良性的循环路径，使经营者以市场为纽带，在市场上发挥最佳的作用，得到最大的收益，创造更多的机会。一项研究显示，应用互联网进行采购可以降低5%～10%的产品成本，降低70%的流程成本，缩短50%～70%的采购周期。这说明电子商务实现了供应链企业间跨越时间和空间的交互式、分布式交流，使供应链呈现出高度集成化和高度敏捷化的特征。

案例分析

中航锂电池项目的采购管理

中航锂电池项目位于江苏省常州市，占地16万平方米，总建筑面积约为130 256平方米。该项目EPC总承包合同额为20.2亿元，其中，建筑安装工程合同约为6.4亿元，工艺设备合同总价达到13.8亿元。BPC合同工期为330天，年产锂离子单体电池和模块集成。

该项目的工艺设备生产自动化程度高，专业要求严格，且以非标设备为主，各类工艺设备多达400台套，且主要工艺设备均为进口设备，采购流程和海关政策都需要探索；由于锂电池技术发展较为迅速，且市场竞争激烈，业主要求本项目在一年内达到试生产条件。在工程施工期间，业主曾多次修改工艺生产条件，导致设计等方面出现大量变更和洽商，这些不确定性给各参建方的采购工作带来了大量风险。建筑单体多，厂房工艺系统复杂，导致建筑工程需要的材料、设备多样性强且数量巨大，采购包界面划分也容易出现混淆重叠或缺失空白的现象，为此，在EPC项目中构建了基于JIT和VMI的采购管理模式。

在供应商的选择上，工艺设备的供应商绝大部分为与业主有多年合作关系的供应商，这样既能保证合同执行过程中信息流的畅通，又能保证产品的供货质量；除一部分需求量相当大、生产周期较长的设备选择了2～3家供应商分别供货外，其余所有设备均只选择单一供货来源，以保证设备质量的稳定性和沟通的便利性；控制设计变更和洽商对工艺设备订货的影响，将变化量降到最低，保证JIT的时效性；为减少EPC总承包方的现场库存管理压力，根据项目进度采取订单分批次的方式向供应商提交订单，要求设备分批进场，力求达到进场即可安装的状态；与专业物流公司签订运输合同，对影响项目工期的关键设备进行专门运输，以保证设备的进场时间。

在确定施工方后，由于发现了期货市场中的铜价有上涨趋势，于是要求施工方提前与电缆、母线供应商签订采购合同，锁定当期较低的铜价，并直接与电缆、母线供应商沟通，让其提前准备充足的库存，以确保项目中后期物资的供应。这样做，既消除了施工方的调价风险，又省去了EPC总承包方库存管理的投入，同时保证了物资供应的时效性，使参建各方的利益均不受损害，真正实现了供应链上、下游“共赢”的局面。

EPC总承包项目应用了包括联合采购、JIT、3PL、VMI等采购管理方法，保证了锂电池项目的顺利完成，目前已进入试生产阶段。工程各部位运行指标均达到业主要求，采购工作起到了关键性作用，减少了采购的核心成本，降低了非合作成本，实现了对供应商的全方位分级管理，完成了品牌库的建立和梳理。

资料来源：张煜欣. 浅谈供应链管理思想在LD项目采购管理中的应用[J]. 内燃机与配件，2018(06)：160—161.

思考题：

1. 在中航锂电池项目中建立基于JIT和VMI的采购管理模式能够带来哪些优势？
2. 结合本案例，在EPC项目中适合选择何种采购模式？为什么？

【思维导图】

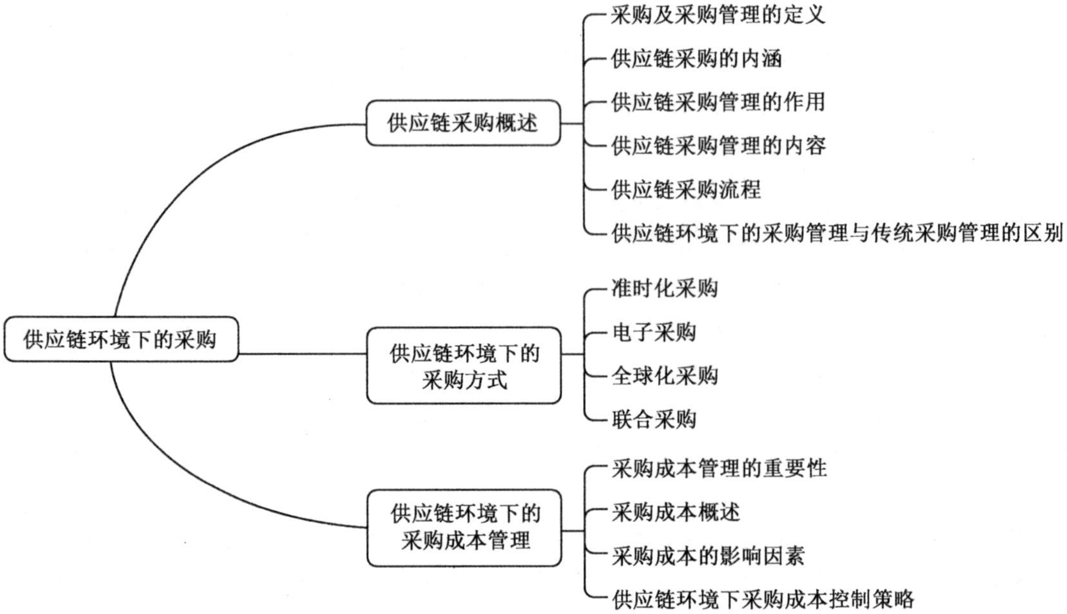

习　题

一、单项选择题

1. 实施准时采购对供应商数量的要求是(　　)。

A. 尽可能多　　B. 较少,甚至是单源供应

C. 和企业规模匹配的数量　　D. 无要求

2. 下列不属于JIT基本思想的是 (　　)。

A. 只在需要的时候,按需要的量,生产所需要的产品

B. 彻底杜绝浪费

C. 追求零库存生产

D. 按客户的具体需求制定产品

3. 电子采购的优势不包括(　　)。

A. 提高采购效率,缩短采购周期　　B. 节约大量的采购成本

C. 优化采购流程　　D. 保证足够的安全库存

4. 采购成本的影响因素不包括(　　)。

A. 人的因素　　B. 战略的因素　　C. 供应商的因素　　D. 机会的因素

5. 基于TCO模式,采购成本法的特点不包括(　　)。

A. 强调采用一种从长期考虑的观点

B. 考虑导致成本发生的活动

C. 在评估一项采购时需要考虑所有与获取、使用及维护该项目相关的成本,而不是仅仅限于采购价格

D. 基于采购成本最优的目标

二、多项选择题

1. 供应链采购管理的内容包括(　　)。

A. 供应商管理　　B. 采购最佳批量与采购时期的管理

C. 采购价格管理　　D. 付款时间管理

2. 下列属于联合采购优点的是(　　)。

A. 有利于实现规模经济　　B. 降低采购成本和其他环节成本

C. 降低采购风险　　D. 提高市场透明度

3. 基于供应链的采购管理与传统采购管理的区别包括(　　)。

A. 从为订单采购到为库存采购的转变

B. 从采购管理向外部资源管理转变

C. 从一般买卖关系向战略协作伙伴关系转变

D. 从为库存采购到为订单采购的转变

4. 联合采购主要分为(　　)。

A. 合作型联合采购　　B. 竞争型联合采购

C. 第三方联合采购　　D. 委托联合采购

5. 采购总成本包括(　　)。

A. 咨询成本　　B. 交易前成本

C. 交易中成本　　D. 交易后成本

三、简答题

1. 准时化采购的实施步骤是什么?

2. 全球化采购的步骤是什么?

3. 供应链环境下采购成本控制策略有哪些?

第十三章　供应链环境下的库存管理

案例导入

服装业供应链库存问题

2020年，突如其来的一场新冠疫情使世界经济遭受重创，服装行业同样在劫难逃。服装业老大难问题主要是供应链库存问题。服装从生产到销售的全过程都是由供应链上的企业共同完成的，由这些企业共同承担着供给的责任，只要供应链中任何一个环节出了问题，产品的供应就会受到影响。疫情下，企业有序复工，但是发现能做的事情并不多，纱线、印染、面料、裁剪、平车、后道等多个供应链环节，一个环节没复工，这条链条就断了。

资料来源：https://zhuanlan.zhihu.com/p/109151646。

第一节　库存概述

一、库存的定义

国家标准《物流术语》(GB/T 18354—2021)中将库存定义为：储存作为今后按预定的目的使用而处于备用或非生产状态的物品。广义的库存还包括处于制造加工状态和运输状态的物品。企业保持一定量库存的原因，归根结底是在供给与需求之间起缓冲作用，解决供给与需求之间的变化和未知的问题，还可以在生产过程出现问题时保证生产顺利进行。

具体来讲，企业保留库存的原因主要有以下几个方面：

(1)顾客的需求变化无法准确预测，企业需要有一定量的库存来应对各种突发或突变的顾客需求。

(2)顾客要求的供货期与制造周期不一致，企业需要有一定量的库存来及时满足顾客的需求。

(3)供应商的供货成本和能力及供货的数量和质量是不确定的，而库存有助于降低这些因素带来的风险。

(4)物流服务的经营规模鼓励库存，如产品成批生产和整车运输货物能降低制造成本和运输成本。

(5)由于企业生产计划不周密，一些过剩物料和成品会形成不必要的库存。

二、库存的分类

(一)根据生产过程的不同划分

从生产过程的角度库存可分为原材料库存、在制品库存、产成品库存和维修库存四类。

1. 原材料库存

原材料库存是指企业为了生产加工产品，通过采购和其他方式取得和持有的原材料、零部件的库存。原材料库存是针对制造企业来说的，流通型企业不存在原材料库存。原材料库存的来源途径最常见的有两种：一是从供应商处购进；二是企业自己生产。

2. 在制品库存

在制品库存是指处在由一种状态转换为另一种状态过程中的库存。在制品库存是不能卖给消费者的，因为它们尚未完成加工。

3. 产成品库存

产成品库存是指工业企业生产的、经质量检验合格的、已办理入库手续但尚未销售出去的本期末实际产成品库存。产成品库存的判断是与企业在正常情况下的库存数量相比较的结果。

4. 维修库存

维修库存包括用于维修与养护的经常消耗的物品或备件，如润滑油和机器零件；不包括产成品的维护活动所用的物品或备件。维修库存一般由设备维修部门来管理和控制。

(二)根据经营过程的不同划分

根据经营过程的不同，库存可以分为经常库存、安全库存、生产加工和运输过程的库存、季节性库存、促销库存、投机库存、沉淀库存或积压库存七类。

1. 经常库存

经常库存又称周转库存，是为满足日常生产经营需要而保有的库存。周转库存的大小与采购量直接有关。企业为了降低物流成本或生产成本，需要批量采购、批量运输和批量生产，这样便形成了周期性的周转库存。这种库存随着每天的消耗而减少，当降低到一定水平时需要补充库存。

2. 安全库存

这是为了防止不确定因素的发生(如供货时间延迟、库存的消耗速度忽然加快等)而设置的库存。安全库存的大小与库存安全系数或者库存服务水平有关。从经济性角度看，安全系数应确定在一个合适的水平上。例如，国内为了预防灾荒、战争等不确定因素的发生而进行的粮食储备、钢材储备、麻袋储备等，就属于安全库存。

3. 生产加工和运输过程的库存

生产加工和运输过程的库存是指处于加工或等待加工而暂时储存状态的商品。

4. 季节性库存

季节性库存是指为了满足特定季节中出现的特定需求而建立的库存。

5. 促销库存

促销库存是指为了应付企业促销活动产生的预期销售增加而建立的库存。

6. 投机库存

投机库存是指为了避免因货物价格上涨造成损失或为了从商品价格上涨中获利而建立的库存。

7. 沉淀库存或积压库存

沉淀库存或积压库存是指因商品品质变坏或损坏，或者因没有市场而滞销的商品库存，还包括超额储存的库存。

（三）根据经济用途的不同划分

按经济用途划分，库存可分为商品库存、制造业库存和其他库存。

1. 商品库存

商品库存是指企业购进后供销售的货物。其特征是在销售之前，保持其原有实物形态。

2. 制造业库存

制造业库存是指购进后直接用于生产制造的货物。其特点是在出售前需要经过生产加工过程，改变其原有的实物形态或使用功能。制造业库存可分为原材料、在制品、半成品和产成品等。

3. 其他库存

其他库存是指除了以上库存外，供企业一般耗用的用品和为生产经营服务的辅助性物品。其主要特点是满足企业的各种消耗性需要，而不是为了将其直接销售或加工制成产成品后再出售，如包装物和低值易耗品等。

三、库存的作用和弊端

（一）库存的作用

1. 满足不确定的顾客需求

消费者对产品的需求在时间与空间上均有不确定性，库存可以满足不确定的市场需求。

2. 平滑对生产能力的要求

当需求与生产能力不平衡时，企业可以利用库存来调节需求的变化。例如，可以在淡季持有库存，供旺季使用，通过预先库存使生产能力保持均衡，更好地利用生产能力。

3. 分离生产过程中的作业

库存使生产过程中密切相关的加工阶段、作业活动相对独立，使生产效率不同的各加工阶段、作业活动可以更独立和经济地运行，而且不会因为生产过程中某加工阶段或作业活动的中断，导致整个生产过程停止。

4. 降低单位订购费用与生产准备费用

批量订购或生产，会使单位产品的订购费用或生产准备费用降低，同时能够充分利用生产能力。

5. 利用数量折扣

供应商为了增加销量，通常会对达到一定采购量的客户提供价格优惠，通过提高采购量，可以享受到优惠的价格，从而降低采购成本。

6. 避免价格上涨

原材料的价格可能会发生波动，在价格上涨之前进行采购，可以降低企业的运营成本。

（二）库存的弊端

虽然库存在企业经营中具有非常积极的作用，但是库存也存在诸多弊端。

(1)库存的增加会占用企业大量资金。通常情况下库存会达到企业总资产的20%～40%，库存管理不当会形成大量资金的沉淀。

(2)产生库存成本。库存材料的成本增加直接增加了产品成本，而相关库存设施、管理人员的增加也加大了企业的管理成本。

(3)库存掩盖生产或运作过程当中发生的问题。如计划不周、采购不力、生产不均衡、产品质量不稳定及市场销售不力等。

四、传统的库存控制方法

(一)ABC 分类法

ABC 分类法是将库存物品按品种和占用资金的多少分为三类:特别重要的库存(A 类)、一般重要的库存(B 类)、不重要的库存(C 类),然后针对不同等级分别进行管理和控制。ABC 分类法的核心是“分清主次,抓住重点”,对于占用大量资金的少数物资,要加强对它们的控制和管理;对占用少量资金的大多数物资,则施以较宽松的控制和管理。

表 13—1　　ABC 分类法

	价值比率	数量比率
A 类	65%～80%	15%～20%
B 类	15%～20%	30%～40%
C 类	5%～15%	40%～55%

(二)定量订货法

定量订货法是指当物资的库存量下降到事先预定的最低库存数量(订货点)时,按规定数量(一般以经济批量)进行订货补充的一种库存控制方式。定量订货法要求连续地检查库存,当库存量下降到订货点时就发出订货通知,每次按相同的订货批量补充库存。这种方法的关键是要确定订货批量和订货点,即解决什么时候订货和一次订多少的问题。定量订货法适合于需求均匀稳定的物资的订货,在这种情况下既能最好地满足需求,又能使总费用最省。

定量订货法能充分发挥经济订货批量的作用,可降低库存量和库存成本,有利于节约费用,提高经济效益。但定量订货法会增加库存保管费用,需要经常对库存进行详细检查和盘点,工作量大且需花费较多的时间、人力和物力。

(三)定期订货法

定期订货法是指按照预先设定的订货间隔时间进行订货补充库存的一种库存管理方式。相邻两次订货之间的时间间隔称为订货周期。定期订货法主要靠设定订货周期和最高库存量以达到控制库存的目的,每次订货批量均不相同。

定期订货法可以合并订货与进货,减少订货管理费与物料运输费,周期盘点比较彻底、精确,无须每天检查和盘点库存,减少了工作量,节省管理费用,有利于提高工作效率。但由于不能及时监测库存动态,为避免突然发生的大量物料需求引起缺货而带来的损失,企业需要制定较高的安全库存量。而且每次订货的批量不固定,无法确定经济订货批量,不能发挥批量订货的优越性,因而运营成本较高,经济性较差。

第二节　供应链环境下的库存问题

一、供应链环境下的库存控制问题

(一)供应链库存管理的产生

在传统的库存管理中,企业只关心本企业的库存水平,通过保持一定的库存来避免缺货,保证一定的顾客服务水平,使生产顺利进行,实现成本的最优化。随着全球经济一体化,人们发现在全球化大市场的竞争环境下,任何一个企业都不可能在所有业务上成为最杰出者,必须联合行业中其他上、下游企业,建立一条经济利益相连、业务关系紧密的供应链,实现优势互补,充分利用一切可利用的资源来适应社会化大生产的竞争环境,共同增强市场竞争实力。因此,面向企业内部的企业管理延伸和发展为面向全行业的产业链管理,管理的资源从企业内部扩展到企业外部。企业不仅要管理自己的库存,还要关心供应链上其他企业的库存。在这种情况下供应链库存管理就产生了。在供应链统一管理下,所有上游企业的产品能够准确、及时地到达下游企业,使上、下游企业最大限度地减少库存,这样既加快了供应链上的物流速度,又减少了各企业的库存量和资金占用,还可以使各企业及时地获得最终消费市场的需求信息。

传统的库存管理仅从单一的优化库存的角度做出决策,但从供应链整体看,显然是不够的。供应链库存管理旨在实现物流、信息流、资金流、工作流和组织流的集成,它改变了企业间的合作模式,与传统的企业合作关系模式有着很大的区别。供应链库存管理的实质就是合作,它使供应商、制造商、分销商、客户多方受益。通过供应链库存管理,可实现以下转变:

从功能管理向过程管理转变。企业内部以及企业外部供应链上游、下游各个合作伙伴的业务活动都将实现此转变。

从利润管理向盈利性管理转变。盈利性建立在"共赢"的基础上,只有供应链各方均具有较好的盈利性,企业自身的盈利性才能得到保证。

从产品管理向顾客管理转变。顾客是供应链上重要的一环,供应链的重心由生产者向消费者倾斜,顾客管理成为供应链管理的重要内容。

从交易管理向关系管理转变。以协调的供应链关系为基础进行交易,使供应链整体交易成本实现最小化,而收益实现最大化。

从库存管理向信息管理转变。用信息代替库存,即企业持有的是"虚拟库存"而不是实物库存,在供应链的最后一个环节交付实物库存,大大降低了企业持有库存的风险。

(二)供应链环境下库存管理面临的问题

1. 供应链成员目标不统一,缺乏整体观念

供应链管理的目标是通过贸易伙伴间的密切合作,以最小的成本提供最大的客户价值,这就要求供应链上各环节企业的活动应该是同步进行的。然而,供应链各成员企业以及企业内部各个部门都是各自独立的单元,都有自己的库存管理目标和相应的库存管理策略,有些目标与供应链的整体目标是不相干的,更有可能是冲突的,以致单独一个企业或部门过多的库存可能对整个供应链库存绩效产生负面影响。因此,如何对供应链各成员企业的库存管理目标进行必要的整合,以满足供应链运作的同步性要求,是供应链库存管理必须解决的问题。

2. 供应链库存管理信息共享难,传递效率低

供应链各成员企业之间的需求预测、库存状态、生产计划等都是供应链库存管理的重要数据,它们分布在不同的供应链组织之中。要做到有效地快速响应用户需求,必须准确而实时地传递这些数据,为此需要对供应链的信息系统模型做相应的改变,对供应链各成员企业的管理信息系统进行集成。然而,目前许多企业的信息系统相容性很差,无法很好地集成起来,当供应商需要了解用户的需求信息时,得到的常常是延迟的信息和不准确的信息。因此,如何有效传递供应链库存管理信息是提高供应链库存管理绩效亟待解决的问题。

3. 信息传递存在曲解现象,库存需求易放大

在供应链管理中,"牛鞭效应"对于供应链系统的运营影响很大。其基本含义是,当供应链

的各节点企业只根据其相邻下级企业的需求信息进行生产或供应决策时，如果最初的需求信息不准确或不真实，则这些错误将沿着供应链逆流而上，逐级放大。当这些信息传递给源头的供应商时，其获得的需求信息与实际消费市场中的顾客需求信息有很大的偏差，需求变异系数比批发商和零售商的需求变异系数大得多。由于这种需求放大效应的影响，上游供应商往往比下游供应商维持更高的库存水平。如何消除或减轻这种效应，是供应链库存管理所面临的最大挑战。

4. 供应链库存系统结构复杂，协调管理难

供应链涉及各个成员企业的供、产、销全过程，包括供应商、制造商、分销商、零售商、顾客等一系列对象，覆盖面广，行业跨度大。一般来说，供应链上游企业的产出就是下游企业的投入，且经过下游企业的生产加工或服务又变成产出，如此一环紧扣一环，衔接紧密，关系复杂，影响面广。与之相对应，供应链库存涉及供应商库存、制造商库存、批发商库存和零售商库存，表现为多级库存系统，有多种网络结构形式。而对这样一个多级库存系统的协调管理要比传统企业库存管理复杂得多，也困难得多，这给供应链库存系统的协调管理带来了很大的挑战。

5. 供应链库存不确定性，库存管理要求高

供应链库存的形成原因可分为两类：一类是出于生产运作的需要；另一类则是由供应链上的不确定因素造成的。物流的运动是在信息的引导下进行的，企业内部这种信息流体现的是企业的计划，而在企业之间体现的是相互间的合同和约定。不确定因素的作用使物流的运动偏离了信息流的引导，此时库存就产生了。显然，企业的计划无法顾及那些无法预知的因素，如市场变化引起的需求波动、供应商的意外变故导致的缺货、企业内突发事件引起的生产中断等。这些不确定因素才是形成库存的主要原因。因此，如何研究和追踪这种不确定性的变化是对供应链库存管理的又一挑战。

6. 缺乏合作与协调，难以应对复杂多变的市场

协调的目的是使满足一定服务质量要求的信息可以无缝地、流畅地在供应链中传递，从而使整个供应链能够根据用户的要求步调一致，形成更为合理的供需关系，适应复杂多变的市场环境。

为了应付不确定性，供应链各节点企业都设有一定的安全库存。许多供应链，特别是全球化的供应链，组织协调涉及众多的利益群体，相互之间的信息透明度不高。在这种情况下，企业不得不维持一个较高的安全库存，为此付出了较高的代价。在企业内部一般有各种各样的激励机制加强部门之间的合作与协调，但是当涉及企业之间的激励时，困难就大得多。另外，信任风险的存在更加深了问题的严重性，相互之间缺乏有效的监督机制和激励机制是供应链企业之间合作性不稳固的原因。

（三）供应链库存管理问题的解决路径

1. 树立供应链整体观念

要在保证供应链整体绩效的前提下，实现供应链各成员企业间的库存管理合作，需对各种直接或间接影响因素进行分析，如供应链企业的共同目标、共同利益、价值追求等。要在信息充分共享的条件下，通过协调各企业的效益指标和评价方式，使供应链各成员企业达成共识。从大局出发，树立共赢的经营理念，自觉协调相互需求，进而建立一套供应链环境下的库存管理体系，使供应链环境下库存管理的所有参与者在绩效评价内容和方法上取得一致，充分共享库存管理信息。

2. 精简供应链结构

供应链结构对供应链环境下的库存管理有着重要影响。供应链过长，各个点之间关系过于复杂，是造成信息在供应链传递不畅、供应链环境下的库存成本过高的主要原因之一。优化供应链结构，是保证供应链各节点信息传递协调顺利的关键，是搞好供应链环境下库存管理的基础。因此，应尽量使供应链结构朝扁平化方向发展，精简供应链的节点数，简化供应链上各节点之间的关系。

3.将供应链上各环节有效集成

集成供应链各环节，就是在共同目标的基础上，将各环节组成一个虚拟组织，通过使组织内成员信息共享、资金和物质相互调剂，优化组织目标和整体绩效。通过将供应链上各环节集成，可以在一定程度上克服供应链环境下的库存管理系统复杂性对库存管理效率的影响，使供应链环境下的库存管理数据能够实时、快速地传递到各个节点，从而大大降低供应链管理成本，对顾客需求作出快速的响应，提高库存管理的整体绩效。

二、供应链中的牛鞭效应

（一）牛鞭效应的概念

“牛鞭效应”是指由供应链下游需求的小变动引发的供应链上游需求变动逐级放大的现象（GB/T18354—2021）。这一定义类似蝴蝶效应的定义：一个系统的某一段的小幅变动通过整个系统的加乘作用从而在系统的另一端产生极大的影响。牛鞭效应的具体表现是，以订单为载体的需求信息沿着供应链从顾客向零售商、批发商、分销商、制造商、原材料供应商传递的过程中，需求信息的变异会被逐级放大。

（二）牛鞭效应产生的原因

1. 需求预测修正

需求预测修正是指当供应链的成员采用其直接的下游订货数据作为市场需求信号时，即产生需求放大。在传统的供应链中，各节点企业总是以其直接下游的需求资讯作为自己需求预测的依据，对未来的掌握度极差，因而常在预测值上加上一个修正增量作为订货数量，产生了需求的虚增，“牛鞭效应”随之产生。

2. 价格波动

零售商和分销商面对价格波动剧烈、促销与打折活动、供不应求、通货膨胀、自然灾害等情况，往往会采取加大库存量的做法，使订货量远远大于实际的需求量。供应链中的上游企业经常采用一些促销策略，如价格折扣、数量折扣等促进销售。然而，对下游企业来说，如果库存成本小于由于折扣所获得的利益，那么在促销期间，他们为了获得大量含有折扣的商品，就会虚报商品的销售量，然后将虚报的商品拿到其他市场销售或者推迟到促销结束后再销售，也有的将这一部分商品再转卖给其他经营者，这样就引起了需求极大的不确定性。而对消费者来说，在价格波动期间，他们会改变购买行为，但这并不能反映消费者的实际需求，因为他们会延迟或提前实现部分需求。所以，价格波动会产生“牛鞭效应”。

3. 订货批量

在供应链中，每个企业都会向其上游订货。一般情况下，销售商并不会来一个订单就向上级供应商订货一次，而是在考虑库存和运输费用的基础上，在一个周期或者汇总到一定数量后再向供应商订货。为减少订货频率、降低成本和规避断货风险，销售商往往会按照最佳经济规模加量订货。同时，频繁的订货也会增加供应商的工作量和成本，供应商也往往要求销售商有一定数量或一定周期订货。此时销售商为了尽早得到货物或全额得到货物，或者以备不时之需，往往会人为提高订货量，导致“牛鞭效应”。

4. 短缺博弈

当需求大于供应时，理性的决策是按照订货量比例分配现有供应量。此时，销售商为了获得更大份额的配给量，故意夸大其订货需求是在所难免的；当需求降温时，订货又突然消失。这种由于短缺博弈导致的需求资讯的扭曲最终导致“牛鞭效应”。

5. 库存失衡

传统的营销一般是由供应商将商品送交销售商，其库存责任仍然归供应商，待销售完成后再进行结算，但商品却由分销商掌握和调度。这就导致销售商普遍倾向于加大订货量来掌握库存控制权，因而加剧了订货需求，也会导致“牛鞭效应”。

6. 缺少协作

由于缺少信息交流和共享，企业无法掌握下游的真正需求和上游的供货能力，只好自行多储货物。同时，供应链上无法实现存货互通有无和转运调拨，只能各自持有过多库存，这也会导致“牛鞭效应”。

7. 提前期

需求的变动随提前期的增长而增大，且提前期越长，需求变动引起的订货量就越大。由于企业对交货的准确时间心中无数，往往希望对交货日期留有一定的余地，因而持有较长的提前期，逐级的提前期拉长也造成了“牛鞭效应”。

（三）牛鞭效应的影响

牛鞭效应对供应链管理是不利的，它造成批发商、零售商的订单和生产商产量峰值远远高于实际客户需求量，进而造成产品积压，占用资金，使得整个供应链效率低下，其具体表现为以下几个方面：

1. 增加了生产成本

公司及其供应商为了满足由于牛鞭效应产生的具有变动性的订单流，公司要么扩大生产能力，要么增加库存量。但这两种做法都会加大单位产品的生产成本。同时由于无法及时处理积压订单，增加了生产计划的不确定性，导致过多的修订计划，增加补救措施的费用、加班费用和运输费用等，使单位产品的生产成本进一步加大。

2. 增加了库存成本

为了应付由牛鞭效应而增大的需求变动性，公司不得不保有高的库存水平。同时，高水平的库存还增加了必备的仓储空间，从而导致库存成本的增加。有关研究表明，在整个供应链中，从产品离开制造商的生产线至其到达零售商的货架上，产品的平均库存时间超过100天。被扭曲的需求信息使供应链中的每个个体都相应地增加了库存成本。

3. 延长了供应链的补给供货期

由于牛鞭效应增加了需求的变动性，与一般需求相比，公司及其供应商的生产计划更加难以安排，往往会出现当前生产能力和库存不能满足订单需求的情况，从而导致供应链内公司及其供应商的补给供货期延长。

4. 提高了供应链的运输成本

公司及其供应商在不同时期的运输需求与订单的完成密切相关。由于牛鞭效应的存在，运输需求将会随着时间的变化而剧烈波动。因此，需要保持多余的运力来满足高峰的需求，从而增加了劳动力总成本。

5. 提高了供应链与送货、进货相关的劳动力成本公司及其供应商送货的劳动力需求将随着订单的波动而波动，分销商和零售商进货的劳动力需求也存在类似的波动。为了应付这种订单的波动，供应链的不同阶段有不同的选择，或者保有剩余劳动力，或者实行变动劳动力，但是无论是哪种选择，都会增加劳动力总成本。

6. 降低了供应链内产品的供给水平，导致更多的货源不足

订单的大幅度波动使得公司无法及时向所有的分销商和零售商供货，从而导致供应链上的零售商出现货源不足的频率加大，销售额减少。

7. 供应链上企业间互相不信任，给运营带来负面影响

供应链上企业间的不信任使每个节点企业都误认为自己做得尽善尽美，而将这一责任归咎于其他节点企业，损害了各节点企业之间的关系。于是，牛鞭效应就使供应链上不同节点企业的协调关系变得困难。

（四）牛鞭效应的解决方法

如果明确了产生牛鞭效应的原因，接下来就可以考虑相应的对策和措施。在实际应用中，企业必须根据自己的实际情况灵活使用和组合使用相关措施。

1. 提高信息精度

牛鞭效应产生的根本原因是需求信息在供应链的传递过程中的失真和放大。因此，提高信息精度是最主要的一项措施。

提高信息精度的一个方法是分享 POS（销售点终端）数据。引起供应链上牛鞭效应的一个基本原因是供应链上各级企业都用下游的订单数据来预测需求。这种多级需求预测的方法导致信息每经过一个环节，波动就被放大一些。但实际上，整个供应链中真正需要满足的只是最终顾客的需求，这种需求通常可由零售商的 POS 数据反映出来。这样，如果直接与顾客打交道的零售商能够与供应链上的其他环节分享 POS 数据，则各个环节就可以在同一订单基础上进行需求预测，从而减少牛鞭效应。很多企业现在已经成功地实现了这种信息共享，例如，戴尔计算机公司和宝洁公司等，避免了不必要的订单波动。

除了 POS 数据以外，供应链上各环节还需要分享其他的有关信息。例如，一个零售商 1 月份的需求很大，因为其进行了促销，如果在接下来的 2 月份没计划促销，则零售商的需求量和制造商的预测结果就有可能不同。在这种情况下，制造商还必须知道零售商的促销计划，从而及早做好准备。

2. 由单一节点控制补充供货

如果在整个供应链上由单一节点控制补充供货，也有助于减少牛鞭效应。因为，引起牛鞭效应的一个关键原因是供应链上每一节点使用来自直接下游节点的订货量作为需求数据，每一节点都向直接上游节点订货。这样就导致各个节点的要求供货量是不一致的，从而增大整个供应链上的库存。如果采用单一节点控制整个供应链的补充供货，就可以消除各个节点之间的这种不一致，达到整个供应链的协调。

3. 减小订货批量

订货批量的减小可以减少供应链上任意两个节点之间可能积累起来的需求波动。但是，批量的减小会带来订货次数的增加和小批量运输成本的增加等问题。因此，要想减小批量，必须采取措施减小与订货、运输以及收货等相关的固定成本。

批量减小带来的成本之一是由于订货次数增加，所需的订单、收货等相关业务量增加了，从而带来交易成本的增加。克服这个问题的方法之一是利用计算机辅助订货（Computer-Assisted Ordering，CAO）。CAO 是指使用计算机来准备订单，实现“无纸化”作业。今天，已经

有越来越多的企业利用EDI、互联网等技术来进行订货业务，这一方面降低了商品买方的订货成本，另一方面也降低了商品供应商的供货成本。

从运输费用的角度来说，小批量零担运输的成本比大批量整车运输的成本要高得多，因此，要想减小批量，还必须克服批量减小带来的运输成本上升的问题。一种既减小批量又不至于带来运输成本提高的方法是"Cross Docking"，即把多种小批量商品汇集在一起，拼成整车运输批量。

批量减小所遇到的另一个问题是：如果订货和送货批量减小，则收货作业的频数和成本则会上升。为此，还需采取措施以降低成本。如利用某种技术使收货作业简化，从而降低收货成本；利用电子手段确认装运内容、数量、到货时间，从而减少卸货时间，增加交叉装运的效率。

4. 产品短缺情况下的分配策略与信息共享

在产品短缺情况下，传统的做法是根据每个零售商(要货方)的订货要求，按一定比例供给。这样一来，要货方就会加大订货数量。要货方的这种夸大了的订货数量使得牛鞭效应更严重。因此，现在的一种新方法是按照过去的销售业绩，将可供的产品按比例供货。这样就促使要货方在需求低谷时销售更多的产品。很多企业，诸如通用汽车、惠普公司等，现在都采取了这种做法。

还有一些企业试图通过在整个供应链上实现信息共享来减少产品短缺情况的发生，例如，有些公司向其大顾客提供提前订货的优惠，这种信息使得公司可以改进预测精度，并据此安排自己的生产能力。如果生产能力能够合理地分配给各种产品，则能减少产品短缺情况的发生，这样就能起到抑制牛鞭效应的效果。从这个意义上来说，灵活的生产能力也有助于缓减牛鞭效应。

5. 利用适当的价格策略来稳定需求

可采用的价格策略之一是将传统的批量价格优惠改为数量价格优惠。如果企业采用以批量为基础的价格优惠，则零售商倾向于增大批量，而以数量为基础的价格优惠是指以一定时期内(例如，一年)购买的数量总和为基础的价格优惠。采用后一种方法，可以避免单一订单的大批量，而是小批量多订单，这样就可以减少供应链上订单的波动。但这种方法的使用需要注意一点：如果以数量为基础的价格优惠有一个固定的截止日期，有可能在此日期之前引起大批量的订购，因此，一个更好的方法是采用滚动时间周期，以减少这种订购波动。

可采用的另一种价格策略是"稳定价格"，即去掉促销，而改用"每日低价"。如果没有周期性或临时性的促销，零售商就不会集中在此期间大量订购，而是按照顾客需求订购，宝洁公司以及一些其他日用品公司实施了这种策略。

6. 建立合作伙伴关系与信任

上述的减少牛鞭效应的很多方法，需要供应链上的各个企业通力合作和相互信任才能够做到。一方面，只有合作才有可能共享供应链上各节点的信息，从而更好地使供应链上的供需吻合。另一方面，相互之间的更好的关系也可以节省交易成本。如一个供应商能够相信来自零售商的预测和订货信息，则可以省去自己进行预测工作。类似地，如果零售商信任供应商的供货质量和交货时间，就可省去催促、验货等收货工作。一般来说，在相互信任和友好关系的基础上，供应链上各节点的很多重复性工作都可以省去。因此，建立供应链上的合作和信任关系是减小牛鞭效应、改进整个供应链管理绩效的前提。

第三节　供应链管理下的库存控制方法

针对传统库存管理存在的库存成本增加、市场需求扭曲、上下游关系恶化、不利于合作与沟通等问题，在供应链环境下需要采取有效的解决办法。目前，供应链环境下的库存管理方法主要有供应商管理库存、联合库存管理、协同式库存管理、多级库存控制等。

一、供应商管理库存

（一）供应商管理库存的概念

供应商管理库存（Vendor-Managed Inventory，VMI）是指按照双方达成的协议，由供应链的上游企业依据需求计划，销售信息和库存量，主动对下游企业的库存进行管理和控制的库存管理方式（GB/T18354—2021）。它是一种以用户和供应商双方都获得最低成本为目的，在一个共同的协议下由供应商管理库存，并不断监督协议执行情况，修正协议内容，使库存管理得到持续改进的合作性策略。具体来说，该策略体现为由生产厂家等上游企业对零售商等下游企业的流通库存进行管理和控制，生产厂家根据零售商的信息如销售情况等，判断零售商的库存是否需要补充。如果需要补充，则自动向本企业的物流中心发出发货指令，补充零售商的库存。在采用供应商管理库存的情况下，虽然零售商商品库存决策的主导权由供应商把握，但是在店铺空间安排、商品货架布置等管理决策方面，仍然由零售商主导。供应商管理库存的理念与传统库存管理模式完全相反。作为一种全新的库存管理思想，供应商管理库存在分销链中的作用尤为重要，正受到越来越多的重视。

供应商管理库存在互联网、ID代码、条码、条码应用标识符以及连续补货程序的支持下，将零售商向供应商发出订单的传统订货方法变为供应商根据用户库存和销售信息决定商品补给数量。为了快速响应用户降低库存的要求，供应商通过与用户（分销商、批发商或零销商）建立合作伙伴关系，主动提高向用户交货的频率，使供应商从过去单纯地执行用户的采购订单变为主动为用户分担补充库存的责任，不仅加快了供应商响应用户需求的速度，也使用户减少了库存水平。供应商管理库存是增加销售量、提高服务水平、减少成本、保持竞争力和加强与客户联系的战略性措施。

（二）供应商管理库存的基本思想

供应商管理库存的主要思想是供应商在用户的允许下设立库存，确定库存水平和补给策略，行使对库存的控制权。精心设计与开发的供应商管理库存系统，不仅可以降低供应链的库存水平，而且可以使用户获得高水平的服务，改进资金流，与供应商共享需求变化的透明性，获得更好的用户信任。供应商管理库存最直接的效益是整合制造和配送流程，即在将预测与补货纳入商品供应策略后，交易伙伴可以共同决定如何适时、适量地将商品送达客户手中。供应商管理库存的基本思想体现了如下原则：

（1）合作性原则。相互信任与信息透明是很重要的，供应商和用户都要有较好的合作精神，才能够保持较好的合作。

（2）互惠原则。供应商管理库存不仅是关于成本如何分配或谁来支付的问题，而且是关于减少成本的问题，该策略使双方的成本都减少。

（3）目标一致原则。双方明确自己的责任，在观念上达成一致的目标，并具体体现在框架协议上。

（4）持续改进原则。该策略使供需双方持续改进工作流程，共享利益并消除浪费。

（三）供应商管理库存的实施

供应商管理库存不同于以往任何库存优化模型与方法。以往的库存控制理论与方法都是站在使用者的角度，而供应商管理库存是把库存控制的决策权交给了供应商。因此，供应商管理库存对供需双方都是一个挑战。分销商和供应商共同建立供应商管理库存执行协议框架与运作规程，建立起对双方都有利的库存控制系统。双方都明白各自的责任，在观念上达成一致。

1. 供应商管理库存的实施前提

（1）正确选择合作伙伴。这是最关键的一步：一方面，一些企业对供应商管理库存的流程不了解，怀疑它的运作能力；另一方面，企业之间理念的差异较大，这时选择合作伙伴是最关键的。只有双方对供应商管理库存都感兴趣，并且对生产和库存管理的认识基本一致，才能就建立供应商管理库存的控制策略和方式达成一致。同时，在实施该策略时，相互信任与信息透明是很重要的，供应商和用户（零售商）都要有较好的合作精神，才能相互保持较好的合作。

（2）成本与风险的分担。成本直接关系到各自的利润，供应商管理库存不是关于成本如何分配或由谁来支付的问题，而是通过该策略的实施，减少整个供应链的库存成本，使双方都能获益。

（3）流程的管理和质量保证。流程管理和质量保证是关系供应商管理库存成败的重要因素。流程的管理由供应商和用户共同负责，包括确定流程的标准化管理、需求计划、补货规则、配送规则等。质量保证则应由供应商来完成，确保原材料在出厂之前已被检验合格。

（4）信息平台的持续改进。信息共享是合作的前提，需要电子数据交换或互联网，同时需要一个决策支持系统（DSS），具备自动发送订单、下达计划的功能，双方共同完成需要的信息和库存控制参数等。用有效信息代替无效库存，要求信息技术的持续改进和支持。

2. 供应商管理库存的实施步骤

（1）建立顾客情报信息系统。要有效地管理销售库存，供应商必须能够获得顾客的有关信息。通过建立顾客的信息库，供应商能够掌握需求变化的有关情况，把由批发商（分销商）进行的需求预测与分析功能集成到供应商的系统中来。

（2）建立销售网络管理系统。供应商要很好地管理库存，必须建立起完善的销售网络管理系统，保证自己的产品需求信息和物流畅通。为此，供应商必须保证自己产品条码的可读性和唯一性，解决产品分类、编码的标准化问题，解决商品存储运输过程中的识别问题。

（3）建立供应商与分销商（批发商）的合作框架协议。供应商和分销商（批发商）一起通过协商，确定处理订单的业务流程以及控制库存的有关参数（如再订货点、最低库存水平等）、库存信息的传递方式（如电子数据交换或互联网）等。

（4）组织机构的变革。这一点也很重要，因为供应商管理库存技术改变了供应商的组织模式。过去一般由会计经理处理与用户有关的事情，引入供应商管理库存技术后，订货部门有了一个新的职能，即负责用户库存控制、库存补给服务。

（5）持续改进。在 VMI 实施过程，双方应共同寻找可以改进的地方，不断对目标框架进行纠正，以获得持续改进的效果。

（四）实施 VMI 的几种形式

1. "制造商—零售"的 VMI 模式

这种模式存在于制造商作为供应链的上游企业情形中，制造商对它的客户实施 VMI，如图 13—1 所示。制造商是 VMI 的主导者，负责对零售商的供货系统进行检查和补充，这种模式多出现在制造商是一个比较大的产品制造者的情况下，制造商具有相当的规模和实力，完全能够承担其管理 VMI 的责任。如宝洁就发起并主导了国内大型零售商的 VMI 管理模式的实施。

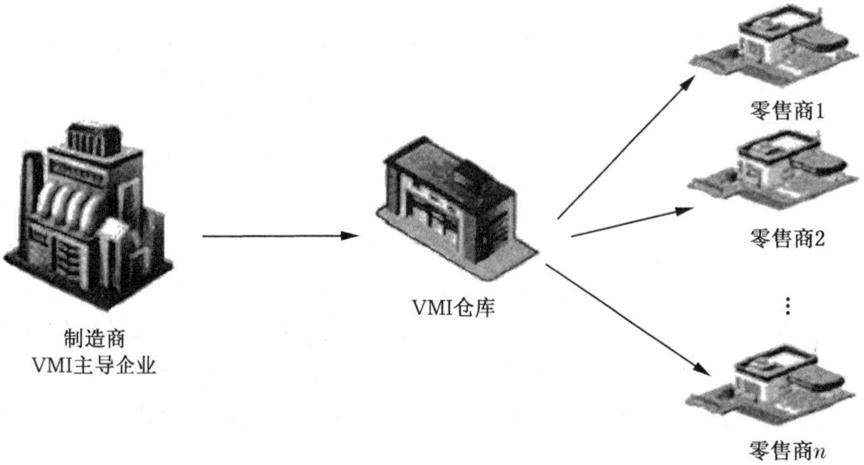

图 13—1 “制造商—零售商”的 VMI 模式

2.“供应商—制造商”的 VMI 模式

这种模式通常存在于制造商是供应链上实施 VMI 的上游企业的情况中，制造商要求其供应商按照 VMI 的方式向其补充库存，如图 13—2 所示。此时，VMI 的主导者可能还是制造商，但它是 VMI 的接受者，而不是管理者，此时的 VMI 管理者应该是该制造商上游的众多供应商。这种模式多见于汽车制造业，汽车制造商是这一供应链上的核心企业，为了提高竞争力，汽车制造商要求零部件供应商为其实施 VMI 的库存管理方式。但很多零部件供应商规模较小、实力较弱，所以实施 VMI 很困难。

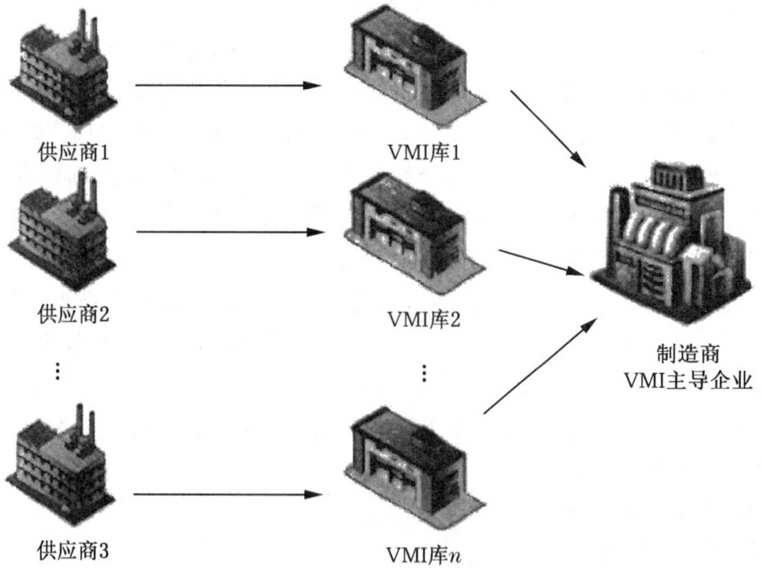

图 13—2 “制造商—制造商”的 VMI

3."供应商—3PL—制造商"的VMI模式

为了克服第二种模式的弊端,"供应商—3PL—制造商"VMI模式应运而生。这种模式引入了第三方物流企业,由其提供一个统一的物流和信息的管理平台,统一执行和管理各个供应商的零部件库存控制指令,负责完成自身生产线上配送零部件的工作,如图13—3所示。由第三方物流企业运作的VMI可以合并多个供应商交付的货物,采用物流集中管理的方式,因此形成规模效应,降低了库存管理的总成本。

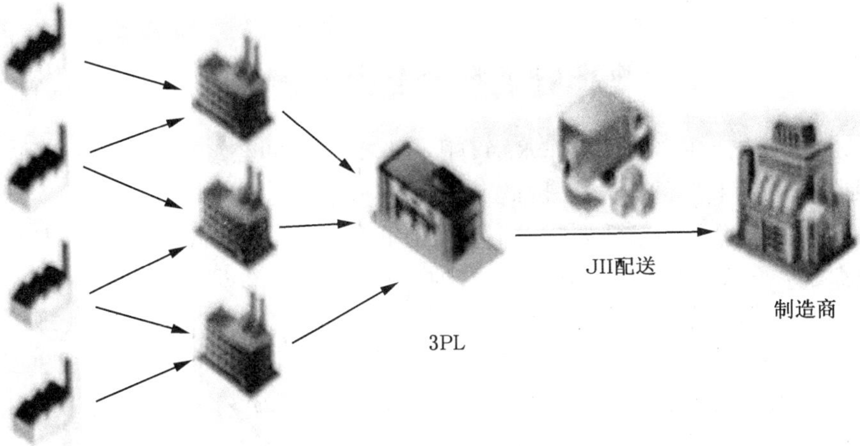

图13—3 基于3PL的VMI实施模式

(五)供应链管理库存优缺点

1.供应商管理库存优点

(1)节约成本。实施VMI最明显的效果就是买方库存成本的降低和卖方总成本的降低。对买方而言,由于库存由卖方来管理,甚至由卖方来承担其库存的经济责任,其因库存成本降低而带来的效果立竿见影。对卖方来说,由于承担了买方库存的经济和管理责任,在实施VMI的初期会导致其库存成本和管理成本的上升,但随着该体系的正常运转,由于以下几方面的原因,卖方最终会获得总体成本的降低。

一是由于共享了买方的销售信息,采用了整合供应链的优化库存策略,供应链的"牛鞭效应"将大幅降低,供应链的库存水平也比实施前的水平大大降低,使卖方总体库存成本即使增加也是有限的。

二是由于供应商是商品的供应者,它掌握用户的库存具有很大的主动性和灵活性。供应商可以根据市场需求量的变化,及时调整生产计划和采购计划,所以既不会造成大量的库存积压,又可以灵活适应市场的变化;既不存在占用资金的问题,又不存在增加费用、造成浪费的问题。

三是由于卖方能及时、准确地获取买方的销售信息,因此可以更合理地安排生产计划削减其零部件的库存成本,进而使其产品生产成本降低。

(2)提高服务水平。在实施VMI后,卖方有充分的信息来判断哪一项配送更紧急,能够协调多个卖方之间的库存补充订单和配送任务,从而具备了平衡所有伙伴需求的能力,能够在不耽误任一单个客户的条件下提高系统的运作能力,提升自己的服务水平。

(3)集中精力关注核心业务。供应商掌握库存,就可以把用户从库存陷阱中解放出来。用户不需要占用库存资金，不需要增加采购、进货、检验、入库、出库、保管等一系列的工作，能够集中更多的资金、人力、物力用于其核心竞争力的提高上，从而给整个供应链，包括供应商企业营造一个更有利的运营环境。

(4)形成更具竞争力的供应链。实施 VMI 后，由于卖方能够在第一时间了解买方的销售和消耗信息，了解客户的消费水平和消费倾向，有利于卖方改进需求预测计划、改善产品结构和设计、开发适销对路的新产品。对市场做出更快更准确地反应，从而可以大缩短供货周期，使供应链更敏捷、更柔性、更具竞争力。

2. 供应商管理库存的缺点

实施 VMI 尽管可以为供需双方带来成本缩减、服务改善等优势，但在实施中，它也存在许多局限。

(1)VMI 中供应商和零售商协作水平有限。作为独立的经济个体，供应商和零售商的合作原则还是基于自身利益的最大化，因此在 VMI 实施过程中，双方的协作水平会受限制。

(2)VMI 对于企业间的信任要求较高。要真正实施 VMI，就要求供需双方充分信任，从而实现信息共享、密切合作。但在现实中，这种充分的信任是很难实现的。

(3)VMI 中的框架协议虽然是双方协定，但 VMI 是将需方库存决策权代理给供应商，因此供应商是处于主导地位的。在决策过程中如果缺乏足够的协商，很容易造成失误。

(4)VMI 的实施减少了库存总费用，但在 VMI 系统中，库存费用、运输费用和意外损失(如物品毁坏)不是由用户承担，而是由供应商承担。

总之，VMI 实际上是对传统库存控制策略进行“责任倒置”的一种库存管理方法，这无疑加大了供应商的风险。

二、联合库存管理

(一)联合库存管理的概念

联合库存管理(Joint Managed Inventory，JMI)是指供应链成员企业共同制定库存计划，并实施库存控制的供应链库存管理方式(GB/T18354—2021)。它是一种风险分担的库存管理模式，体现了战略供应商联盟的新型企业合作关系。联合库存管理是解决供应链系统中由于各节点企业的相互独立库存运作模式导致的需求放大现象，提高供应链同步化程度的一种有效方法。联合库存管理和供应商管理库存不同，它强调双方同时参与，共同制订库存计划，使供应链上的每个库存管理者都考虑协调性，使其对需求的预期保持一致，从而消除需求变异放大的现象。任何相邻节点需求的确定都是供需双方协调的结果，库存管理不再是各自为政、独立运作，而是供需连接的纽带和协调中心。

(二)联合库存管理的实施

1. 联合库存管理模式有效运作的前提

(1)建立清晰而有效的责任分摊与风险控制机制，明确生产厂商、代理商以及专卖店的库存责任，并达成具体的风险分担条款。

(2)建立有效的沟通机制，明确供应链各个节点间的沟通渠道。

(3)如果可能，成员企业可利用第三方物流中心，充分发挥第三方物流公司对库存的协调作用。

(4)建立完整而精确的库存数据收集系统，由生产厂商控制供应链各个节点的库存情况，并据此随时调整生产与配送计划。

(5)在生产组织方面，根据销售预测，在有一定成品库存的前提下，严格执行JIT生产，不生产多余的库存产品。

2. 联合库存管理的数据采集模式

联合库存管理的数据采集系统可以建立在计算机和网络的基础上，数据的及时性和准确性是前提，库存数据的准确性建立在有效编码的基础上。

3. 联合库存管理的实施策略

(1)建立供需协调管理机制

为了发挥联合库存管理的作用，供需双方应从合作的精神出发，建立供需协调管理机制，通过相互协调，明确各自的目标和责任，建立合作沟通的渠道，为供应链的联合库存管理提供有效的机制。没有一个协调的管理机制，就不可能进行有效的联合库存管理。建立供需协调管理机制，要从以下几个方面着手：

一是建立共同合作目标。供需双方本着互惠互利的原则，理解供需双方在市场目标中的共同之处和冲突点，通过协商形成共同的目标，如用户满意、利润的共同增长和风险的减少等。

二是建立联合库存的协调控制方法。联合库存管理中心扮演着协调供需双方利益的角色，起着协调控制器的作用。供需双方要确定库存优化的方法，包括库存如何在多个需求商之间调节与分配，库存的最大量和最低库存水平，安全库存的确定，需求的预测等。

三是建立一种信息沟通的渠道或系统。信息共享是供应链管理的特色之一，为了提高整个供应链需求信息的一致性和稳定性，减少由于多重预测导致的需求信息扭曲，应增加供应链各方对需求信息获得的及时性和透明性。为此，可建立一种信息沟通的渠道或系统，以保证需求信息在供应链上的畅通和准确性。要将条码技术、扫描技术、POS系统和EDI集成起来，并且要充分利用互联网，在供需双方之间建立一个畅通的信息沟通桥梁和联系纽带。

四是建立利益的分配、激励机制。要有效运行基于协调中心的库存管理，必须建立一种公平的利益分配制度，并对参与协调库存管理中心的各个企业(供应商、制造商、分销商或批发商)给予激励，防止机会主义行为，增加协作性和协调性。

(2)发挥两种资源计划系统的作用

为了发挥联合库存管理的作用，在供应链库存管理中应充分利用目前比较成熟的两种资源管理系统：制造资源计划系统和物资资源配送计划系统。原材料库存协调管理中心应用制造资源计划系统，而在产品联合库存协调管理中心，则应利用物资资源配送计划系统。这样就可以在供应链系统中把这两种资源计划系统很好地结合起来。

(3)建立快速响应系统

快速响应系统目的在于减少供应链中从原材料到用户的过程时间和库存，最大限度地提高供应链的运作效率。

快速响应系统在美国等西方国家的供应链管理中被认为是一种有效的管理策略，经历了三个发展阶段。第一阶段为商品条码化，通过对商品的标准化识别处理加快订单的传输速度；第二阶段是内部业务处理的自动化，采用自动补货与EDI系统提高业务自动化水平；第三阶段是通过更有效的企业间的合作，消除供应链组织之间的障碍，提高供应链的整体效率，如通过供需双方合作，确定库存水平和销售策略等。

目前，在欧美等西方国家，快速响应系统应用已到达第三阶段，通过联合计划、预测与补货等策略进行有效的用户需求反应。美国嘉思明咨询公司的调查分析认为，实施快速响应系统后供应链效率大大提高：缺货大大减少，通过供应商与零售商的联合协作可保证24小时内供货；库存周转速度提高 1～2 倍；通过敏捷制造技术，企业的产品中有 20%～30%是根据用户的需求而制造的。

快速响应系统需要供需双方的密切合作，因此，协调库存管理中心的建立可以为快速响应系统发挥更大的作用创造有利的条件。

(4)发挥第三方物流企业的作用

第三方物流是供应链集成的一种技术手段。第三方物流企业也叫做物流服务提供商(Logistics Service Provider，LSP)，它为用户提供各种服务，如产品运输、订单选择、库存管理等。第三方物流企业的产生是由一些大的公共仓储公司通过提供更多的附加服务演变而来的，或是由一些制造企业的运输和分销部门演变而来。

把库存管理的部分功能交给第三方物流企业代理，可以使企业更加集中精力，于自己的核心业务，第三方物流企业起到了供应商和用户之间联系的桥梁的作用。面向协调中心的第三方物流企业使供应与需求双方都取消了各自独立的库存，增加了供应链的敏捷性和协调性，并且能够大大改善供应链的用户服务水平和运作效率。

(三)联合库存管理的优、缺点

1. 联合库存管理的优点

基于协调中心的联合库存管理和传统的库存管理模式相比有以下几个方面的优点：

(1)为实现供应链的同步化运作提供了条件和保证。

(2)减少了供应链中的需求扭曲现象，降低了库存的不确定性，提高了供应链的稳定性。

(3)库存作为供需双方信息交流和协调的纽带，可以暴露供应链管理中的缺陷，为改进供应链管理水平提供依据。

(4)为实现零库存管理、准时采购以及精细供应链管理创造了条件。

(5)进一步体现了供应链管理资源共享和风险分担的原则。

联合库存管理系统把供应链系统管理进一步集成为上游和下游两个协调管理中心，从而部分消除了由供应链环节之间的不确定性和需求信息扭曲现象导致的供应链库存波动。通过协调管理中心，供需双方共享需求信息，提高了供应链运作的稳定性。

2. 联合库存管理的缺点

联合库存管理的建立和协调成本较高，在实际过程中双方很难建立一个协调中心，即使建立了也很难运作。

案例分享

美国通用汽车售后零件运作公司的联合库存管理实践

美国通用汽车售后零件运作公司，早在 21 世纪初期着力于改进和优化“联合库存管理”，其特点是与经销商和零售商一起分担库存的风险。

美国通用汽车售后零件运作公司(土星分部)采用了一种基于需求的方法来推动售后零件在供应链上的流动，这种方法考虑到了售后零件消耗的概率特点。公司将所有的售后零件都集中存放在一个配送中心里，经销商存放一部分，不同的经销商可以存放不同数量的不同售后零件。售后零件的需求来自车辆维修、事故、定期保养和车主的自行维修，这些需求可以是事前计划好的，也会是完全的突发事件。在确定了需要哪些零件以后，经销商就会在仓库查找是否有这些零件，然后发货给维修点。如果缺货，经销商就会向售后零件共享团体（美国通用汽车售后零件运作公司组织起来的实现零件共享的经销商团体）的成员发出请求，看其他成员是否有该零件。美国通用汽车售后零件运作公司为此提供了一套信息系统，帮助经销商进行这种查询。如果在售后零件共享团体中也没有，那么就只能从配送中心或供应商处订货。经销商可以实时查询零件在全美国各地点的库存情况。

在每天的工作快结束的时候，经销商会收到美国通用汽车售后零件运作公司发来的关于零件目标库存的水平的建议。经销商可以选择是或者否，也可以调高或调低目标库存水平，然后根据经销商反馈的结果，公司会自动地为经销商补货。所有的补货订单都会发到中央配送中心，然后根据发运计划安排发货。如果配送中心有货，响应时间为 3 天或者更短；如果缺货，配送中心就会将补货订单设为未结订单，或者直接从工厂的生产库存中采购。

土星分部零件供应链的一个重要的特点是"基于目标库存的拉动系统"。由于土星分部的是一对一的补库策略（在目标库存水平上，经销商用掉一个，土星分部就补充一个），土星分部并不会根据需求预测值来安排库存。除了上述业务流程以外，美国通用汽车零件运作公司（土星分部）还提供了一套专门的财务制度，包括给那些将自己的零件拿出来共享的经销商以合理的补偿，并且土星分部会在 3 天内或者更少的时间内自动补货。经销商根据土星分部的建议购入的零件，如果在 9 个月内零件没有卖掉，土星分部将负责将这些零件取回并退款。

每一家经销商的库存系统都直接与土星分部的管理系统相连。经销商将当天的零件交易情况传送给土星的中央系统，根据每天晚上收到的记录，土星的中央系统就可以立即做出零件库存决策，确定对每一个库存单元需要补库的数量。

通过联合库存管理，美国通用汽车售后零件运作公司（土星分部）显著地提高了库存管理水平，并确保能够在非常短的时间内为每一家经销商进行供货。这种订货和库存管理方法迅速地在美国通用汽车售后零件运作公司的各品牌分部推广开来。

资料来源：杨轶琚. 中国通用汽车售后零件的物流运作管理[D]. 上海交通大学工程硕士学位论文，2010.

三、协同式供应链库存管理

（一）协同式供应链库存管理概念

随着供应链管理思想在实践中得到越来越多的运用以及企业信息化水平的不断提高，有些企业已经不再满足于单纯的库存管理合作联盟模式，而是要求更广泛的合作。为了实现对供应链的有效运作和管理，以及对市场变化的科学预测和快速反应，一种比供应商管理库存更为先进的面向供应链的运营策略——协同式供应链库存管理（Collaborative Planning Forecasting and Replenishment，CPFR）应运而生。该模式的核心思想就是协同。为了实现共同的目标，供应链上下游企业必须保证长期的沟通与信息共享，以此来进行需求信息的预测与补货策略的沟通。此外，协同式管理库存也强调供应链上下游企业需共同参与需求预测模型的制订和相关反馈信息的处理。该模式的目标是实现供应链上下游企业的共赢，即通过共同协商，基于客户需求预测技术，合理调整补货策略，降低供应链企业的库存量，增加产品的销售量，最终使得供应链上各企业的收益与协同运行效率得到有效提升。

CPFR 就是这样一种基于双向决策沟通的供应链合作模式，通过合作进行计划、预测和补货，进一步提高供应链的效率和竞争实力。

CPFR 建立在联合库存管理和供应商管理库存的实践基础上，同时抛弃了二者的主要缺点。同传统的供应链运营模式相比，CPFR 在改善供应链合作关系、提高消费者满意度和供应链整体运作效率方面，无疑是一个重大的进步，具有重要的理论和应用价值。但是，它也存在一定的局限：以消费者为中心的思想未能完全实现；CPFR 始于需求预测，终于订单产生，因此合作过程不是十分完善。

CPFR 的形成始于沃尔玛所推动的合作预测与响应（Collaborative Forecast and Replenishment，CFAR）。CFAR 是利用互联网，通过零售企业与生产企业的合作，共同做出商品预测，并在此基础上实行连续补货的系统。后来，在沃尔玛的不断推动之下，基于信息共享的 CFAR 系统向 CPFR 发展，CPFR 是在 CFAR 共同预测和补货的基础上，进一步推动共同计划的制订，即不仅合作企业实行共同预测和补货，同时原来属于各企业内部事务的计划工作（如生产计划、库存计划、配送计划、销售规划等）也由供应链各企业共同参与。

（二）CPFR 的特点

1. 协同

从 CPFR 的基本思想看，供应链上下游企业只有确立起共同的目标，才能使双方的绩效都得到提升，取得综合性的效益。CPFR 这种新型的合作关系要求双方长期承诺公开沟通、信息分享，从而确立其协同性的经营战略。正因为如此，协同的第一步就是保密协议的签署、纠纷机制的建立、供应链计分卡的确立以及共同激励目标的形成（例如，不仅包括销量，而且要确立双方的盈利率）。应当注意的是，在确立这种协同性目标时，买卖双方不仅要建立起双方的效益目标，更要确立协同的盈利驱动性目标，只有这样，才能使协同性体现在流程控制和价值创造的基础之上。

2. 规划

1995 年，沃尔玛与 Warner-Lambert 的 CFAR 为消费品行业推动双赢的供应链管理奠定了基础，此后当 VICS（产业共同商务标准协会）定义项目公共标准时，认为需要在已有的结构上增加“P”，即合作规划（品类、品牌、分类、关键品种等）以及合作财务（销量、订单满足率、定价、库存、安全库存、毛利等）。此外，为了实现共同的目标，双方还需要协同制订促销计划、库存政策变化计划、产品导入和中止计划以及仓储分类计划。

3. 预测

任何一个企业或双方都能做出预测，但是 CPFR 强调买卖双方必须做出最终的协同预测，像季节因素和趋势管理信息等，无论是对服装或相关品类的供应方还是销售方都是十分重要的。基于这类信息的共同预测能大大减少整个价值链体系的低效率、死库存，促进更好的产品销售，节约整个供应链的资源。与此同时，最终实现协同促销计划是预测精度提高的关键。CPFR 所推动的协同预测还有一个特点是，它不仅关注供应链双方共同做出最终预测，而且强调双方都应参与预测反馈信息的处理及预测模型的制定和修正，特别是如何处理预测数据的波动等问题。只有把数据集成、预测和处理的所有方面都考虑清楚，才有可能真正实现共同的目标，使协同预测落到实处。

4. 补货

销售预测必须利用时间序列预测和需求规划系统转化为订单预测，并且供应方约束条件，如订单处理周期、前置时间、订单最小量、商品单元以及零售方长期形成的购买习惯等都需要供应链双方加以协商解决。根据 VICS 的 CPFR 指导原则，协同运输计划也被认为是补货的主要因素。此外，例外状况的出现也需要转化为存货的百分比、预测精度、安全库存水准、订单实现的比例、前置时间以及订单批准的比例，所有这些都需要在双方公认的计分卡基础上定期协同审核。对于潜在的分歧,如基本供应量、过度承诺等,双方事先应及时加以解决。

(三)CPFR 供应链的实施

1. CPFR 买卖双方关键角色架构

对于买卖双方,提供四组角色扮演的架构,依供应链成员的权力结构与专长,来选择最适合彼此合作的一套架构,作为彼此权责划分与互动的依据。供应链的协同合作与决策,可以分为协同规划、协同预测以及协同补货三个阶段。买卖双方在进行协同合作之前应先商讨好角色架构,在前述三项决策中决定谁是决策者以及双方所扮演的角色。销售预测是以买方决策为主导,订单预测是以卖方决策为主导,下单预测则由双方共同进行。综上所述,CPFR 买卖双方关键角色架构的特点为:

(1)基于不同系统的特性,买卖双方应选择不同的 CPFR 架构作为双方供应链决策中定位的参考。

(2)买卖双方皆参与需求规划和预测的过程,但应注意决策权的单一化,以及预测时参与成员们使用资料的唯一性。

2. 协同规划预测补货的九大步骤

CPFR 九大步骤的特点为辅助上下游成员协同规划销售、订单预测以及例外(异常)预测状况的处理。

(1)协同规划。协同规划的目的是让供应链成员间的规划活动能取得一致的基本假设,以利于后续各项合作活动的进行。共同的基本假设包括:确定协同商务关系的基本参数,如协同合作的商品项目、共享的资料、异常状况的定义,以及确定协同的商业流程范围,如合作的目标、冻结执行订单的时窗等。

步骤 1:建立合作的关系。首先,买卖双方应共同建立合作的正式商业协议,此仅在协同活动之初一次拟定,其内容为:

①明确定义的合作目标与相关绩效的衡量指标。

②协同合作的范围。

③共享的资料,合作计划可动用的资源,包括人员、资信系统、专业能力。

④例外状况判定的法则,如何解决分歧。

⑤CPFR 的推动蓝图,如商业流程、互动的方式与技术、终极检验的时效与机制。

步骤 2:建立联合商业计划。包括:

①买卖双方交流营运计划以发展出合作产品的营运计划。

②共同定义产品角色、产品销售目标、达成目标的战术。

③拟定产品订单的最小值(出货的最小订单量)、产品出货的前置时间、订单的冻结期间、安全存量。

(2)协同预测。协同预测可细分成销售预测与订单预测两个阶段,前者单纯考虑市场需求,后者则以销售预测的结果,考虑产能现实状况,预测可能的订单。

步骤 3:建立销售预测。使用最终消费者的消费资料,预测产品特定期间的销售。本阶段的具体事项包括:

①拟定预测的时间范围,如第 9 周。

②拟定预测的时间单位,如月、周、日。

③拟定预测产品的单位基础,如单店的销售量、区域物流中心的总量。

④在方法上,使用历史资料配合相关回归分析模式、时间序列分析来进行预测。

⑤预测结果应区分为基本的需求与促销的需求两类。

步骤 4:辨别销售预测可能出现问题的例外。列出销售预测可能出现问题的例外产品,如爆仓销售产品。对于异常的销售情形,要时时监控,以调整策略。

步骤 5:共同处理例外产品。当异常发生时,上下游应设定一些做法来增加或减少销售,以降低对库存的冲击。

步骤 6:建立订单预测。订单预测一般由供应商物流中心主导,基于销售预测或实际销售的结果,考量制造、仓储、运输产能等制约因素,拟定未来各时程的订单,其作业内容包括:

①结合销售预测、因果资讯与存货政策,产生未来特定时间、特定地点产品的订单预测。

②基于订单预测的结果,供应商可进行产能需求规划。

步骤 7:列出订单预测可能出现问题的例外产品。此步骤类似于步骤 4 的过程,特别要注意产品的销售与订单的占比,若比值高于 1,则代表将会有库存发生,比值越高,意味着库存越多。比值高低与其合理性视各产品而定,比值的监视与控制可以掌握订单异常状况。

步骤 8:共同处理例外产品。此步骤类似于步骤 5。

(3)协同补货阶段。

步骤 9:下单补货。经过协同规划、预测阶段后,协同补货决策的难度将大幅降低。根据事先议定的冻结期间订单的预测结果产生订单,冻结期间的长短通常与制造、配送的前置时间相关。对供应商而言,冻结期间的数量将视为已确认的需求量,零售商实际的订单传来后,供应商应去除此部分产能。另外,供应商也可能采取供应商管理库存方式自动补充零售商的存货,并以冻结阶段总量作为补货的规范。

四、多级库存控制

基于协调中心的联合库存管理是对供应链的局部优化控制,而要进行供应链的全局性优化与控制,则必须采用多级库存优化与控制方法。多级库存优化与控制是在单级库存控制基础上形成的,多级库存优化与控制是供应链资源的全局性优化。

多级库存控制的方法有两种:一种是非中心化(分布式)策略,另一种是中心化(集中式)策略。非中心化策略是各个库存点独立地采取各自的库存策略,这种策略在管理上比较简单,但是并不能保证整体的供应链优化。如果信息共享度低,非中心化策略多数情况产生的是次优结果,因此非中心化策略需要更多信息共享。中心化策略,所有库存点的控制参数是同时决定的,考虑了各个库存点的相互关系,通过协调的办法获得库存优化。但是中心化策略在管理上协调难度大,特别是供应链层次比较多,即供应链的长度增加时,更增加了协调控制的难度。

传统的库存优化问题无不例外地进行库存成本优化。成本是库存控制中必须考虑的因素,但是,在现代市场竞争环境下,仅优化成本这样一个参数显然是不够的,应该把时间(库存周转时间)的优化也作为库存优化的主要目标来考虑。下面我们分别从时间优化和成本优化的角度分别探讨多级库存的优化控制问题。

(一)基于成本优化的多级库存优化

基于成本优化的多级库存控制实际上就是确定库存控制的有关参数:库存检查期、订货点、订货量。

在传统的多级库存优化方法中,主要考虑的供应链模式是"生产—分销"模式,也就是供应链的下游部分。库存控制考虑集中式(中心化)和分布式(非中心化)两种库存控制策略情形。在分析之前,首先确定库存成本结构。

1. 供应链的库存成本结构

(1)维持库存费用。在供应链的每个阶段都维持一定的库存，以保证生产、供应的连续性。这些库存维持费用包括资金成本、仓库及设备折旧费、税收、保险金等。维持库存费用与库存价值和库存量的大小有关，其沿着供应链从上游到下游有一个累积的过程。

(2)交易成本。即在供应链企业之间的交易合作过程中产生的各种费用，包括谈判要价、准备订单、商品检验费用、佣金等。交易成本随交易量的增加而减少。交易成本与供应链企业之间的合作关系有关。通过建立一种长期的互惠合作关系，有利于降低交易成本，战略伙伴关系的供应链企业之间交易成本是最低的。

(3)缺货损失成本。缺货损失成本是由于供不应求，即库存小于零的时候，造成市场机会损失以及用户罚款等。缺货损失成本与库存大小有关，库存量大，缺货损失成本小；反之，缺货损失成本高。为了减少缺货损失成本，维持一定量的库存是必要的，但是库存过多将增加维持库存费用。在多级供应链中，提高信息的共享程度、增加供需双方的协调与沟通有利于减少缺货带来的损失。

2. 库存控制策略

(1)中心化库存控制

中心化控制策略的优势在于能够对整个供应链系统的运行有一个较全面的掌握，能够协调各个节点企业的库存活动。中心化控制是将控制中心放在核心企业上，由核心企业对供应链系统的库存进行控制，协调上游与下游企业的库存活动。这样核心企业也就成了供应链上的数据中心(数据仓库)，担负着数据的集成、协调功能。供应链中心化库存控制模型见图 13—4。

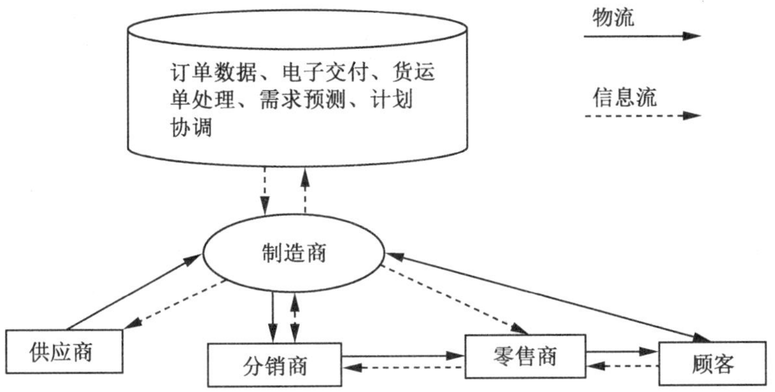

图 13—4　供应链中心化库存控制模型

中心化库存控制的目标是使供应链上总的库存成本最低。理论上讲，供应链的层次是可以无限的，即从用户到原材料供应商，整个供应链是 n 个层次的供应链网络模型，分一级供应商、二级供应商……k 级供应商，然后到核心企业(组装厂)；分销商也可以是多层次的，分一级分销商、二级分销商、三级分销商等，最后才到用户。但是，现实的供应链的层次并不是越多越好，而是越少越好，因此采用供应-生产-分销这样的典型三层模型足够说明供应链的运作问题。三级库存控制模式见图 13—5。

图 13—2 中，各个零售商的需求 D_{it} 是独立的，根据需求的变化做出的订货量为 Q_{it}。各个零售商总的订货需求汇总到分销中心，分销中心产生一个订货需求给制造商，制造商根据产品决定生产计划，同时对上游供应商产生物料需求。整个供应链在制造商、分销商、零售商三

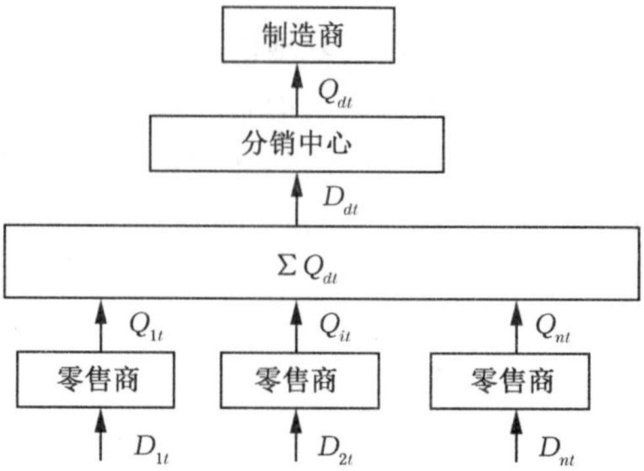

图 13—5　三级库存控制模式

个地方存在三个库存，这就是三级库存。

关于订货策略采用连续检查还是周期性检查的问题，原则上讲两者都是适用的，但各有特点。问题在于采用传统的订货策略时，有关参数的确定和供应链环境下的库存参数应有所不同，否则不能反映多级库存控制的思想，因此，不能按照传统的单点库存控制策略进行库存优化，必须寻找新的方法。

按照传统的固定量订货系统，其经济订货量 Q^* 为：

$$Q^*=\sqrt{\frac{2DC_R}{H}}$$

其中，C_R 为单次订货成本，H 为单位产品库存持有成本，D 为当年需求量。

如果我们把这个算法作为多级库存的各个阶段的供应商或分销商的订货策略，那么就没有体现供应链的中心化控制的思想。因为，这样计算实际的库存信息是单点库存信息，没有考虑供应链的整体库存状态，所以采用这样的计算方法实际上是优化单一库存点的成本而不是整体供应链的成本。

运用供应链的控制思想可以采用级库存取代点库存解决这个问题。因为点库存控制没有考虑多级供应链中相邻节点的库存信息，所以容易造成需求放大现象。采用级库存控制策略后，每个库存点不再是仅检查本库存点的库存数据，而是检查处于供应链整体环境下的某一级库存状态。这个级库存和点库存不同，我们重新定义供应链上节点企业的库存数据，采用“级库存”这个概念：

供应链的级库存＝某一库存节点现有库存＋转移到及正在转移给其后续节点的库存

这样检查库存状态时，不但要检查本库存点的库存数据，而且还要检查其下游需求方的库存数据。级库存策略的库存决策是基于完全对其下游企业库存状态掌握的基础上，因此避免了信息扭曲现象。建立在互联网技术基础上的全球供应链信息系统，为企业之间的信息快速传递提供了保证，因此，实现供应链的多级库存控制是有技术保证的。

(2)非中心化的控制策略

非中心化库存控制是把供应链的库存控制分为三个成本归结中心，即制造商成本中心、分销商成本中心和零售商成本中心，各自根据自己的库存成本优化做出优化的控制策略。非中心化的库存控制要取得整体的供应链优化效果，需要增加供应链的信息共享程度，使供应链的各个部门都共享统一的市场信息。非中心化多级库存控制策略能够使企业根据自己的实际情况独立做出快速决策，有利于发挥企业自己的独立自主性和灵活机动性。

非中心化库存订货点的确定，可完全按照单点库存的订货策略进行，即每个库存点根据库存的变化，独立地决定库存控制策略。非中心化的多级库存优化策略要求企业之间的协调性比较好，如果协调性差，则有可能导致各自为政的局面。

（二）基于时间优化的多级库存控制

基于成本优化的多级库存优化方法是传统的做法。随着市场变化，市场竞争已从传统的、简单的成本优先的竞争模式转为时间优先的竞争模式，这就是敏捷制造的思想。因此供应链的库存优化不能简单地仅优化成本。在供应链管理环境下，库存优化还应该考虑对时间的优化，比如，库存周转率的优化、供应提前期优化、平均上市时间的优化等。库存时间过长对于产品的竞争力不利，因此供应链系统应从提高用户响应速度的角度提高供应链的库存管理水平。

案例分析

襄汉公司的联合库存管理策略

一、案例背景

进入21世纪以来，随着信息技术在企业中的大规模应用，企业的竞争模式发生了巨大变化，市场竞争已由以前单个企业之间的竞争演变为供应链之间的竞争。供应链上的各个企业通过信息交换、资源共享等途径达到共赢的目的。特别是对于制造业企业而言，如何设置和维持一个合理的库存水平，以应对存货不足带来的短缺风险和损失，以及库存过多所引起的仓储成本和资金成本增加，则成为其必须解决的问题。

襄汉公司成立于1993年，是一家大型设备制造企业，主要生产举重机械设备和混凝土设备，如汽车举重机、混凝土运输车等。2010年，其总资产超过25.8亿元，员工总人数超过4 000人。

二、问题提出

由于襄汉公司产品品种多，结构复杂，所需要的零部件和所用的材料种类多，库存物料品种多，为了应对需求波动和生产的不确定性，其不得不持有较高的库存，这就导致公司库存管理方面的三大问题：

1. 库存管理多级化

襄汉公司没有成立统一的物流中心，无法对物料的采购、运输、仓储、配送进行统一管理。销售、制造、计划、采购、运输和仓储等的控制系统和业务过程各自独立，相互之间缺乏业务合作，从而导致多级库存。

2. 库存持有成本高

襄汉公司的各个事业部或分公司都有自己的仓储系统，单独进行库存管理。仓库、货场、设施和设备没有进行统一规划、统一管理，没有得到充分利用，增加了库存的空间成本。仓库还需要租金和人员管理，库存持有成本很高。

3. 库存质量控制成本高

襄汉公司作为一家大型机械制造企业，生产所需的原材料和零部件大多来自外购，所需物料种类和规格型号多，企业供应商数量多，分布范围广，质量标准不一，因此就增加了襄汉公司产品质量控制的工作量，增加了检测人员及检测设备，从而导致库存质量控制成本高。

三、具体措施

1. 原材料联合库存

为襄汉公司供应原材料的供应商须将材料直接存入公司的原材料库中，使以前各个供应商的分散库存变为公司集中库存。集中库存要求供应商的运作方式是：按襄汉公司的订单组织生产，产品完成时，立即实行小批量、多频次的配送方式直接送到公司的仓库补充库存。公司库存控制的管理重点是：既保证生产需要，又要使库存成本最小。具体的操作程序是：第一，分析公司原材料供应商的资质状况，从中筛选出符合公司要求的供应商，并确定为合作伙伴。第二，与确定的合作伙伴签订联合库存控制管理协议。第三，加强公司联合库存控制管理，既保证账目、单据、货物相符，又要保证货物不损坏变质。

2. 产销联合库存

襄汉公司总库承担产品储备中心的职能，相当于整个全国分库的供应商。在分库所辖区域内，设立地区中心仓库，承担各分销商产品供应工作。中心仓库的库存产品由公司总库配送或分销商代储。中心仓库的管理人员由总部指派，负责产品的接收、配送和管理。各中心仓库在联合库存协调管理中心即商务总库的领导下，统一规范作业程序，实时反馈产品需求信息。联合库存协调中心根据进、出库动态信息，了解产品供应情况，充分利用现有资源，合理调配，提高发货速度，以最低的消耗，实现最大收益，及时、准确地保证分销商及市场的需求。

四、结束语

在联合库存控制管理下，供应商企业可以取消自己的产成品库存，而将库存直接设置到核心企业的原材料仓库中；分销商不建立自己的库存，产品由核心企业从成品库存直接送到用户手中。应用这种库存管理模式可以达到以下目的：第一，降低原材料采购成本，因为各个供应商的物资直接进入公司的原材料库中，减少了供应商的库存保管费用；第二，降低分销商销售成本。分销商不建立自己的库存，所售商品由公司各区域分库直接发给用户，因此降低了成本，且能把所有的精力放到销售上，从而提高分销商的主动性、积极性，提高公司的产销量。

资料来源：吴群. 物流与供应链前沿案例[M]. 上海：复旦大学出版社，2022.

思考题：

1. 结合案例阐述 JMI 能够给企业库存管理带来什么优势？
2. 结合案例分析 JMI 与 VMI 的异同点。

【思维导图】

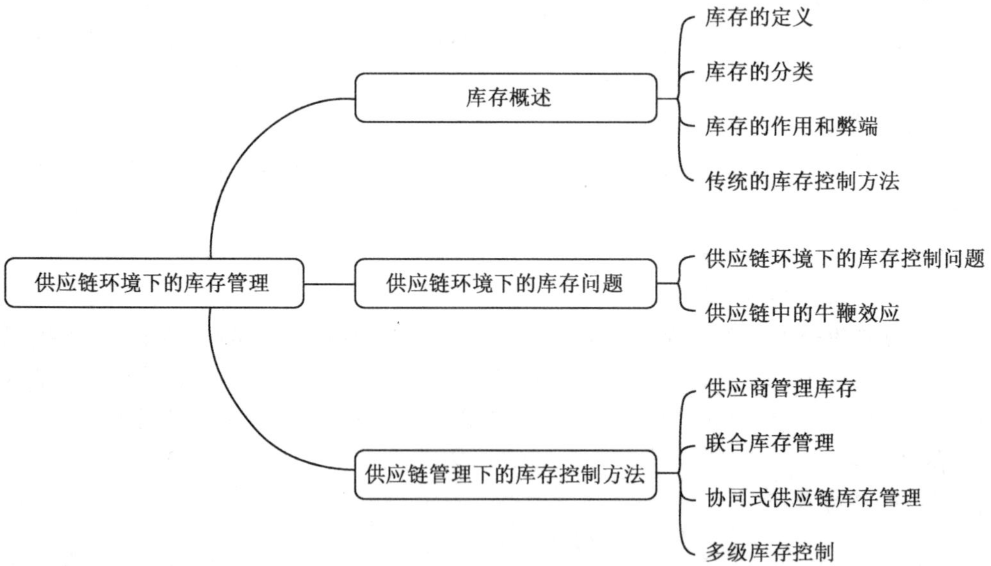

习　题

一、单项选择题

1. 库存管理的基本目标是(　　)。

A. 实现联合管理库存　　B. 消除供需双方的空间差异

C. 防止缺货和超储　　D. 协调与供应商的关系

2. 对库存进行管理,首先要进行(　　)。

A. 采购提前期的管理　　B. 存货编码与识别

C. 订购批量与订购时间的确定　　D. 需求识别与需求预测

3. 下列不属于联合库存管理优点的是(　　)。

A. 为实现供应链的同步化运作提供了条件和保证

B. 减少了供应链中的需求扭曲现象,降低了库存的不确定性,提高了供应链的稳定性

C. 双方比较容易建立一个高效的协调中心

D. 库存作为供需双方信息交流和协调的纽带,可以暴露供应链管理中的缺陷,为改进供应链管理水平提供依据

4. 协同式供应链库存管理的特点表现为(　　)。

A. 控制　　B. 配货　　C. 补货　　D. 集成

5. 非中心化库存控制把供应链的库存控制分为三个成本归结中心,下面不属于三个成本归结中心的是(　　)。

A. 制造商成本中心　　B. 客户成本中心

C. 零售商成本中心　　D. 分销商成本中心

二、多项选择题

1. 企业保留库存的原因包括(　　)。

A. 顾客的需求变化无法准确预测

B. 顾客要求的供货期与制造周期不一致

C. 供应商的供货成本、能力、数量、质量不确定

D. 物流服务的经营规模减少库存

2. 供应链环境下库存管理面临的挑战有(　　)。

A. 供应链库存管理的协调　　B. 供应链库存管理信息的共享

C. 库存信息传递过程中的扭曲　　D. 供应链库存管理中的不确定性

3. 牛鞭效应产生的原因包括(　　)。

A. 需求预测修正　　B. 价格波动　　C. 库存失衡　　D. 缺少协作

4. 供应商管理库存的原则是(　　)。

A. 合作精神　　B. 持续改进原则

C. 自身利益最大化原则　　D. 目标一致性原则

5. 基于成本优化的多级库存控制实际上就是确定库存控制(　　)的参数。

A. 库存检查期　　B. 交货期　　C. 订货点　　D. 订货量

三、问答题

1. 库存的作用主要表现在哪些方面?
2. 供应链中牛鞭效应的解决方法有哪些?
3. 供应链管理下的库存控制方法有哪些?

第十四章　供应链绩效评价及激励机制

案例导入

世界银行物流绩效指数报告

2018 年 7 月 24 日，世界银行发布了《联结以竞争：全球经济中的贸易物流》，公布了物流绩效指数(LPI)报告，其中，德国在 168 个经济体物流绩效排名中名列榜首，中国名列第 26 位。

报告发现，物流绩效与供应链可靠性和服务质量密切相关，供应链弹性和可持续性正成为国家政策关注点。该报告为物流中的网络安全威胁和电子交易平台的使用提供了新见解。

物流绩效指数最高的 10 个国家是高收入国家，它们主导了全球供应链产业。绩效最差的经济体都是最不发达国家，这些国家往往属于内陆国家、小岛屿国家或者冲突后国家。然而，物流绩效不仅仅是由人均收入所决定的，各个收入组别都有很多国家的表现超过同组其他国家。

在中等偏上收入国家中，物流绩效较之前没有显著变化，名列前茅的国家包括南非、中国和泰国。在中等偏下收入国家中，印度、印度尼西亚和南非的物流绩效改善超出平均水平，这些国家离主要的运输中心很近；而在低收入国家里，绩效最好的国家位于东非和西非。

资料来源：让-弗朗索瓦·阿维斯，等．世界银行物流绩效指数报告(2018)——联结以竞争：全球经济中的贸易物流[M]．北京：中国财富出版社，2018.

第一节　供应链绩效评价概述

供应链绩效是指供应链成员在一定的基础设施、人力资源及技术资源等支持下，通过采购管理、生产运作管理、物流管理、营销、顾客服务、信息共享等活动增加和创造的价值总和(结果绩效)，以及为达到上述目标，供应链各成员采取的各种行动和过程(过程绩效)。供应链管理的目标就是降低整个供应链的物流成本和费用，提高整个供应链的运作效率。因此，全面分析和评价供应链运行绩效，就成为供应链管理中十分必要且重要的一环。

一、供应链绩效评价的含义、特点及内容

(一)供应链绩效评价的含义

供应链绩效评价是指围绕供应链管理的目标，对供应链整体、各个环节的运作状况和各环

节之间的协作关系等进行的事前、事中与事后的分析评价。

（二）供应链绩效评价的特点

（1）供应链绩效评价侧重于供应链的整体绩效评估。它是根据供应链管理运作机制的基本特征和目标，反映供应链整体运营状况和上下节点企业之间的运营关系，而不是孤立地评价某一节点的运营情况；不仅要评价该节点企业的运营绩效，而且还要考虑该节点企业的运营绩效对其上下节点企业或整个供应链的影响。

（2）基于业务流程的绩效评价。单个企业的绩效评价一般都是基于职能的绩效评价，供应链绩效评价一般基于业务流程的绩效评价，其目的不仅是要获得企业或供应链的运作状况，更重要的是要找出优化企业或供应链的流程。

（3）供应链绩效评价难度较大。建立一套有效的供应链绩效评价体系对供应链的发展非常重要，但目前有关实施供应链绩效评价的体系并不成熟，供应链绩效评价尚需在理论和实践中进一步探讨和完善。

（三）供应链绩效评价的内容

供应链绩效评价内容包括以下三个部分：一是内部绩效衡量；二是外部绩效衡量；三是供应链综合绩效衡量。

1. 内部绩效衡量

内部绩效衡量主要对供应链上的企业内部绩效进行评价，着重将企业的供应链活动和过程同以前的作业或目标进行比较，常见的评价指标主要有成本、客户服务、生产率、资产、管理和质量等方面的指标。

2. 外部绩效衡量

外部绩效衡量主要是对供应链上的企业之间运行状况的评价。外部绩效衡量的主要指标有用户满意度、最佳实施基准等。

3. 供应链综合绩效衡量

供应链综合绩效衡量主要是从顾客服务、时间、成本、资产等方面展开的。

二、供应链绩效评价的作用

为了能评价供应链的实施给企业群体带来的效益，方法之一就是对供应链的运行状况进行必要的审视，并根据审视结果对供应链的运行绩效进行评价。因此，供应链绩效评价主要有以下方面的作用：

（1）用于对整个供应链的运行效果做出评价。主要考虑供应链与供应链间的竞争，为供应链在市场中的生存、组建、运行和撤销的决策提供必要的客观依据。目的是通过绩效评价获得对整个供应链的运行状况的了解，找出供应链运作方面的不足，及时采取措施予以纠正。

（2）用于对供应链上各个成员企业做出评价。主要考虑供应链对其成员企业的激励，吸引企业加盟，剔除不良企业。

（3）用于对供应链内企业与企业之间的合作关系做出评价。主要考察供应链的上游企业（如供应商）对下游企业（如制造商）提供的产品和服务的质量，从用户满意度的角度评价上、下游企业之间的合作伙伴关系的好坏。

（4）用于对企业的激励，包括核心企业对非核心企业的激励，也包括供应商、制造商和销售商之间的相互激励。

三、供应链绩效评价的原则

供应链绩效评价是一项复杂的系统工程，涉及供应链上的每一个企业，包括这些企业之间以及这些企业内部各要素之间错综复杂的关系。这些要素之间可能相互促进，也可能相互制约，或者二者兼备，并且会随着环境的调整而不断发展变化。尤其值得一提的是，在供应链上，每一个企业都是独立的经济实体，分别有自己的发展目标和生存原则。因此，要想对供应链绩效做出客观、公正、科学、合理的评价，企业必须注意遵循以下原则：

（一）供应链绩效优先，兼顾企业绩效原则

在传统情况下，人们更关注企业绩效，如企业的盈利能力、资产运营水平、偿还债务能力和后续发展能力等。当企业之间的竞争转向供应链之间的竞争时，供应链绩效必然代替企业绩效而上升到主要地位，并逐渐受到更多的关注。另外，尽管供应链由上、下游企业构成，供应链绩效本身体现了企业绩效，但在管理实践中，却难以避免某些企业利用自身的有利地位（如在买方市场下，零售商比制造商具有更多的选择权力）滥施权力的现象。这类现象的发生，破坏了供应链上、下游企业间的合作伙伴关系，使供应链处于不稳定的状态中，从而有悖于供应链管理的目标。为了杜绝这类现象，应当在绩效评价中大力倡导供应链绩效优先，同时兼顾供应链中各企业绩效的原则。

（二）多层次、多渠道和全方位评价原则

多方搜集信息，实行多层次、多渠道和全方位的评价，有助于尽可能全面和有重点地反映供应链绩效，同时也有助于增强绩效评价的可操作性。在实践中，评价经常综合运用上级考核、专家评价、同级评价、下级评价、职员评价、客户评价等多种形式。

（三）短期与长期、近期与远期相结合原则

短期绩效与长期绩效、近期绩效与远期绩效是分别就供应链绩效涉及的时间长短、远近而言的，其中均存在着辩证统一的关系。进行绩效评价，不仅要考虑短期与近期的绩效，更要重视长期与远期的绩效。在物流与供应链管理中，某些行为从短期或近期的角度来看，可能绩效甚微或者无绩效可言，但从长期或远期的角度考虑，它对规范供应链上、下游企业的行为，促进企业间的资源共享和共赢，推动供应链的协调发展无疑具有重大的意义。在物流与供应链绩效评价中，将短期与长期、近期与远期正确地结合起来，有助于企业提高自觉性，减少盲目性，使物流与供应链管理水平稳步提高；有助于企业对社会资源的生产、流通、分配和消费活动做出更大的贡献。

（四）静态评价与动态评价相结合原则

进行绩效评价不仅要对影响供应链绩效的各种内部因素进行静态考察和分析评价，而且要动态地研究这些因素之间以及这些因素与外部因素之间的相互影响关系。作为一种新兴的管理模式，在供应链管理过程中，肯定会不断地遇到新情况和新问题，因此，在进行绩效评价时，一定要在相对稳定的基础上应用动态和发展的观念，才能解决所面临的难题。

（五）宏观绩效与微观绩效相结合原则

从所涉及的范围来看，供应链绩效可分为宏观绩效和微观绩效两种。宏观绩效是供应链管理活动从全社会的角度来考察时的总的绩效，微观绩效是指供应链管理活动从企业与供应链系统本身的角度来考察时的绩效，二者既相互矛盾又彼此统一。从矛盾性来看，微观绩效为了显示自己的基础性作用，必然会做出种种努力，以突出个体，包括要求减少来自宏观层面的控制和干预；而宏观绩效为了发挥自己的主导作用，也必然会对微观层面施加种种限制性措

施，以抑制其个性化发展。从统一性来看，微观绩效是宏观绩效的基础，离开了微观绩效，宏观绩效就要落空；宏观绩效又对微观绩效起着导向作用，微观绩效只有在符合宏观绩效的前提下，才能得到有效的发挥。

（六）责、权、利相结合原则

供应链绩效评价的主要目的是改善和提升绩效。因此，在绩效评价过程中，应当及时地将评价的结果落实到个体，分清责任归属和权利范围，做到责、权、利明晰，赏罚分明。例如，由于供应链上的每个企业都是独立的经济实体，出于个体经济理性的考虑，经常会发生供应链上、下游企业间因争夺自家“小利”而导致丧失供应链“大利”的情况。针对这一系列问题，在绩效评价中，企业应当本着责、权、利相结合的原则，谨慎处理，否则，就可能会破坏供应链上、下游企业间的战略合作伙伴关系，阻碍物流与供应链竞争战略目标的实现。

第二节　供应链绩效评价方法

供应链绩效评价方法的选用应根据供应链系统的具体情况而定。由于供应链系统结构不同、性能不同，绩效评价因素不同，因而评价方法也有所不同。供应链绩效评价的方法很多，如层次分析法、ROF 法、供应链运作参考模型法、平衡计分卡法和供应链协同评价方法等，这里主要介绍其中几种方法。

一、层次分析法

层次分析法是美国运筹学家 T. L. 萨蒂（T. L. Saaty）于 20 世纪 70 年代中期提出来的。其基本思路是：评价者首先将复杂问题分解为若干组成要素，并将这些要素按支配关系形成有序的递阶层次结构；其次通过两两比较，确定层次中诸要素的相对重要性；最后综合各层次要素的重要程度，得到各要素的综合评价价值，并据此进行决策。层次分析法后来被引入供应链管理领域，成为绩效评价的一种新方法。层次分析法是一种实用的多准则决策分析方法，将定性分析与定量分析相结合，并将决策者的经验判断予以量化，具有实用性、系统性和简洁性的特点。

二、ROF 法

比蒙（Beamon）于 1999 年提出了供应链绩效的一种新方法——ROF 法。他使用三个方面的绩效评价指标来反映供应链的战略目标：资源（Resources）、产出（Output）和柔性（Flexibility）。这三种指标都具有各自不同的目标。资源评价指标反映了高效生产的关键所在；产出评价指标必须达到很高的水平以保持供应链的增值性；柔性评价指标则要符合供应链快速响应环境变化的要求。三种评价指标的内容是：

（1）资源评价：包括对库存水平、人力资源、设备利用、能源使用和成本等方面的评价。

（2）产出评价：主要包括客户响应、最终产出产品数量和质量的评价。

（3）柔性评价：主要包括范围柔性和响应柔性两种评价。

三、供应链运作参考模型法

供应链运作参考（Supply-Chain Operations Reference，SCOR）模型是美国供应链协会于 1996 年提出的供应链管理模型。SCOR 模型以应用于所有工业企业为目的，帮助企业诊断供应链中存在的问题，进行绩效评估，确立绩效改进目标，并促进供应链管理的相关软件开发。

SCOR模型涵盖了供应链中的所有性能指标，旨在为企业供应链达到最佳实施以及相关的科技改进进行指导。SCOR模型描述所有阶段用于满足客户需求的行业行为情况。模型结构基本划分为5个大的流程模块：计划（Plan）、采购（Source）、生产（Make）、发运（Deliver）和退货（Return）。通过分别描述和界定这些供应链流程模块，SCOR就可以用最通用的标准把一个实际上非常简单或是极其复杂的供应链流程完整地描述出来。因此，应用SCOR模型的规范化标准，就可以完整地描述全球范围或是在某一特定地域内发生的供应链项目并对其进行改进和完善。

对SCOR模型的应用开发包括3个基本层次和1个附加的执行层次。SCOR模型中各等级的描述具体如下：

1. 顶级

它主要是从企业的战略决策角度定义供应链的范围和内容。SCOR模型分析企业需要达到何种绩效目标和发展战略方向。体现企业供应链绩效表现的主要性能指标包括：(1)交付能力，即按时或提前完成计划中的订单占比、发运速度；(2)完成订单能力，即订单完成提前期、全部订单完成率、供应链响应时间；(3)生产的柔性，即供应链管理总成本；(4)增值生产率，即保修返修成本比；(5)资金周转时间，即存货供应天数、资金周转次数。

2. 配置级

SCOR模型在这个层次将描述供应链流程的基本布局结构，确认企业的基本流程，并将每一个流程都按照SCOR模型的基本流程的分类规则进行定位，这可以直观地体现出企业采购—制造—发运的具体过程。每一个流程定义都包括一系列具体的操作步骤。

3. 流程要素级

将配置级所定义的流程进一步分解为连续的流程单元。它定义了企业在它所选择的市场中成功竞争的能力，包括流程要素定义、流程要素信息输入与输出、标杆应用、最好的实施方案和支持实施方案的系统能力。在第三级中，企业可以微调它们的运作战略。

4. 实施级

主要是流程要素分解，定义了取得竞争优势和适应企业条件变化的方案。

SCOR模型覆盖了从订单到付款发票等的所有客户的交互环节，以及供应商的供应商到客户的客户的所有物流活动。SCOR模型集成了业务流程重组、绩效基准和最优业务分析的内涵，提供了涵盖整个供应链的绩效评价指标：物流绩效、柔性与响应性、物流成本、资产管理。

几年来，国外企业应用SCOR模型已经极大地改进了它们的供应链效率。SCOR模型标准已经帮助它们构建了现有供应链，并且发现了低效率的流程环节。当构建了供应链之后，公司就可以对供应链的现状进行评价，并且促进企业的供应链最佳实践。

四、平衡计分卡法

平衡计分卡是以企业的战略为基础，将各种衡量方法整合为一个有机的整体。它既包含财务指标，又引入了顾客角度、内部流程、学习和成长这四个方面的指标，使组织能够一方面追踪财务结果，另一方面密切关注能使企业提高能力并获得未来增长潜力的无形资产等方面的进展。这四个指标的结合，构成了内部与外部、结果与驱动因素、长期与短期、定性与定量等多种平衡。这样就使企业既具有反映“硬件”的财务指标，同时又具备能在竞争中取胜的“软件”指标。

1. 顾客角度

首要目标是要解决“顾客如何看待我们”这一类的问题。公司的经营活动如何以顾客为导向是管理者必须考虑的问题。平衡计分卡要求管理者把为顾客服务的宗旨转化为具体的测评指标，这些指标能够反映真正与顾客相关的因素，主要包括时间、质量、性能、服务和成本等。组织应该明确这些方面应该达到的目标，继而将目标转化为指标。常见的客户指标有送货准时率、客户满意度、产品退货率、投诉数量等。客户指标体现了企业对外界变化的反应。

2. 内部业务角度

目标是解决“我们必须擅长什么”这一类的问题。以顾客为基础的指标固然重要，但是优异的顾客绩效来自组织运作中的流程、决策和行为。平衡计分卡要求管理者关注可能满足顾客需要的关键的内部经营活动。这方面的指标应该来自对顾客满意度有较大影响的业务流程，包括影响周期、质量、员工技能和生产率等各种因素。常见的内部业务指标有生产率、成本、合格品率、新产品开发率等。内部业务是企业改善绩效的重要环节。

3. 创新与学习方面

目标是解决“我们能否持续提高并创造价值”这一类问题。以顾客和内部业务流程为基础的测评指标，确定了公司认为是在竞争中获胜的最重要参数，但是组织只有通过持续不断地开发新产品、为顾客提供更多价值，以及提高经营效率，才能获得持续性的发展壮大。而这一切无疑取决于组织创新与学习的能力。这方面的测评指标引导组织将注意力投向企业未来成功的基础，涉及人员、信息系统和市场创新等问题。

4. 财务方面

目标是解决“我们怎样满足股东要求”这一类的问题，告诉企业管理者，他们的努力是否对企业的经济效益产生了积极的影响。因此，财务指标是其他三个方面的出发点和归宿，表示组织的战略及其执行是否有助于利润的增长。常见的财务指标包括销售额、利润率、资产利用率等。

平衡计分卡法在企业绩效评价中的研究和应用非常普遍。近几年，随着供应链管理的发展，平衡计分卡也逐渐地被应用到供应链绩效评价中，以平衡计分卡法为基础，经过扩展形成了新的供应链绩效评价方法——平衡供应链计分法，从客户、流程、创新与学习、财务四个角度给出了供应链绩效评价指标，对基于平衡计分卡法的供应链绩效评价指标体系不断地进行改进和完善。

五、供应链协同评价方法

(一)供应链协同评价原理

改进和完善供应链，就是为顾客创造更多价值。为达到这样的目的，企业应明确需要改善什么？绩效差距在哪里？哪些流程需要改进和完善？需要采用哪些技术来支持供应链改进？因此，供应链绩效评价应该在遵循供应链整体绩效评价原则的前提下，对反映供应链管理宗旨的顾客满意度、反映供应链管理目标的运营绩效、反映供应链管理重点的内部流程和反映供应链改进措施的学习与创新四个方面进行综合评价。

1. 评价目标顾客化

按照关键链流程展开，顾客对供应链的满意度评价将直接影响供应链运营绩效评价指标权重，运营绩效又直接影响内部流程评价指标权重，而内部流程状态直接影响着学习与创新项目的选择权重，因此，顾客对供应链的满意度评价将直接或间接影响运营绩效、内部流程以及学习与创新等环节的评价与改进。

2. 评价流程协同化

运用关键链流程展开技术，通过确定顾客满意度评价指标与运营绩效评价指标之间的关联度，运营绩效指标与内部流程评价指标之间的关联度，内部流程评价指标与拟选择的供应链改进技术之间的关联度，实现四个环节的评价与改进的协同。

3. 评价基准标杆化

对供应链的顾客满意度评价按照竞争性标杆管理，选择直接竞争对手作为标杆；对运营绩效评价按照指标性标杆管理选择跨行业绩效领先者作为标杆；对内部流程评价按照流程性标杆管理选择跨行业流程领先者作为标杆；对流程改进技术的选择按照最佳实践标杆管理选择最佳供应链管理企业作为标杆。

4. 评价权重综合化

确定运营绩效和内部流程评价指标权重以及学习与创新项目选择权重，需要综合考虑前一个评价环节输出指标的权重、实际值、目标值和标杆指标值以及前一个评价环节输入指标（即本次评价环节输出指标）与本次评价环节输入指标之间的关联程度对本次评价环节输入指标权重的影响。

5. 评价内容系统化

按照供应链的输入（拟采用的新技术）、转换（内部关键流程）和输出（运营绩效和顾客满意度）对供应链进行全方位评价。

（二）供应链协同评价流程

供应链协同评价方法以顾客满意度为导向对顾客满意度、运营绩效、内部流程以及学习与创新等环节之间进行协同评价。

1. 在顾客满意度评价阶段

首先，需要确定顾客满意度评价指标；其次，按竞争性标杆管理，选择竞争对手作为标杆，并通过向顾客发放调查问卷，了解顾客对本企业和标杆企业的满意度情况；再次，根据本企业的顾客满意度的实际值和标杆企业的顾客满意度以及供应链战略目标，确定本企业顾客满意度的目标值和提高率，计算顾客满意度的竞争指数；最后，根据顾客对企业的满意度调查情况确定顾客满意度评价指标权重，并对企业的顾客满意度进行综合评价。

2. 在运营绩效评价阶段

首先，需要确定供应链运营绩效评价指标；其次，对顾客满意度评价指标与运营绩效评价指标之间的关联程度进行评估，在此基础上，依据顾客满意度的提高率、竞争指数和顾客满意度评价指标权重确定运营绩效评价指标权重；按指标性标杆管理选择行业绩效领先者作为标杆企业，并调查和收集本企业和标杆企业的运营绩效数据；再次，根据本企业运营绩效的实际值和标杆企业的运营绩效以及供应链战略目标，确定本企业运营绩效的目标值和运营绩效提高率，并计算运营绩效的竞争指数；最后，根据本企业运营绩效实际情况和运营绩效评价指标权重对本企业运营绩效进行综合评价。

3. 在内部流程评价阶段

首先，根据与供应链运营绩效的相关性确定需要评价的内部流程；其次，对运营绩效指标与相关内部流程之间的关联程度进行评估，再依据运营绩效的提高率、竞争指数和运营绩效评价指标权重，确定需要评价的内部各流程的权重；再次，按流程性标杆管理选择行业流程领先者作为标杆企业，并调查和收集本企业和标杆企业的内部流程相关情况。依据流程评价标准对本企业流程和标杆企业流程进行评价，并根据流程评价结果以及供应链战略目标，确定本企业流程的目标值和提高率，计算各流程的竞争指数；最后，根据企业流程实际评价值和各流程重要性权值对企业供应链流程进行成熟度评价。

4. 在学习与创新项目选择阶段

首先，了解供应链管理前沿技术，并按最佳实践标杆管理选择跨行业最佳实践者作为标杆企业；其次，根据本企业情况对可能的最佳实践进行可行性评价，以确定拟采用的改进技术或实践；再次，对企业相关流程与拟采用的改进技术之间的关联程度进行评估，再依据相关流程的提高率、竞争指数和相关流程权重，确定拟采用的改进技术或实践的优先级，并对拟采用的改进技术或实践进行成本效益评价；最后，依据成本效益评价结果和拟采用的改进技术或实践的优先级制订实施计划和保障计划。

第三节　供应链企业激励机制

一、建立供应链企业激励机制的重要性

为什么要建立供应链企业的激励机制？要回答这个问题，不妨从一个实际例子谈起。某一大型汽车制造商为了促进其生产的汽车在市场上销售，向分销商提出了一个促销的激励措施。公司规定，只要经销商的销售额达到一定数额，年底时制造商将付给经销商一笔奖励资金。同时，为了帮助经销商，制造商还出面与银行签订了分期付款的协议。此举推行下去之后，曾出现一阵销售热潮，库存量明显下降。但是，到年底一算账，制造商才发现有问题。原来，经销商为了扩大销售业绩，纷纷下调价格出售汽车。结果，汽车卖出去不少，经销商也得到了实惠，但是制造商则损失惨重。制造商不得不承受低价销售的损失，使本来就举步维艰的生产经营活动更加雪上加霜。于是，制造商不得不检讨该项措施的失误，第二年重新制定新的促销战略。

这个例子说明，制造商的出发点是激励经销商多卖汽车，希望在给自己带来效益的同时，经销商也能获得一定利益。但是，事与愿违，此激励措施不但没有发挥正常作用，反而给企业造成一定的损失。

导致出现这种情况的原因当然是多种多样的，其中之一就是在实现委托-代理过程中的风险所造成的。委托-代理过程中的风险有多种表现形式，其中最为常见的是不完全信息下决策的风险、代理人的道德风险等。供应链企业间的关系实际上是一种委托-代理关系，事实上双方掌握的信息是非对称的。由于信息非对称现象在经济活动中相当普遍，而许多经济合同又都是在信息非对称条件下执行的，就难免出现道德风险问题。产生道德风险的原因之一在于代理人拥有私有信息，这从道德风险对策环境中看得很清楚：委托人与代理人签订合同时，双方所掌握的信息是相互对称的（至少双方都认为他们自己已经掌握了对方了解的信息）。然而，建立委托-代理关系后，委托人无法观察到代理人的某些私有信息，特别是代理人的努力程度方面的信息。在这种情况下，代理人可能会利用其私有信息，采取某些损害委托人利益的行动（如上面举的汽车经销商的例子）。为了克服道德风险带来的危害，委托-代理理论普遍发展了以合作和分担风险概念为中心的信息激励机制理论。

对于委托人来讲，只有使代理人行动效用最大化，才能使其自身利益最大化。然而，要使代理人采取效用最大化行动，必须对代理人的工作进行有效的激励。因此，委托人与代理人，

即制造商和供应商或制造商和经销商之间的利益协调关系，就转化为信息激励机制的设计问题。所以说，如何设计出对供应链上的各个节点企业的激励机制，对保证供应链的整体利益是非常重要的。

二、供应链协议

供应链激励需要一个好的规则来评判好与坏。供应链协议（Supply Chain Protocol，SCP）充当了这一角色。供应链协议将供应链管理工作进行程序化、标准化和规范化，为供应链绩效评价和激励的实现提供了一个平台。供应链协议为激励目标的确立、供应链绩效测评和激励方式的确定提供基本依据。激励目标要与激励对象的需要相联系，同时也要反映激励主体的意图和符合供应链协议。激励方式视绩效评价结果和激励对象的需要具体而定。

供应链的运作以快速、高效、敏捷等特点而显示出竞争优势，兼容并蓄了许多先进管理方法如JIT、MRPⅡ、CIMS、FMS（柔性制造系统）等的优点。但是，供应链在运作时存在着安全性、法律法规、协商时间、供应链优化、主动性限制、供应链淘汰机制等现实问题。这些问题的存在，制约了供应链功能的发挥。针对这几个根本性问题，相应地提出供应链协议，以规范对供应链运作的管理。供应链协议是根据供应链产品生产模式的特点，结合GATT（《关税和贸易总协定》）、ISO9000、EDI、TCP/IP等多方面知识，将供应链管理工作程序化、标准化和规范化，使供应链系统能有效控制、良好运作、充分发挥功能。简单地讲，供应链协议就是在一系列标准（供应链协议标准，简称SCP标准）支持下拥有许多条目的文本（供应链协议文本，简称SCP文本），并且这些文本固化于一个网络系统（供应链协议网络系统，简称SCPNet）中。供应链协议强调供应链的实用性和供应链管理的可操作性，重视完全信息化和快速响应的实现。

供应链协议的内容分为三个部分：供应链协议文本（SCP文本）、供应链协议标准（SCP标准）、供应链协议网（SCPNet）。

SCP文本是供应链管理规范化、文本化、程序化的主体部分，包括10个部分：(1)定义；(2)语法规范；(3)文本规范；(4)供应链的组建和撤消；(5)企业加入供应链的条件、享受的权利、应担的风险以及应尽的义务；(6)供应关系的确立与解除；(7)信息的传递、收集、共享与发布；(8)供应、分销与生产的操作；(9)资金结算；(10)纠纷仲裁与责任追究。

SCP标准包括产品标准、零配件标准、质量标准、标准合同、标准表（格）单（据）、标准指令、标准数据、标准文本以及SCPNet标准等。SCPNet分为硬件和软件两部分：硬件有互联网、客户机、工作站、网管中心；软件有数据库、网络系统、SCPNet支撑软件。

在供应链协议环境下，企业以期货形式在SCPNet上发布订单（接受订单），寻求供应商（得到销售商）。在这种灵活机制下，保持企业的主动性，并将不能适应的企业从供应链上淘汰出局。企业以接受SCP文本某某条款的形式在供应链中运作，极大地减少加入、组建供应链所需花费的较长谈判时间。供应链通过网管中心来协调由于供应链的优化而带来的利益问题。网管中心一般设在核心企业，并由核心企业负责管理。在经济活动中，供应链由于有供应链协议的严格规定而实实在在地存在，并广泛地形成供应链与供应链间的竞争。

三、供应链企业激励机制的内容

从一般意义上讲，激励机制的内容包括激励主体与客体、激励目标和激励手段。

（一）激励主体与客体

激励主体是指激励者，激励客体是指被激励者，即激励对象。供应链管理中的激励对象

（激励的客体）主要指其成员企业，如上游的供应商企业、下游的分销商企业等，也包括每个企业内部的管理人员和员工。这里主要讨论对以代理人为特征的供应链企业的激励，或对代理人的激励。因此，供应链管理环境下的激励主体与客体主要涉及以下几对：

（1）核心企业对成员企业的激励；

（2）制造商（下游企业）对供应商（上游企业）的激励；

（3）制造商（上游企业）对销售商（下游企业）的激励；

（4）供应链对成员企业的激励；

（5）成员企业对供应链的激励。

（二）激励目标

激励目标主要是通过某些激励手段，调动委托人和代理人的积极性，兼顾合作双方的共同利益，消除由于信息不对称和败德行为带来的风险，使供应链的运作更加顺畅，实现供应链企业共赢的目标。

（三）激励手段

供应链管理模式下的激励手段有多种多样。从激励理论的角度来理解的话，主要就是正激励和负激励两大类。正激励和负激励是一种广义范围内的划分。正激励是指一般意义上的正向强化、正向激励，是鼓励人们采取某种行为；而负激励则是指一般意义上的负强化，是一种约束、一种惩罚，阻止人们采取某种行为。

对于激励的手段，在现实管理中主要采取三种激励模式：物质激励模式、精神激励模式和感情激励模式。对供应链企业的激励而言，以下几种激励模式可供采用。

1. 价格激励

在供应链环境下，各个企业在战略上是相互合作关系，但是各个企业的利益不能被忽视。供应链的各个企业间的利益分配主要体现在价格上。价格包含供应链利润在所有企业间的分配、供应链优化而产生的额外收益或损失在所有企业间的均衡。供应链优化所产生的额外收益或损失大多数时候由相应的企业承担，但是在许多时候并不能辨别相应对象或者相应对象错位，因而必须对额外收益或损失进行均衡，这个均衡通过价格来反映。

价格对企业的激励是显然的。高的价格能增强企业的积极性，不合理的低价会挫伤企业的积极性。供应链利润的合理分配有利于供应链企业间合作的稳定和运行的顺畅。

然而，价格激励本身也隐含着一定风险，这就是逆向选择问题，即制造商在挑选供应商时，由于过分强调低价格的谈判，他们往往选中了报价较低的企业，而将一些整体水平较好的企业排除在外。其结果影响了产品的质量、交货期等。当然，看重眼前利益是导致这一现象的一个不可忽视的原因。但出现这种差供应商排挤好供应商的最为根本的原因是，在签约前对供应商不了解，没意识到报价越低违约的风险越高。因此，使用价格激励机制时要谨慎从事，不可一味强调低价策略。

2. 订单激励

供应链获得更多的订单是一种极大的激励，在供应链内的企业也需要更多的订单激励。一般来说，一个制造商拥有多个供应商。多个供应商的竞争来自制造商的订单，给予较多的订单对供应商是一种激励。

3. 商誉激励

商誉是一个企业的无形资产，对于企业极其重要。商誉来自供应链内其他企业的评价和在公众中的声誉，反映企业的社会地位（包括经济地位、政治地位和文化地位）。从我国目前情况来看，我国有些企业履行合同的意识较差，如不能按交货期按时交货、不按合同付款、恶意欠债等。这些行为严重影响了企业的声誉。

为改变这种状况，企业应该从长远发展的战略目标出发，提高对商业信誉重要性的认识，不断提高信守合同、依法经营的市场经济意识。整个社会也要逐渐形成一个激励企业提高信誉的环境，一方面，通过加强法治建设为市场经济保驾护航，严惩那些不遵守合同的行为；另一方面，则要大力宣传那些遵纪守法、信守合同、注重信誉的企业，为这些企业获得更广泛的认同创造良好的氛围。通过这些措施，既可打击那些不遵守市场规则的企业，又可帮助那些做得好的企业赢得更多的用户，起到一种激励作用。

4. 信息激励

在信息时代里，信息对企业意味着生存。企业获得更多的信息意味着企业拥有更多的机会、更多的资源，从而获得激励。信息对供应链的激励实质上属于一种间接的激励模式，但是它的激励作用不可低估。在供应链企业群体中利用信息技术建立起信息共享机制，其主要目的之一就是为企业获得信息提供便利。如果能够很快捷地获得合作企业的需求信息，本企业能够主动采取措施提供优质服务，则必然使合作方的满意度大为提高。这对在合作方建立起信任有着非常重要的作用。因此，企业在新的信息不断产生的条件下，始终保持着对了解信息的欲望，也更加关注合作双方的运行状况，不断探求解决新问题的方法，这样就达到了对供应链企业激励的目的。信息激励机制的提出，也在某种程度上克服了由于信息不对称而使供应链中的企业相互猜忌的弊端，消除了由此带来的风险。

5. 淘汰激励

淘汰激励是负激励的一种。优胜劣汰是世间事物生存的自然法则，供应链管理也不例外。为了使供应链的整体竞争力保持在一个较高的水平，供应链必须建立对成员企业的淘汰机制，同时自身也面临淘汰。淘汰弱者是市场规律之一，保持淘汰对企业或供应链都是一种激励。对于优秀企业或供应链来讲，淘汰弱者使其获得更优秀的业绩；对于业绩较差者，为避免淘汰的危险，它更需要求上进。

淘汰激励是在供应链系统内形成一种危机激励机制，让所有合作企业都有一种危机感。这样一来，企业为了能在供应链管理体系中获得群体优势的同时自己也获得发展，就必须承担一定的责任和义务，对自己承担的供货任务，从成本、质量、交货期等负有全方位的责任。这一点对防止短期行为和“一锤子买卖”给供应链群体带来的风险也起到一定的作用。危机感可以从另一个角度激发企业发展。

6. 新产品及新技术共同开发

新产品及新技术的共同开发和共同投资也是一种激励机制，它可以让供应商全面掌握新产品的开发信息，有利于新技术在供应链企业中的推广和开拓供应商的市场。

供应链管理实施好的企业，都将供应商、经销商甚至用户结合到产品的研究开发工作中来，按照团队的工作方式(Team Work)展开全面合作。在这种环境下，合作企业也成为整个产品开发中的一分子，其成败不仅影响制造商，而且也影响供应商及经销商。因此，每个人都会关心产品的开发工作，这就形成了一种激励机制，构成对供应链上企业的激励作用。

7. 组织激励

在一个较好的供应链环境下，企业之间的合作愉快，供应链的运作也通畅，少有争执。也就是说，一个良好组织的供应链对供应链及供应链内的企业都是一种激励。

减少供应商的数量，并与主要的供应商和经销商保持长期稳定的合作关系是制造商采取的组织激励的主要措施。但有些企业对待供应商与经销商的态度忽冷忽热，零部件供过于求时和供不应求时对经销商的态度两个样。产品供不应求时对经销商态度傲慢，供过于求时往往企图将损失转嫁给经销商，因此得不到供应商和经销商的信任与合作。产生这种现象的根本原因，还是由于企业管理者的头脑中没有建立与供应商、经销商长期的战略合作意识，管理者追求短期业绩的心理较重。如果不能从组织上保证供应链管理系统的运行环境，供应链的绩效则也会受到影响。

案例分析

基于协同评价的 X 体育用品公司供应链管理技术选择

上海某体育用品生产企业是一家集研发、生产和销售为一体的企业，有着 10 余年的体育用品生产经验，主营健身器材、运动装备、保健护具和球类体育用品，目前拥有专业员工 200 余人、研发团队 20 多人，年产值可达 8 000 万元以上。但面临着顾客需求变化，以及国外知名体育用品品牌带来的竞争压力，管理层决定引进先进的供应链管理技术，改善供应链的运作情况。公司主要管理者经过思考认为所选择的供应链管理技术必须有助于提高顾客满意度、公司运营绩效和改善供应链流程。显然，应用供应链协同评价方法可以满足公司领导者的要求。整个供应链改进技术方案的选择过程如下：

(1)顾客满意度指标的确定与量化。结合体育用品行业特点，确定顾客满意度指标为：产品价格(C1)、产品质量(C2)、产品可获性(C3)、产品交付周期(C4)、交付可靠性(C5)、延期交付(C6)、顾客定制(C7)、紧急订单处理(C8)。通过向该企业的主要销售市场发放问卷来了解该企业以及标杆企业的顾客满意度情况；再结合企业设置的顾客满意度指标，将顾客满意度指标的实际值、目标值、标杆值转化为 1～5 分的形式，如表 14—1 所示。

表 14—1　　顾客满意度评价结果

评价项目	C1	C2	C3	C4	C5	C6	C7	C8
实际值	3	2	3	4	4	3	2	4
目标值	3	4	3	4	3	2	4	3
标杆值	4	4	4	4	4	4	4	4
提高率	1.00	2.00	1.00	1.00	0.75	0.67	2.00	0.75
竞争指数	1.33	2.00	1.33	1.00	1.00	1.33	2.00	1.00
权重	0.16	0.14	0.15	0.12	0.11	0.10	0.12	0.10

(2)运营绩效指标的确定与量化。首先，结合体育用品行业的运营特点，采用的绩效评价指标为：订单响应时间(01)、增值生产效率(02)、供应链总成本(03)、年度研发投资额(04)、生产能力(05)；再以行业绩效领先者作为标杆企业，比较本企业供应链与标杆企业供应链的差距，并对运营绩效指标进行评价，结果如表 14—2 所示。

表 14—2　　运营绩效指标评价结果

评价项目	01	02	03	04	05
实际值	4	3	4	2	3
目标值	3	2	3	3	3
标杆值	4	4	4	4	4
提高率	0.75	0.67	0.75	1.50	1.00
竞争指数	1.33	2.00	1.33	1.33	1.33

(3)供应链流程指标的确定与量化。首先,按照对运营绩效有重要影响的原则选择供应链流程:选择运输模式(S1)、生成存货安排计划(S2)、产品划价并收款(S3)、管理生产设施(S4)、管理供应链风险(S5)、选择承运商和估计运价(S6)、评估配送绩效(S7)、维护采购数据(S8);然后,由采购经理、市场经理、生产主管和供应链管理专家(A1～A4)4 位专家以行业流程领先者为标杆,按照 1～5 分制对供应链流程进行评价,如表 14—3 所示。

表 14—3　　供应链流程评价结果

评价项目	S1	S2	S3	S4	S5	S6	S7	S8
实际值	2.25	2.50	2.50	2.00	2.00	2.00	2.25	2.50
目标值	2.25	2.00	2.25	1.75	2.25	1.75	1.75	1.50
标杆值	3.00	3.00	3.00	3.00	3.00	3.00	3.00	3.00
提高率	1.00	0.80	0.90	0.88	1.13	0.88	0.78	0.60
竞争指数	1.33	1.50	1.33	1.71	1.33	1.71	1.71	2.00

(4)确定运营绩效指标的权重。首先,由 Al～A4 4 位专家按 1～5 分制对运营绩效指标与顾客满意度指标的关联程度进行打分;然后,计算运营绩效指标的权重,如表 14—4 所示。

表 14—4　　运营绩效指标权重

比较项目	C1	C2	C3	C4	C5	C6	C7	C8	权重
01	3.75	2.00	4.75	3.50	4.25	3.25	2.50	4.25	0.199
02	3.00	4.00	3.25	3.50	3.75	2.50	4.00	3.25	0.208
03	4.75	4.00	3.75	2.00	3.00	1.50	3.50	3.50	0.208
04	4.00	3.25	3.50	2.00	2.25	3.25	4.00	3.50	0.202
05	3.50	2.00	4.00	3.25	4.25	3.00	2.25	3.75	0.183

(5)确定供应链流程的权重。首先,由 A1～A4 4 位专家按 1～5 分制对供应链流程与运营绩效指标的关联程度进行打分;然后,计算供应链流程的权重,如表 14—5 所示。

表 14—5　　供应链流程权重

比较项目	S1	S2	S3	S4	S5	S6	S7	S8
01	0.58	3.50	3.25	1.75	1.50	3.75	4.75	2.25

续表

比较项目	S1	S2	S3	S4	S5	S6	S7	S8
02	0.61	4.00	3.00	3.00	2.00	2.50	3.50	3.50
03	0.61	3.50	4.25	3.75	3.75	3.50	3.25	2.50
04	0.59	1.75	1.75	2.50	2.25	3.00	3.50	2.25
05	0.54	4.75	3.25	3.25	3.50	3.75	3.50	3.50
权重	0.155	0.123	0.108	0.095	0.132	0.154	0.119	0.114

(6)选择改进技术。假设该企业可选择VMI、JMI、CFPR、分销资源计划(Distribution Rescource Planning,DRP)4种技术,由A1～A4 4位专家按1～5分制对改进技术与供应链流程的关联程度进行打分,如表14—6所示。

表14—6　供应链流程与改进技术的关联程度

改进技术	S1	S2	S3	S4	S5	S6	S7	S8
VMI	1.25	4.00	1.00	2.75	2.25	4.00	2.25	3.75
JMI	5.00	4.75	2.00	2.50	3.75	5.00	4.25	1.75
CFPR	4.00	2.50	3.25	1.00	5.00	4.50	5.00	2.25
DRP	5.00	3.00	3.50	1.75	3.00	3.25	3.75	2.25

资料来源:张相斌,林萍,张冲.供应链管理——设计、运作与改进[M].北京:人民邮电出版社,2021:237—239.

思考题:

1. 请根据表中的数据分析该公司应选择哪种供应链技术。
2. 结合案例分析过程,请说明供应链协同评价方法的优、缺点。

【思维导图】

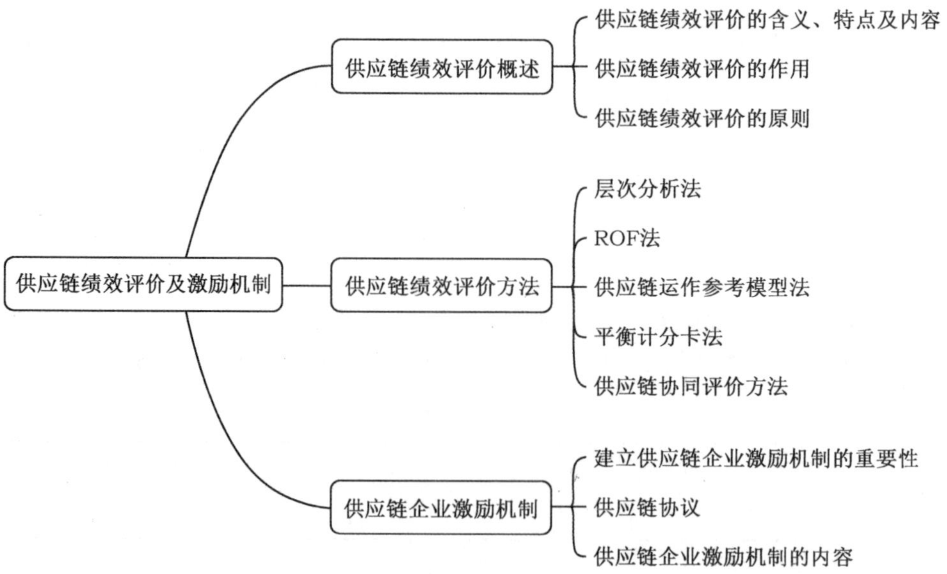

习　题

一、单项选择题

1. 供应链的绩效是指在所有供应链成员企业资源的支持、信息协调和共享下，通过物流管理、生产操作、市场营销、顾客服务、信息开发等活动增加和(　　)。

A. 创造的价值总和　B. 价值的总和　C. 利润的总和　D. 效益的总和

2. 供应链管理的绩效好坏最终应该由(　　)来评价。

A. 领导　B. 用户　C. 企业员工　D. 售货员

3. 供应链绩效评价 ROF 法中的资源评价包括(　　)。

A. 客户响应、质量的评价

B. 对库存水平、人力资源、设备利用、能源使用和成本等方面的评价

C. 最终产出产品数量的评价

D. 范围柔性和响应柔性两种评价

4. 平衡计分卡内部业务指标有(　　)。

A. 送货准时率、客户满意度、产品退货率、投诉数量等

B. 销售额、利润率、资产利用率等

C. 生产率、成本、合格品率、新产品开发率等

D. 人员、信息系统和市场创新等

5. 关于产销率指标，理解不正确的是(　　)。

A. 是指在一定时间内已销售出去的产品与已生产的产品数量的比值

B. 供应链核心企业产销率反映供应链核心企业在一定时间内的产销经营状况

C. 供应链节点企业产销率反映供应链节点企业在一定时间内的经营状况

D. 指在一定时间内节点企业已生产的产品数量与其上层节点企业(或用户)对该产品的需求量的比值

二、多项选择题

1. 供应链绩效评价一般应考虑(　　)。

A. 内部绩效衡量　B. 外部绩效衡量

C. 员工绩效衡量　D. 供应链综合绩效衡量

2. 供应链绩效评价的作用主要体现为(　　)。

A. 用于对整个供应链的运行效果做出评价

B. 用于对供应链上各个成员企业做出评价

C. 用于对供应链内企业与企业之间的合作关系做出评价

D. 可起到对企业激励的作用

3. 供应链绩效评价的原则包括(　　)。

A. 企业绩效优先，兼顾供应链绩效原则

B. 多层次、多渠道和全方位评价原则

C. 短期绩效与长期绩效、近期绩效与远期绩效相结合原则

D. 静态评价与动态评价相结合原则

4. 与传统企业绩效评价相比较，下面关于供应链绩效评价的论述，正确的是(　　)。

A. 对成本绩效不作要求，时间、地点、柔性成为关注的中心

B. 扩展了企业产品以及运作的框架内涵，注重技术、人力资源的集成、流程改进和创新

C. 评价的主要目的是改善和提升供应链绩效

D. 供应链有关运作的绩效评价得以加强

5. 供应链的激励机制包含(　　)。

A. 激励对象　　B. 激励目标　　C. 供应链绩效测评　　D. 激励方式

三、简答题

1. 供应链绩效评价特点体现在哪些方面？

2. 供应链绩效评价的方法有哪些？

3. 供应链管理模式下的激励手段有哪些？

第十五章　供应链风险管理

案例导入

不同公司的风险管理之道

近些年来国内外发生的一系列影响重大的负面商业事件，大多与企业的供应链风险密切相关，并且对涉事的公司、所在的产业以及客户造成极大的损失。

2008 年我国发生的“三鹿”奶粉质量事件，起因是一些利欲熏心的奶牛饲养户往牛奶里面添加三聚氰胺等非食品类添加剂。但是，奶粉生产企业没能有效管理好其供应商——奶牛饲养户，未确保原料的质量合格，才是根本原因。

2011 年 3 月，日本福岛发生 8.9 级强烈地震，导致包括福岛在内的几个主要核电站关停，日本全境电力供应短缺，很多企业不能正常生产，造成包括电子零件、汽车零配件在内的许多出口产品无法正常交货。受该事件影响，2011 年下半年，中国的几个主要日系汽车组装厂均出现不同程度的减产和停产。2011 年，大部分日系汽车厂家在中国的销售量百分比相比 2010 年出现两位数的下降。而对日本零配件依赖较小的德系、美系汽车厂家则趁机扩大它们在中国的市场份额。

现在很多公司的高管在关注经营管理活动中与供应商相关的问题和风险。根据罗兰风格管理咨询有限公司针对全球 600 多家零售或制造型企业的高管进行的调查，超过一半的受访者认为，与过去 3 年相比，现在企业因供应链中断而遭受的损失越来越大。尽管超过 2/3 的受访者认为供应链风险是业务决策过程中的重要因素，只有 55%的受访者认为他们公司的风险管理项目是有效的。类似的关注还从安联集团发布的报告中反映出来。此报告显示，在参与调查的企业高管中，45.7%的人认为，经营业务中断和供应链中断是他们经营管理中最关注的风险。

资料来源：http://www.360doc.com/content/13/0927/11/202378_317408869.shtml。

第一节　供应链风险管理概述

一、供应链风险的概念

供应链是一个复杂的系统，其风险是很难界定的，不同学者可从不同的角度来定义。德勤咨询公司在2004年发布的一份供应链研究报告中指出,供应链风险是指对一个或多个供应链成员产生不利影响或破坏供应链运行,使其达不到预期目标甚至导致供应链失败的不确定性因素或意外事件。英国克兰菲尔德商学院把供应链风险定义为供应链的脆弱性。供应链风险因素的发生通常会降低供应链的运行效率,增加供应链的成本,甚至导致供应链的破裂和失败。

国内对供应链风险的研究始于20世纪末21世纪初。赵红、吕芳(2001)从合作的角度出发,将供应链的风险分为关系风险和绩效风险。他们认为,关系风险主要指供应链企业间缺乏必要的沟通造成相互信任的缺乏而产生的风险,绩效风险则指与合作情况无关的所有能够导致供应链整体失败或损失增加的危险。马士华(2009)将供应链风险分为内生风险和外生风险两大类,他认为内生风险产生于道德风险、信息扭曲和个体理性,而外生风险主要来源于政治、经济、法律和技术等方面。丁伟东(2003)认为供应链风险是一种潜在的威胁,"它会利用供应链系统的脆弱性,对供应链系统造成破坏,给上下游企业以及整个供应链带来损害和损失"。

供应链上的各环节环环相扣、彼此依赖、相互影响,任何一个环节出现问题,都可能波及其他环节,影响整个供应链的正常运作。总结以上看法,供应链风险是指供应链上的企业在运营过程中,由于各种不确定因素使其实际收益与预期收益发生偏差的可能性及大小。

二、供应链风险产生的原因

(一)供应链内生风险

(1)道德风险。道德风险是指由于信息的不对称,供应链合约的一方从另一方得到剩余的收益,使合约破裂,导致供应链的危机。在整个供应链管理环境中,委托人往往比代理人处于一个更不利的位置,代理企业往往会通过增加信息的不对称,从委托合作伙伴那儿得到最大的收益。如供应商由于自身生产能力上的局限或是为了追求自身利益的最大化而不择手段,偷工减料、以次充好,所提供的物资达不到采购合同的要求给采购带来风险。

(2)信息传递风险。由于每个企业都是独立经营和管理的经济实体,供应链实质上是一种松散的企业联盟。当供应链规模日益扩大、结构日趋繁复时,供应链上发生信息错误的机会也随之增多。信息传递延迟将导致上下游企业之间沟通不充分,对产品的生产以及客户的需求在理解上出现分歧,不能真正满足市场的需要,同时会产生牛鞭效应,导致过量的库存。

(3)生产组织与采购风险。现代企业生产组织强调集成、效率,这样可能导致生产过程刚性太强,缺乏柔性,若在生产或采购过程的某个环节上出现问题,则很容易导致整个生产过程的停顿。

(4)分销商的选择产生的风险。分销商是市场的直接面对者,要充分实施有效的供应链管理,必须做好分销商的选择工作。在供应链中,如果分销商选择不当,则会直接导致核心企业市场竞争的失败,也会导致供应链凝聚力的涣散,从而导致供应链的解体。

(5)物流运作风险。物流活动是供应链管理的纽带。供应链要加快资金流转速度,实现即时化生产和柔性化制造,离不开高效运作的物流系统。这就需要供应链各成员之间采取联合计划,实现信息共享与存货统一管理。但在实际运行中是很难做到这一点的,这导致在原料供应、原料运输、原料缓存、产品生产、产品缓存和产品销售等过程中可能出现衔接失误,这些衔接失误都可能导致供应链物流不畅通而产生风险。例如,运输障碍使原材料和产品不能及时供应,造成上游企业在承诺的提前期内无法交货,致使下游企业的生产和销售受到影响。

(6)企业文化差异产生的风险。供应链一般由多家成员企业构成。这些不同的企业在经营理念、文化制度、员工职业素养和核心价值观等方面必然会存在一定的差异，从而导致对相同问题的不同看法，采取不一致的工作方法，最后输出不同的结果，造成供应链的混乱。

（二）供应链外来风险

（1）市场需求不确定性风险。供应链的运作是以市场需求为导向的，供应链中的生产、运输、供给和销售等都建立在对需求准确预测的基础之上。市场竞争的激化，大大增强了消费者需求偏好的不确定性，使准确预测的难度加大，很容易增加整个供应链的经营风险。如果不能获得正确的市场信息，供应链则无法反映出不断变化的市场趋势和顾客偏好。一条供应链也会由于不能根据新的需求改变产品和供应物，而不能进入一个新的细分市场。最后，市场机会也会由于不能满足顾客快速交货的需要而丧失。

（2）经济周期风险。市场经济的运行轨迹具有明显的周期性，繁荣和衰退交替出现，这种宏观经济的周期性变化，使供应链的经营风险加大。在经济繁荣时期，供应链在市场需求不断升温的刺激下，会增加固定资产投资，进行扩大再生产，增加存货、补充人力，相应地增加了现金流出量。而在经济衰退时期，供应链销售额下降，现金流入量减少，而未完成的固定资产投资仍需大量资金的继续投入。此时市场筹资环境不理想，筹资成本加大。这种资金流动性差的状况就增大了供应链的经营风险。

（3）政策风险。当国家经济政策发生变化时，往往会对供应链的资金筹集、投资及其他经营管理活动产生极大影响，使供应链的经营风险增加。例如，当产业结构调整时，国家往往会出台一系列产业结构调整政策和措施，对一些产业的鼓励，给供应链投资指明了方向；对另一些产业的限制，使供应链原有的投资面临着损失的风险。

（4）法律风险。供应链面临的法律环境的变化也会诱发供应链经营风险。每个国家的法律都有一个逐渐完善的过程，法律法规的调整、修订等不确定性，有可能对供应链运转产生负面效应。

（5）意外灾祸风险。主要表现在地震、火灾、政治的动荡、意外的战争等，这些都会引起非常规性的破坏，影响到供应链的某个节点企业，从而影响到整个供应链的稳定，使供应链中企业资金运动过程受阻或中断，使生产经营过程遭受损失，既定的经营目标、财务目标无法实现等。

案例分享

疫情对供应链影响有多大

新冠肺炎疫情推迟了人员返岗时间，对供给端带来短暂冲击，从而可能对全球供应链（一般也称为价值链）带来扰动。那么，中国在全球供应链中处于什么地位？疫情会如何影响供应链？哪些行业、哪些地区可能受到的影响较大？

中国在全球供应链中的重要性有了较大幅度的提升，比如电子、计算机、通信设备产品在全球价值链中比较突出。全球价值链强调一个经济体在国际贸易中充当中间环节的重要性，一个经济体出口的产品到该产品被最终消费所经历的国际环节越多，这个在全球价值链中的重要性越大。研究发现，中国在全球供应链中的重要性自2005年以来有比较大的变化。从地区来看，日本、韩国、德国和美国是中国在全球供应链中比较重要的伙伴。电子、计算机、通信设备是主要的全球价值链产品。

对全球价值链而言，低劳动成本不是主要决定因素。在全球价值链背景下，纯粹劳动力成本不能成为参与全球价值链的充分条件，甚至不是必要条件。世界银行的研究表明，供应链产品与许多因素显著相关，其中相关性较强的有物流（连通性）、人力资本、制度资本，但与工资竞争力之间甚至不相关。此外，全球价值链带来了各国制造业要素的趋同性，提高了进入门槛，后发追赶并不容易。

全球价值链关系具有路径依赖性，短期冲击难以对全球价值链带来很大变化。大部分全球价值链类型的交易复杂度都比较高，需要长期的磨合，难以在短期内搭建完成。这就使得全球价值链中的生产关系具有长期性，带来了路径依赖。相关产业也难以在短期内重构全球价值链。从苹果公司的主要组装厂商分布可以看出，虽然受到种种挑战，但目前中国仍然是苹果公司主要组装厂商最多的国家。这种生产关系的长期性使得贸易和投资紧密相连。而金融危机后跨国公司资本开支意愿不足，很难见到大规模的产业转移发生。另外中国主要行业也正向增加值较高的微笑曲线两端移动。

新冠肺炎疫情在短期内通过供应链对部分境外地区以及产品带来扰动，比如计算机、汽车、电子产品等。境内受影响的行业可能有计算机、通信和其他电子设备制造业，金属制品、机械和设备修理业，皮革、毛皮、羽毛及其制品和制鞋业；境外需求侧受影响的行业可能有消费服务与商贸零售；境外供给侧受影响的行业可能有汽车、电子、纺织服装、商贸零售。

需求侧受影响的地区可能为美国、澳大利亚、日本；供给侧受影响的地区可能为美国、印度、韩国、日本。新冠肺炎疫情对日本的旅游业和零售业、韩国的电子和汽车业也带来扰动。

资料来源：https://www.sohu.com/a/375371088_195566。

第二节　供应链风险管理的过程

供应链风险管理通常由风险识别、风险度量、风险处理、风险监控、风险反馈等几个主要环节构成，每个环节都有各自的特点。各环节之间关系如图 15—1。

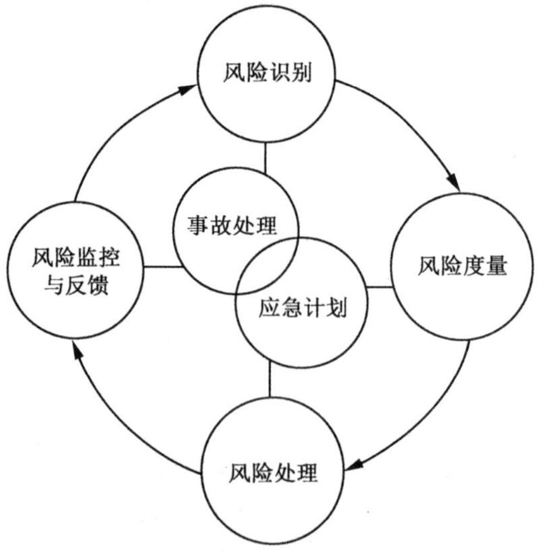

图 15—1　供应链管理各环节的关系

一、供应链风险识别

供应链风险识别是指供应链风险管理主体在各类风险事件发生之前运用各种方法系统地认识所面临的各种风险以及分析风险事件发生的潜在原因。该阶段，应通过调查与分析识别供应链风险的存在。通过归类，掌握风险产生的原因和条件，以及风险具有的性质。

供应链风险识别阶段是供应链风险管理最重要的一步，也是有效进行风险管理的一步。许多学者认为，没有风险识别就没有风险评估、风险控制和管理，也不会有预防和保险。供应链风险识别是供应链风险管理的前提，具有非常重要的意义。由于风险存在的客观性、普遍性与风险识别的主观性存在差异，因此，正确识别风险成为风险管理中最重要也是难度最大的工作。

二、供应链风险度量

供应链风险度量是指对风险发生的可能性或损失的范围与程度进行估计与度量。仅仅识别风险，了解灾害损失的存在，对实施风险管理来说远远不够，还必须对在实际中可能出现的损失结果、损失的严重程度予以充分的估计和衡量。只有准确地度量风险，才能选择有效的工具应对风险，并达到用最少费用支出获得最佳风险管理效果的目的。

评估供应链风险，不仅要考虑风险对某个供应链企业的影响，而且要考虑供应链风险的发生对供应链整体造成的后果；不仅要考虑供应链风险带来的经济损失，而且要考虑供应链风险带来的非经济损失，如信任危机、企业的声誉下降等无形的非经济损失。这些非经济损失有时很难用金钱来衡量。

三、供应链风险处理

供应链风险处理是供应链风险管理的核心。识别和度量供应链风险都是为了有效地处理供应链风险，减少供应链风险发生的概率和造成的损失。处理供应链风险的方法主要有以下四种：

1. 供应链风险回避

它是彻底规避供应链风险的一种做法，即断绝风险的来源。供应链风险规避的方法是放弃或终止某项供应链合作，或改变供应链的合作环境，尽量避免一些外部事件对企业造成的影响。当然，供应链风险规避在某种程度上意味着丧失可能获利的机会。

2. 供应链风险控制

它是在供应链风险识别和评估的基础上，有针对性地采取积极防范措施的行为。供应链风险控制的目标是：在风险发生之前，降低风险发生的概率；在风险发生之后，降低风险发生造成的损失，从而使风险造成的损失降到最低限度。这是一种主动积极的风险管理方法，但经常受到技术条件、成本费用、管理水平等限制。

3. 供应链风险转移

它是将供应链中可能发生的一部分风险转移出去的风险防范方式。风险转移可分为保险转移和非保险转移两种。保险转移是向保险公司投保，将供应链的部分风险损失转移给保险公司承担；非保险转移是将供应链的部分风险转移给供应链以外的企业，或由整个供应链企业来共同承担风险。

4. 供应链风险自担

它是供应链中的企业将可能的风险损失留给自己承担的方式，是被动的措施。一种可能是，对于企业而言，可能预知风险存在，但为获得高额利润回报而甘愿冒险；另一种可能是，由于供应链系统风险无法回避，因此各供应链企业只能通过系统吸纳接受风险。

四、供应链风险监控与反馈

制定出风险处理方案后，要在实践中进行检验，一旦发现其中可能存在的缺陷，应及时进行反馈。供应链风险的监控与反馈就是将在危险识别、风险分析以及风险处理中得到的经验、新知识，或者从损失或接近损失中获取有价值的经验教训，集中起来加以分析并反馈到与供应链相关的经营活动中，从而避免犯同样错误的过程。供应链风险管理是一项长期的、艰巨的工作，不可能一蹴而就，必须动态地重复风险管理过程的各步骤，使这一过程融入供应链管理运作，真正做到长期有效地管理风险。

第三节　供应链风险控制措施

一、加强采购管理，优化物流配送

企业产品生产是以采购为前提的，采购既是企业内部供应链的开始，又是企业与企业之间供应链的桥梁，对于企业降低成本、提高运作效率、增强竞争力有重要作用。采购环境的复杂多变与采购管理系统功能的弱化是采购风险形成的缘由，采购风险的防范应从供应渠道或供应商的选择与强化采购制度控制两方面入手。大型企业集团物资采购市场大，涉及设备、钢材、木材、土产、工器具、化工原料等多个行业和领域，招标或比价采购促使成百上千家供应商前来竞争。为保证质优价廉物资的及时供应和可靠服务，一方面要实行供应商准入制，设定供应商准入的资格和条件，拒绝质量差、资信低、服务不到位的供应商；另一方面要建立供应商资信考评信息库，对供应商的基本情况、产品质量、价格、交货及时性、售后服务等实行动态跟踪考核，并借助优胜劣汰机制，使企业集团始终拥有一支最佳组合的供应商队伍，为集团企业各类物资的可靠供应提供保障。强化采购制度控制应从加强采购队伍建设、严格采购程序、实施有效监管等方面推进。

供应链上采用多头供应商的选择机制，可以有效防范单一供应商结构下渠道受阻，从而影响整条供应链正常运行的供货风险。为此，企业关键物资材料须由来自不同地域的两个以上供应商提供，并对每个供应商的供货进行跟踪评估，以确保物资供应安全、稳定。物流配送是供应链营运中的重要环节。依靠专业强势的第三方物流，企业可专注核心业务，优化经营流程，降低运营成本，分散并增强抵御物流配送风险的能力。

二、加强节点企业风险管理，把控风险防范重点

供应链从采购、生产到销售过程是由多个节点企业共同参与而形成的串行或并行的混合网络结构。其中某一项工作既可能由一个企业完成，也可能由多个企业共同完成。供应链整体的效率、成本、质量指标取决于节点指标。由于供应链整体风险是由各节点风险传递而成。因此，通过对节点企业风险的识别与判断，进行风险调整和优化，将大大加强整个供应链的风险控制。

三、重视柔性化设计，保持供应链弹性

供应链合作中客观上存在需求和供应方面的不确定性。供应链企业合作过程中，要通过在合同设计中互相提供柔性，可以部分消除外界环境不确定性的影响，传递供给和需求的信息。柔性设计是消除由外界环境不确定性引起的变动因素的一种重要手段。另外，当今供应链管理强调 JIT 方法，减少库存以降低成本，这种运作模式一旦遇到突发事件或需求有较大波动时就会显得缺乏弹性。因此在注重效率的同时仍应保持供应链适度弹性。

四、建立应急处理机制，控制危机影响范围

供应链是多环节、多通道的一种复杂的系统，很容易发生一些突发事件。因此，必须建立相应的预警系统与应急系统。供应链管理中，对突发事件的发生要有充分的准备。对于一些偶发但破坏性大的事件，可预先制订应变措施，制定应对突发事件的工作流程，建立应变事件的小组；同时，要建立一整套预警评价指标体系，当其中一项以上的指标偏离正常水平并超过某一“临界值”时，发出预警信号。在预警系统做出警告后，应急系统及时对紧急、突发的事件进行应急处理，以避免给供应链上其他企业带来严重后果。

五、加强信息交流与共享，增强供应链透明度

信息技术的应用能加强企业的通信能力，很大程度上推倒了以前阻碍信息在企业内各职能部门之间流动的“厚墙”。供应链企业之间应该通过建立多种信息传递渠道，加强信息交流和沟通，增加供应链透明度，加大信息共享程度来消除信息扭曲，比如，共享有关预期需求、订单、生产计划等信息，从而降低不确定性和风险。一般来说，企业上下游间的信息有先进的通信方式、及时的反馈机制、规范化的处理流程，供应链风险就小；反之就大。

六、加强供应链文化建设，打造共同价值观

良好的供应链文化将能在系统内形成一股强大的凝聚力，增强成员企业之间的团结协作，减少不必要的矛盾冲突，从而减少内耗，并且形成一种相互信任、相互尊重、共同创造、共同发展、共享成果的双赢关系。这会使得供应链的成员与整体有相同的利益要求和共同的价值标准，从而维持供应链的稳定与发展。

七、加强对供应链企业的激励，减少风险发生因素

由于目前我国企业的社会诚信机制很不完善，因此供应链企业间出现道德风险是难以避免的。要防止不道德行为的出现，就应该尽可能消除信息不对称性，积极采用一定的激励手段和机制，使合作伙伴能获取更大的利益，来消除对方的败德风险。企业高层管理应该建立一套有效的供应链激励机制，将整个供应链优化产生的效益在各个供应链企业间及企业内部进行合理分配，只有供应链各节点企业能够从供应链管理中受益，才可能维护整条供应链利益，整个供应链才会更加稳固，风险因素才可能减到最少。

八、建立战略合作伙伴关系，共同防范风险

供应链企业要实现预期的战略目标，客观上要求供应链企业进行合作，形成共享利润、共担风险的双赢局面。因此，与供应链中的其他成员企业建立紧密的合作伙伴关系，成为供应链

成功运作、风险防范的一个非常重要的先决条件。建立长期的战略合作伙伴关系，首先，要求供应链的成员加强信任；其次，应该加强成员间信息的交流与共享；再次，建立正式的合作机制，供应链各企业共同制定风险防范计划在供应链成员间实现利益分享和风险分担。最后，加强契约规定等规范建设，促使伙伴成员以诚实、灵活的方式相互协调彼此的合作态度和行为。

案例分析

华为供应链风险管理

一、案例背景

华为创立于1987年，是全球领先的ICT(信息与通信)基础设施和智能终端提供商。目前华为约有19.5万名员工，业务遍及全球170多个国家和地区，服务30多亿人口。华为的供应链围绕产销研集成、极简供应和韧性供应网络等跨流程的关键场景持续迭代算法模型，通过智能运营进行业务模式更新和流程重构，提高了运营效率。华为持续优化精密器部件制造的数字化技术，实现了设计与制造数字化融合能力在信息与通信基础设施和终端新产品的全覆盖。华为的采购数字化建设也在稳健推进，构建了敏捷自动化的采购作业平台和供应商采购统一协同平台，基本达成供应商全连接协同，主流供应商伙伴100%全连接，有效提高了采购作业及协同效率。

二、问题提出

1. 环境风险

华为目前在世界上170多个国家和地区开展业务，由于国际经济及政治形势纷繁复杂，在不同国家开展业务会涉及一定的风险。美国政府通过其国内法律切割华为在美国的市场和技术联系，动用盟国体系，要求盟国通过行政和法律手段排挤华为，动用金融手段，对和华为开展业务的非美国公司进行制裁。截至2021年4月，美国共计对华为实施47次打击行为，打击措施包括压缩市场、供应链打击以及为打击寻找借口等。

从2009年起，华为便开始投身于5G的研发工作。时至今日，华为的5G技术水平已经远超国际电信联盟制定的技术标准。截至2021年底，全球200多家运营商部署了5G商用网络，5G用户数超过7亿。华为受到美国政府的制裁之后，以2018—2020年公开的5G设备合同数量计算，华为占据的市场份额已经从超过70%下降至不足1/3。与5G设备全球市场相类似，华为智能手机的海外市场份额从2018年底开始经历持续快速下降。

2. 运营风险

在当今高度国际化社会分工的背景下，华为的采购、制造及全球技术服务等业务都依赖于与第三方厂商或专业机构的广泛合作，业务中断将直接或间接地对华为的业务和运营结果造成不利影响。虽然华为已采取严格的信息安全措施全方位地保护知识产权，但不能完全防止其他厂商采用各种不正当手段使用华为的信息或专利，尽管可以通过知识产权诉讼进行保护，但仍然会给华为造成损失。

3. 供应商风险

华为是无线网络、固定网络、云核心网、移动终端、服务与软件和IT基础设施等产品和服务的提供商，为提供上述设备和服务需要采购数量繁多和类型复杂的芯片、器件和软件，其供应商广泛分布于中国、美国、日本、韩国、瑞士、德国等国家和地区，而在其所采购的芯片、器件和软件的生产制造过程中需要更为广泛的设备、工具、软件、材料、零件和配件等底层供应商参与其中，华为的核心供应商有83个，其中美国供应商有33个。华为公司在芯片、操作系统和射频方面极大程度依赖从美国进口，尤其是在美国将华为公司列入制裁“实体清单”之前，其操作系统完全依赖于美国企业的供应。在芯片方面，除了手机终端的控制芯片可以实现国产替代，目前华为公司的其他芯片依然高度依赖美国。此外，云计算的硬件设备也高度依赖美国。华为产品的大部分高端零部件短期内很难找到替代厂商。总之，美国政府通过单边立法限制美国技术用于华为供应链，涉及华为的供应商和底层供应商，因而对华为供应链产生了极为深远而不利的影响。

4. 物流风险

2019年5月，美国联邦快递在美国商务部将华为列入制裁实体清单后，对华为的快递实施扣押、擅自转运、拒收和私自查看机密文件等一系列非正常操作，造成了华为局部物流的一度瘫痪，从而扰乱了公司的正常运营，侵犯了公司的权益，严重威胁到华为的安全和利益。华为的业务分布在全球，具有全球物流服务的需求，需要能覆盖全球范围的高水平物流企业为其服务。华为公司的物流命脉如果掌握在外资企业手中，那么企业就可能存在物流断供和供应链断链等经营风险，从而受到掣肘，甚至威胁到公司的生存和发展。

5. 财务风险

华为供应商广泛分布于中国、美国、日本、瑞士、韩国、德国等国家和地区，底层供应商来源更为广泛，华为客户也是广泛分布于全球170多个国家或地区。每个国家或地区的技术标准、市场准入、贸易政策和投资规范等各有差异，因而合规投入巨大，包括当地法务人员聘用、合规咨询、管理投入和合规措施相互牵制等导致协调成本上升和经营效率受损。此外，华为需要对新的采购链和供应链展开谈判，采购链发生变化，不仅会影响成本，而且对产品的可靠性也是一个考验。华为还要针对一些目标国家重新进行市场准入的谈判，很可能要为进入该国市场支付更多费用。

三、具体措施

1. 加大自主研发力度

2021年，华为加大了研发投入，研发费用为1 427亿元，占销售收入的22.4%，目前，华为研发投入在全球企业中位居第二。华为将核心供应商所提供的技术划入自主创新目标的范围内，考虑到科学技术的研发周期长，华为还组织专家团队对其所在领域未来的技术发展方向进行研究，确保研发方向的正确性。为应对外部环境风险，中国高新技术行业中的头部企业从之前的竞争关系转变为竞争与合作关系，华为联合行业力量尽快打造了国内供应链，以便摆脱对外国技术的依赖。新兴技术所解决的问题是全球性的，许多技术研究需要通过跨学科交叉完成，华为通过与多国企业或研发机构联合开发高新技术以提升其在全球价值链中的位置。

2. 保障市场空间

华为突破技术封锁的前提条件是华为能够维持自身的市场基础，从而支撑巨额的研发投入，同时利用自身作为领航企业的巨大市场影响，不断向产业链和供应链辐射，促进、协调和整合相关的技术研发，为相关企业提供技术研发所需的市场应用场景，并且为相关企业提供充足的市场订单，支撑其技术突破所需的研发投入，最终实现整个产业体系和供应体系在技术突破与产业升级上的有效协同。华为始终把保障市场空间，尤其是国内市场空间作为一项关键的应对措施，并重视合规管理，强调合规开拓海外业务。市场多元化有助于避免对单一市场的依赖，在市场禁入下保持更高的市场韧性，为组织对抗外部不确定性风险提供丰富的财务资源。

3. 健全供应商管理制度

华为坚持全球化和多元化的供应策略，在新产品设计阶段，从原材料级、单板级、产品级支持多元化供应方案，积极发展供应资源，保障原材料供应多元化，避免独家供应或单一地区供应风险，确保产品供应的可持续性。华为逐渐重视对国内供应商的培育，强调与供应商深度协同，通过IT系统实现需求预测、采购订单和供应商库存的可视化，确保需求的快速传递和供应的快速反应。

4. 实施库存冗余策略

供应链冗余使得企业不至于在断供打击下立刻陷入休克状态，得以在寻求替代性解决方案的时期保持生产活动的连续性。冗余策略包括冗余库存、冗余产能和冗余IT系统等。华为对供应链关键薄弱环节实施了库存冗余策略，通过供应链管理理念及模式的转变，提升供应链的韧性。在量产阶段，为满足客户需求，应对全球疫情、极端自然灾害、贸易冲突、需求波动以及供应行情等不确定性变化，华为组织建立从原材料、半成品到成品的合理安全库存。华为实施全生命周期备件储备策略，在产品停产之前，按照市场需求与历史用量滚动进行备件储备；在产品停产之后，按照全生命周期预测一次性做足备件储备，确保客户在网设备连续运行。

5. 提高组织韧性

华为的领导者具有忧患意识，促使管理团队采用主动识别模式对环境威胁进行超越风险事件本身特征的解读。华为针对可能的风险制订应急预案以应对物流与供应链系统受到冲击甚至断链等不能正常运转的突发情况，也制订了供应链短期不能修复或者无法继续情况下的替代方案，特别是针对供应链中的关键节点或替代性小的节点，做足应急措施和备选方案，让企业正常经营不受影响。经过多年的持续建设，华为已在采购、制造、物流及全球技术服务等领域建立了从供应商到华为、从华为到客户的端到端业务连续性管理（BCM）体系，并通过建立管理组织、流程和IT平台，制订业务连续性计划及突发事件应急预案，开展员工BCM培训及演练，提升各组织BCM意识和应对突发事件的能力，确保对日常业务风险的有效管理。

四、结束语

在充满不确定性的时代，企业必须具备很强的供应链风险管理能力才能保证基业长青。供应链风险可能来源于政治、经济、商业和自然环境等多个方面。优秀企业不仅需要规避重复发生的重大风险，也要为偶发性的高风险事件制定应急预案，并持续监控其他风险因素，确保企业的可持续发展。

资料来源：吴群. 物流与供应链前沿案例[M]. 上海：复旦大学出版社，2022：193－196.

思考题：

1. 华为公司面临的主要供应链风险有哪些？它是如何防止供应链风险的？
2. 华为供应链危机给我国高新技术企业的启示有哪些？

【思维导图】

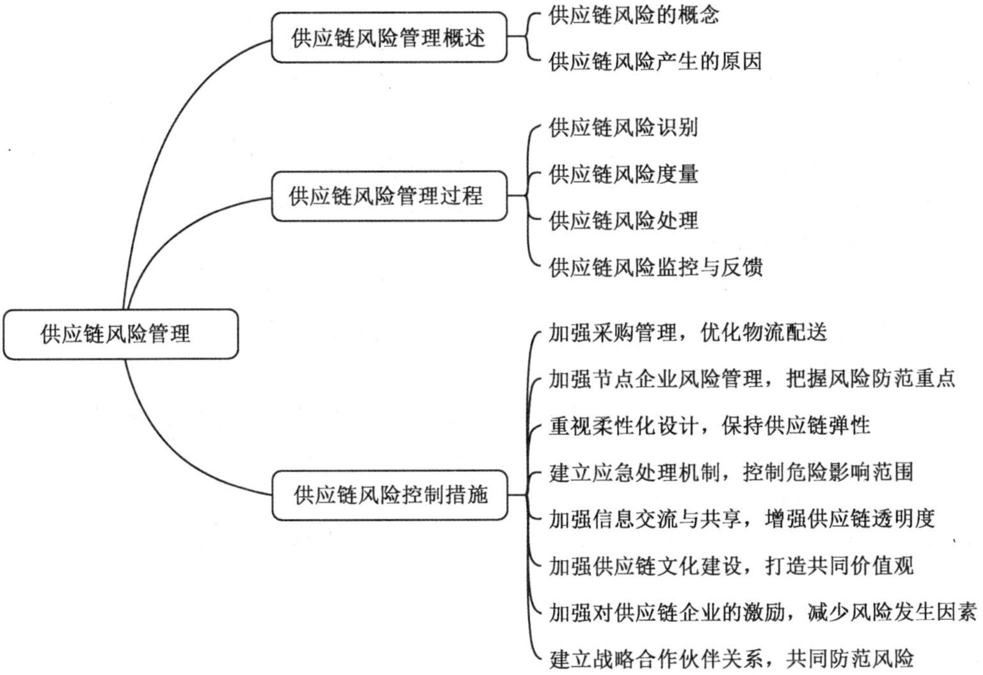

习　题

一、单项选择题

1.(　　)是一个或多个供应链成员产生不利影响或破坏供应链运行，使其达不到预期目标甚至导致供应链失败的不确定性因素或意外事件。

A. 供应链风险　　B. 风险　　C. 突发事件　　D. 供应链系统风险

2. 供应链风险管理的主要目标是(　　)。

A. 增加供应链柔性　　B. 解决牛鞭效应

C. 消除风险　　D. 规避和弱化供应链风险

3.(　　)是指对风险发生的可能性或者损失的范围与程度进行估计与度量。

A. 供应链风险识别　　B. 供应链风险处理

C. 供应链风险度量　　D. 供应链风险监控

4.(　　)是指由于信息的不对称，供应链合约的一方从另一方得到剩余的收益，使合约破裂，导致供应链的危机。

A. 道德风险　　B. 社会风险　　C. 信息风险　　D. 文化差异风险

5. 法律法规的调整、修订等不确定性，有可能对供应链运转产生负面效应。这种风险是(　　)。

A. 政策风险　　B. 法律风险　　C. 经济周期风险　　D. 以上都不是

二、多项选择题

1. 以下属于供应链内生风险的是(　　)。

A. 道德风险　　B. 信息传递风险

C. 生产组织与采购风险　　D. 物流运作风险

2. 以下属于供应链外来风险的是(　　)。

A. 经济周期风险　　B. 政策风险

C. 意外灾祸风险　　D. 市场需求不确定性风险

3. 供应链风险处理方法包括(　　)。

A. 供应链风险回避　　B. 供应链风险控制

C. 供应链风险转移　　D. 供应链风险自担

4. 供应链风险识别阶段的工作应该包括(　　)。

A. 调查与分析识别供应链风险的存在　　B. 掌握风险产生的原因和条件

C. 掌握风险具有的性质　　D. 提出解决预案

5. 风险转移包括(　　)。

A. 保险转移　　B. 非保险转移两种　　C. 经济损失转移　　D. 非经济损失转移

三、问答题

1. 供应链风险管理的基本过程是什么?

2. 你认为应从哪些方面加强供应链风险控制?

参考文献

[1]艾伦·哈里森,雷姆科·范赫克.物流管理[M].第4版.北京:机械工业出版社,2013.

[2]百度百科.物联网[EB/OL].http://baike.baidu.com/item/物联网.

[3]百度百科.中欧班列建设发展规划(2016—2020年)[EB/OL].http://baike.baidu.com/item/中欧班列建设发展规划(2016—2020年).

[4]戴维·格兰特.物流管理[M].霍艳芳等,译.北京:中国人民大学出版社,2016.

[5]道格拉斯·兰伯特,詹姆士·斯托克,莉莎·埃拉姆.物流管理[M].张文杰等,译.北京:电子工业出版社,2012.

[6]冯耕中,刘伟华,王强.物流与供应链管理M].北京;中国人民大学出版社,2021.

[7]公司报道.中外运——敦豪:绿色物流先行者[J].中国物流与采购,2016(1).

[8]顾东晓,顾佐佐.物流与供应链管理[M].北京:清华大学出版社,2017.

[9]韩超群,刘志学.VMI&TPL供应链集成化模型与策略空间[J].工业工程与管理,2011(2).

[10]韩小霞,王钢.供应链管理[M].北京:清华大学出版社,2016.

[11]霍红.物流管理学[M].第2版.北京:科学出版社,2014.

[12]计国君,蔡远游.物流管理[M].厦门:厦门大学出版社,2012.

[13]李传荣.物流管理概论[M].北京:北京大学出版社,2012.

[14]厉嘉玲,马国龙.供应链管理[M].北京:人民大学出版社,2011.

[15]李严锋.现代物流管理[M].第3版.大连:东北财经大学出版社,2013.

[16]李耀华.供应链管理[M].北京:清华大学出版社,2013.

[17]李永飞.物流与供应链管理[M1.北京:清华大学出版社,2022.

[18]刘宏伟,汪传雷.现代物流概论[M].北京:中国物资出版社,2012.

[19]刘丽艳,乔向红.物流与供应链管理[M].北京:电子工业出版社,2019.

[20]罗春燕,曹红梅,赵博.物流与供应链管理[M].北京:清华大学出版社,2020.

[21]罗纳德·H.巴罗.企业物流管理——供应链的规划、组织和控制[M].王晓东,胡瑞娟,等译.北京:机械工业出版社,2003.

[22]丁玉书,刘阳威.物流管理概论[M].北京:清华大学出版社,2012.

[23]马士华,林勇.供应链管理(第6版)[M].北京:机械工业出版社,2020.

[24]让－弗朗索瓦·阿维斯,等.世界银行物流绩效指数报告(2018)——联结以竞争:全球经济中的贸易物流[M].北京:中国财富出版社,2018.

[25]商凤敏.基于供应链的准时化采购方式在制造企业中的应用研究[J].物流工程与管

理,2014(5).

[26]施先亮.供应链管理[M].北京:高等教育出版社,2018.

[27]宋华,于亢亢.物流与供应链管理[M].第3版.北京:中国人民大学出版社,2017.

[28]孙国华.物流与供应链管理[M].第2版.北京:清华大学出版社,2018.

[29]唐纳德J.鲍尔索克斯,戴维J.克劳斯,等.供应链物流管理[M].原书第4版.马士华等,译.北京:机械工业出版社,2015.

[30]王道平,张博卿.供应链管理[M].北京:清华大学出版社,2015.

[31]王叶峰.供应链管理(第2版)[M].北京:机械工业出版社,2015.

[32]吴健.现代物流与供应链管理[M].北京:清华大学出版社,2011.

[33]伍京华.物流与供应链管理[M].北京:高等教育出版社,2019.

[34]吴群.物流与供应链前沿案例[M].上海;复旦大学出版社,2022.

[35]叶宁勇.基于物联网技术的物流信息监管系统研究[J].商场现代化,2015(1).

[36]张煜欣.浅谈供应链管理思想在LD项目采购管理中的应用[J].内燃机与配件,2018(06):160-161.

[37]张余华.现代物流管理[M].第3版.北京:清华大学出版社,2017.

[38]张相斌,林萍,张冲.供应链管理——设计、运作与改进[M].北京:人民邮电出版社,2022.

[39]赵继新,闫子刚.供应链管理(第3版)[M].北京:机械工业出版社,2017.

[40]朱占峰,陈勇.供应链管理(第4版)[M].北京:高等教育出版社,2023.